高等职业教育教材

卫生法律法规

赵玉霞　章 涵　周永恒 ◎ 主编

化学工业出版社

· 北京 ·

内容简介

《卫生法律法规》共分八个模块，包括卫生法律法规基本理论、卫生法律法规基础制度、公共卫生法律法规制度、医疗物品管理法律法规制度、健康保障法律法规制度、医疗纠纷法律制度、医学科学发展相关法律制度、卫生法律救济。教材中设置了学习目标、学习导航、案例引入、知识拓展、典型案例、医者仁心、课堂实训等多个栏目，力求理论与实践相结合，努力使教材具有科学性、指导性和实用性。本书配套视频等二维码资源，扫描书中二维码即可查看。

本教材既可供职业教育医学相关专业学生使用，也可供成人高等教育医学专业学生及广大临床护理工作者使用和参考。

图书在版编目（CIP）数据

卫生法律法规 / 赵玉霞，章涵，周永恒主编.
北京：化学工业出版社，2025. 8. --（高等职业教育教材）. -- ISBN 978-7-122-48629-5

Ⅰ. D922.16

中国国家版本馆 CIP 数据核字第 202554AD38 号

责任编辑：王 芳　　　　　　装帧设计：王晓宇
责任校对：李雨晴

出版发行：化学工业出版社
　　　　　（北京市东城区青年湖南街 13 号　邮政编码 100011）
印　　装：三河市君旺印务有限公司
787mm×1092mm　1/16　印张 15½　字数 409 千字
2025 年 10 月北京第 1 版第 1 次印刷

购书咨询：010-64518888　　　　售后服务：010-64518899
网　　址：http://www.cip.com.cn
凡购买本书，如有缺损质量问题，本社销售中心负责调换。

定　　价：49.00 元　　　　　　版权所有　违者必究

教育是国之大计、党之大计。中国共产党第二十次全国代表大会（以下简称党的二十大）报告指出："办好人民满意的教育""全面贯彻党的教育方针，落实立德树人根本任务，培养德智体美劳全面发展的社会主义建设者和接班人。坚持以人民为中心发展教育，加快建设高质量教育体系，发展素质教育，促进教育公平。"其中，职业教育在加快建设高质量教育体系中起到重要作用。医学职业教育作为专业技能教育领域的重要基石，为培养高素质医学人才、推动医学教育教学高质量发展奠定了坚实的基础。在培养医学"技术技能人才"的背景下，以《关于深化现代职业教育体系建设改革的意见》《中国医学教育改革和发展纲要》为指导，立足于现代医疗护理岗位教学和社会需求，提升医学生职业法律认知及从业法律素养，我们编写了本教材。

　　卫生法律法规作为高职医学相关专业学生必修的一门法律学科课程，对医学生了解和掌握卫生法律知识起到了重要作用。本教材创新之处在于着重阐述卫生法律法规的基本理论，关注医患法律关系发展等方面的前沿问题；运用典型事迹帮助学生树立职业自信与法治思维；内容体系与实际岗位工作需求紧密结合，既强调基本理论知识，又着重突出对学生岗位能力和职业素养的培育。教材特点主要体现在以下四个方面。

　　（1）内容整合。以最新人才培养方案为依据，突出课程特色，做到科学性更高、实用性更强。

　　（2）案例引领式教学。每个模块都以案例为引领，提出问题，引导学生思考，激发学生探索知识的欲望，以教会学生分析问题的方法，培养学生解决问题的能力，强化学生临床思维。

　　（3）兼顾医师、护士执业资格考试。每个模块设置了学习目标，以明确重点，便于学生掌握和巩固每个模块的知识，体现教材的实用性。

　　（4）注重知识更新。充分吸收国内外卫生法律法规的新知识、新进展，以拓宽学生视野，与时俱进。

　　本书由赵玉霞（信阳职业技术学院）、章涵（信阳职业技术学院）、周永恒（青海卫生职业技术学院）担任主编，谢欣（宣城职业技术学院）、吴沛然（宣城职业技术学院）、程继侠（铜川职业技术学院）、郝艳红（信阳职业技术学院）、吕红春（信阳职业技术学院）、梁岩岩（信阳职业技术学院）担任副主编，胡艳（信阳市疾病预防控制中心）作为参编也参与了本书的编写。具体分工如下：赵玉霞编写模块一的单元一、模块六；郝艳红编写模块一的单元二至单元五和课堂实训；周永恒编写模块二的单元一至单元三；章涵编写模块二的单元四，模块三的单元二、单元三和课堂实训；吕红春编写模块二的课堂实训、模块三的单元一；程继侠编写模块四；谢欣编写模块五；吴沛然编写模块七；胡艳编写模块八的单元一、单元二；梁岩岩编写模块八的单元三至单元五和课堂实训。

在教材编写过程中，我们汲取和借鉴了相关著作、教材、论文及课题的研究成果，得到了各编写单位的大力支持，临床调研工作也得到了临床专家的帮助与指导，在此一并致以衷心的感谢。

由于编者水平有限，教材难免存在疏漏和不足之处，恳请广大师生给予指正。

编　者

2025 年 3 月

目录
CONTENTS

模块八　卫生法律救济　　　　209

参考文献　　　　238

模块一

卫生法律法规基本理论

学习目标

知识目标：重点掌握卫生法律法规的概念、卫生法律关系的构成要素、卫生法律责任的含义和分类。

能力目标：能够掌握卫生法律法规的作用、特征、卫生法律法规制定的含义和依据以及卫生法律法规实施的含义及形式。

素质目标：1. 培养法治精神，具有学习和运用卫生法律法规的自觉主动意识。

2. 培养自觉遵守卫生技术人员管理法律制度的素养。

学习导航

单元一　卫生法律法规概述

> **案例引入**

　　2019 年 10 月，李某因右股骨下端粉碎性骨折，到甲医院接受治疗。甲医院对其进行了钢板内固定术治疗。李某出院后，感到不适，又到乙医院复查。乙医院 X 线摄片诊断报告显示为右股骨下端骨折、固定术后断钉移位。2020 年 6 月，李某在乙医院住院治疗花去医疗费 2 万元，其中包括进口交锁髓内钉费用 8 000 元。李某认为甲医院在医疗活动中使用不合格的钢钉和钢板，给自己造成重大损失，遂向当地人民法院提起诉讼，请求判决甲医院赔偿其医疗费、误工费、住院伙食补助费、精神损害抚慰金等。在诉讼过程中，人民法院委托有关机构对甲医院安装在李某体内的钢板及配套钢钉质量进行鉴定，结论为：钢板、钢钉质量均不合格。法医鉴定中心受人民法院委托对李某的伤情进行了鉴定，结论为李某右股骨下端粉碎性骨折，右膝关节功能大部分受限，右下肢缩短 2 cm。

　　问题：
　　1.本案中涉及卫生法律法规调整对象中的哪些关系？
　　2.本案中涉及卫生法律关系有哪些？主体、客体分别是什么？
　　3.本案中涉及的法律责任有哪些？

一、卫生法律法规的概念

　　卫生法律法规，通常是指卫生法，卫生法是由国家制定或认可，并由国家强制力保证实施的，是保护人体生命健康权益并规范相关活动中形成的各种社会关系的法律规范的总和。卫生法是我国法律体系的重要组成部分，它通过设定卫生权利义务，调整各种卫生法律关系，维护卫生秩序，保护人们的健康。

　　卫生法的概念有狭义和广义两种。在我国，狭义的卫生法仅指由全国人民代表大会及其常务委员会制定、颁布的各种卫生法律；广义的卫生法除上述狭义的卫生法外，还包括有立法权的其他国家机关制定的、效力低于卫生法律的卫生法规及规章等，也包括宪法和其他部门法中有关卫生方面的规定。

二、卫生法律法规的调整对象

　　卫生法的调整对象是卫生法保护人体生命健康权益并规范相关活动中形成的各种社会关系，即卫生法律关系。由于影响人体健康的因素纷繁复杂，卫生法的调整对象具有组织多样、层次多变、内容复杂、交叉性强等特点，涉及医疗保健服务、疾病预防与控制、食品卫生等众多方面。

　　从卫生法调整的社会关系的法律性质来看，卫生法调整的对象主要包括：卫生行政管理关系、卫生民事法律关系、卫生刑事法律关系及国际卫生关系。

　　从卫生法调整的社会关系的社会性质来看，卫生法调整的对象主要包括：卫生组织关系、卫生管理关系、卫生服务关系及国际卫生关系。

　　从内容上看，卫生法的调整对象包括：生命健康权益保护关系、国家管理卫生事业形成的传统社会关系、医学发展衍生的各种新型社会关系、医药卫生资源配置关系及卫生安全保障关系。

典型案例

2021年8月，某县卫生健康局监督执法人员对某医疗机构进行监督检查时，发现该院在对1名7岁儿童行X射线检查时，未对其颈部（甲状腺）敏感区域进行有效防护。以上行为违反了《放射诊疗管理规定》第25条的规定，某县卫生健康局依据《放射诊疗管理规定》第41条第2项的规定，给予该医疗机构警告、罚款6 000元的行政处罚。

案例分析： X射线检查作为临床常用的放射诊疗手段，为疾病诊断提供了重要参考，但同时辐射可能会对人体健康造成影响。因此，医疗机构在开展放射检查时，应当对受检者邻近照射野的甲状腺、性腺等敏感器官和组织进行屏蔽防护。如医疗机构未给予防护，受检者可要求医疗机构提供防护。

三、卫生法律法规的特征

（一）行政法律规范和民事法律规范相结合的法律

从卫生法的规范内容上看，卫生法主要是一种行政法律规范和民事法律规范相结合的法律。卫生法作为一个重要的法律部门，有着与其他法律部门不同的特点。卫生法以调整卫生社会关系为主要内容。卫生社会关系是指在卫生活动中形成的权利义务关系。卫生社会关系既存在于医疗卫生机构、医疗卫生人员与卫生健康主管部门之间，也存在于医疗卫生机构与医疗卫生人员之间；既存在于卫生健康主管部门与企事业单位、社会团体和公民之间，也存在于医疗卫生机构、医疗卫生人员与患者之间，还存在于其他产生卫生社会关系的主体之间。在我国，医疗卫生机构和医疗卫生人员提供卫生服务时，其与患者的关系主要是由卫生法规范的，其中包括行政法律规范和民事法律规范。对侵害患者权利的行为，卫生法规定，除需要承担行政法律责任外，还要承担一定的民事赔偿责任，对严重的侵权行为追究相应的刑事责任。

（二）在医学发展演变基础上逐步形成的专门法律

从卫生法的发展过程上看，卫生法是在医学发展演变基础上逐步形成的一种专门法律。卫生法既是法律的一个分支，又与医学密切相关，是法学与医学相结合的产物。因此，卫生法具有较高的技术性。医学的进步为卫生法的发展提供了广阔的空间，而卫生法的发展则推动了医学发展的进程。从医学实践中总结出来的反映客观规律的医学技术成果不断被卫生法所吸收。卫生法的内容中含有大量的医学技术成果，既显示了卫生法的技术性、专业性，也说明了卫生法的普遍性、广泛性。医学技术成果是卫生法的立法依据，也是卫生法的实施手段。离开了医学技术，卫生法是难以生存和发展的。因此在卫生法中，医学技术规范是不可缺少的重要组成部分，占有十分突出的地位。

（三）强制性规范与任意性规范相结合的法律

从卫生法的规范性质上看，卫生法是一种强制性规范与任意性规范相结合的法律。按照对人们行为规定或限定的范围或程度，法律规范可以分为强制性规范与任意性规范。卫生法中的规定，既有强制性的，也有非强制性的，但以强制性的规范为主。在现代社会，卫生已在商品经济活动中占有重要地位，影响着社会生活的各个方面。卫生法作为调整卫生社会关系的专门法律，具有鲜明的国家干预性。如果卫生机构可以任意设立、任意解散、任意开展业务范围，势必会造成卫生秩序的混乱。当然，卫生法在突出强制性规范的同时，在实现健康权益上，更多地遵循当事人自主原则，允许人们在规定范围内自行选择或者协商确定"为"还是"不为"，"为"的方式以及法律关系中具体的权利和义务。卫生法中有许多"可以"条款，对这些条款，可以选择适用，也可以放弃适用。

（四）具有人类共同性的国内法

从所确认的规则看，卫生法是具有人类共同性的国内法。卫生法虽然在本质上属于国内法，但由于对卫生本身共性的、规律性的普遍要求，特别是随着各国之间人员往来和贸易与合作的快速发展，任何一个国家或地区都不可能置身于世界之外，必须从自身利益的互补性出发，去适应世界经济一体化的发展趋势。因此，各国卫生法在保留其个性的同时，都比较注意借鉴和吸收各国通行的卫生规则，使得与经济发展密切相关的卫生法具有明显的人类共同性。

> **知识拓展**
>
> #### "民间郎中"——如何解决中医非遗传承问题
>
> 民间中医专长人员，俗称"民间郎中"，大多没有经过系统的医学知识学习和培训，只能"游离"在合规的执业医师队伍之外。如何更好地实现中医非遗传承在实践中的运用，还需国家后续在立法或政策制度方面细化和完善。我国现有的政策为传统医学师承人员和确有专长人员提供医师资格晋升的机会，但经考核合格取得的《传统医学师承出师证书》及《传统医学医术确有专长证书》，仅作为师承或确有专长人员参加执业助理医师资格考试报名的依据，不能作为执业医师资格的准入依据。虽然目前中医专长考核在各省均有实施，但落实中还存在许多问题。因此，在开展非物质文化遗产代表性项目传承过程中，应严格遵守法律规定，取得相关执业资格，杜绝超范围从事相关医疗活动影响医疗管理秩序，侵害就医群众的生命健康权。

四、卫生法律法规的原则

卫生法律法规的基本原则，是卫生立法的指导思想和基本依据，是卫生法所确认的卫生社会关系主体及其卫生活动必须遵循的基本准则，在卫生司法活动中起指导和制约作用。

（一）保护公民健康原则

保护公民健康原则是指每个公民都依法享有改善卫生条件、获得基本医疗保健的权利，以增进身心健康，使身体、精神和社会适应上处于完好状态。健康是促进人全面发展的必然要求，是经济社会发展的基础条件，是民族昌盛和国家富强的重要标志，也是广大人民群众的共同追求。健康权是一项基本人权，健康权的实现是一切卫生工作和卫生立法的最终目的。一方面，任何人都有权获得平等的健康保护权利；另一方面，人人皆有权利获得有质量的健康保护。总之，开展卫生工作应把人民健康放在优先发展的战略地位。

（二）保障社会健康原则

保障社会健康原则是指协调个人利益与社会健康利益的关系，动员全社会参与推进健康中国建设。推进健康中国建设是全面建成小康社会、基本实现社会主义现代化的重要基础，是全面提升中华民族健康素质、实现人民健康与经济社会协调发展的国家战略，是积极参与全球健康治理、履行2030年可持续发展议程国际承诺的重大举措。社会健康利益，是一种社会整体利益。卫生立法应当以保护公民健康权利、保障社会健康利益为己任，增进个人和社会健康，提高公民健康水平，以形成健康文明的生活方式，提高全民族身体素质、健康水平和生活质量，促进人的全面发展和社会和谐与文明进步。这一原则是党的群众路线在卫生法治建设中的体现，反映了卫生工作的社会性。

（三）预防为主原则

预防为主原则是指卫生工作要坚持"预防为主，综合治理"的方针。这是由卫生工作的性质，以及我国经济社会发展水平决定的。它要求：①任何卫生工作都必须立足于预防。制定卫生法律，采取卫生措施，考虑卫生资源投入，都应当把预防放在优先地位。②预防与医疗是一个相辅相成的有机整体。要建立以预防为主的医疗防御体系，统筹规划，防治结合，联防联控，群防群控，共建共享健康中国。③预防和医疗都是保护人体健康的方法和手段。无病防病、有病治病、防治结合，是预防为主原则的总要求。

（四）公平原则

公平原则是指以利益均衡作为价值判断标准来配置卫生资源，协调卫生服务活动，以使社会成员能够普遍得到卫生服务的基本准则。其基本要求是以农村和基层为重点，推动健康领域基本公共服务均等化，维护基本医疗卫生服务的公益性，逐步缩小城乡、地区、人群间基本健康服务和健康水平的差异，实现全民健康覆盖。合理配置可使用的卫生资源，让广大人民群众享有公平可及、系统连续的预防、治疗、康复、健康促进等健康服务；提高医疗卫生服务质量和水平，实现医疗公平、共建共享、健康公平、全民健康。

 典型案例

单某，男，87 岁，2020 年 5 月因"骨折内固定后疼痛"到泸州市某医院住院治疗。检查诊断为：①骨折内固定后疼痛（右侧粗隆间骨折内固定术后骨折不愈合）；②右侧粗隆间骨折内固定失效；③右侧股骨头坏死；④骨质疏松。2019 年，单某在该院行右股骨头粗隆间骨折闭合复位 PFNA 术，近日内固定掉出，疼痛加重入院。因患者年龄过大，病情重，持续性肺部感染，医院完善相关辅助检查，组织会诊，予以抗炎、吸氧等相关处理，待患者病情相对稳定后，于 2020 年 8 月全麻术下行右侧粗隆间骨折术后内固定取出术 + 右侧人工股骨头置换术，术后恢复较好，术后 2 周办理出院手续。

医患双方就第一诊疗结果产生纠纷，共同申请某医疗纠纷人民调解委员会（以下简称"医调委"）调解，医调委在收到当事人申请后当天受理了该案件，并指派经验丰富的调解员予以全程介入调解。

医调委受理此案后，本着公平、公正的原则，组织双方共同调解。调解员首先听取了双方意见。

患者女儿作为患方代表陈述：单某 2019 年 5 月，因"摔伤致右髋部疼痛伴活动受限超过 12 小时"入住某医院骨与关节外科。3 日后，行"右股骨头粗隆间骨折闭合复位 PFNA 术"。术后 4 日好转出院回家休养。2020 年 5 月，患者因"右股骨头粗隆间骨折闭合复位 PFNA 术 1 年，髋部疼痛、螺旋刀片掉出 3 天"，再次入住该院骨与关节外科，并需要二次手术。患方认为医院在第一次治疗过程中存在过错，导致螺旋刀片自行掉出体外，故二次手术的一切费用及生活相关费用应由医院全部承担。医院则认为，该事件发生在患者家里，具体掉出原因无从考证。且现在患者刚入院，当务之急需进行相关辅助检查后尽快行二次手术，手术及生活等相关费用应先由患方自行支付。

双方主要矛盾集中在第二次的住院医疗费及生活等费用承担问题，医患双方各持己见，互不相让，调解难度较大。出于对患者身体健康考虑，经调解协商，双方达成一致，先进行正常医治，待手术成功后再进行二次调解。3个月后，患方再次电话联系调解员，因患者的病情有加重现象，伴肺部感染、持续性发烧，医院未拿出明确的治疗及处理方案，患者家人十分焦急，申请再次组织调解。调解员立刻与院方取得联系，约定好二次调解时间。

调解时，患者女儿表示，患者单某年龄大且伴有严重肺部感染，家属多次接院方手术通知从上海返回，结果均未实施手术，单某病情愈加严重。院方从专业角度解释和分析：患者年龄大，伴有呼吸系统疾病，肺部炎症一直未控制到正常水平，未达到做手术的指标，在这种情况下做手术，确实风险太大。对此院方提出两个方案：第一个是患者家属愿意自行承担手术风险；第二个是转到更高级别医院就诊。患者家属认为单某当前经不起转院路途周折，拒绝接受院方提议，案件一度僵持。

调解员立刻通过背对背的方式与双方当事人进行沟通，对患者家属的顾虑表示理解，也请家属相信医院的专业性，向其说明院方"如病情需要可以申请高级别医院专家来院会诊"的建议，表示家属和院方的出发点都是为了患者的身体早日康复，目标是一致的。经反复劝导，双方达成一致，请上级医院专家来院会诊。几天后达到手术指征，对单某进行了二次手术，手术成功并于8月某日好转出院。

12月，双方再次就二次手术医疗费等相关问题申请调解。院方代表提出，因未对螺旋刀片掉出原因进行鉴定，在合理的基础上可以考虑人道主义补偿。调解员分别与患方、院方沟通，提议在参照内固定材料物价基础上，适当考虑在住院期间营养补助等方面进行核算。院方基本同意调解员的建议，但患方认为第二次手术是院方的全责，单某身心因此受到很大伤害，院方应给予更多赔偿。

对此，调解员根据《医疗纠纷预防和处理条例》第30条第2款"协商解决医疗纠纷应当坚持自愿、合法、平等的原则，尊重当事人的权利，尊重客观事实。医患双方应当文明、理性表达意见和要求，不得有违法行为。"和第3款"协商确定赔付金额应当以事实为依据，防止畸高或者畸低……"的规定，向患方释法明理，内固定物掉出原因无法确认，后期护理不当、老年人的骨质疏松等因素并不能排除。患者家属也渐渐认识到患者自身也有一定责任，如果一直僵持下去会耗费更多的人力、物力，还无法全身心照顾老人，让简单的事情复杂化。最终患方同意市医调委的调解建议，医患双方握手言和。

案例分析： 本案案情并不复杂，但该案调解员是从患者二次入院介入的，入院后患者情况不断、病情反复，医患沟通上存在较多问题，给患者及其家属心理造成诸多负担，增加了调解难度。医患双方在内固定物掉出的认知上存在一定分歧，患方认为是医院第一次手术治疗上存在问题造成内固定物的掉出；院方则认为是患者自身年龄大、有骨质疏松的病情及后期护理不当造成的。医调委本着"依理、依法、公正、公平"的调解原则，耐心听取双方的意见，认真剖析双方争议的焦点，寻找突破口，做出合理的调解方案，让医患双方找到共同的目标，达成共识，最终圆满解决了这个僵持7个多月的医疗纠纷，依法有效保障了双方当事人的合法权益，也有力维护了人民调解的权威性和社会公信力。

（五）中西医协调发展原则

中西医协调发展原则是指从大健康、大卫生的角度出发，把中医药和西医药管理体系建设、服务体系建设、人才队伍建设、财政投入、政策保障等方面摆在同等重要的位置部署发展，促进中医药和西医药全面协调发展。推动中医药与西医药相互学习、相互补充，发挥各自优势，坚持中西医结合，共同服务人民群众健康。

（六）国家卫生监督原则

国家卫生监督原则，是指卫生行政部门或者法律授权的公共卫生事务管理的组织，对辖区内有关单位和个人贯彻执行国家卫生法律、法规、规章和标准情况进行监察督导，监督内容主要包括：医政监督、药政监督等其他有关卫生监督，要求把专业性监督与社会监督、群众监督紧密结合起来，严格依法办事，保障良好的社会卫生环境。

单元二　卫生法律法规的体系

案例引入

中国法的渊源有较为明显的特点，就是中国自古以来形成了以成文法为主的法的渊源传统。而成文法的表现形式在不同历史时代则不尽相同。中国现时成文法渊源包括：宪法、法律、行政法规、地方性法规、自治法规、行政规章、特别行政区法、国际条约。其中宪法、法律、行政法规在中国法的渊源体系中分别居于核心地位和尤为重要的地位。这主要是从立法体制、法的效力等级和效力范围角度所做的分类，亦可以说是从立法的角度所做的分类。这一类法的渊源是中国现时各种立法主体进行立法活动的结果，其中主要是从中央到地方有关权力机关所立的法，也有最高国家行政机关国务院所立的规范性法律文件和其他有关政府机关制定的规范性法律文件。不成文法往往是中国法的渊源补充。现在，作为中国法的渊源补充存在的主要是政策、习惯、判例。

问题：
1. 本案例中提到的宪法的核心地位体现在哪些方面？
2. 卫生法律法规的渊源包括哪些表现形式？

一、卫生法律法规体系的概念

卫生法律体系是指由我国全部现行卫生法律规范，依照调整方法和调整对象所呈现出的体系化的有机联系的统一体。卫生法律体系包含着若干的法律制度和法律规范，体现出卫生法的系统性和统一性。

典型案例

2020 年 7 月，某市某区卫生健康局接群众举报，组织监督执法人员对该区某医院进行突击检查，发现该医疗机构部分科室工作人员无法出示卫生技术人员资质证明。经查实，该医疗机构存在以下行为：聘用 2 名未取得医师资格的人员、1 名未取得药师资格的人员、2 名未在该医院注册或备案的执业医师从事医疗卫生技术工作，聘用 1 名执业助理医师单独从事诊疗活动。同时发现该医疗机构存在未按规定填写病历资料，医务人员唐某伪造病历资料等行为。以上行为违反了《医疗机构管理条例》第 28 条、《医疗纠纷预防和处理条例》第 15 条第 1 款的规定，某市某区卫生健康局依据《医疗机构管理条例》第 48 条、《医疗机构管理条例实施细则》第 81 条第 1 款、《医疗纠纷预防和处理条例》第 47 条第（四）项的规定，给予该医疗机构警告、罚款人民币 40 000 元、吊销《医疗机构执业许可证》的行政处罚。针对该医疗机构相关医务人员伪造病历资料的行为另案处理。

案例分析： 医疗机构不得聘用非卫生技术人员从事医疗卫生技术工作，此类行为不仅违反卫生健康法律法规，更对人民群众的生命健康安全造成极大医疗安全隐患。

二、我国的卫生法律体系

卫生法调整与健康有关的各类社会关系，我国目前还没有一部卫生基本法作为整个卫生法律体系的核心。卫生法的具体表现形式也多种多样，包括卫生专门法律、行政法规、部门规章、地方性卫生法规和卫生规章等。另外，其他部门法中与公民生命健康相关的内容也可以视为卫生法律体系的一部分。在我国，卫生法律法规由不同国家机关制定，它们在我国卫生法律法规体系中各自居于不同地位，具有不同法律效力。卫生法的渊源是指卫生法的具体表现形式，我国卫生法的渊源主要有宪法、卫生法律、卫生行政法规、卫生部门规章、地方性卫生法规和地方性卫生规章、卫生自治条例和单行条例、特别行政区有关卫生事务的法律规定、国际卫生条约等，共同形成卫生法的效力等级体系。根据我国宪法和法律的规定，我国卫生法渊源主要有以下几种。

1. 宪法

宪法是我国的根本大法，由全国人民代表大会制定和修改，在我国具有最高的法律效力。我国宪法关于卫生事项的主要内容在整个卫生法体系中具有最高法律地位和法律效力，是卫生立法的最高准则，卫生法领域其他位阶的法律法规都要以宪法为依据，不得违背宪法。

2. 卫生法律

卫生法律是由全国人民代表大会及其常委会制定的规范性文件，效力仅次于宪法。目前我国现行的卫生专门法律有 10 部。此外，其他部门法中有关医疗卫生和健康方面的条款，也是广义上卫生法律的组成部分，如《中华人民共和国民法典》（以下简称《民法典》）在第七编侵权责任中专章规定了医疗损害责任。

3. 卫生行政法规

卫生行政法规是由国务院根据宪法和卫生法律制定的卫生规范性法律文件。卫生行政法规根据特定的调整对象制定，规范某一领域的准入资格、行政许可、监督检查、行政处罚等内容，具有专门的调整作用。

4. 卫生部门规章

卫生部门规章是指国务院各部委根据法律和卫生行政法规、决定、命令，在本部门的权限内，依照法定程序制定的有关医药卫生行政管理的规范性文件，效力低于宪法、卫生法律和卫生行政法规。我国目前卫生专项部门规章有 200 多个，涉及医药卫生的各个领域。

5. 地方性卫生法规和地方性卫生规章

地方性卫生法规是法定的地方国家权力机关根据本行政区域在开展卫生工作方面的具体情况和实际需要，依法制定的在本行政区域内具有法律效力的规范性文件。有权制定地方性卫生法规的国家机关是指省、自治区、直辖市及省会所在的市和经国务院批准的较大的市的人民代表大会及其常委会。地方性卫生规章是省、自治区、直辖市人民政府根据本行政区域卫生事业发展需要制定发布的卫生方面的规范性文件。地方性卫生法规、规章的效力低于宪法、卫生法律、卫生行政法规和部门规章。

6. 卫生自治条例和单行条例

卫生自治条例和单行条例是指民族自治地方的人民代表大会根据宪法、组织法及民族区域自治法的规定，依据地方政治、经济、文化特点，制定并发布的有关本地区卫生方面的规范性法律文件。

7. 特别行政区有关卫生事务的法律规定

我国的特别行政区目前包括香港特别行政区和澳门特别行政区。特别行政区在立法权限及法律形式上有其特殊性，因此其卫生方面的法律、法规也成为卫生法律渊源的一部分。

8. 国际卫生条约

国际卫生条约是指我国同外国缔结或加入并生效的国际卫生规范性法律文件或卫生公约。国际卫生条约虽然不属于我国法律的范畴，但其一旦生效，除我国声明保留的条款外，与国内法律具有同等的法律效力。如《1961年麻醉药品单一公约》《国际卫生条例》等。

单元三　卫生法律关系

> **◁ 案例引入**
>
> 患者，女，34岁。因咳嗽、发热2天到卫生院就诊，诊断为上呼吸道感染，给予肌内注射链霉素0.5 g。10分钟后，患者面色苍白，呼吸急促，抽搐、昏迷，院方立即对患者进行紧急抢救，40分钟后，患者呼吸心跳停止。患者死后，其家属认为由于该院未对患者做皮试就进行注射，患者死亡是院方责任。
>
> 问题：
> 1. 卫生法律关系分为哪两种类型？
> 2. 本案中涉及的卫生法律关系属于哪种类型？

一、卫生法律关系的概念

卫生法律关系是指由卫生法确认和保护的，与人体生命健康权益相关并以权利义务为内容的各种社会关系。人在参与社会活动中与其他主体形成各种社会关系，其中，受到法律调整的社会关系属于法律关系，例如婚姻关系、合同关系、侵权法律关系等，在各种社会关系中受到卫生法所调整的则是卫生法律关系。

二、卫生法律关系的分类

根据卫生法律关系中各主体间的法律地位是否平等，卫生法律关系分为横向卫生法律关系和纵向卫生法律关系。

（一）横向卫生法律关系

在横向卫生法律关系中，各个主体的法律地位平等，主体间的权利义务是对等的，不存在隶属和管理关系。因此，这种关系也称为平权型卫生法律关系。横向卫生法律关系可见于医疗机构及医务人员与患者之间形成的医疗服务法律关系；药品、医疗器械、食品等产品的生产经营者与消费者形成的卫生产品质量法律关系等。

（二）纵向卫生法律关系

纵向卫生法律关系，又称为隶属型卫生法律关系，在此种法律关系中，各个主体的法律地位是不平等的，权利义务也不对等，可以是管理与被管理或监督与被监督的关系，即由有卫生管理权或卫生监督权的一方当事人依法定职权，要求对方当事人做出或不做出一定行为。纵向卫生法律关系包括：

（1）医药卫生行政管理部门与行政对象之间形成的卫生行政法律关系。

（2）医药卫生行政管理部门或医药企事业单位内部存在的职务隶属关系。

卫生法律关系的
构成要素

三、卫生法律关系的构成要素

卫生法律关系的形成，需要必要的因素和条件，也就是卫生法律关系的构成要素，它包括主体、客体和内容三要素。

（一）卫生法律关系的主体

卫生法律关系的主体是指卫生法律关系的参与者，即在卫生法律关系中享有权利、承担义务的人。主体是卫生法律关系产生的首要条件，无论是实施卫生法律行为，还是对卫生产品及利益的占有和支配，都需要主体的参与。在我国，卫生法律关系的主体包括国家机关、企事业单位、社会团体和自然人。

1.国家机关

国家机关作为卫生法律关系的主体，依法具有管理权和监督权，是纵向卫生法律关系中的行政管理主体。目前我国卫生管理机关主要有各级卫生健康行政主管部门及卫生监督机构、各级药品食品监督管理部门、卫生检疫部门、劳动与社会保障管理部门等。

2.企事业单位

企事业单位包括企业单位及事业单位。根据其所从事的活动对人体健康所产生影响的方向不同，可以分为卫生企事业单位和一般企事业单位。

（1）卫生企事业单位：是指通过发展医学科学，提供医疗卫生服务或生产医用产品、药品，直接影响国家医疗卫生水平及公民身体健康的企事业单位。具体包括医疗机构、卫生保健机构、药品生产经营单位、医疗器械生产及经营单位、卫生科研机构和各类医药院校等。

（2）一般企事业单位：是指非直接参与医药卫生活动，但其生产经营行为也会对公民健康产生影响的企事业单位。如食品、保健品、化妆品生产经营者，美容院，餐饮机构等。

3.社会团体

社会团体是由企业或事业单位、自然人自愿组成，以提高我国医疗卫生水平、促进人类健康为共同意愿，开展各类活动的非营利性组织。如中国红十字会、中华医学会、医师协会等团体，他们的活动要受到卫生法的规范，成为卫生法律关系的主体。

4.自然人

自然人包括中国公民、外国公民和无国籍人。自然人主体既可以成为纵向卫生法律关系的主体，接受卫生行政管理，如医疗机构中的医务人员、个体医生与卫生行政主管部门之间所形成的管理与被管理的关系；也可以成为横向卫生法律关系的主体，如医生与患者。

（二）卫生法律关系的内容

卫生法律关系的内容是指卫生法律关系主体依法享有的权利和应当承担的义务。卫生法主体不同，权利义务的内容也有所不同。如卫生行政法律关系中，行政主体的权利有卫生检查权、监督权、行政处罚权等，行政对象的权利主要有申诉权、起诉权、获得赔偿权、对行政行为合法性的监督权等。

1. 卫生法律权利

卫生法律权利是指由卫生法律规范规定的，卫生法主体可以根据自己的意愿做出某种行为或不做出某种行为以获得某种利益的可能性。卫生法律权利内容包括以下几种。

（1）权利主体依意愿决定是否实施行为。卫生法主体可以自主决定实施某种行为或不实施某种行为。

（2）权利主体的意愿具有相对性。没有绝对自由的权利，卫生法主体并非可以任意决定自我行为或限制他人行为，必须与国家利益、社会利益、他人利益相平衡，也就是权利的法定性。

（3）权利主体在权利受到侵犯时可以寻求救济。当卫生法主体行使权利受到干涉，或义务主体不履行义务时，权利人可以请求法律予以保护，获得救济。比如存在医疗纠纷时，患者为维护人身利益，可以申请医疗事故鉴定。

2. 卫生法律义务

卫生法律义务是指卫生法律规范规定的，卫生法主体以作为或不作为的方式来保障权利主体获得利益的一种责任。卫生法律义务的内容包括以下几种。

（1）义务人以作为的方式满足权利人的要求。比如医生要严格按照诊疗规范，恪守医德为患者开展诊疗服务；患者要遵守医嘱，配合医生治疗。

（2）义务人以不作为来满足权利人的要求。在一定情况下，义务人不实施法律所禁止的行为，则满足权利人获得利益的要求，反之，即是对权利人利益的侵犯。如食品生产企业遵守《中华人民共和国食品安全法》的规定，产品质量合格，则满足人民对健康利益的要求。

（3）如果义务人未按权利人的要求而作为或不作为，影响了权利人利益的实现，则必须承担法律责任。卫生法律主体的权利义务由卫生法予以规范，两者之间相互联系，互相影响。权利受到法律保护，义务范围也由法律规定，不可以随意增加。只有义务人完好地履行义务，遵守法律规定，权利才得以实现。权利人也应当避免权利滥用，两者之间要有适度的平衡，否则对权利主体和义务主体都会造成损害。

（三）卫生法律关系的客体

卫生法律关系的客体是指卫生法律关系主体的权利义务所共同指向的对象，是卫生法律关系中不可缺少的构成要素，是联系主体权利义务的纽带。卫生法律关系的客体极其丰富，概括起来有物、行为、人身利益和智力成果四部分。

1. 物

成为卫生法客体的物，要满足作为民法上物的一般法律特征，同时要具有卫生法物的独有特征。首先，卫生法客体的物应当是有体物，占有一定的空间，具备一定的形体，如药品、食品、医疗器械、化妆品等。高压氧、血液等虽然不具有一定形状或固定体积，但能够在技术上加以控制的，也可以视为卫生法的物。其次，卫生法客体的物要具有满足人类健康需要的使用价值，能够在卫生领域为人类提供基本生存或更高生存追求所需要的物质基础。再次，卫生法客体的物应当能够为人们实际控制和支配。通过制定卫生法设定权利义务，人们可以达到对健康相关物的占有和支配。如果卫生法客体的物不能为人们所控制和支配，主体则无法实现自己的意志，法律关系的设定便毫无意义。

2. 行为

行为是指主体为达到一定目的所进行的活动。行为有作为和不作为两种形式，前者是积极的行为，后者是消极的行为，是对特定行为的限制。以行为形式出现的客体有医疗保健服务、公共卫生监督管理、卫生产品的生产经营等。

3. 人身利益

人身利益包括人格利益和身份利益，在卫生法律关系中表现为患者的生命、健康、隐私等。卫生法律关系建立的目的就是保护公民享有充分的生命健康权益，因此，公民的生命健康权益作为以人身利益形式出现的客体，是卫生法律关系中最重要、最基本的客体。

4. 智力成果

智力成果指主体从事医药卫生智力活动所取得的成果，同时也是知识产权的客体。如医药卫生科学发明、学术论文、著作等。

典型案例

"这个水光仪是我在网上买的家用美容产品，用来导入护肤品，怎么成医疗美容了呢？"被投诉的生活美容机构的S女士在接受执法人员询问调查时很是不解。

的确，网上的家用美容仪一搜一大堆。但仔细查看S女士提供的这款"电动纳米水光仪"说明书后发现，其技术原理是采用纳米微晶针头突破皮肤角质层，在真皮层深下定点、定位、定层、定量注入美容材料以达到皮肤美容效果。

因此，虽然这款家用美容产品号称"无痛无创"，但显然使用了侵入性医学技术方法，符合《医疗美容服务管理办法》对医疗美容的定义，并归属于《医疗美容项目分级管理目录》美容皮肤科之微针治疗项目。

S女士在生活美容机构中，为消费者提供了侵入性的医疗美容服务，已经构成非法行医行为。

案例分析：《中华人民共和国医师法》（以下简称《医师法》）第13条第4款规定，未注册取得医师执业证书，不得从事医师执业活动。

《医疗美容服务管理办法》第2条规定，本办法所称的医疗美容，是指运用手术、药物、医疗器械以及其他具有创伤性或者侵入性的医学技术方法对人的容貌和人体各部位形态进行的修复与再塑。

四、卫生法律关系的产生、变更和消灭

卫生法律关系不是一成不变的，而是处于不断地产生、变更和消灭的运动过程中，涉及卫生法律权利义务的形成与终止，卫生主体、客体、内容的变化。它的产生、变更和消灭需要具备一定的条件，包括卫生法律规范和卫生法律事实。

（一）卫生法律规范

卫生法律规范是促使卫生法律关系变化的条件，新法的出台、旧法的废止，法律条文的修订，都会使原卫生法律关系存在的依据发生变化，进而引起卫生法律关系的变化。

（二）卫生法律事实

卫生法律事实是指卫生法律规范所规定的，能够引起卫生法律关系的产生、变更和消灭的各种客观情况和现象。卫生法律事实包括法律事件和法律行为。

1 法律事件

法律事件分为自然事件和社会事件，前者如人的出生和死亡、地震、水灾等，后者如战争、突发卫生公共事件等。法律事件作为一种客观事实出现后，就可能引起卫生法律关系主体间权利义务内容的产生、变更或消灭。如传染病暴发流行时，国家在传染病防控方面所作出的法律规定，会使卫生法主体相关的权利义务内容发生变化。

2. 法律行为

卫生法律行为可以作为法律事实存在，由当事人在意志的支配下，通过作为或不作为引起，导致卫生法律关系产生、变更、消灭。例如，患者到医院挂号就诊行为，导致医患双方医疗合同法律关系形成；治疗行为完成，卫生法律关系则消灭。

单元四　卫生法律法规的制定和实施

◁ 案例引入

2023 年是全面贯彻落实党的二十大精神的开局之年，也是《中华人民共和国精神卫生法》（以下简称《精神卫生法》）实施十周年的一年。作为我国心理健康和精神卫生领域的国家大法，《精神卫生法》的颁布实施对于发展精神卫生事业、规范精神卫生服务、维护精神障碍患者合法权益具有里程碑意义。2023 年 5 月作为十周年主题宣传月，宣传主题为"普及精神卫生法，重视心理健康和精神卫生"。全国各地卫生部门进行了一系列健康知识宣传，让全社会了解精神卫生法，提高全社会对心理健康和精神卫生工作重要性的认识，推进平安中国、健康中国和幸福中国建设。

问题：
1. 卫生立法的原则是什么？
2. 卫生立法的意义是什么？

一、卫生法律法规的制定

（一）卫生法律法规制定的概念

卫生法律法规的制定又称卫生立法，是指特定国家机关在其法定的职权范围内，依照法定的程序，制定、认可、修改和废止规范性卫生法律文件的活动。立法是对权利资源、权力资源及其他社会利益进行法定制度性配置和调整的专门活动。立法的实质是指将在国家生活或社会生活中居于主导地位的社会主体的意志上升为国家意志的专门活动。

与一般立法相比，卫生法律法规制定的目的较为特殊，即维护和促进公民健康权得以实现。因此，卫生法律法规制定是指特定主体依据一定的职权和程序，运用一定的技术，制定、认可或变更维护和促进公民健康权得以实现的卫生法律规范的专门性活动。

卫生法律法规制定有广义与狭义之分。从狭义上讲，卫生法律法规制定专指具有立法权的特定机关制定卫生法律规范的专门性活动。在我国，卫生法律法规制定是指由《中华人民共和国立法法》（以下简称《立法法》）所规定的具有立法权的全国人民代表大会及其常务委员会制定法律层次的特定性卫生法律规范性文件的专门性活动。其中，全国人民代表大会制定的卫生法律规范称为卫生基本法；全国人民代表大会常务委员会制定的卫生法律规范称为一般性卫生法律。从广义上讲，卫生法律法规制定是指具有立法权的机关制定卫生法律规范的专门性活动。在我国，有权制定法律规范的机关，除全国人民代表大会及其常务委员会之外，还有《立法法》确定的机关，即国务院及其部委，省、自治区、直辖市及设区的市人民代表大会或人民政府。

（二）卫生法律法规制定的依据

1. 以宪法为法律依据

宪法为国家的根本大法，也是任何部门法的依据和立法的基础，即任何部门法都必须遵循宪法的原则性和抽象性规定。宪法中有关公民健康权保障、卫生事业发展和卫生工作的任何规定都是高度概括和原则性的，对我国的卫生法律法规制定具有指导作用。卫生法律法规制定是对宪法中的相应规定的进一步具体化，且这种具体化要以宪法中的相应规定为法律依据。

2. 以社会物质条件为现实依据

国情对立法的作用在于立法对于国情的依赖性，表现为立法制度和立法技术对国情的依赖。我国卫生法律法规制定的国情就是现阶段的社会物质生活条件，具体包括人口、年龄结构、性别结构等人口要素，地理环境要素，物质生活的繁荣程度和生命科学技术的发展程度等方面。卫生法律法规制定不能离开现阶段的这些社会物质生活条件。相对国情，卫生法律法规制定既不能超越也不能过度滞后，才能使卫生法律法规客观地反映自然规律要求，使卫生法律法规调整的卫生法律关系更趋科学化。

3. 以卫生方针、卫生政策为依据

在我国，党和国家的卫生方针、卫生政策是全党和全国人民提出的现阶段的卫生事业和卫生工作的任务与行为准则，凝聚了全党和全国人民的高度智慧。党和国家的卫生方针、卫生政策经过立法程序上升为国家意志。取得国家意志属性，成为卫生法律法规后，也就成为所有社会主体均要遵守的行为准则。由此可见，卫生法律法规制定离不开党和国家的卫生方针、卫生政策，我国现阶段的卫生法律法规制定要以中国共产党中央委员会（简称中共中央）、国务院关于进一步深化医药卫生体制改革的意见等卫生方针、卫生政策为依据。

（三）卫生法律法规制定的原则

卫生法律法规制定的基本原则是指在卫生立法工作中应当遵循的指导思想和方针，这些指导思想和方针是我国社会主义立法原则在卫生法律法规制定中的具体体现，反映了卫生法律法规制定的一般规律。根据《立法法》的规定，卫生立法应遵循以下基本原则。

1. 遵循宪法基本原则

《立法法》第3条规定，立法应当坚持中国共产党的领导，坚持以马克思列宁主义、毛泽东思想、邓小平理论、"三个代表"重要思想、科学发展观、习近平新时代中国特色社会主义思想为指导，推进中国特色社会主义法治体系建设，保障在法治轨道上全面建设社会主义现代化国家。第4条规定，立法应当坚持以经济建设为中心，坚持改革开放，贯彻新发展理念，保障以中国式现代化全面推进中华民族伟大复兴。第5条规定，立法应当符合宪法的规定、原则和精神，依照法定的权限和程序，从国家整体利益出发，维护社会主义法制的统一、尊严、权威。遵循宪法的基本原则和规定，是立法必须始终遵循的一条重要的原则和规

定，这是卫生法律法规制定坚持正确的政治方向，反映人民群众医药卫生方面的愿望和要求，维护人民卫生权益的根本保证。

2. 依照法定的权限和程序

依法治国的一个重要方面就是依法治权，做到各个国家机关严格在宪法和法律的范围内行使职权。国家机关的卫生立法活动也应当在法定的范围内进行，这是社会主义法治的一项重要原则。依法进行卫生立法活动，主要包括两个方面：一是卫生法律法规制定应当遵循法定的权限，二是卫生法律法规制定应当遵循法定的程序。一切卫生法律法规制定工作都必须严格在各自的权限范围内进行，遵循法定程序，不得越权和违背法定程序。

3. 坚持法制统一

我国《宪法》明确规定："国家维护社会主义法制的统一和尊严。"维护法制统一，首先要从立法做起。一切立法活动，都必须从国家整体利益出发，以最广大人民群众的根本利益为依归，不得将部门利益、地方利益等局部利益凌驾于国家整体利益之上，不得在立法中搞"上有政策，下有对策"。《宪法》还规定，一切法律、行政法规和地方性法规都不得同宪法相抵触。

4. 坚持民主立法

卫生法律法规制定应当体现人民意志，发扬社会民主，保障人民通过多种途径参与卫生立法活动。《宪法》规定："中华人民共和国的一切权利属于人民。"人民当家作主的一个重要方面，就是通过各种途径参与国家立法活动，使法律真正体现人民的意志，反映广大人民群众的根本利益和长远利益。人民群众参与立法活动主要表现在两个方面：一是人民群众通过民主选举各级人大代表，由人大代表代表人民参与立法工作，反映人民的意见和要求；二是国家机关在卫生立法活动中，采取各种有效措施，如将草案向社会公布，公开征求群众意见和召开座谈会、听证会、论证会等，广泛听取人民群众的意见。

5. 坚持从实际出发

卫生法律法规制定必须从调整社会关系的客观实际出发，符合我国卫生情况需要。坚持卫生法律法规制定从实际出发，最根本的就是坚持从我国的国情出发。在卫生法律法规制定中，必须正确认识我国的基本国情，充分考虑到我国的社会经济基础、生产力水平、各地的卫生条件、人员素质等状况，科学、合理地规定公民、法人和其他组织的权利和义务，国家机关的权利和责任，做到权利和义务统一、权力和责任相一致。认真总结以往的经验，将经过实践证明行之有效的成功做法和经验上升为法律。坚持从实际出发，也应注意在充分考虑我国的国情，体现中国特色的前提下，适当参考、借鉴外国卫生法律法规制定的有益经验，与国际接轨，但决不能照搬照抄。

（四）卫生法律法规制定的程序

卫生法律法规制定的程序是指特定国家机关在制定、修改和废止卫生规范性文件中所需遵守的法定的形式、时间和顺序的总称。它包括卫生法律的制定程序和卫生行政法规的制定程序。

1. 卫生法律的制定程序

（1）法律案的提出：根据《立法法》的规定，依法享有提案权的机关或个人可以向立法机关提出制定卫生法律案。

（2）法律案的审议：列入全国人民代表大会常务委员会会议议程的卫生法律案，先交有关的专门委员会进行审议、提出报告，再决定列入常务委员会会议议程。卫生法律案一般应当经三次常务委员会会议审议后再交付表决。

（3）法律案的通过：卫生法律案经常务委员会分组会议审议，在听取各方面意见并对法律草案加以修改，形成卫生法律草案修改稿。经常务委员会分组会议审议后，由宪法和法律委员会根据常务委员会组成人员的意见对法律草案修改稿做进一步修改，形成法律草案表决稿，可交付常务委员会表决，由常务委员会全体组成人员的过半数通过。

（4）法律案的公布：常务委员会通过的卫生法律由中华人民共和国主席签署主席令予以公布。

2. 卫生行政法规的制定程序

（1）立项：卫生行政部门根据需要和社会发展状况，提出立法项目草案，由部（局）务会议审定后上报国务院。经国务院统一部署，决定立法项目名称、等级和起草部门，具体工作由国务院法制办组织实施。

（2）起草：卫生行政法规由国务院组织起草。具体起草工作由卫生行政部门等分别负责。起草法规内容涉及两个以上部门时，应以一个部（局）为主起草，必要时成立专门的起草小组。

（3）报送和审查：起草部门将行政法规送审稿报送国务院审查时，应当一并报送行政法规送审稿的说明和有关材料。报送国务院的行政法规送审稿，由国务院法制机构负责审查的国务院法制办向国务院提出审查报告和草案修改稿，审查报告应对草案主要问题做出说明。

（4）通过和公布：卫生行政法规草案经国务院常务会议通过或总理批准后，由国务院总理签署国务院令公布，或经国务院批准由国务院主管部门发布。

此外，根据《立法法》及相关组织法的规定，制定地方性卫生法规要经过起草、提出、审议、通过和公布 5 个阶段；制定卫生规章要经过立项、起草、审查、决定、公布和备案 6 个阶段；制定地方性卫生规章要经过起草、审查、决定、公布和备案 5 个阶段。

二、卫生法律法规的实施

卫生法的实施是指通过一定的方式使卫生法律规范在社会生活中得到贯彻和实现的活动。卫生法的实施过程是将卫生法的规定转化为主体行为的过程，是卫生法作用于社会关系的特殊形式。卫生法的实施主要包括卫生法的遵守、适用和执行，以及卫生行政执法监督。

（一）卫生法律法规的遵守

1. 卫生法律法规的遵守

卫生法的遵守是指国家机关、社会组织和公民依照卫生法的规定，行使权利（权力）和履行义务（职责）的活动。守法是卫生法实施的一种重要形式。

2. 卫生法律法规遵守的主体

卫生法遵守的主体是指一个国家中应当遵守卫生法律的人和组织。在我国，一切组织和个人都是守法的主体。守法主体具有广泛性，既包括一切国家机关、社会组织和我国全体公民，也包括我国领域内的外国组织、外国人和无国籍人。

3. 卫生法律法规遵守的范围

卫生法遵守的范围是指守法主体必须遵守的行为规范种类。守法的范围取决于一个国家法的渊源，主要包括宪法、卫生法律、卫生行政法规、卫生规章、地方性卫生法规、卫生自治条例和单行条例及我国缔结或加入的国际卫生条约等。

4. 卫生法律法规遵守的内容

卫生法遵守的内容包括履行法律义务和行使法律权利两个方面，守法是履行义务和行使权利的有机统一。

（二）卫生法律法规的适用

1. 卫生法律法规的适用

卫生法的适用有广义和狭义之分。广义的卫生法的适用是指国家机关和法律授权委托的社会组织依照法定的职权和程序，将卫生法律规范运用到具体的人或组织中，从而解决具体问题的一种专门活动。包括卫生行政部门以及法律授权的组织依法进行的卫生执法活动和司法机关依法处理有关违法犯罪案件的司法活动。狭义的卫生法的适用仅指司法活动。这里仅指狭义的卫生法的适用。

2. 卫生法律法规的效力范围

卫生法律法规的效力范围是指卫生法的生效范围或适用范围，即卫生法在什么时间、什么地方和对什么人适用，包括卫生法的时间效力、空间效力和对人的效力三个方面：①卫生法的时间效力是指卫生法生效、失效及对生效前所发生的行为和事件是否具有溯及力的问题。②卫生法的空间效力是指卫生法适用的地域范围。主要有以下几种情况：一是法律的效力及于制定机关管辖的全部领域。如全国人民代表大会及其常务委员会制定的卫生法律、国务院发布的卫生行政法规，在全国范围内有效。二是地方人民代表大会及其常务委员会、民族自治机关制定的地方性卫生法规、自治条例、单行条例，在其行政管辖区域范围内有效。三是国家机关制定的卫生法律、法规，明确规定了特定的适用范围的，即在其规定的范围内有效。③卫生法对人的效力是指一国法律对哪些人有约束力。主要有以下几种情况：一是我国公民在我国领域内，一律适用我国卫生法；我国公民在我国领域以外，原则上适用我国卫生法。法律有特别规定的按法律规定。二是外国人、无国籍人在我国领域内，除了享有外交特权、豁免权，以及法律另有规定的情况外都适用我国卫生法；法律有特别规定的执行该规定。在卫生民事和商事方面，按我国法律或国际私法有关冲突规范办理。

3. 卫生法律法规的适用规则

卫生法律法规的适用规则是指卫生法律规范之间发生冲突时如何选择适用卫生法律规范。卫生法的适用规则有：①上位法优于下位法。法的位阶是指法的效力等级。效力等级高的是上位法，效力等级低的则为下位法。不同位阶的卫生法律规范发生冲突时，应当选择适用位阶高的卫生法律规范。一般说来，制定机关在国家机关体系中的地位越高，卫生法律规范的效力等级也越高。②特别法优于一般法。只能在同一机关制定的卫生法中适用这一规则。同一机关制定的卫生法，特别规定与一般规定不一致的，适用特别规定。不同机关制定的卫生法律规范，适用制定机关等级决定法律效力的一般原则。③新法优于旧法。同一机关按照相同的程序先后就同一领域的问题制定两个以上的卫生法律规范，即同一机关制定的卫生法，新的规定与旧的规定不一致的，适用新的规定。适用这一规则的前提是卫生法律规范属于同一位阶，特别是由同一机关制定。

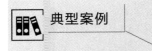
典型案例

　　有顾客投诉在"某某堂"有"医生"开处方。经查，"某某堂"是一家健康咨询公司，在其他区有诊所备案的，处方是该诊所派驻到此的执业医师开具的。虽然看上去顺理成章，但实则违反了《中华人民共和国中医药法》关于中医诊所"一址一备案"的管理规定，医师也应按注册点执业。最终，这家咨询公司被处以1万元罚没款的处罚。

中医养生保健理念盛行，类似的案件屡见不鲜：

一家养生馆刚转型为中医诊所，执业医师还没聘到就对外开展推拿服务了，使用的人员也都是非卫生技术人员。还有一家新开的中医诊所，聘请了一名注册在外地的中医专长医师开展针灸推拿服务，但其出示的《中医（专长）医师资格证书》执业范围仅为：外治中风病。还有一家开了好多年的中医门诊部，之前被投诉罚了两次，今年又被查到使用无医师资格人员开展推拿、刮痧等中医服务。根据《医疗机构管理条例》《中华人民共和国医师法》规定，因使用非卫生技术人员和医师超执业范围的违法行为，执法人员分别对这些机构予以罚款处罚。

案例分析：《中华人民共和国中医药法》第15条规定，从事中医医疗活动的人员应当依照《中华人民共和国执业医师法》的规定，通过中医医师资格考试取得中医医师资格，并进行执业注册。

（三）卫生法律法规的执行

1. 卫生法律法规的执行

卫生法律法规的执行又称卫生行政执法，是卫生法实施的基本形式之一。广义上的卫生行政执法是指卫生行政机关和法律授权委托的组织从事卫生行政管理，依照法定职权和程序，贯彻实施卫生法律的一切活动。卫生行政执法分为具体卫生行政行为和抽象卫生行政行为两种。具体卫生行政行为是卫生行政主体针对特定对象具体运用卫生法律规范做出的，是直接对特定对象产生法律后果的行为。抽象卫生行政行为是指卫生行政主体针对广泛、不特定的对象制定具有普遍约束力规范性文件的行为。狭义上的卫生行政执法仅指卫生行政主体将卫生法律规范运用于现实生活中的具体对象，处理具体卫生行政事件所作出的具体卫生行政行为。这里仅指狭义上的卫生行政执法。

2. 卫生行政执法主体的种类

根据对不同卫生活动管理的主体不同，卫生行政主体主要包括卫生行政部门、市场监督管理部门、药品监督管理部门、出入境检验检疫部门、医疗保障部门以及其他卫生行政执法部门。

3. 卫生行政执法行为

卫生行政执法行为是指卫生行政执法主体在其法定职权范围内实施卫生行政执法活动、管理社会公共卫生事务的过程中，做出的具有法律意义和法律效力的行为。它分为：①行政赋权行为：主要有卫生行政许可、卫生行政奖励、卫生行政救助等。②行政限权行为：主要有卫生行政处罚、卫生行政强制、卫生行政命令等。③行政确认行为：主要有卫生行政证明、卫生行政鉴定等。④行政裁决行为：如医疗损害赔偿裁决、卫生权属纠纷裁决等。⑤行政救济行为：主要有行政撤销、行政变更、行政赔偿和行政补偿等。

单元五　卫生法律责任

◀ 案例引入

王某看到甲医院的广告："消除直肠癌，疗程7天，总费用不超过10 000元"，于是到该院住院治疗，治疗5日后不再便血后出院。王某出院后在该院副院长李某处购买了6 000元的药品用于治病。1个月后，王某到乙医院检查，乙医院告知其病未得到有效治疗，需手术治疗。当日下午，王某又去当地专科医院检查，结果和乙医院结论一致。在此期间，王某一直坚持服用在李某处买的药，李某称其病情不重，无须手术。又过了近 1 个月，王某自感病情恶化，又到乙医院检查，发现病情确已明显加重，于是王某向法院起诉，以甲医院使用假药延误其治疗为由提起诉讼。

问题：

1. 卫生法律责任分为哪几类？
2. 甲医院承担的是什么性质的法律责任？

一、卫生法律法规责任概述

法律责任有广义和狭义之分。广义的法律责任就是一般意义上的法律义务的同义词，即任何组织和个人都有遵守法律、维护法律尊严的义务。狭义的法律责任则是指由违法行为所引起的应当承担的不利法律后果。这里所指的法律责任是指狭义的法律责任。

卫生法律责任是法律责任中的一种。规定卫生法律责任有利于调整卫生法律关系主体的行为，确保公民的生命健康权益。

1. 卫生法律责任的概念

卫生法律责任是指违反卫生法律规范的行为主体对自己的违法行为所应承担的具有制裁性和否定性的法律后果。违法行为是法律责任的核心构成要素，行为主体没有实施违法行为，就不能承担法律责任。凡是实施了某种违法行为的人，包括自然人和法人，都必须承担相应的法律责任。

2. 卫生法律责任的特点

①它以存在卫生违法行为为前提；②它必须是违反了卫生法律法规和规章的明确规定的行为；③它具有国家强制性；④它必须由国家授权的专门机关在法定职权范围内依法予以追究。

典型案例

某医院本想着给外地客户单位提供方便、快捷的上门体检服务，却因此收到了卫生行政部门一张近 20 万元的罚单，医院有点想不通。

殊不知，体检分普通体检、职业体检、健康证体检、入学入伍入职体检等多种，不同类别体检管理规则并不一样。根据相关规定，职业健康检查机构按规定备案之后可以在全省范围之内开展外出职业健康检查，健康体检机构仅可以在登记机关管辖范围之内开展外出健康检查。

也就是说，虽然该医院可以在区内开展相关体检业务，但跨区仅限职业健康体检，普通体检是不允许的。

案例分析：《中华人民共和国医师法》第 55 条第 5 款规定，违反本法规定，医师在执业活动中有下列行为之一的，由县级以上人民政府卫生健康主管部门责令改正，给予警告；情节严重的，责令暂停 6 个月以上 1 年以下执业活动直至吊销医师执业证书：（五）违反法律、法规、规章或者执业规范，造成医疗事故或者其他严重后果。

早在 2004 年，卫生部发文批复，将"医疗机构未经批准在登记的执业地点以外开展诊疗活动的"视为未取得《医疗机构执业许可证》擅自执业行为，按照《中华人民共和国基本医疗卫生与健康促进法》第 99 条处理，也就是没收违法所得并加处 5 倍至 20 倍罚款。

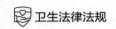

二、卫生法律法规责任分类

根据违反卫生法律规范的性质和社会危害程度不同，卫生法律责任一般分为卫生行政责任、卫生民事责任和卫生刑事责任三种。

1. 卫生行政责任

卫生行政责任是指卫生法律关系主体违反卫生行政法律规范，但尚未构成犯罪时所应承担的法律后果。卫生行政责任包括卫生行政处罚和卫生行政处分两种形式。①卫生行政处罚：是指卫生行政机关对违反了卫生法律法规的行政相对人所实施的一种行政制裁。卫生行政处罚的种类主要有警告、罚款、没收违法所得、没收非法财物、责令停产停业、暂扣或吊销有关许可证等。②卫生行政处分：是指卫生行政机关或企事业单位依据行政隶属关系对有违法、违纪或失职行为的人员给予的一种行政制裁。卫生行政处分主要包括警告、记过、记大过、降级、降职、撤职、留用察看、开除 8 种。

2. 卫生民事责任

卫生民事责任是指卫生法律关系主体因违反卫生法律规范而侵害了公民、法人或其他组织的财产或人身利益所应承担的损害赔偿责任。承担民事责任的方式主要有停止侵害，排除妨碍，消除危险，返还财产，恢复原状，修理、重做、更换，支付违约金，消除影响，恢复名誉，赔礼道歉等 10 种。卫生法律法规所涉及的民事责任以赔偿损失为主要形式。

3. 卫生刑事责任

卫生刑事责任是指卫生法律关系主体违反法律规定，实施了侵犯卫生管理秩序及公民生命健康权的犯罪行为所应承担的法律后果。承担刑事责任的方式是刑罚，分为主刑和附加刑。主刑有管制、拘役、有期徒刑、无期徒刑、死刑。附加刑有罚金、剥夺政治权利、没收财产。与卫生有关的刑事犯罪，如引起传染病传播罪，引起传染病菌种、毒种扩散罪，违反国境卫生检疫罪，传播性病罪；生产销售假药罪，生产销售劣药罪，生产销售不符合卫生标准的食品罪，生产销售有毒有害食品罪；非法组织他人卖血罪，强迫他人卖血罪，非法采血制血供血罪，医疗事故罪等。

医者仁心

《本草纲目》——李时珍

明代伟大医药学家李时珍（1518—1593），字东璧，晚年自号濒湖山人，蕲州（今湖北省蕲春县）人。他倾毕生心血，跋山涉水，寻方采药，尝遍百草，历时 27 年编著《本草纲目》，记载药物 1 892 种，附药方 11 096 个，附药物形态图 1 160 幅。《本草纲目》闻名世界，被译成拉丁文、英文、日文、德文、法文、俄文和朝文，在世界各国出版。英国著名的生物学家达尔文称它是"中国古代百科全书"。李时珍的一生是伟大的一生。他不畏险阻，排除万难，勇攀医药高峰；他不为名利，不畏权贵，为百姓治病；他尊重科学，实事求是，修正本草；他百折不挠，勇往直前，为人类科学发展作出了不可磨灭的贡献，为中国文化事业建立了不朽功勋。

📖 课堂实训

卫生法律关系情景剧模拟

通过实训，让学生明确卫生法律法规是以保障现代社会个人生命健康利益为最高价值追求，是调整卫生法律关系的法律规范。要学习和掌握卫生法律法规，必须全面正确认清卫生法律关系的基本构成。

【实训情景】

某婴儿，出生20个月，高热不退，其母亲抱着患儿到市儿童医院急诊科就诊。经值班医生诊断，确诊为肺炎并入院治疗，护士为其静脉滴注左氧氟沙星。其母因连日劳累趴在床边睡着了，醒后发现婴儿不在，经过几个月的全国各地寻找无果。婴儿父母将医院以疏于管理为由起诉至法院，要求医院承担丢失孩子的责任和赔偿损失。

问题：1. 婴儿父母的要求是否合法？

2. 婴儿丢失医院有责吗？

3. 本案中卫生法律关系的类型和构成是怎样的？

【实训目的】

1. 了解卫生法律关系的类型；熟悉卫生法律关系的概念；掌握卫生法律关系的构成。

2. 通过情景模拟，让学生掌握卫生法律关系的构成要素与类型，培养学生透过现象认识事物本质的能力。

【实训准备】

1. 角色准备：指定医生和患者扮演者（2人或者多人）。

2. 场地准备：本班教室或者实训室。

3. 道具准备：病床和医疗器械。

【实训操作】

1. 各组按照上面的实训情景排练一个情景剧，也可以分别准备一个其他模拟情景剧（情景剧内容可以是门诊故事、住院故事、抢救故事等）。

2. 合理展开情景剧内容，要求真实演练。

【实训评价】

考核按以下标准进行评分。

1. 人人参与，个个关心。

2. 情景模拟真实，角色表演自然。

3. 卫生法律关系要素表达准确。

【主意事项】

1. 将学生按10人一组分成小组，每组确定一名组长。

2. 每小组自己设置和模拟一个真实情景剧，课前做好准备工作。

3. 每组分配角色，组织排练和表演。人人有角色，组长做好记录。

4. 各组情景表演汇报，小组长代表本组发言，指出情景剧中的卫生法律关系要素，老师评分并记入成绩。

【实训作业】

　　市民吴某因身体不适到甲医院就诊，被医生诊断为非淋菌性尿道炎。此后，吴某在该医院接受治疗 1 个多月。治疗期间，甲医院多次应用了氟康唑和胸腺素两种药物，药价共计 2 061.60 元。1 个月后，吴某又被该医院诊断为前列腺炎。得知这个消息，吴某感到很诧异，于是到南京某大医院就诊，被确诊为前列腺炎。吴某认为，甲医院存在误诊，耽误了自己的治疗，并让自己多支付了医药费用，医院应当赔偿经济损失和精神抚慰金，于是将该医院告上法庭。

　　问题： 本案例中卫生法律关系的类型和构成是怎样的？

模块二 卫生法律法规基础制度

学习目标

知识目标: 1. 掌握医疗机构的设置与审批、登记及校验的法律规定、医疗机构的执业规则、违反医疗机构管理条例的法律责任。

2. 掌握卫生技术人员资格考试与注册的法律规定及其法定权利和义务。

3. 了解医疗机构的相关立法概况和卫生技术人员的法律责任。

能力目标: 1. 学会运用医疗机构管理法规知识指引今后的学习。

2. 积极学习和运用卫生技术人员管理法律制度,提升解决医疗护理法律问题的能力。

素质目标: 1. 培养学生正确的学习态度、良好的学习习惯。

2. 培养执业法律素养。

3. 自觉遵守卫生技术人员管理法律制度。

学习导航

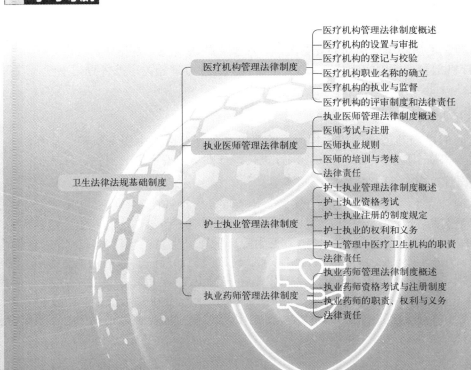

卫生法律法规基础制度

- 医疗机构管理法律制度
  - 医疗机构管理法律制度概述
  - 医疗机构的设置与审批
  - 医疗机构的登记与校验
  - 医疗机构职业名称的确立
  - 医疗机构的执业与监督
  - 医疗机构的评审制度和法律责任
- 执业医师管理法律制度
  - 执业医师管理法律制度概述
  - 医师考试与注册
  - 医师执业规则
  - 医师的培训与考核
  - 法律责任
- 护士执业管理法律制度
  - 护士执业管理法律制度概述
  - 护士执业资格考试
  - 护士执业注册的制度规定
  - 护士执业的权利和义务
  - 护士管理中医疗卫生机构的职责
  - 法律责任
- 执业药师管理法律制度
  - 执业药师管理法律制度概述
  - 执业药师资格考试与注册制度
  - 执业药师的职责、权利与义务
  - 法律责任

单元一　医疗机构管理法律制度

案例引入

某集团是一家大型企业，决定与所在区政府共同出资开办一家医院，命名为某某医院。该医院各项基本条件具备，该医院筹备处向当地区卫生局申请执业许可，并上交了申请材料。该医院院长吴某认为可以"一边试开业，一边逐步完善"，于是决定试开业，并宣布在试开业期间免收挂号费、诊断费、部分检查费。当地群众对此医院的惠民举动交口称赞，称"某某医院确实是利国利民的好医院"。两个月后，该区卫生局对该医院指出没有取得"医疗机构执业许可证"开展医疗活动是违法的，要求其停止医疗活动。院长吴某称现在是试开业并且是免费的，深受群众的欢迎，停止医疗活动不合情理，也不符合群众利益，所以没有接受卫生局执法人员的劝阻依然开展医疗活动。不久，区卫生局依法对该医院做出罚款 20 000 元的行政处罚。该医院不服，依法向市卫生局申请行政复议，要求撤销区卫生局做出的处罚决定。市卫生局经复议后依法变更区卫生局的行政处罚，做出了责令该医院停止诊疗活动，罚款 10 000 元的行政处罚。

问题：

1. 本案中该医院的行为是否符合医疗机构管理的相关法律法规？

2. 本案中区卫生局做出的行政处罚是否合法？

3. 本案中市卫生局变更区卫生局的行政处罚，做出责令某某医院停止诊疗活动，并罚款 10 000 元的行政处罚是否合法？

一、医疗机构管理法律制度概述

（一）医疗机构的概念

医疗机构是指依法设立的，以救死扶伤、防病治病、为公民的健康服务为宗旨，从事疾病预防、诊断、治疗和康复活动的社会组织。所谓"依法设立"是指依据《医疗机构管理条例》和《医疗机构管理条例实施细则》规定的条件和程序办理相关审批、登记手续，取得《医疗机构执业许可证》。

（二）医疗机构的分类

医院是人们最为熟悉的医疗机构，而除医院之外，社区卫生服务机构、疗养院、卫生所、急救中心和临床检验中心等也属于医疗机构，分别承担着不同的卫生任务。

1. 根据医疗机构的不同功能分类

医疗机构分为 14 个类别：①综合医院、中医医院、中西医结合医院、民族医医院、专科医院、康复医院；②妇幼保健院、妇幼保健计划生育服务中心；③社区卫生服务中心、社区卫生服务站；④中心卫生院、乡（镇）卫生院、街道卫生院；⑤疗养院；⑥综合门诊部、专科门诊部、中医门诊部、中西医结合门诊部、民族医门诊部；⑦诊所、中医诊所、民族医诊所、卫生所、医务室、卫生保健所、卫生站；⑧村卫生室（所）；⑨急救中心、急救站；⑩临床检验中心；⑪专科疾病防治院、专科疾病防治所、专科疾病防治站；⑫护理院、护理站；⑬医学检验实验室、病理诊断中心、医学影像诊断中心、血液透析中心、安宁疗护中心；⑭其他诊疗机构。

2. 根据医疗机构的性质划分

《中华人民共和国基本医疗卫生与健康促进法》第 39 条规定，国家对医疗卫生机构实行分类管理。医疗卫生服务体系坚持以非营利性医疗卫生机构为主体、营利性医疗卫生机构为补充。政府举办非营利性医疗卫生机构，在基本医疗卫生事业中发挥主导作用，保障基本医疗卫生服务公平可及。根据医疗机构的经营目的和性质，医疗机构划分为两类：非营利性医疗机构和营利性医疗机构。目前政府举办的公立医疗机构都属于非营利性医疗机构，不以营利为目的，其经营收入用于弥补医疗服务成本和用于自身的发展。大多数民营医疗机构都属于营利性医疗机构，其经营收入用于投资者的经济回报。目前，非营利性医疗机构在我国医疗服务体系中占主导地位。

3. 根据医疗机构的所有制划分

根据医疗机构投资主体和所有者的不同，可以将医疗机构划分为公立医疗机构、民办医疗机构、中外合资医疗机构。公立医疗机构投资主体是国家和集体，属于国有资产和国家所有，由政府卫生行政部门管理和举办；民办医疗机构的投资主体是个人或合伙人，属于私有财产和私人所有，主要以营利为目的；中外合资医疗机构投资主体包括国内外医疗机构、公司、企业和其他经济组织，随着国内医疗市场化的发展，目前有越来越多的外国机构参与国内医疗机构的投资。

＜ 知识拓展

营利性医疗机构和非营利性医疗机构的区别

营利性医疗机构和非营利性医疗机构的区别体现在以下 6 个方面：①经营目标不同。前者是追求利润最大化；后者是为实现特定社会目标，不以赚钱为目的；②分配方式不同。前者盈利后，可以分红和用于投资者回报；后者盈利只能用于自身发展，不能分红；③财产处置方式不同。前者可以自行处置剩余财产；后者的剩余财产只能由社会管理部门处置；④价格标准不同。前者实行医疗服务市场调节价和自主定价；后者按照主管部门制定的基准价，并在其范围内浮动和确定本机构实际医疗服务价格；⑤税收政策不同。前者照章纳税；后者享受政府税收优惠政策；⑥财政补贴不同。前者没有任何政府财政补助；后者由同级政府财政进行定向资金补助。

（三）医疗机构管理的相关立法

1994 年 2 月 26 日，国务院制定了《医疗机构管理条例》，同年 9 月 1 日起施行。2016 年 2 月 6 日中华人民共和国国务院令第 666 号修改施行。2022 年，国务院决定对《医疗机构管理条例》的部分条款予以修改，决定自同年 5 月 1 日起施行。《医疗机构管理条例》的颁布实施，对医疗机构的规划布局、设置审批、登记执业、监督管理和法律责任等方面作了具体规范，标志着我国医疗机构管理进一步走向法制化、标准化、规范化和科学化。卫生部相继颁布了《医疗机构管理条例实施细则》（2017 年 2 月 21 日由中华人民共和国国家卫生和计划生育委员会修订，以下简称国家卫生计生委，同年 4 月 1 日实施）、《医疗机构设置规划指导原则》（已失效）、《医疗机构设置规划指导原则（2016—2020 年）》（2016 年 7 月 21 日由国家卫生计生委制定）、《医疗机构基本标准（试行）》、《医疗机构诊疗科目名录》等部门规章，这些部门规章以《医疗机构管理条例》为核心，逐渐覆盖医疗机构执业所涉及的各个环节，也日渐形成比较全面的医疗机构管理法律体系。

二、医疗机构的设置与审批

随着我国改革开放的不断扩大，医疗机构的设置、审批、登记与校验也发生了很大的变化，1994年国家出台了《医疗机构管理条例实施细则》，2017年国家卫生计生委令第12号对《医疗机构管理条例实施细则》做出了第二次修订并出台了修正版，对医疗机构的设置、审批、登记与校验做出了明确的规定。

（一）医疗机构的设置规划

医疗机构的设置规划是医疗卫生资源配置的重要内容之一。医疗机构设置的合理规划可以引导医疗卫生资源的合理配置，提高医疗卫生资源的利用效率，并基本满足区域内一定人群的实际医疗服务需求，保证医疗服务供给的可及性和公平性。《医疗机构管理条例》第6条规定："县级以上地方人民政府卫生行政部门应当根据本行政区域内的人口、医疗资源、医疗需求和现有医疗机构的分布状况，制定本行政区域医疗机构设置规划。机关、企业和事业单位可以根据需要设置医疗机构，并纳入当地医疗机构的设置规划。"

《医疗机构设置规划指导原则（2021—2025年）》规定，明确医疗机构设置的五个基本原则：坚持需求导向原则、区域统筹规划原则、科学布局原则、协同创新原则、中西医并重原则。

（二）医疗机构的设置条件

单位或者个人设置医疗机构，按照国务院的规定应当办理设置医疗机构批准书的，应当经县级以上地方人民政府卫生行政部门审查批准，并取得设置医疗机构批准书。

1. 个人申请医疗机构的条件

在城市设置诊所的个人，必须同时具备下列条件：①经医师执业技术考核合格，取得《医师执业证书》；②取得《医师执业证书》或者医师职称后，从事5年以上同一专业临床工作；③省、自治区、直辖市卫生行政部门规定的其他条件。

在乡镇和村申请设置诊所的个人的条件，由省、自治区、直辖市卫生行政部门规定。

2. 国内机构申请医疗机构的条件

不设床位或者床位不满100张的医疗机构，向所在地的县级人民政府卫生行政部门申请；床位在100张以上的医疗机构和专科医院按照省级人民政府卫生行政部门的规定申请。国家统一规划的医疗机构的设置，由国务院卫生行政部门决定。有下列情形之一的，不得申请设置医疗机构：①不能独立承担民事责任的单位；②正在服刑或者不具有完全民事行为能力的个人；③发生二级以上医疗事故未满5年的医务人员；④因违反有关法律、法规和规章，已被吊销执业证书的医务人员；⑤被吊销《医疗机构执业许可证》的医疗机构法定代表人或者主要负责人；⑥省、自治区、直辖市政府卫生计生行政部门规定的其他情形。

3. 中外合资、合作医疗机构设置的条件

中外合资、合作医疗机构的设置和发展必须符合当地区域卫生规划和医疗机构设置规划，并执行原卫生部制定的《医疗机构基本标准》，能够提供国际先进的医疗机构管理经验、管理模式和服务模式，能够提供具有国际领先水平的医学技术和设备，可以补充或改善当地在医疗服务能力、医疗技术、资金和医疗设施方面的不足。同时应当符合以下条件：①必须是独立的法人；②投资总额不得低于2 000万元人民币；③合资、合作中方在中外合资、合作医疗机构中所占有的股权比例或权益不得低于30%；④合资、合作期限不超过20年；⑤省级以上卫生行政部门规定的其他条件。

设置中外合资、合作医疗机构，经申请获卫生行政部门许可，按照有关法律、法规向外经贸部提出申请，予以批准，发给《外商投资企业批准证书》。

（三）申请设置医疗机构的审批

《医疗机构管理条例》第9条规定："单位或者个人设置医疗机构，按照国务院的规定应当办理设置医疗机构批准书的，应当经县级以上地方人民政府卫生行政部门审查批准，并取得设置医疗机构批准书。"

卫生行政部门对设置医疗机构申请，应当自受理之日起30日内，依据当地《医疗机构设置规划》进行审查，对符合《医疗机构设置规划》和原卫生部制定的《医疗机构基本标准》的，发给《设置医疗机构批准书》；对不予批准的要以书面形式告知理由。有下列情形之一的，设置医疗机构申请不予批准：①不符合当地《医疗机构设置规划》；②设置人不符合规定的条件；③不能提供满足投资总额的资信证明；④投资总额不能满足各项预算开支；⑤医疗机构选址不合理；⑥污水、污物、粪便处理方案不合理；⑦省、自治区、直辖市卫生行政部门规定的其他情形。

三、医疗机构的登记与校验

（一）医疗机构的登记

医疗机构被依法审查批准后，必须依法进行执业登记，才能开展诊疗活动。执业登记由批准其设置的卫生行政部门办理。《医疗机构管理条例》第17条规定："医疗机构的执业登记，由批准其设置的人民政府卫生行政部门办理。"

1. 医疗机构执业登记的条件

医疗机构执业，必须进行登记，领取《医疗机构执业许可证》。申请医疗机构执业登记，应当具备下列条件：①按照规定应当办理设置医疗机构批准书的，已取得设置医疗机构批准书；②符合医疗机构基本标准；③有适合的名称、组织机构和场所；④有与其开展的业务相适应的经费、设施、设备和专业卫生技术人员；⑤有相应的规章制度；⑥能够独立承担民事责任。

医疗机构的执业登记，由批准其设置的人民政府卫生行政部门办理。国家统一规划的医疗机构执业登记，由所在地的省、自治区、直辖市人民政府卫生行政部门办理。机关、企业和事业单位设置的为内部职工服务的门诊部、卫生所（室）、诊所的执业登记，由所在地的县级人民政府卫生行政部门办理。

登记机关在受理医疗机构执业登记申请后，应对提交的材料进行审查和实地考察、核实，并对有关执业人员进行消毒、隔离和无菌操作等基本知识和技能的现场抽查考核。经审核合格的，发给《医疗机构执业许可证》；审核不合格的，将审核结果和不予批准的理由以书面形式通知申请人。《医疗机构执业许可证》有效期为5年。

根据《医疗机构管理条例实施细则》第27条的规定，申请医疗机构执业登记有下列情形之一的，不予登记：①不符合《设置医疗机构批准书》核准的事项；②不符合《医疗机构基本标准》；③投资不到位；④医疗机构用房不能满足诊疗服务功能；⑤通讯、供电、上下水道等公共设施不能满足医疗机构正常运转；⑥医疗机构规章制度不符合要求；⑦消毒、隔离和无菌操作等基本知识和技能的现场抽查考核不合格；⑧省、自治区、直辖市卫生计生行政部门规定的其他情形。

2. 医疗机构执业登记的事项

医疗机构执业登记的事项包括：①类别、名称、地址、法定代表人或者主要负责人；

②所有制形式；③注册资金（资本）；④服务方式；⑤诊疗科目；⑥房屋建筑面积、床位（牙椅）；⑦服务对象；⑧职工人数；⑨执业许可登记号（医疗机构代码）；⑩省、自治区、直辖市卫生计生行政部门规定的其他登记事项。门诊部、诊所、卫生所、医务室、卫生保健所、卫生站除登记上述所列事项外，还应当核准登记附设药房（柜）的药品种类。

3.执业登记的变更

因分立或者合并而保留的医疗机构应当申请变更登记；因分立或者合并而新设置的医疗机构应当申请设置许可和执业登记；因合并而终止的医疗机构应当申请注销登记。

医疗机构变更名称、地址、法定代表人或者主要负责人、所有制形式、服务对象、服务方式、注册资金（资本）、诊疗科目、床位（牙椅）的，必须向登记机关申请办理变更登记，并提交下列材料：①医疗机构法定代表人或者主要负责人签署的《医疗机构申请变更登记注册书》；②申请变更登记的原因和理由；③登记机关规定提交的其他材料。

机关、企业和事业单位设置的为内部职工服务的医疗机构向社会开放，必须按照规定申请办理变更登记。医疗机构在原登记机关管辖权限范围内变更登记事项的，由原登记机关办理变更登记；因变更登记超出原登记机关管辖权限的，由有管辖权的卫生计生行政部门办理变更登记。

医疗机构在原登记机关管辖区域内迁移，由原登记机关办理变更登记；向原登记机关管辖区域外迁移的，应当在取得迁移目的地的卫生计生行政部门发给的《设置医疗机构批准书》，并经原登记机关核准办理注销登记后，再向迁移目的地的卫生计生行政部门申请办理执业登记。医疗机构歇业（医疗机构非因改建、扩建、迁建原因停业超过1年的，视为歇业），必须向原登记机关办理注销登记。经登记机关核准后，收缴《医疗机构执业许可证》。

（二）医疗机构的校验

床位在100张以上的综合医院、中医医院、中西医结合医院、民族医医院以及专科医院、疗养院、康复医院、妇幼保健院、急救中心、临床检验中心和专科疾病防治机构的校验期为3年；其他医疗机构的校验期为1年。

医疗机构应于校验期满前3个月向登记机关申请办理校验手续。办理校验应当校验《医疗机构执业许可证》，并提交下列文件：①《医疗机构校验申请书》；②《医疗机构执业许可证》副本；③省、自治区、直辖市卫生计生行政部门规定提交的其他材料。

卫生计生行政部门应当在受理校验申请后的30日内完成校验。医疗机构有下列情形之一的，登记机关可以根据情况，给予2～6个月的暂缓校验期：①不符合《医疗机构基本标准》；②限期改正期间；③省、自治区、直辖市卫生计生行政部门规定的其他情形。不设床位的医疗机构在暂缓校验期内不得执业。暂缓校验期满仍不能通过校验的，由登记机关注销其《医疗机构执业许可证》。

四、医疗机构职业名称的确立

（1）医疗机构的名称由识别名称和通用名称依次组成。

医疗机构的通用名称为：医院、中心卫生院、卫生院、疗养院、妇幼保健院、门诊部、诊所、卫生所、卫生站、卫生室、医务室、卫生保健所、急救中心、急救站、临床检验中心、防治院、防治所、防治站、护理院、护理站、中心以及国家卫生计生委规定或者认可的其他名称。

医疗机构可以下列名称作为识别名称：地名、单位名称、个人姓名、医学学科名称、医学专业和专科名称、诊疗科目名称和核准机关批准使用的名称。

（2）医疗机构的命名必须符合以下原则。

①医疗机构的通用名称以（1）所列的医疗机构的通用名称为限；②（1）所列的医疗机构的识别名称可以合并使用；③名称必须名副其实；④名称必须与医疗机构类别或者诊疗科目相适应；⑤各级地方人民政府设置的医疗机构的识别名称中应当含有省、市、县、区、街道、乡、镇、村等行政区划名称，其他医疗机构的识别名称中不得含有行政区划名称；⑥国家机关、企业和事业单位、社会团体或者个人设置的医疗机构的名称中应当含有设置单位名称或者个人的姓名。

（3）医疗机构不得使用下列名称。

①有损于国家、社会或者公共利益的名称；②侵犯他人利益的名称；③以外文字母、汉语拼音组成的名称；④以医疗仪器、药品、医用产品命名的名称；⑤含有"疑难病""专治""专家""名医"或者同类含义文字的名称以及其他宣传或者暗示诊疗效果的名称；⑥超出登记的诊疗科目范围的名称；⑦省级以上卫生计生行政部门规定不得使用的名称。

（4）医疗机构名称的核准。

以下医疗机构名称由国家卫生计生委核准；属于中医、中西医结合和民族医医疗机构的，由国家中医药管理局核准：①含有外国国家（地区）名称及其简称、国际组织名称的；②含有"中国""全国""中华""国家"等字样以及跨省地域名称的；③各级地方人民政府设置的医疗机构的识别名称中不含有行政区划名称的。

以"中心"作为医疗机构通用名称的医疗机构名称，由省级以上卫生计生行政部门核准；在识别名称中含有"中心"字样的医疗机构名称的核准，由省、自治区、直辖市卫生计生行政部门规定。含有"中心"字样的医疗机构名称必须同时含有行政区划名称或者地名。除专科疾病防治机构以外，医疗机构不得以具体疾病名称作为识别名称，确有需要的由省、自治区、直辖市卫生计生行政部门核准。

医疗机构名称经核准登记，于领取《医疗机构执业许可证》后方可使用，在核准机关管辖范围内享有专用权。医疗机构只准使用一个名称。确有需要，经核准机关核准可以使用两个或者两个以上名称，但必须确定一个第一名称。卫生计生行政部门有权纠正已经核准登记的不适宜的医疗机构名称，上级卫生计生行政部门有权纠正下级卫生计生行政部门已经核准登记的不适宜的医疗机构名称。

两个以上申请人向同一核准机关申请相同的医疗机构名称，核准机关依照申请在先原则核定。属于同一天申请的，应当由申请人双方协商解决；协商不成的，由核准机关作出裁决。两个以上医疗机构因已经核准登记的医疗机构名称相同发生争议时，核准机关依照登记在先原则处理。属于同一天登记的，应当由双方协商解决；协商不成的，由核准机关报上一级卫生计生行政部门作出裁决。

医疗机构名称不得买卖、出借。未经核准机关许可，医疗机构名称不得转让。

五、医疗机构的执业与监督

（一）医疗机构执业管理

1.医疗机构的执业前提

医疗机构执业，应当取得《医疗机构执业许可证》，任何单位或者个人，未取得《医疗机构执业许可证》，不得开展诊疗活动。医疗机构执业，必须遵守有关法律、法规和医疗技术规范；必须将《医疗机构技业许可证》、诊疗科目、诊疗时间和收费标准悬挂于明显处所；必须按照核准登记的诊疗科目开展诊疗活动；不得使用非卫生技术人员从事医疗卫生技术工作；应当加强对医务人员的医德教育；其工作人员上岗工作，必须佩戴载有本人姓名、职务或者职称的标牌。

2. 医疗机构的执业规则

（1）积极救治患者。医疗机构在执业过程中，对危重患者应当立即抢救，对限于设备或者技术条件不能诊治的患者，应当及时转诊。

（2）严格按规定出具医学证明文件。未经医师（士）亲自诊查患者，医疗机构不得出具疾病诊断书、健康证明书或者死亡证明书等证明文件；未经医师（士）、助产人员亲自接产，医疗机构不得出具出生证明书或者死产报告书。

（3）充分尊重患者知情同意权。医务人员在诊疗活动中应当向患者说明病情和医疗措施。需要实施手术、特殊检查、特殊治疗的，医务人员应当及时向患者具体说明医疗风险、替代医疗方案等情况，并取得其明确同意；不能或者不宜向患者说明的，应当向患者的近亲属说明，并取得其明确同意。抢救生命垂危的患者等紧急情况，因不能第一时间取得患者或者其近亲属意见的，经医疗机构负责人或者授权的负责人批准，可以立即实施相应的医疗措施。

（4）及时报告和合法处理医疗质量安全事件。发生医疗事故，按照国家有关规定处理；对传染病、精神障碍、职业病等患者的特殊诊治和处理，应当按照国家有关法律、法规的规定办理。

（5）严格按照国家标准管理。医疗机构须按照有关药品管理的法律、法规，加强药品管理；必须按照人民政府或者物价部门的有关规定收取医疗费用，详列细项，并出具收据。

（6）服从卫生行政部门的调遣。医疗机构除开展对疾病的诊疗外，还必须承担相应的预防保健工作，承担县级以上人民政府卫生行政部门委托的支援农村、指导基层医疗卫生工作等任务；发生重大灾害、事故、疾病流行或者其他意外情况时，医疗机构及其卫生技术人员必须服从县级以上人民政府卫生行政部门的调遣。

（二）医疗机构监督管理

1. 医疗机构监督管理的概念

医疗机构监督管理是指县级以上人民政府卫生行政部门，对医疗机构的执业活动进行监督、检查、指导、调查、取证、评审、提出处罚意见和实施职权内的处罚活动的行为。这一概念应当从以下3个方面理解。

（1）对医疗机构的监督管理是县级以上卫生行政部门依法履行职责、执行职务的行政行为。县级以上卫生行政部门负有对医疗机构实施监督管理的义务，享有对医疗机构实施监督管理的权力。其他任何机关和个人都没有这一权力。

（2）县级以上卫生行政部门对医疗机构的监督管理的方式是进行监督、检查、指导、调查、取证、评审、提出处罚意见和实施职权内的处罚活动的行为。

（3）县级以上卫生行政部门监督管理的对象是取得《医疗机构执业许可证》的医疗机构及没有取得《医疗机构执业许可证》而非法执业的单位和个人。

2. 对医疗机构监督管理的法律规定

（1）关于管理主体，国务院《医疗机构管理条例》第39条规定，县级以上人民政府卫生行政部门行使下列监督管理职权：①负责对医疗机构的审批、执业登记、备案和校验；②对医疗机构的执业活动进行检查指导；③负责组织对医疗机构的评审；④对违反本条例的行为给予处罚。

原卫生部《医疗机构管理条例实施细则》（2017年原国家卫生计生委修订）第66条对此做出补充，规定，各级卫生计生行政部门负责所辖区域内医疗机构的监督管理工作。

（2）各级卫生行政部门负责所辖区域内医疗机构的监督管理工作。在监督管理工作中，要充分发挥医院管理学会和卫生工作者协会等学术性和行业性社会团体的作用；在县级以上卫生行政部门设立医疗机构监督管理办公室；各级医疗机构监督办公室在同级卫生行政部门的领导下开展工作。

根据《医疗机构管理条例实施细则》的规定，各级医疗机构监督办公室的职责是：①拟订医疗机构监督管理工作计划；②办理医疗机构监督管理员的审查、发证、换证；③负责医疗机构登记、校验和有关监督管理工作的统计，并向同级卫生行政部门报告；④负责接待、办理群众对医疗机构的投诉；⑤完成卫生计生行政部门交付的其他监督管理工作。

（3）县级以上卫生计生行政部门设医疗机构监督员，履行规定的监督管理职责。医疗机构监督员由同级卫生行政部门聘任。医疗机构监督员应当严格执行国家有关法律、法规和规章，其主要职责是：①对医疗机构执行有关法律、法规、规章和标准的情况进行监督、检查、指导；②对医疗机构执业活动进行监督、检查、指导；③对医疗机构违反《医疗机构管理条例》及《医疗机构管理条例实施细则》的案件进行调查、取证；④对经查证属实的案件向卫生计生行政部门提出处理或处罚意见；⑤实施职权范围内的处罚；⑥完成卫生计生行政部门交付的其他监督管理工作。

（4）医疗机构监督员有权对医疗机构进行现场检查，无偿索取有关资料，医疗机构不得拒绝、隐匿或者隐瞒。医疗机构监督员在履行职责时应当佩戴证章、出示证件。医疗机构监督员证章、证件由国家卫生计生监制。

（5）《医疗机构管理条例实施细则》第72条规定，各级卫生计生行政部门对医疗机构的执业活动检查、指导主要包括：①执行国家有关法律、法规、规章和标准情况；②执行医疗机构内部各项规章制度和各级各类人员岗位责任制情况；③医德医风情况；④服务质量和服务水平情况；⑤执行医疗收费标准情况；⑥组织管理情况；⑦人员任用情况；⑧省、自治区、直辖市卫生计生行政部门规定的其他检查、指导项目。

< 知识拓展

我国医院的分级与分等

我国医院分级分等，且全国统一。

（1）我国医院按其功能、任务不同划分为一级、二级和三级。

一级医院（病床数在100张以内，包括100张）：是直接向一定人口的社区提供预防、医疗、保健、康复服务的基层医院、卫生院。

二级医院（病床数在100~500张之间）：是向多个社区提供综合医疗卫生服务和承担一定教学、科研服务的基层医院、卫生院。

三级医院（病床数在501张以上）：是向几个地区提供高水平专科性医疗卫生服务和执行高等教育、科研任务的区域性以上的医院。

企事业单位及集体、个体经营的民办医院的级别，也可按上述方法划定。

（2）各级医院经过评审，按照《医院分级管理标准》确定为甲、乙、丙三等。

注意：①三级医院增设特等，因此医院共分三级十等；②实际执行中，一级医院不分甲、乙、丙三等；③等的划分是按医院的技术力量、管理水平、设备条件、科研能力等按1000分计分而划分出来的。

六、医疗机构的评审制度和法律责任

（一）医疗机构的评审制度

国家实行医疗机构评审制度，由专家组成的评审委员会按照医疗机构评审办法和评审标准，对医疗机构的执业活动、医疗服务质量等进行综合评价。医疗机构评审办法和评审标准由国务院卫生行政部门制定。县级以上地方人民政府卫生行政部门负责组织本行政区域医疗机构评审委员会。医疗机构评审委员会由医院管理、医学教育、医疗、医技、护理和财务等有关专家组成。评审委员会成员由县级以上地方人民政府卫生行政部门聘任。县级以上地方人民政府卫生行政部门根据评审委员会的评审意见，对达到评审标准的医疗机构，发给评审合格证书；对未达到评审标准的医疗机构，提出处理意见。

（二）法律责任

医疗机构执业违反《医疗机构管理条例》时，医疗机构本身及直接责任人员都应承担一定的法律责任。从该条例的规定来看，属于行政责任的范畴，主要是由医疗机构本身来承担，形式是行政处罚。

1. 未取得许可证的情形

对未取得《医疗机构执业许可证》擅自执业的，责令其停止执业活动，没收非法所得和药品、器械，并处以 3 000 元以下的罚款；有下列情形之一的，责令其停止执业活动，没收非法所得和药品、器械，处以 3 000 以上 1 万元以下的罚款：①因擅自执业曾受过卫生计生行政部门处罚；②擅自执业的人员为非卫生技术专业人员；③擅自执业时间在 3 个月以上；④给患者造成伤害；⑤使用假药、劣药蒙骗患者；⑥以行医为名骗取患者钱物；⑦省、自治区、直辖市卫生计生行政部门规定的其他情形。

 典型案例

某卫生健康局接到陈某投诉举报，称刘某在家非法行医。经调查核实：陈某的妻子邓某罹患癌症，陈某夫妇通过车友群认识了号称可以治疗各种疑难杂症的刘某，刘某冒充"中医世家"，声称有祖传秘方可以治好邓某的癌症，刘某在没有取得《医师资格证书》《医师执业证书》《医疗机构执业许可证》情况下，在家里多次为邓某开具中药药方、调剂中药，共收取陈某夫妇医药费用 10.51 万元。刘某未取得《医疗机构执业许可证》擅自执业的行为，违反了《中华人民共和国基本医疗卫生与健康促进法》第 38 条第 1 款的规定，依据《中华人民共和国基本医疗卫生与健康促进法》第 99 条第 1 款的规定，该卫生健康局给予刘某没收违法所得 10.51 万元并罚款 52.55 万元的行政处罚，同时责令其立即停止执业活动。

案例分析：《中华人民共和国基本医疗卫生与健康促进法》第 38 条规定，举办医疗机构，应当具备下列条件，按照国家有关规定办理审批或者备案手续：

（一）有符合规定的名称、组织机构和场所；

（二）有与其开展的业务相适应的经费、设施、设备和医疗卫生人员；

（三）有相应的规章制度；

（四）能够独立承担民事责任；

（五）法律、行政法规规定的其他条件。

医疗机构依法取得执业许可证。禁止伪造、变造、买卖、出租、出借《医疗机构执业许可证》。

各级各类医疗卫生机构的具体条件和配置应当符合国务院卫生健康主管部门制定的医疗卫生机构标准。

《中华人民共和国基本医疗卫生与健康促进法》第99条第1款规定，违反本法规定，未取得《医疗机构执业许可证》擅自执业的，由县级以上人民政府卫生健康主管部门责令停止执业活动，没收违法所得和药品、医疗器械，并处违法所得5倍以上20倍以下的罚款，违法所得不足1万元的，按1万元计算。

2. 逾期不校验的情形

对不按期办理校验《医疗机构执业许可证》又不停止诊疗活动的，责令其限期补办校验手续；在限期内仍不办理校验的，吊销其《医疗机构执业许可证》。

3. 出卖、转让和出借许可证的情形

转让、出借《医疗机构执业许可证》的，没收其非法所得，并处以3 000元以下的罚款；有下列情形之一的，没收其非法所得，处以3 000元以上5 000元以下的罚款，并吊销《医疗机构执业许可证》：①出卖《医疗机构执业许可证》；②转让或者出借《医疗机构执业许可证》是以营利为目的；③受让方或者承借方给患者造成伤害；④转让、出借《医疗机构执业许可证》给非卫生技术专业人员；⑤省、自治区、直辖市卫生计生行政部门规定的其他情形。

4. 诊疗活动超出登记的诊疗科目范围的情形

除急诊和急救外，医疗机构诊疗活动超出登记的诊疗科目范围，情节轻微的，处以警告；有下列情形之一的，责令其限期改正，并可处以3 000元以下罚款：①超出登记的诊疗科目范围的诊疗活动累计收入在3 000元以下；②给患者造成伤害。

有下列情形之一的，处以3 000元罚款，并吊销《医疗机构执业许可证》：①超出登记的诊疗科目范围的诊疗活动累计收入在3 000元以上；②给患者造成伤害；③省、自治区、直辖市卫生计生行政部门规定的其他情形。

5. 任用非卫生技术人员从事医疗卫生技术工作的情形

责令其立即改正，并可处以3 000元以下的罚款；有下列情形之一的，处以3 000元以上5 000元以下罚款，并可以吊销其《医疗机构执业许可证》：①任用两名以上非卫生技术人员从事诊疗活动；②任用的非卫生技术人员给患者造成伤害。医疗机构使用卫生技术人员从事本专业以外的诊疗活动的，按使用非卫生技术人员处理。

6. 出具虚假证明文件的情形

情节轻微的，给予警告，并可处以500元以下的罚款；有下列情形之一的，处以500元以上1 000元以下的罚款：①出具虚假证明文件造成延误诊治的；②出具虚假证明文件给患者精神造成伤害的；③造成其他危害后果的。对直接责任人员由所在单位或者上级机关给予行政处分。

7. 其他限期改正的情形

医疗机构有下列情形之一的，登记机关可以责令其限期改正：①发生重大医疗事故；②连续发生同类医疗事故，不采取有效防范措施；③连续发生原因不明的同类患者死亡事件，同时存在管理不善因素；④管理混乱，有严重事故隐患，可能直接影响医疗安全；⑤省、自治区、直辖市卫生计生行政部门规定的其他情形。

8. 当事人对行政处罚决定不服的情形

当事人对行政处罚决定不服的，可以在接到《行政处罚决定通知书》之日起15日内向

作出行政处罚决定的上一级卫生计生行政部门申请复议。上级卫生计生行政部门应当在接到申请书之日起 30 日内作出书面答复。

当事人对行政处罚决定不服的，也可以在接到《行政处罚决定通知书》之日起 15 日内直接向人民法院提起行政诉讼。

逾期不申请复议、不起诉又不履行行政处罚决定的，由作出行政处罚决定的卫生计生行政部门填写《行政处罚强制执行申请书》，向人民法院申请强制执行。

单元二　执业医师管理法律制度

案例引入

"治病救人是医务工作者的天职，拒收红包是恪守医德的本分。老伯您的心意我们收到了，红包我们替您交了住院费，这是交费凭据，请您收好。"2023 年 3 月 20 日，在某医院内分泌诊疗中心的病房里，科室主任虞主任和祝医生将 2 000 元住院预交金凭据交到了患者刘老伯的手中，医生的这个举动令患者及其家人十分感动。

67 岁的刘老伯患有多种疾病，最近因经常咯血和血糖异常住进了该医院内分泌诊疗中心病区，不料在住院期间病情告急，在祝医生等医护人员的抢救下，患者才脱离生命危险。患者和家属为了表达感激之情，包了 2 000 元的红包送给祝医生，祝医生多番拒绝未果后汇报虞主任，并在主任指导下，将红包充入患者住院预交金中。事后，虞主任告知患者及其家属，治病救人是医生的天职，同时还将本医院有关拒收红包的医德医风制度告知患者及其家属，让家属理解。

问题：
1. 你支持医生的做法吗？
2. 根据《中华人民共和国医师法》相关法律规定，医师的执业规则有哪些？

一、执业医师管理法律制度概述

（一）执业医师法概念

执业医师法是由国家制定和认可，调整医师资格考试、执业注册和执业活动中产生的各种社会关系的法律规范的总称。医师法律制度有利于推进健康中国建设，提高医师的职业道德和业务素质，维护医师的合法权益，保护公众的生命和健康。

《中华人民共和国医师法》（以下简称《医师法》）由中华人民共和国第十三届全国人民代表大会常务委员会第三十次会议于 2021 年 8 月 20 日通过，当日予以公布，自 2022 年 3 月 1 日起施行。全文分为 7 章，共 67 条。随着时代的进步，科技的发展，为适应实际医师队伍建设与管理工作需要，新颁布的《医师法》加强了与《民法典》《基本医疗卫生与健康促进法》《中华人民共和国中医药法》等法律法规的衔接，对突发疫情和重大公共卫生事件的应急处理工作提出了要求。

《医师法》的颁布实施，凸显了社会对医师职业的尊崇，更加注重保障医师权益；重视医师高质量培养，规范医师执业行为；实现"三个结合"（医教不协同、医防不结合、中西医不平衡），打通体制机制堵点；强基层，补齐紧缺专业短板，对中国医师的队伍建设、管理制度、执业规则等产生重大影响。

（二）医师概念

医师是指依法取得医师资格，经注册在医疗卫生机构中执业的专业医务人员。医师包括执业医师和执业助理医师。

执业医师是指依法取得执业医师资格并经注册在医疗、预防、保健机构中按照注册类别和范围，独立从事相应的医疗工作的人员。

执业助理医师是指依法取得执业助理医师资格并经注册在医疗、预防、保健机构中在执业医师的指导下按照其注册的执业类别和范围执业的人员。

《医师法》规定："医师应当坚持人民至上、生命至上，发扬人道主义精神，弘扬敬佑生命、救死扶伤、甘于奉献、大爱无疆的崇高职业精神，恪守职业道德，遵守执业规范，提高执业水平，履行防病治病、保护人民健康的神圣职责。医师依法执业，受法律保护。医师的人格尊严、人身安全不受侵犯。"

（三）《医师法》的适用范围

在医疗、预防、保健机构中工作的，依法取得执业医师资格或者执业助理医师资格，并经注册取得医师执业证书，从事相应的医疗、预防、保健业务的专业医务人员，以及计划生育技术服务机构中的医师，适用《医师法》。

（四）医师工作的管理

医师管理工作实行行政管理与行业自律性管理相结合。《医师法》规定，国务院卫生健康主管部门负责全国的医师管理工作。国务院教育、人力资源社会保障、中医药等有关部门在各自职责范围内负责有关的医师管理工作。县级以上地方人民政府卫生健康主管部门负责本行政区域内的医师管理工作。县级以上地方人民政府教育、人力资源社会保障、中医药等有关部门在各自职责范围内负责有关的医师管理工作。医师可以依法组织和参加医师协会等有关行业组织、专业学术团体。医师协会的宗旨是发挥行业"服务、协调、自律、维权、监督、管理"职能，加强医师队伍建设和管理。

二、医师考试与注册

医师资格考试

（一）医师资格考试

１. 医师资格考试的种类

国家实行医师资格考试制度。医师资格考试的性质是行业准入考试，是评价申请医师资格者是否具备执业所必需的专业知识与技能的考试。医师资格考试分为执业医师资格考试和执业助理医师资格考试。

医师资格考试分实践技能考试和医学综合考试两部分。考试分为两级四类，即执业医师和执业助理医师两级；每级分为临床、中医、口腔、公共卫生四类。中医类包括中医、民族医和中西医结合。到目前为止，我国医师资格考试共有 24 种类别。

2. 医师资格考试的报考条件

（1）执业医师资格考试的报考条件：①具有高等学校相关医学专业本科以上学历，在执业医师指导下，在医疗卫生机构中参加医学专业工作实践满 1 年；②具有高等学校相关医学专业专科学历，取得执业助理医师执业证书后，在医疗卫生机构中执业满 2 年。

（2）执业助理医师资格考试的报考条件：具有高等学校相关医学专业专科以上学历，在执业医师指导下，在医疗卫生机构中参加医学专业工作实践满 1 年的，可以参加执业助理医师资格考试。

（3）中医医师资格考试的报考条件：①以师承方式学习中医满 3 年，或者经多年实践医术确有专长的，经县级以上人民政府卫生健康主管部门委托的中医药专业组织或者医疗卫生机构考核合格并推荐，可以参加中医医师资格考试；②以师承方式学习中医或者经多年实践，医术确有专长的，由至少 2 名中医医师推荐，经省级人民政府中医药主管部门组织实践技能和效果考核合格后，即可取得中医医师资格及相应的资格证书。

3. 医师资格的取得

医师资格考试成绩合格，取得执业医师资格或者执业助理医师资格，中华人民共和国国家卫生健康委员会（以下简称国家卫生健康委员会）统一发放医师资格证书。医师资格是国家确认的准予从事医师执业的资格，是公民从事医师执业必须具备的条件和身份，医师资格证书是证明其本人具有医师资格的法律文件，必须依法取得。医师资格经合法取得后，受法律保护，任何组织和个人不得非法剥夺。

 典型案例

2023 年 2 月，某市某区卫生健康局、市场监管局、综合行政执法局监督执法人员在对该市某镇开展联合执法检查时，发现龚某某未取得执业医师资格擅自从事口腔诊疗活动。经进一步核实，龚某某曾分别于 2005 年 10 月、2020 年 9 月因非法行医行为被卫生健康行政部门给予行政处罚，其再次非法行医的行为涉嫌构成非法行医罪，该区卫生健康局将该案移送司法机关。经审理，该区人民法院依据《中华人民共和国刑法》（以下简称《刑法》）第 336 条的规定，判决龚某某犯非法行医罪，判处有期徒刑 10 个月，缓刑 1 年 6 个月，并处罚金人民币 2 万元；依法没收扣押在案的涉案药品及器械；没收违法所得人民币 327 430 元，上缴国库。

案例分析： 无资质行医严重危害群众健康权益，两次以上因无资质行医被行政处罚或因无资质行医造成严重后果的涉嫌构成非法行医罪。

（二）医师执业注册

1. 注册管理

《医师法》第 13 条规定，国家实行医师执业注册制度。医师执业注册管理的具体办法，由国务院卫生健康主管部门制定。取得医师资格的，可以向所在地县级以上地方人民政府卫生健康主管部门申请注册。医疗卫生机构可以为本机构中的申请人集体办理注册手续。

《医师法》第 14 条规定，医师经注册后，可以在医疗卫生机构中按照注册的执业地点、执业类别、执业范围执业，从事相应的医疗卫生服务。中医、中西医结合医师可以在医疗机构中的中医科、中西医结合科或者其他临床科室按照注册的执业类别、执业范围执业。医师经相关专业培训和考核合格，可以增加执业范围。法律、行政法规对医师从事特定范围执业活动的资质条件有规定的，从其规定。经考试取得医师资格的中医医师按照国家有关规定，经培训和考核合格，在执业活动中可以采用与其专业相关的西医药技术方法。西医医师按照国家有关规定，经培训和考核合格，在执业活动中可以采用与其专业相关的中医药技术方法。未注册取得医师执业证书，不得从事医师执业活动。

2. 注册程序

（1）申请：取得医师资格的，可以向所在地县级以上地方人民政府卫生健康主管部门申请注册，医疗卫生机构可以为本机构中的申请人集体办理注册手续。申请人需按照要求提交注册所需的材料。

（2）审核：注册主管部门应当自收到申请之日起20日内，对申请人提交的申请材料进行审核。

（3）注册：卫生健康主管部门经审核，除不予注册的情形外，卫生健康主管部门应当自受理申请之日起20个工作日内准予注册，将注册信息录入国家信息平台，并发给医师执业证书。

3. 不予注册

根据《医师法》第16条规定，有下列情形之一的，不予注册：①无民事行为能力或者限制民事行为能力；②受刑事处罚，刑罚执行完毕不满2年或者被依法禁止从事医师执业的期限未满；③被吊销医师执业证书不满2年；④因医师定期考核不合格被注销注册不满1年；⑤法律、行政法规规定不得从事医疗卫生服务的其他情形。受理申请的卫生健康主管部门对不予注册的，应当自受理申请之日起20个工作日内书面通知申请人和其所在医疗卫生机构，并说明理由。

4. 注销和废止注册

医师注册后有下列情形之一的，注销注册，废止医师执业证书：①死亡；②受刑事处罚；③被吊销医师执业证书；④医师定期考核不合格，暂停执业活动期满，再次考核仍不合格；⑤中止医师执业活动满2年；⑥法律、行政法规规定不得从事医疗卫生服务或者应当办理注销手续的其他情形。

有上述规定情形的，医师所在医疗卫生机构应当在30日内报告准予注册的卫生健康主管部门；卫生健康主管部门依职权发现医师有上述规定情形的，应当及时通报准予注册的卫生健康主管部门。准予注册的卫生健康主管部门应当及时注销注册，废止医师执业证书。

5. 变更注册

医师变更执业地点、执业类别、执业范围等注册事项的，应当依照本法规定到准予注册的卫生健康主管部门办理变更注册手续。

医师从事下列活动的，可以不办理相关变更注册手续：①参加规范化培训、进修、对口支援、会诊、突发事件医疗救援、慈善或者其他公益性医疗、义诊；②承担国家任务或者参加政府组织的重要活动等；③在医疗联合体内的医疗机构中执业。

6. 重新注册

有下列情形之一的：①中止医师执业活动2年以上；②《医师法》规定不予注册的情形消失。想要申请重新执业，应当由县级以上人民政府卫生健康主管部门或者其委托的医疗卫生机构、行业组织考核合格，并依照《医师法》规定重新注册。

典型案例

2024年3月某疾控中心接到群众投诉件，投诉人反映于2023年11月在"某某口腔"治疗牙齿，该机构未取得医疗机构资质证件的问题。执法人员前往现场核实情况，查实该口腔诊所（现已取得诊所备案）在取得诊所备案证前给包括投诉人在内的12人次治疗牙齿的情况；张某某取得执业助理医师资格证且执业地点未变更前在该口腔诊所执业。涉案诊所在未取得《诊所备案凭证》前开展口腔诊疗活动，构成了医疗机构违法执业行为。该诊所未备案执业的行为违反了《医疗机构管理条例》第23条的规定，依据《医疗机构管理条例》第43条第2款的规定；

张某某擅自执业的行为违反了《医师法》第 14 条的规定，依据《医师法》第 57 条规定，依法给予行政处罚，共计罚没款 38 400 元。

案例分析：

1.《医疗机构管理条例》第 14 条：医疗机构执业，必须进行登记，领取《医疗机构执业许可证》；诊所按照国务院卫生行政部门的规定向所在地的县级人民政府卫生行政部门备案后，可以执业。

2.《医疗机构管理条例》第 23 条：任何单位或者个人，未取得《医疗机构执业许可证》或者未经备案，不得开展诊疗活动。

3.《医疗机构管理条例》第 43 条：违反本条例第 23 条规定，未取得《医疗机构执业许可证》擅自执业的，依照《中华人民共和国基本医疗卫生与健康促进法》的规定予以处罚。违反本条例第 23 条规定，诊所未经备案执业的，由县级以上人民政府卫生行政部门责令其改正，没收违法所得，并处 3 万元以下罚款；拒不改正，责令其停止执业活动。

4.《医师法》第 14 条：医师经注册后，可以在医疗卫生机构中按照注册的执业地点、执业类别、执业范围执业，从事相应的医疗卫生服务。

5.《医师法》第 57 条：违反本法规定，医师未按照注册的执业地点、执业类别、执业范围执业的，由县级以上人民政府卫生健康主管部门或者中医药主管部门责令改正，给予警告，没收违法所得，并处 1 万元以上 3 万元以下的罚款；情节严重的，责令暂停 6 个月以上 1 年以下执业活动直至吊销医师执业证书。

（三）医师多点执业及个体行医

1. 医师多点执业

医师在两个以上医疗卫生机构定期执业的，应当以一个医疗卫生机构为主，并按照国家有关规定办理相关手续。国家鼓励医师定期定点到县级以下医疗卫生机构，包括乡镇卫生院、村卫生室、社区卫生服务中心等，提供医疗卫生服务，主执业机构应当支持并提供便利。

卫生健康主管部门、医疗卫生机构应当加强对有关医师的监督管理，规范其执业行为，保证医疗卫生服务质量。

2. 医师个体行医

执业医师个体行医，须经注册后在医疗卫生机构中执业满 5 年；但是，依照《医师法》第 11 条第 2 款规定取得中医医师资格的人员，按照考核内容进行执业注册后，即可在注册的执业范围内个体行医。

县级以上地方人民政府卫生健康主管部门对个体行医的医师，应当按照国家有关规定实施监督检查，发现有《医师法》规定注销注册的情形的，应当及时注销注册，废止医师执业证书。

三、医师执业规则

医师为保证其执业活动的顺利进行，应当遵守有关医师执业的法律规定，正确认识医师的权利与义务，遵守医师的执业规则。

（一）医师的权利

法律上的权利是指法律主体能够做出或不做出一定行为，以及要求他人相应做出或不做出一定行为的许可和保障，而且这种许可和保障为法律所确认、设定和保护。《医师法》第 22 条规定，医师在执业活动中享有下列权利：①在注册的执业范围内，按照有关规范进行医学诊查、疾病调查、医学处置、出具相应的医学证明文件，选择合理的医疗、预防、保健方案；②获取劳动报酬，享受国家规定的福利待遇，按照规定参加社会保险并享受相应待遇；③获得符合国家规定标准的执业基本条件和职业防护装备；④从事医学教育、研究、学术交流；⑤参加专业培训，接受继续医学教育；⑥对所在医疗卫生机构和卫生健康主管部门的工作提出意见和建议，依法参与所在机构的民主管理；⑦法律、法规规定的其他权利。

（二）医师的义务

法律上的医师义务是指医师在执业活动中应当为一定行为或不为一定行为的范围和界限。《医师法》第23条规定，医师在执业活动中履行下列义务。

1. 恪守医德的义务

医师应树立敬业精神，恪守职业道德，履行医师职责，尽职尽责救治患者，执行疫情防控等公共卫生措施；医师不得利用职务之便，索要、非法收受财物或者牟取其他不正当利益；不得对患者实施不必要的检查、治疗。

2. 依法执业的义务

医师在执业活动中应遵循临床诊疗指南，遵守临床技术操作规范和医学伦理规范等。

3. 尊重、关爱患者的义务

医师在执业活动中应尊重、关心、爱护患者，依法保护患者隐私和个人信息。

4. 勤勉义务

医师在执业活动中应努力钻研业务，更新知识，提高医学专业技术能力和水平，提升医疗卫生服务质量。

5. 卫生宣传义务

医师在执业活动中应宣传推广与岗位相适应的健康科普知识，对患者及公众进行健康教育和健康指导。

6. 其他

法律、法规规定的其他义务。

（三）医师的其他执业规则

医师的执业规则是医师在执业过程中必须严格遵守的职业规范，同时也是一项具体的医师义务。执业规则经法律确认后即具有法律效力，一旦违反必须承担相应的法律责任。根据《医师法》的规定，医师在执业活动中必须遵守以下执业规则。

1. 医学文书规则

医师实施医疗、预防、保健措施，签署有关医学证明文件，必须亲自诊查、调查，并按照规定及时填写病历等医学文书，不得隐匿、伪造、篡改或者擅自销毁病历等医学文书及有关资料。医师不得出具虚假医学证明文件及与自己执业范围无关或者与执业类别不相符的医学证明文件。

2. 急救规则

对需要紧急救治的患者，医师应当采取紧急措施进行诊治，不得拒绝急救处置。因抢救生命垂危的患者等紧急情况，不能取得患者或者其近亲属意见的，经医疗机构负责人或者授权的负责人批准，可以立即实施相应的医疗措施。

国家鼓励医师积极参与公共交通工具等公共场所急救服务；医师因自愿实施急救造成受助人损害的，不承担民事责任。

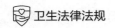

3. 用药规则

医师应当使用经依法批准或者备案的药品、消毒药剂、医疗器械，采用合法、合规、科学的诊疗方法。除按照规范用于诊断治疗外，不得使用麻醉药品、医疗用毒性药品、精神药品、放射性药品等。

医师应当坚持安全有效、经济合理的用药原则，遵循药品临床应用指导原则、临床诊疗指南和药品说明书等合理用药。在尚无有效或者更好治疗手段等特殊情况下，医师取得患者明确知情同意后，可以采用药品说明书中未明确但具有循证医学证据的药品用法实施治疗。医疗机构应当建立管理制度，对医师处方、用药医嘱的适宜性进行审核，严格规范医师用药行为。

4. 知情同意规则

医师在诊疗活动中应当向患者说明病情、医疗措施和其他需要告知的事项。需要实施手术、特殊检查、特殊治疗的，医师应当及时向患者具体说明医疗风险、替代医疗方案等情况，并取得其明确同意；不能或者不宜向患者说明的，应当向患者的近亲属说明，并取得其明确同意。

医师开展药物、医疗器械临床试验和其他医学临床研究应当符合国家有关规定，遵守医学伦理规范，依法通过伦理审查，取得书面知情同意。

5. 网络医疗规则

执业医师按照国家有关规定，经所在医疗卫生机构同意，可以通过互联网等信息技术提供部分常见病、慢性病复诊等适宜的医疗卫生服务。国家支持医疗卫生机构之间利用互联网等信息技术开展远程医疗合作。

6. 职业操守规则

医师不得利用职务之便，索要、非法收受财物或者牟取其他不正当利益；不得对患者实施不必要的检查、治疗。

7. 服从调遣规则

遇有自然灾害、事故灾难、公共卫生事件和社会安全事件等严重威胁人民生命健康的突发事件时，县级以上人民政府卫生健康主管部门根据需要组织医师参与卫生应急处置和医疗救治，医师应当服从调遣。

8. 报告规则

在执业活动中有下列情形之一的，医师应当按照有关规定及时向所在医疗卫生机构或者有关部门、机构报告：①发现传染病、突发不明原因疾病或者异常健康事件；②发生或者发现医疗事故；③发现可能与药品、医疗器械有关的不良反应或者不良事件；④发现假药或者劣药；⑤发现患者涉嫌伤害事件或者非正常死亡；⑥法律、法规规定的其他情形。

9. 执业助理医师规则

执业助理医师应当在执业医师的指导下，在医疗卫生机构中按照注册的执业类别、执业范围执业。

在乡、民族乡、镇和村医疗卫生机构以及艰苦边远地区县级医疗卫生机构中执业的执业助理医师，可以根据医疗卫生服务情况和本人实践经验，独立从事一般的执业活动。

10. 医学生实践规则

参加临床教学实践的医学生和尚未取得医师执业证书、在医疗卫生机构中参加医学专业工作实践的医学毕业生，应当在执业医师监督、指导下参与临床诊疗活动。医疗卫生机构应当为有关医学生、医学毕业生参与临床诊疗活动提供必要的条件。

四、医师的培训与考核

（一）医师培训

1. 国家层面

国家建立健全住院医师规范化培训制度，健全临床带教激励机制，保障住院医师培训期间待遇，严格培训过程管理和结业考核。国家建立健全专科医师规范化培训制度，不断提高临床医师专科诊疗水平。

2. 地方政府

县级以上人民政府卫生健康主管部门和其他有关部门应当制定医师培训计划，采取多种形式对医师进行分级分类培训，为医师接受继续医学教育提供条件。县级以上人民政府应当采取有力措施，优先保障基层、欠发达地区和民族地区的医疗卫生人员接受继续医学教育。县级以上人民政府卫生健康主管部门应当有计划地组织协调县级以上医疗卫生机构对乡镇卫生院、村卫生室、社区卫生服务中心等基层医疗卫生机构中的医疗卫生人员开展培训，提高其医学专业技术能力和水平。

3. 医疗卫生机构

医疗卫生机构应当合理调配人力资源，按照规定和计划保证本机构医师接受继续医学教育。

4. 行业组织

有关行业组织应当为医师接受继续医学教育提供服务和创造条件，加强继续医学教育的组织、管理。

（二）医师考核

1. 考核管理

国家实行医师定期考核制度，考核周期为3年。省级以上人民政府卫生健康主管部门负责指导、检查和监督医师考核工作。

2. 考核机构及内容

县级以上人民政府卫生健康主管部门或者其委托的医疗卫生机构、行业组织应当按照医师执业标准，对医师的业务水平、工作业绩和职业道德状况进行考核，考核周期为3年。对具有较长年限执业经历、无不良行为记录的医师，可以简化考核程序。受委托的机构或者组织应当将医师考核结果报准予注册的卫生健康主管部门备案。

3. 考核结果

对考核不合格的医师，县级以上人民政府卫生健康主管部门应当责令其暂停执业活动3~6个月，并接受相关专业培训。暂停执业活动期满，再次进行考核，对考核合格的，允许其继续执业。

五、法律责任

在执业活动中，医师如果违反了《医师法》的有关规定，必须承担相应的法律责任。法律责任分为行政责任、民事责任和刑事责任。

（一）行政责任

1. 医疗机构的法律责任

医疗卫生机构未履行报告职责，造成严重后果的，由县级以上人民政府卫生健康主管部门给予警告，对直接负责的主管人员和其他直接责任人员依法给予处分。

2. 卫生部门工作人员的法律责任

卫生健康主管部门和其他有关部门工作人员或者医疗卫生机构工作人员弄虚作假、滥用职权、玩忽职守、徇私舞弊的，依法给予处分。

3. 医师的法律责任

（1）在医师资格考试中有违反考试纪律等行为，情节严重的，1~3年内禁止参加医师资格考试。

以不正当手段取得医师资格证书或者医师执业证书的，由发给证书的卫生健康主管部门予以撤销，3年内不受理其相应申请。

伪造、变造、买卖、出租、出借医师执业证书的，由县级以上人民政府卫生健康主管部门责令改正，没收违法所得，并处违法所得2倍以上5倍以下的罚款，违法所得不足10 000元的，按10 000元计算；情节严重的，吊销医师执业证书。

（2）医师在执业活动中有下列行为之一的，由县级以上人民政府卫生健康主管部门责令改正，给予警告；情节严重的，责令暂停6个月以上1年以下执业活动直至吊销医师执业证书：①在提供医疗卫生服务或者开展医学临床研究中，未按照规定履行告知义务或者取得知情同意；②对需要紧急救治的患者，拒绝急救处置，或者由于不负责任延误诊治；③遇有自然灾害、事故灾难、公共卫生事件和社会安全事件等严重威胁人民生命健康的突发事件时，不服从卫生健康主管部门调遣；④未按照规定报告有关情形；⑤违反法律、法规、规章或者执业规范，造成医疗事故或者其他严重后果。

（3）医师在执业活动中有下列行为之一的，由县级以上人民政府卫生健康主管部门责令改正，给予警告，没收违法所得，并处10 000元以上30 000元以下的罚款；情节严重的，责令暂停6个月以上1年以下执业活动直至吊销医师执业证书：①泄露患者隐私或者个人信息；②出具虚假医学证明文件，或者未经亲自诊查、调查，签署诊断、治疗、流行病学等证明文件或者有关出生、死亡等证明文件；③隐匿、伪造、篡改或者擅自销毁病历等医学文书及有关资料；④未按照规定使用麻醉药品、医疗用毒性药品、精神药品、放射性药品等；⑤利用职务之便，索要、非法收受财物或者牟取其他不正当利益，或者违反诊疗规范，对患者实施不必要的检查、治疗造成不良后果；⑥开展禁止类医疗技术临床应用。

典型案例

2023年5月，某市卫生计生综合监督执法局接到群众举报，称某医院住院医师无证行医，为举报人父亲开展诊疗活动。接到举报后，执法人员于次日到该医院现场核实情况，未发现举报人父亲的住院医师焦某某、王某某存在无证行医行为，但在现场检查中发现举报人父亲住院病案中的住院医师焦某某存在未经亲自诊查患者、查房就在患者病案记录中签字的行为。

按照《黑龙江省卫生健康部门从轻行政处罚事项清单》第44项的规定，结合本案具体情形，作出给予焦某某警告、处16 000元罚款的行政处罚决定。焦某某未提起行政复议和行政诉讼，自觉缴纳罚款，本案得以结案。

案例分析：

一、处理结果及依据

《医师法》第24条第1款规定，医师实施医疗、预防、保健措施，签署有关医学证明文件，必须亲自诊查、调查，并按照规定及时填写病历等医学文书，不得隐匿、伪造、篡改或者擅自销毁病历等医学文书及有关资料。焦某某的行为违反了该规定。

《医师法》第56条规定，违反本法规定，医师在执业活动中有下列行为之一的，由县级以上人民政府卫生健康主管部门责令改正，给予警告，没收违法所得，并处1万元以上3万元以下的罚款；情节严重的，责令暂停6个月以上1年以下执业活动直至吊销医师执业证书：出具虚假医学证明文件，或者未经亲自诊查、调查，签署诊断、治疗、流行病学等证明文件或者有关出生、死亡等证明文件的。

按照《黑龙江省卫生健康部门从轻行政处罚事项清单》第44项的规定，结合本案具体情形，作出给予焦某某警告、处16 000元罚款的行政处罚决定。焦某某未提起行政复议和行政诉讼，自觉缴纳罚款，本案得以结案。

二、点评分析

此案为医师未经亲自诊查患者就签署病历案，探讨本案在违法事实认定、证据采集、处罚程序、法律适用等方面的准确性、合法性和适用性，以期医政监督执法人员全面理解法律法规原意，正确适用法律。

（一）违法事实认定、证据采集分析

本案采集的证据有《现场笔录》《询问笔录》、举报人父亲病历复印件，医师焦某某、医师王某某《医师执业证书》等。从《现场笔录》《询问笔录》可见，此案对违法时间、违法情节的认定准确、清晰，违法证据充分、确凿，围绕整个案情形成一个严密的证据锁链，足以认定此案违法事实。

（二）执法程序分析

本案来源为社会举报，经受理、立案、调查取证、合议、卫生行政部门执法事项审批、行政处罚听证告知、重大行政处罚集体讨论、卫生行政部门执法事项审批，决定给予焦某某警告、罚款的行政处罚。在行政处罚事先告知过程中，充分给予当事人陈述和申辩的权利。允许当事人及利害关系人与执法人员进行质证，充分体现行政处罚公正、公开的原则。可见，本案的处理过程符合《中华人民共和国行政处罚法》和《卫生行政处罚程序》的规定。

（三）法律适用分析

医师焦某某未经亲自诊查患者签署病历的行为违反了《医师法》第24条第1款，依据《医师法》第56条进行处罚，法律适用是准确的。

（四）自由裁量分析

依据《黑龙江省卫生健康部门从轻行政处罚事项清单》第44项规定，首次发现且违法所得在3 000元以下，给予警告，没收违法所得，处10 000元以上16 000元以下罚款。本案当事人焦某某具有《医师资格证书》，其《医师执业证书》的执业类别、执业范围具备治疗、诊断该患者的资格，其《医师执业证书》的执业机构注册在该医疗机构。通过查看患者的出院结算单，确定患者的诊疗费用由该医疗机构收取，因此未定为非法所得。由于本案来源是社会举报，当事人的违法行为造成社会不良影响较大，因此在从轻处罚的阶次中选择了罚款的上限。

（4）医师未按照注册的执业地点、执业类别、执业范围执业的，由县级以上人民政府卫生健康主管部门或者中医药主管部门责令改正，给予警告，没收违法所得，并处1万元以上3万元以下的罚款；情节严重的，责令暂停6个月以上1年以下执业活动直至吊销医师执业证书。

（5）严重违反医师职业道德、医学伦理规范，造成恶劣社会影响的，由省级以上人民政府卫生健康主管部门吊销医师执业证书或者责令停止非法执业活动 5 年，直至终身禁止从事医疗卫生服务或者医学临床研究。

（6）非医师行医，由县级以上人民政府卫生健康主管部门责令停止非法执业活动，没收违法所得和药品、医疗器械，并处违法所得 2 倍以上 10 倍以下的罚款，违法所得不足 10 000 元的，按 10 000 元计算。

4. 其他社会人员的行政责任

违反《医师法》规定，阻碍医师依法执业，干扰医师正常工作、生活，或者通过侮辱、诽谤、威胁、殴打等方式，侵犯医师人格尊严、人身安全，构成违反治安管理行为的，依法给予治安管理处罚。

（二）民事责任

（1）医师在医疗、预防、保健工作中造成事故的，依照法律或者国家有关规定处理。根据具体情况应承担的民事责任给予一次性经济补偿。

（2）擅自开办医疗机构行医或者非医师行医的，给患者造成损害的，依法承担赔偿责任。非法行医的单位或个人应承担当事人的医疗费、误工工资、生活补助费等损害赔偿。造成死亡的，还应当赔偿死者的丧葬费、医疗抚恤金等。

（三）刑事责任

医师违反《医师法》，构成犯罪的，应依法承担的刑事责任有以下情况。

（1）医师在执业活动中，违反《医师法》，构成犯罪的，依法追究刑事责任。《中华人民共和国刑法》（以下简称《刑法》）第 335 条规定："医务人员由于严重不负责任，造成就诊人死亡或者严重损害就诊人健康的，处 3 年以下有期徒刑或者拘役。"《刑法》第 336 条第 1 款规定："未取得医生执业资格的人擅自为他人进行节育复通手术、假节育手术、终止妊娠手术或者摘取宫内节育器手术，情节严重的，处 3 年以下有期徒刑、拘役或者管制，并处或者单处罚金；严重损害就诊人身体健康的，处 3 年以上 10 年以下有期徒刑，并处罚金；造成就诊人死亡的，处 10 年以上有期徒刑，并处罚金。"

（2）未经批准擅自开办医疗机构行医或者非医师行医的，构成犯罪的，依法追究刑事责任。《刑法》第 336 条第 1 款规定："未取得医生执业资格的人非法行医，情节严重的，处 3 年以下有期徒刑、拘役或者管制，并处或者单处罚金；严重损害就诊人身体健康的，处 3 年以上 10 年以下有期徒刑，并处罚金；造成就诊人死亡的，处 10 年以上有期徒刑，并处罚金。"

（3）阻碍医师依法执业，侮辱、诽谤、威胁、殴打医师或者侵犯医师人身自由、干扰医师正常工作、生活，构成犯罪的，依法追究刑事责任。

（4）卫生健康主管部门和其他有关部门工作人员或者医疗卫生机构工作人员违反《医师法》有关规定，弄虚作假、玩忽职守、滥用职权、徇私舞弊，构成犯罪的，依法追究刑事责任。

单元三　护士执业管理法律制度

> ◁ **案例引入**

"有人晕倒了，赶快去救他！" 2022 年 9 月，有市民冲进某医院急诊科，大声呼救。急诊科高主任带医护人员和值班保安迅速前去抢救，在转运回医院的路上，小魏护士跪在飞奔的抢救床上，不间断为患者王先生实施胸外按压，为王先生保留一线生机。在接近半小时心肺复苏中，小魏护士几度累到晕倒。经过救治，患者转危为安。2023年5月，小魏护士获得医院授予的"优秀护士"荣誉。在获奖发言中她说："在遇到这种紧急情况时，任何一个医护人员都会挺身而出，用自己的专业素养，保卫群众生命。用心护理，热情服务，患者的健康是我们的执着追求。"

问题：

1. 小魏护士的行为是否应当得到提倡并获得表彰？
2. 根据《护士条例》相关法律规定，小魏的行为履行了护士的哪些义务？

一、护士执业管理法律制度概述

（一）护士的含义

护士是指经执业注册取得护士执业证书，依照《护士条例》从事护理活动，履行保护生命、减轻痛苦、增进健康职责的卫生技术人员。护士以其专业化知识和技术为患者提供护理服务，满足人民群众的健康服务需求。护士与医师、药师等医务人员共同担负着促进健康、预防疾病、恢复健康、减轻痛苦的重要职能，护士的劳动应受社会尊重，护士的执业权利应受法律保护。

1909年，中华护理学会（原名中国护士会）正式成立。1914年第一届全国护士会议在上海召开，会上首次将"nurse"完整地译为中文"护士"。"护"含有保护、养育、爱护乳母之义；"士"是指从事此职业的人员，必须有专门的学问和科学知识，这一翻译得到了大会通过。为此，"护士"作为一个职业的从业人员的统称，一直沿用至今，但是这一概念不同于护理职称序列中的"护士"。

（二）护士管理立法

中华人民共和国成立后，政府和有关部门十分重视护理队伍的稳定、护理人才的培养和护理质量的提高，先后发布了许多涉及护士管理方面的法规、规章。1982年4月7日，卫生部颁布了《医院工作人员岗位职责》和《医院工作制度》，详细地规定了护理工作制度和各级各类护士的职责。1988年，卫生部制定了包括护士在内的《医务人员医德规范及实施办法》（已失效）。1993年3月26日，卫生部颁布了《中华人民共和国护士管理办法》（已失效），规范了护士资格考试、注册和执业管理制度，该办法自1994年1月1日起施行。

为了适应我国新的医疗卫生事业发展的需要，加强护士执业管理，提高护理质量，保障护理安全，保护护士的合法权益，2008年1月31日国务院颁布了《护士条例》，该条例在2008年5月12日起实施并于2020年3月27日进行第一次修订。2008年5月6日卫生部颁布了《护士执业注册管理办法》，该办法自同年5月12日起实施。为规范全国护士执业资格考试工作，卫生部和人力资源社会保障部于2010年5月10日颁布了《护士执业资格考试办法》，该办法自同年7月1日起施行。

（三）护士管理机构

国务院卫生主管部门负责全国的护士监督管理工作，县级以上地方人民政府卫生主管部门负责本行政区域的护士监督管理工作。按照国务院卫生主管部门的规定，医疗卫生机构应当设置专门机构或者配备专（兼）人员负责护理管理工作。

国际护士节

"5·12"国际护士节是全世界护士的共同节日，是为了纪念近代护理的创始人——英国护士弗洛伦斯·南丁格尔（又被称为"提灯女神"）而设立的。

弗洛伦斯·南丁格尔是英国的一位女护士。1860年她在伦敦创建了英国第一所护士学校，使护理事业逐步走向专业化、科学化，并且推动了西欧各国以及世界各地的护理工作和护士教育的发展。在南丁格尔的影响下，世界上许多国家的大医院都陆续办起了护士学校，使世界医护队伍日益壮大。南丁格尔把护理经验写成专著，其中有《护理工作记录》。1912年，为纪念南丁格尔对护理工作做出的贡献，国际护士理事会将南丁格尔的诞辰日5月12日定为国际护士节。

二、护士执业资格考试

护士执业资格考试是评价申请护士执业资格者是否具备执业所必需的护理专业知识与工作能力的考试。我国实行护士执业考试制度，国务院卫生行政部门负责组织实施护士执业资格考试，护士执业资格考试成绩合格者，方可申请护士执业注册。

（一）考试申请条件

根据《护士执业资格考试办法》规定，申请参加护士执业考试必须具备两个基本条件：一是专业要求，二是学历要求。具体规定：在中等职业学校、高等学校完成国务院教育主管部门和国务院卫生主管部门规定的普通全日制3年以上的护理、助产专业课程学习包括在教学、综合医院完成8个月以上护理临床实习，并取得相应学历证书，可以申请参加护士执业资格考试。

（二）考试的内容

护士执业资格考试实行国家统一考试制度，统一考试大纲，统一命题，统一合格标准。

护士执业资格考试原则上每年举行一次，具体考试日期在举行考试3个月前向社会公布。

护士执业资格考试包括专业实务和实践能力两个科目。一次考试通过两个科目为考试成绩合格。为加强对考生实践能力的考核，原则上采用"人机对话"考试方式进行。

（三）考试的申请程序

申请参加护士执业资格考试的人员，应当在公告规定的期限内报名，并提交以下材料：①护士执业资格考试报名申请表；②本人身份证明；③近6个月二寸免冠正面半身照片3张；④本人毕业证书；⑤报考所需的其他材料。

申请人为在校应届毕业生的，应当持有所在学校出具的应届毕业生毕业证明，到学校所在地的考点报名。学校可以为本校应届毕业生办理集体报名手续。申请人为非应届毕业生的，可以选择到人事档案所在地报名。

三、护士执业注册的制度规定

《护士条例》的第7条至11条和《护士执业注册管理办法》对护士执业注册进行了相关具体规定。护士只有经执业注册取得《护士执业证书》后，方可按照注册的执业地点从事护理工作。未经执业注册取得《护士执业证书》者，不得从事诊疗技术规范规定的护理活动。

（一）执业注册管理部门

国务院卫生主管部门负责全国的护士监督管理工作。县级以上地方卫生健康主管部门是护士执业注册的主管部门，负责本行政区域的护士执业注册管理工作。省、自治区、直辖市人民政府卫生行政部门结合本行政区域的实际情况，制定护士执业注册工作的具体办法，并报国务院卫生行政部门备案。

（二）执业注册基本条件

根据《护士条例》和《护士执业注册管理办法》的规定，申请护士执业注册应当同时具备以下 4 个条件。

执业注册基本
条件

1. 具有完全民事行为能力

民事行为能力是指法律确认的公民通过自己的行为从事民事活动、参加民事法律关系、取得民事权利和承担民事义务的能力。民事行为能力包括完全民事行为能力、限制民事行为能力和无民事行为能力三种类型。根据《民法典》，完全民事行为能力的人是指"18 周岁以上具有完全民事行为能力，可以独立进行民事活动的公民"和"16 周岁以上不满 18 周岁的公民，以自己的劳动收入为主要生活来源的，可视为完全民事行为能力的人"。

2. 具有合格的学历证书

在中等职业学校、高等学校完成国务院教育主管部门和国务院卫生主管部门规定的普通全日制 3 年以上的护理、助产专业课程学习，包括在教学、综合医院完成 8 个月以上护理临床实习，并取得相应学历证书。特别强调，自学考试、广播电视大学和函授教育、网络教育等形式取得的护理专业学历不能作为参加国家护士执业资格考试的依据。未经省级以上教育行政部门认可的高等院校招收的护理专业毕业生及高等医学院校计划外招收的护理专业毕业生不得参加国家护士执业资格考试。

3. 通过护士执业资格考试

护理专业毕业生必须参加国务院卫生主管部门组织的护士执业资格考试，并考核成绩合格，才能申请执业注册。

4. 符合规定的健康标准

健康标准主要包括：无精神病史；无色盲、色弱、双耳听力障碍；无影响履行护理职责的疾病、残疾或者功能障碍。

（三）执业注册申请办理程序

1. 首次注册

护士执业注册申请，应当自通过护士执业资格考试之日起 3 年内提出。申请护士执业注册，应当提交下列材料：①护士执业注册申请审核表；②申请人身份证明；③申请人学历证书及专业学习中的临床实习证明；④护士执业资格考试成绩合格证明；⑤省、自治区、直辖市人民政府卫生行政部门指定的医疗机构出具申请人 6 个月内健康体检证明；⑥医疗卫生机构拟聘用的相关材料。

卫生行政部门应当自受理申请之日起 20 个工作日内，对申请人提交的材料进行审核。审核合格的，准予注册，发给《护士执业证书》；对不符合规定条件的，不予注册，并书面说明理由。《护士执业证书》由国家卫生健康委员会统一印制，证书上应当注明护士的姓名、性别、出生日期等个人信息及证书编号、注册日期和执业地点。护士执业注册有效期为 5 年。

医疗卫生机构可以为本机构聘用的护士集体申请办理护士执业注册。

2. 逾期注册

逾期提出护士执业注册申请的，当事人除了需要具备护士执业注册 4 个条件中的第 1、第 2 和第 4 个条件，并提交同首次注册一样的相关材料外，还应当在符合国务院卫生主管部门规定条件的医疗卫生机构接受 3 个月临床护理培训并考核合格。

3. 延续注册

护士执业注册有效期届满需要继续执业的，应当在有效期届满前 30 日，向批准设立执业医疗机构或者为该医疗机构备案的卫生健康主管部门申请延续注册。护士申请延续注册，应当提交下列材料：①护士延续注册申请审核表；②申请人的《护士执业证书》；③省、自治区、直辖市人民政府卫生行政部门指定的医疗机构出具的申请人 6 个月内健康体检证明。

注册部门自受理延续注册申请之日起 20 日内进行审核。审核合格的准予延续，延续执业注册有效期为 5 年。有下列情形之一的，不予延续注册：①不符合《护士执业注册管理》规定的健康标准的；②被处暂停执业活动处罚期限未满的。审核不合格的，不予延续注册，并书面说明理由。

医疗卫生机构可以为本机构聘用的护士集体申请办理护士执业延续注册。

4. 重新注册

护士执业有效期届满未延续注册的或受吊销《护士执业证书》处罚，自吊销之日起满 2 年的：有以上情形之一的，拟在医疗卫生机构执业时，应当重新申请注册。

重新申请注册的，应当按照首次注册的规定提交材料；中断护理执业活动超过 3 年的，还应当提交在省、自治区、直辖市人民政府卫生行政部门规定的教学、综合医院接受 3 个月临床护理培训并考核合格的证明。

5. 变更注册

护士在其执业注册有效期内变更执业地点等注册项目，应当办理变更注册。护士承担经注册执业机构批准的卫生支援、进修、学术交流、政府交办事项等任务和参加卫生健康主管部门批准的义诊，在签订帮扶或者托管协议的医疗卫生机构内执业，以及从事执业机构派出的上门护理服务等，不需办理执业地点变更等手续。

护士在其执业注册有效期内变更执业地点等注册项目的，应当向批准设立执业医疗机构或者为该医疗机构备案的卫生健康主管部门报告，并提交护士执业注册申请审核表和申请人的《护士执业证书》。

注册部门应当自受理之日起 7 个工作日内为其办理变更手续。护士跨省、自治区、直辖市变更执业地点的，收到报告的注册部门还应当向其原执业地注册部门通报。县级以上地方卫生健康主管部门应当通过护士执业管理信息系统，为护士变更注册提供便利。

6. 注销注册

护士执业注册后有下列情形之一的，原注册部门办理注销执业注册：①注册有效期届满未延续注册；②受吊销《护士执业证书》处罚；③护士死亡或者丧失民事行为能力。

7. 撤销注册

护士执业注册申请人隐瞒有关情况或者提供虚假材料申请护士执业注册的，卫生健康主管部门不予受理或者不予护士执业注册，并给予警告；已经注册的，应当撤销注册。

（四）有关执业注册的其他规定

（1）在中国大陆（内地）完成护理、助产专业学习的中国香港、澳门特别行政区及台湾地区人员，符合《护士执业注册管理办法》规定的，可以申请护士执业注册。

（2）卫生健康主管部门实施护士执业注册，有下列情形之一的，由其上级卫生健康主管部门或者监察机关责令改正，对直接负责的主管人员或者其他直接责任人员依法给予行政处分：①对不符合护士执业注册条件者准予护士执业注册的；②对符合护士执业注册条件者不予护士执业注册的。

（3）为了判断护士能否继续注册，或注册继续有效，县级以上地方人民政府卫生主管部门应当建立本行政区域的护士执业良好记录和不良记录，并将该记录记入护士执业信息系统。护士执业良好记录包括护士受到的表彰、奖励及完成政府指令性任务的情况等内容。护士执业不良记录包括护士因违反《护士条例》及其他卫生管理法律、法规、规章或者诊疗技术规范的规定受到行政处罚、处分的情况等内容。

 典型案例

2024年6月4日，某县卫生健康局执法人员对某诊所进行"点题整治"专项监督检查，发现该诊所内一护士李某某正在从事护理活动，执法人员查看李某某《护士执业证书》，显示李某某《护士执业证》注册有效期至2024年4月3日。经查实，该诊所允许执业注册有效期届满未延续执业注册的护士在本机构从事诊疗技术规范规定的护理活动。

某诊所的行为违反了《护士条例》相关规定，2024年6月5日，该县卫生健康局依法对当事人作出责令限期改正，并给予警告的行政处罚。

案例分析：

1.《护士条例》第8条第2款规定，护士执业注册有效期为5年。

2.《护士条例》第10条第1款规定，护士执业注册有效期届满需要继续执业的，应当在护士执业注册有效期届满前30日向批准设立执业医疗机构或者为该医疗机构备案的卫生主管部门申请延续注册。收到申请的卫生主管部门对具备本条例规定条件的，准予延续，延续执业注册有效期为5年；对不具备本条例规定条件的，不予延续，并书面说明理由。

3.《护士条例》第21条第1款第（三）项规定，医疗卫生机构不得允许下列人员在本机构从事诊疗技术规范规定的护理活动：（三）护士执业注册有效期届满未延续执业注册的护士。

4.《护士条例》第28条第（二）项规定，医疗卫生机构有下列情形之一的，由县级以上地方人民政府卫生主管部门依据职责分工责令限期改正，给予警告；逾期不改正的，根据国务院卫生主管部门规定的护士配备标准和在医疗卫生机构合法执业的护士数量核减其诊疗科目，或者暂停其6个月以上1年以下执业活动；国家举办的医疗卫生机构有下列情形之一、情节严重的，还应当对负有责任的主管人员和其他直接责任人员依法给予处分：（二）允许未取得《护士执业证书》的人员或者允许未依照本条例规定办理执业地点变更手续、延续执业注册有效期的护士在本机构从事诊疗技术规范规定的护理活动的。

四、护士执业的权利和义务

护士执业规则是护理人员依法在执业过程中所应当遵守的规定和原则，规范了护理人员的执业行为。护士执业权利和义务是护士执业规则的重要组成部分。在我国，《护士条例》对护士的权利和义务做了较为具体的规定。

（一）护士执业权利

护士执业权利是指取得护士执业资格并依法注册的护士，在执业活动中依法享有的权利。为了保证护士安心工作，鼓励人们从事护理工作，满足人民群众对护理服务的需求，《护士条例》规定，国务院有关部门、县级以上地方人民政府及其有关部门及乡（镇）人民政府应当采取措施，改善护士工作条件，保障护士待遇，加强护士队伍建设，促进护理事业健康发展。在我国，护士执业主要享有以下权利。

（1）获得劳动报酬权。护士执业，有按照国家有关规定获取工资报酬、享受福利待遇、参加社会保险的权利。任何单位或者个人不得克扣护士工资，降低或者取消护士福利等待遇。

（2）执业卫生防护权。护士执业，有获得与其所从事的护理工作相适应的卫生防护、医疗保健服务的权利。从事直接接触有毒有害物质、有感染传染病危险工作的护士，有依照有关法律、行政法规的规定接受职业健康监护的权利；患职业病的，有依照有关法律、行政法规的规定获得赔偿的权利。

（3）专业评定与学习权。护士有按照国家有关规定获得与本人业务能力和学术水平相应的专业技术职务、职称的权利；有参加专业培训、从事学术研究和交流、参加行业协会和专业学术团体的权利。

（4）执业知情与建议权。护士有获得疾病诊疗、护理相关信息的权利和其他与履行护理职责相关的权利，可以对医疗卫生机构和卫生主管部门的工作提出意见和建议。

（二）护士执业义务

护士执业义务是指护士在执业过程中所必须履行的责任。规范护士执业行为，强化护士执业义务，是提高护理质量、保证医疗安全、防范医疗事故、改善护患关系的重要方面。在我国，护士执业应当履行以下义务。

（1）护士执业应当遵守法律、法规、规章和诊疗技术规范的规定。

（2）紧急通知，紧急救护：护士在执业活动中，发现患者病情危急，应当立即通知医师；在紧急情况下为抢救垂危患者生命，应当先行实施必要的紧急救护。

（3）医疗监督和报告：护士发现医嘱违反法律、法规、规章或者诊疗技术规范规定的，应当及时向开具医嘱的医师提出；必要时，应当向该医师所在科室的负责人或者医疗卫生机构负责医疗服务管理的人员报告。

（4）护士应当尊重、关心、爱护患者，保护患者的隐私。

（5）服从医疗分配：护士有义务参与公共卫生和疾病预防控制工作。发生自然灾害、公共卫生事件等严重威胁公众生命健康的突发事件，护士应当服从县级以上人民政府卫生主管部门或者所在医疗卫生机构的安排，参加医疗救护。

五、护士管理中医疗卫生机构的职责

医疗卫生机构的职责

在实际工作中，部分医疗卫生机构重医疗、轻护理，随意减少护士人员的数量，医护比例严重失衡。由于护士少，患者不得不聘请护工。这样既侵犯了患者的权利，又带来了安全隐患。因此，有必要加强医疗机构的职责、加强护士培训，保障护理队伍的稳定、提高护理管理效率。

《护士条例》在护理人员数量的配备、护士岗位责任制的建立、保障护士福利待遇及加强护士培训等方面对医疗机构的责任做了详细的规定。

（一）按标准配备护理人员

《护士条例》规定，医疗卫生机构配备护士的数量不得低于国务院卫生主管部门规定的护士配备标准。《护士条例》施行前，尚未达到护士配备标准的医疗卫生机构，应当按照规定的实施步骤，自条例施行之日起 3 年内达到护士配备标准。

> **知识拓展**
>
> ### 护理人员配备状况对患者保健质量和安全的影响
>
> 研究证实，较差的护理人员配备水平和情况会造成不良影响。例如，组织工作不好及高负荷的工作量使医院护士发生针头刺伤的可能性增长了50%，护理人员配备数量不足与卫生保健有关的感染率上升明显相关。此外，一项研究显示，每名护士每增加一名患者，该护士护理范围内的一名患者在入院30天内的死亡可能性增长7%。在护理人员数量不足并对护理人员缺乏支持的医院中患者护理的质量仅是护理人员充足并对护理人员给予良好支持医院的1/3。另一项分析表明，提高注册护士提供护理时间的比例，以及每天增加注册护士对患者护理的时间，能够使住院患者获得更好的康复。

（二）保障护士的合法权益

（1）医疗卫生机构应当为护士提供卫生防护用品，并采取有效的卫生防护措施和医疗保健措施。

（2）医疗卫生机构应当执行国家有关工资、福利待遇等规定，按照国家有关规定为在本机构从事护理工作的护士足额缴纳社会保险费用。

（3）对在艰苦边远地区工作，或者从事直接接触有毒有害物质、有感染传染病危险工作的护士，所在医疗卫生机构应当按照国家有关规定给予津贴。

（4）医疗卫生机构应当制定、实施本机构护士在职培训计划，并保证护士接受培训；根据临床专科护理发展和专科护理岗位的需要，开展对护士的专科护理培训。

（三）加强护士管理

医疗卫生机构应当按照国务院卫生主管部门规定，设置专门机构或者配备专（兼）职人员负责护理管理工作；不得允许未取得护士执业证书的人员、未依照《护士条例》规定办理执业地点变更手续的护士及护士执业注册有效期届满未延续执业注册的护士在本机构从事诊疗技术规范规定的护理活动；在教学、综合医院进行护理临床实习的人员应当在护士指导下开展有关工作。

此外，医疗卫生机构应当建立护士岗位责任制并进行监督检查。护士因不履行职责或者违反职业道德受到投诉的，其所在医疗卫生机构应当进行调查。经查证属实的，医疗卫生机构应当对护士进行处理，并将调查处理情况告知投诉人。

六、法律责任

法律责任

（一）卫生主管部门的工作人员的法律责任

卫生主管部门的工作人员未依照《护士条例》规定履行职责，在护士监督管理工作中滥用职权、徇私舞弊，或者有其他失职、渎职行为的，依法给予行政处分；构成犯罪的，依法追究刑事责任。

（二）医疗机构及工作人员的法律责任

（1）医疗卫生机构有下列情形之一的，由县级以上地方人民政府卫生主管部门依据职责分工责令限期改正，给予警告；逾期不改正的，根据国务院卫生主管部门规定的护士配备标准和在医疗卫生机构合法执业的护士数量核减其诊疗科目，或者暂停其6个月以上1年以下执业活动；国家举办的医疗卫生机构有下列情形之一、情节严重的，还应当对负有责任的主管人员和其他直接责任人员依法给予处分：①违反《护士条例》规定，护士的配备数量低于国务院卫生主管部门规定的护士配备标准的；②允许未取得护士执业证书的人员或者允许未依照《护士条例》规定办理执业地点变更手续、延续执业注册有效期的护士在本机构从事诊疗技术规范规定的护理活动的。

（2）医疗卫生机构有下列情形之一的，依照有关法律、行政法规的规定给予处罚；国家举办的医疗卫生机构有下列情形之一、情节严重的，还应当对负有责任的主管人员和其他直接责任人员依法给予处分：①未执行国家有关工资、福利待遇等规定的；②对在本机构从事护理工作的护士，未按照国家有关规定足额缴纳社会保险费用的；③未为护士提供卫生防护用品，或者未采取有效的卫生防护措施、医疗保健措施的；④对在艰苦边远地区工作，或者从事直接接触有毒有害物质、有感染传染病危险工作的护士，未按照国家有关规定给予津贴的。

（3）医疗卫生机构有下列情形之一的，由县级以上地方人民政府卫生主管部门依据职责分工责令限期改正，给予警告：①未制定、实施本机构护士在职培训计划或者未保证护士接受培训的；②未依照《护士条例》规定履行护士管理职责的。

（三）护士的法律责任

（1）护士在执业活动中有下列情形之一的，由县级以上地方人民政府卫生主管部门依据职责分工责令改正，给予警告；情节严重的，暂停其6个月以上1年以下执业活动，直至由原发证部门吊销其护士执业证书：①发现患者病情危急未立即通知医师的；②发现医嘱违反法律、法规、规章或者诊疗技术规范的规定，未依照《护士条例》第17条的规定提出或者报告的；③泄露患者隐私的；④发生自然灾害、公共卫生事件等严重威胁公众生命健康的突发事件，不服从安排参加医疗救护的。护士在执业活动中造成医疗事故的，依照医疗事故处理的有关规定承担法律责任。

（2）护士被吊销执业证书的，自执业证书被吊销之日起2年内不得申请执业注册。

（3）护士执业注册申请人隐瞒有关情况或者提供虚假材料申请护士执业资格的，卫生健康主管部门不予受理或者不予护士执业注册，并给予警告；已经注册的，应当撤销注册。

（四）阻碍护士依法执业的法律责任

扰乱医疗秩序，阻碍护士依法开展执业活动，侮辱、威胁、殴打护士，或者有其他侵犯护士合法权益行为的，由公安机关依照治安管理处罚法的规定给予处罚；构成犯罪的，依法追究刑事责任。

单元四 执业药师管理法律制度

> ### ◁ 案例引入
>
> 某县市场监督管理部门执法人员在对某医药公司第xx药店实施日常监督检查时，发现该店存在执业药师不在岗、不凭处方销售处方药的违法行为。执法人员当场向该药店下达了《责令改正通知书》，要求限期进行整改。时隔16天，执法人员再次对该店进行回访检查时，发现该店仍然存在不凭处方销售处方药行为。

> 问题：
> 1. 执业药师有哪些权利？
> 2. 根据执业药师管理相关法律规定，该店需要承担哪些法律责任？

一、执业药师管理法律制度概述

（一）执业药师的概念

执业药师是指经全国统一考试合格，取得《中华人民共和国执业药师职业资格证书》（以下简称《执业药师职业资格证书》）并经注册，在药品生产、经营、使用和其他需要提供药学服务的单位中执业的药学技术人员。

广义的药师泛指受过高等药学专业教育，从事药学专业技术工作的个人。药学技术人员是指具有药学专业知识，取得药学专业技术职称并从事药学工作的技术人员。按照原卫生部《卫生技术人员职务试行条例》规定，药学技术人员是指取得药学专业技术职务任职资格人员，包括主任药师、副主任药师、主管药师、药师、药士。执业药师是药学技术人员的一部分，药学技术人员不一定是执业药师，但执业药师一定是药学技术人员。实际工作中要区别清楚。

（二）执业药师管理法律制度立法概况

1994 年 3 月 15 日，原人事部、原国家医药管理局颁布了《执业药师资格制度暂行规定》。1995 年 7 月 5 日，原人事部、原国家中医药管理局颁布了《执业中药师资格制度暂行规定》，从此我国开始实施执业药师资格制度。1999 年 4 月 1 日，原人事部、原国家药品监督管理局修订了《执业药师资格制度暂行规定》和《执业药师资格考试实施办法》，2000 年 4 月 14 日，修订了《执业药师注册管理暂行办法》。2019 年 3 月 20 日，国家药品监督管理局、人力资源社会保障部联合印发《执业药师职业资格制度规定》和《执业药师职业资格考试实施办法》，自印发之日起施行，《执业药师资格制度暂行规定》和《执业药师资格考试实施办法》同时废止。2021 年 6 月 24 日，国家药品监督管理局印发《执业药师注册管理办法》，自印发之日起施行，《执业药师注册管理暂行办法》同时废止。

知识拓展

国外药师执业管理的立法概况

1407 年欧洲的热那亚市颁布了世界上最早的《药师法》，1815 年英国颁布《药房法》，1869 年美国各州相继颁布《药房法》，1925 年日本颁布《药剂师法》。美、英、日等发达国家不仅都已立法，而且对药师的职责和业务范围都做了明确而详细的规定，并依法实行药师资格证书制度。明确只有取得国家资格并注册的药师才能在相关岗位上执业，这已成为国际惯例。

各国对药师要求的共同特点是：①必须是国家法律承认的公立或私立药科大学毕业生；②必须经过药学工作实践，具备一定的工作资历和经验；③必须参加国家统一组织的资格考试取得合格成绩；④必须身体健康；⑤必须有良好的职业道德，无犯罪行为和不良行为；⑥必须向有关部门注册登记，取得执业证明或许可；⑦必须参加继续教育，保持和提高业务水平；⑧必须每隔几年再注册，接受监督检查；⑨必须遵照有关药品管理法规执业；⑩药店、医院药房或其他医药部门必须配备药师才能开业；药店经理必须是药师。

日本药剂师制度建立于 1874 年。日本现行的执业药师法律体系由 3 部法律组成，分别是 1889 年制定的《医药条例》，1898 年制定的《药剂师法》，1948 年制定的《药师法》。这 3 部法律经过多次修改，构成了现行的药师法律体系。

1869 年美国各州陆续出台了《州药房法》，标志着执业药师制度的建立。1904 年，国家药事委员会制定了《标准州药房法》，该协会成员由美国各州药事管理委员会成员组成。各州制定的法律均以《标准州药房法》为基础，都对执业药师的职责、执业药师资格的取得、药房开办的要求、药师触犯该法的罚则以及州药房理事会的各项制度进行了详细规定。

二、执业药师资格考试与注册制度

（一）执业药师资格考试制度

为了科学、公正、客观地评价和选拔药学技术人才，全面提高药学技术人员的素质，建设一支既有专业知识和实际能力，又有药事管理和法规知识、能严格依法执业的药师队伍，以确保药品质量、保障人民用药的安全有效，国家实行执业药师资格考试制度。

1. 考试组织

执业药师职业资格实行全国统一大纲、统一命题、统一组织的考试制度。原则上每年举行一次，考试日期原则上为每年 10 月。国家药品监督管理局（以下简称国家药监局）负责组织拟定考试科目和考试大纲、建立试题库、组织命审题工作，提出考试合格标准建议。人力资源社会保障部负责组织审定考试科目、考试大纲，会同国家药监局对考试工作进行监督、指导并确定合格标准。

2. 考试的条件

凡中华人民共和国公民和获准在我国境内就业的外籍人员，具备以下条件之一者，均可申请参加执业药师职业资格考试：①取得药学类、中药学类专业大专学历，在药学或中药学岗位工作满 4 年；②取得药学类、中药学类专业大学本科学历或学士学位，在药学或中药学岗位工作满 2 年；③取得药学类、中药学类专业第二学士学位、研究生班毕业或硕士学位，在药学或中药学岗位工作满 1 年；④取得药学类、中药学类专业博士学位；⑤取得药学类、中药学类相关专业相应学历或学位的人员，在药学或中药学岗位工作的年限相应增加 1 年。

执业药师职业资格考试合格者，由各省、自治区、直辖市人力资源社会保障部门颁发《执业药师职业资格证书》。该证书由人力资源社会保障部统一印制，国家药监局与人力资源社会保障部用印，在全国范围内有效。

3. 考试内容

执业药师职业资格考试分为药学、中药学两个专业类别。

药学类考试科目为：药学专业知识（一）、药学专业知识（二）、药事管理与法规、药学综合知识与技能四个科目。

中药学类考试科目为：中药学专业知识（一）、中药学专业知识（二）、药事管理与法规、中药学综合知识与技能四个科目。

符合《执业药师职业资格制度规定》报考条件，按照国家有关规定，取得药学或医学专业高级职称并在药学岗位工作的，可免试药学专业知识（一）、药学专业知识（二），只参加药事管理与法规、药学综合知识与技能两个科目的考试；取得中药学或中医学专业高级职称并在中药学岗位工作的，可免试中药学专业知识（一）、中药学专业知识（二），只参加药事管理与法规、中药学综合知识与技能两个科目的考试。

考试以四年为一个周期，参加全部科目考试的人员须在连续四个考试年度内通过全部科目的考试。免试部分科目的人员须在连续两个考试年度内通过应试科目。

（二）执业药师注册制度

执业药师注册制度是指对获得执业药师资格人员在执业活动前必须经过的准入控制，注册机构通过对申请注册者的资格审核，符合条件才予以注册，同意准入的制度。

执业药师实行注册制度。国家药监局负责执业药师注册的政策制定和组织实施，指导全国执业药师注册管理工作。各省、自治区、直辖市药品监督管理部门负责本行政区域内的执业药师注册管理工作。

取得《执业药师职业资格证书》者，应当通过全国执业药师注册管理信息系统向所在地注册管理机构申请注册。经注册后，方可从事相应的执业活动。未经注册者，不得以执业药师身份执业。

1. 注册条件

执业药师注册申请人，必须具备下列条件：①取得《执业药师职业资格证书》；②遵纪守法，遵守执业药师职业道德；③身体健康，能坚持在执业药师岗位工作；④经执业单位同意；⑤按规定参加继续教育学习。

职业药师的注册条件

2. 注册内容

执业药师注册内容包括：执业地区、执业类别、执业范围、执业单位。执业地区为省、自治区、直辖市；执业类别为药学类、中药学类、药学与中药学类；执业范围为药品生产、药品经营、药品使用；执业单位为药品生产、经营、使用及其他需要提供药学服务的单位。

药品监督管理部门根据申请人《执业药师职业资格证书》中注明的专业确定执业类别进行注册。获得药学和中药学两类专业《执业药师职业资格证书》的人员，可申请药学与中药学类执业类别注册。执业药师只能在一个执业单位按照注册的执业类别、执业范围执业。

3. 首次注册

申请人申请首次注册需要提交以下材料：①执业药师首次注册申请表；②执业药师职业资格证书；③身份证明；④执业单位开业证明；⑤继续教育学分证明。

此外，申请人取得《执业药师职业资格证书》，非当年申请注册的，应当提供《执业药师职业资格证书》批准之日起第2年后的历年继续教育学分证明。申请人取得《执业药师职业资格证书》超过5年以上申请注册的，应至少提供近5年的连续继续教育学分证明。

药品监督管理部门对申请人提交的材料进行形式审查，申请材料不齐全或者不符合规定形式的，应当当场或者在5个工作日内一次性告知申请人需要补正的全部内容；逾期不告知的，自收到注册申请材料之日起即为受理。

药品监督管理部门应当自受理注册申请之日起20个工作日内作出注册许可决定。药品监督管理部门依法作出不予注册许可决定的，应当说明理由，并告知申请人享有依法申请行政复议或者提起行政诉讼的权利。药品监督管理部门作出的准予注册许可决定，应当在全国执业药师注册管理信息系统等予以公开。药品监督管理部门作出注册许可决定之日起10个工作日内向申请人核发国家药品监督管理局统一样式并加盖药品监督管理部门印章的《执业药师注册证》。

4. 不予注册

有下列情形之一的，药品监督管理部门不予注册：①不具有完全民事行为能力的；②甲类、乙类传染病传染期、精神疾病发病期等健康状况不适宜或者不能胜任相应业务工作的；③受到刑事处罚，自刑罚执行完毕之日到申请注册之日不满3年的；④未按规定完成继续教育学习的；⑤近 3 年有新增不良信息记录的；⑥国家规定不宜从事执业药师业务的其他情形。

5. 延续注册

执业药师注册有效期为 5 年。需要延续注册的，申请人应当在注册有效期满之日 30 日前，向执业所在地省、自治区、直辖市药品监督管理部门提出延续注册申请。药品监督管理部门准予延续注册的，注册有效期自旧证期满之日次日起重新计算 5 年。

6. 变更注册

执业药师变更执业单位、执业范围等应当及时办理变更注册手续。

申请人要求变更执业地区、执业类别、执业范围、执业单位的，应当向拟申请执业所在地的省、自治区、直辖市药品监督管理部门申请办理变更注册手续。药品监督管理部门应当自受理变更注册申请之日起 7 个工作日内作出准予变更注册的决定。

药品监督管理部门准予变更注册的，注册有效期不变；但在有效期满之日前 30 日内申请变更注册，符合要求的，注册有效期自旧证期满之日次日起重新计算 5 年。

7. 注销注册

（1）由药品监督管理部门注销注册的情形：有下列情形之一的，《执业药师注册证》由药品监督管理部门注销，并予以公告：①注册有效期满未延续的；②《执业药师注册证》被依法撤销或者吊销的；③法律法规规定的应当注销注册的其他情形。

（2）药师本人或者其执业单位应当申请注销注册的情形：有下列情形之一的：①本人主动申请注销注册的；②执业药师身体健康状况不适宜继续执业的；③执业药师无正当理由不在执业单位执业，超过 1 个月的；④执业药师死亡或者被宣告失踪的；⑤执业药师丧失完全民事行为能力的；⑥执业药师受刑事处罚的。执业药师本人或者其执业单位，应当自知晓或者应当知晓之日起 30 个工作日内向药品监督管理部门申请办理注销注册，并填写执业药师注销注册申请表。药品监督管理部门经核实后依法注销注册。

三、执业药师的职责、权利与义务

（一）执业药师的职责

（1）执业药师必须遵守执业标准和业务规范，以保障和促进公众用药安全有效为基本准则。

（2）执业药师必须严格遵守《中华人民共和国药品管理法》及国家有关药品研制、生产、经营、使用的各项法规及政策。执业药师对违反《中华人民共和国药品管理法》及有关法规、规章的行为或决定，有责任提出劝告、制止、拒绝执行，并向当地负责药品监督管理的部门报告。

（3）执业药师在执业范围内负责对药品质量的监督和管理，参与制定和实施药品全面质量管理制度，参与单位对内部违反规定行为的处理工作。

（4）执业药师负责处方的审核及调配，提供用药咨询与信息，指导合理用药，开展治疗药物监测及药品疗效评价等临床药学工作。

（5）药品零售企业应当在醒目位置公示《执业药师注册证》，并对在岗执业的执业药师挂牌明示。执业药师不在岗时，应当以醒目方式公示，并停止销售处方药和甲类非处方药。

（6）执业药师执业时应当按照有关规定佩戴工作牌。

（7）执业药师应当按照国家专业技术人员继续教育的有关规定接受继续教育，更新专业知识，提高业务水平。国家鼓励执业药师参加实训培养。

（二）执业药师的权利与义务

1 执业药师的权利

执业药师享有下列权利：①以执业药师的名义从事相关业务，保障公众用药安全和合法权益，保护和促进公众健康；②在执业范围内，开展药品质量管理，制定和实施药品质量管理制度，提供药学服务；③参加执业培训，接受继续教育；④在执业活动中，人格尊严、人身安全不受侵犯；⑤对执业单位的工作提出意见和建议；⑥按照有关规定获得表彰和奖励；⑦法律、法规规定的其他权利。

2. 执业药师的义务

执业药师应当履行下列义务：①严格遵守《中华人民共和国药品管理法》及国家有关药品生产、经营、使用等各项法律、法规、部门规章及政策；②遵守执业标准和业务规范，恪守职业道德；③廉洁自律，维护执业药师职业荣誉和尊严；④维护国家、公众的利益和执业单位的合法权益；⑤按要求参加突发重大公共事件的药事管理与药学服务；⑥法律、法规规定的其他义务。

 典型案例

　　某县市场监督管理局执法人员在对某药店实施监督检查时，发现该店销售的阿司匹林肠溶片等三种药品无法提供供货企业资质、购销票据等合格证明材料，且均已超过有效期。

　　案例分析：当事人的行为违反了《中华人民共和国药品管理法》第98条"禁止生产（包括配制）、销售、使用假药、劣药"、第55条"药品上市许可持有人、药品生产企业、药品经营企业和医疗机构应当从药品上市许可持有人或者具有药品生产、药品经营资格的企业购进药品"的规定，构成销售劣药、从非法渠道购进药品的违法行为，被市场监督管理局处以没收非法购进、销售的药品，并处6 000元罚款的行政处罚。

四、法律责任

（一）管理部门的法律责任

1.药品监督管理部门的法律责任

省、自治区、直辖市药品监督管理部门有下列情形之一的，国家药品监督管理局有权责令其进行调查并依法依规给予处理：①对不符合规定条件的申请人准予注册的；②对符合规定条件的申请人不予注册或者不在法定期限内作出准予注册决定的；③履行执业药师注册、继续教育监督管理职责不力，造成不良影响的。

2.药品监督管理部门工作人员的法律责任

药品监督管理部门工作人员在执业药师注册及其相关监督管理工作中，弄虚作假、玩忽职守、滥用职权、徇私舞弊的，依法依规给予处理。

（二）单位的法律责任

对未按规定配备执业药师的单位，由所在地县级以上负责药品监督管理的部门责令限期配备，并按照相关法律法规给予处罚。

（三）执业药师的法律责任

1. 伪造《执业药师注册证》的法律责任

伪造《执业药师注册证》的，药品监督管理部门发现后应当当场予以收缴并追究责任；构成犯罪的，移送相关部门依法追究刑事责任。

2. 以不正当手段取得《执业药师注册证》的法律责任

执业药师以欺骗、贿赂等不正当手段取得《执业药师注册证》的，由发证部门撤销《执业药师注册证》，3 年内不予注册；构成犯罪的，移送相关部门依法追究刑事责任。

3. 违规执业的法律责任

未按《执业药师注册管理办法》规定进行执业活动的，药品监督管理部门应当责令限期改正。

4. 挂靠、买卖、租借《执业药师注册证》的法律责任

严禁《执业药师注册证》挂靠，持证人注册单位与实际工作单位不符的，由发证部门撤销《执业药师注册证》，3 年内不予注册；构成犯罪的，移送相关部门依法追究刑事责任。买卖、租借《执业药师注册证》的单位，按照相关法律法规给予处罚。

5. 刑事法律责任

在执业期间违反《中华人民共和国药品管理法》及其他法律法规构成犯罪的，由司法机关依法追究责任。

6. 个人不良信息的记入

有下列情形之一的，应当作为个人不良信息由药品监督管理部门及时记入全国执业药师注册管理信息系统：①以欺骗、贿赂等不正当手段取得《执业药师注册证》的；②持证人注册单位与实际工作单位不一致或者无工作单位的，符合《执业药师注册证》挂靠情形的；③《执业药师注册证》被依法撤销或者吊销的；④执业药师受刑事处罚的；⑤其他违反执业药师资格管理相关规定的。

医者仁心

"万婴之母"——林巧稚

　　林巧稚，女，汉族，1901 年 12 月出生，福建厦门人，生前是北京协和医院妇产科主任，中国科学院学部委员（院士），兼任中华医学会副会长。她是中国现代妇产科学的奠基者和开拓者。20 世纪 30 年代，林巧稚开始研究胎儿宫内呼吸窘迫、女性生殖道结核；20 世纪 40 年代，研究滋养细胞肿瘤和其他妇科肿瘤；20 世纪 50 年代，她提出和组织了北京地区大规模的子宫颈癌普查普治，成功诊治新生儿溶血病；20 世纪 80 年代主持编纂《妇科肿瘤》。她为新中国妇产科学的创建和发展倾注了大量心血，筹建了北京妇产医院，为我国妇产科学界培养了一代又一代优秀接班人。她带头主编科普读物，造福于亿万妇女儿童。自她走上工作岗位到临终前夕，心中装着的只有妇女、儿童的安危。林巧稚在产房里度过了 50 多个春秋，亲手迎接了 5 万多个小生命来到人间，这个不曾做过母亲的伟大女性被人们尊称为"万婴之母"。她把毕生精力无私地奉献给人民，被誉为"卓越的人民医学家"。

课堂实训

《护士条例》知识竞赛

通过实训，使学生明确《护士条例》等相关法律法规与护理人员执业活动的密切联系。通过法律知识竞赛的方式，使学生熟悉相关法律条款，增强法制观念，在执业活动中学法、懂法、用法。

【实训情景】

组织学生在学院或者学校会议室或者礼堂进行知识竞赛。每个教学班级分6个小组，每小组派3名同学组成6支参赛队伍，参加"学卫生法规、展护士风采"卫生法律法规知识竞赛。

问题：1. 护士的权利和义务有哪些？

2. 如何成为一名合格的护士？

【实训目的】

1. 以知识竞赛的方式增强学生学习卫生法律法规知识的积极性。

2. 使学生熟悉《护士条例》相关条款规定；掌握护士执业资格考试与注册制度；掌握护士的权利与义务，做到依法执业，维护自身合法权利。

【实训准备】

1. 分组准备：教学班级按班级人数平均分成6组。

2. 竞赛题目准备：竞赛题目出题范围限于教材涉及的相关卫生法律法规内容，试题分为必答题、风险题、抢答题。

3. 场地准备：本班教室或实训室。

4. 道具准备：多媒体试题显示设备、积分牌。

5. 奖品准备：奖状或者证书及奖品若干。

【实训操作】

1. 必答题：必答题每题10分；每组必答，共进行2轮。每题答对加10分，答错不扣分。在主持人读完题目后30秒内答题并说"回答完毕"，超过时间作不答题处理，不予记分。必答题进行过程中，当一位队员回答时，本队的其他队员不得有任何形式的提醒或补充；违者此题作废，不予记分，不予补题。

2. 风险题：风险题设10分题、20分题和40分题三个档次，进行1轮。由各队任选一个档次，答对加相应档次的分数，答错或不回答扣相应档次的分数。风险题必须在主持人读完题目的60秒内答题并说"回答完毕"，如遇特长的风险题，答题队员对答如流另当别论。回答时同队队员可以相互提醒和补充。

3. 抢答题：抢答题每题10分，进行1轮。由各队进行抢答，每答对1题加10分，答错扣5分。抢答题必须在主持人读完相应题目并示意"开始抢答"后才能进行抢答，否则属于违规，剥夺该小组本次抢答资格。

【实训评价】

本次比赛设一等奖1名，二等奖1名，三等奖1名，优秀参赛个人2名。获得名次的小组颁发荣誉证书，并在课程期末考核评价中获得相应的加分。

【注意事项】

1. 注意分组的公平性。

2. 注意维持课堂纪律和比赛秩序。

【实训作业】

整理本次比赛的所有题目，进行分析讨论和记忆。

模块三

公共卫生法律法规制度

学习目标

知识目标：1. 掌握传染病防治法规定的预防和报告制度。

2. 掌握突发公共卫生事件的概念、应急工作的方针与原则、突发公共卫生事件的报告和信息发布。

3. 掌握职业病的预防与控制措施。

能力目标：1. 具有疾病预防与控制相关的法律意识和法律知识。

2. 学会运用相关公共卫生法律法规知识，采取积极措施，解决实际问题。

素质目标：1. 培养知法、懂法并自觉守法、用法的意识。

2. 积极参与艾滋病等传染病的预防宣传活动，疫情暴发时能够按要求参与医疗救灾。

学习导航

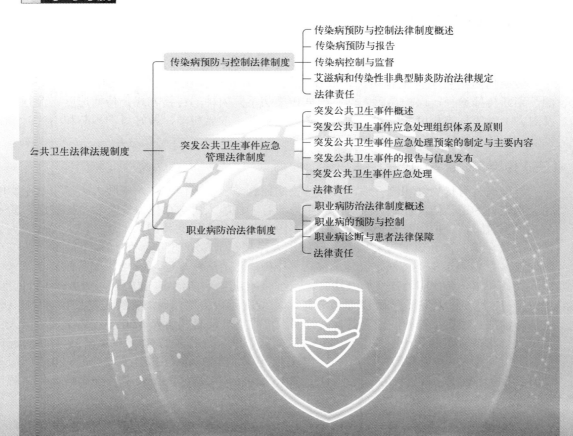

单元一　传染病预防与控制法律制度

案例引入

疾病预防控制体系是保护人民健康、保障公共卫生安全、维护经济社会稳定的重要保障。我国传染病防控成效显著，公共卫生防护网进一步筑牢织密。在新发突发传染病防控方面，人禽流感、鼠疫、中东呼吸综合征等传染病疫情得到有效处置，在历次重大自然灾害中实现了灾后无大疫。在重大传染病防控方面，重点地区艾滋病疫情快速上升的势头得到有效遏制，总体控制在低流行水平；结核病发病率从 2015 年的 65/10 万下降至 2022 年的 52/10 万，死亡率维持在较低水平；血吸虫病流行县全部达到传播控制标准。建立覆盖全国的环境健康监测体系，地方病防治水平不断巩固提升。

问题：

1. 你知道哪些常见传染病，你了解它们的传播途径吗？

2. 对于传染病的防治，法律赋予了我们哪些责任和义务？

一、传染病预防与控制法律制度概述

（一）传染病的概念

传染病是由各种病原体（微生物、寄生虫，包括病毒、立克次体、细菌、真菌、螺旋体、原虫等）引起的能在人与人、动物与动物或人与动物之间相互传播的一类疾病。

（二）传染病的防治原则

传染病防控工作坚持预防为主、防治结合的方针，分类管理、依靠科学、依靠群众的原则。

传染病防治要坚持把预防工作放在首位，实行预防措施和治疗措施相结合，管理传染源，切断传播途径，保护易感人群；根据传染病不同病种的传播方式、传播速度、流行强度及对人类健康危害程度的不同，采取科学分类管理；依靠科学，做好科学预防和治疗；依靠群众，调动和鼓励群众自觉参与和积极配合。

（三）传染病防治法制建设

传染病具有传染性和流行性，有些传染病还有季节性或地方性，威胁人类健康甚至影响社会稳定。为了预防、控制传染病的发生与流行，保障人民群众生命安全和身体健康，防范公共卫生风险，维护国家安全和社会稳定，1989 年中华人民共和国第七届全国人民代表大会常务委员会第六次会议通过并颁布了《中华人民共和国传染病防治法》（以下简称《传染病防治法》），实施了传染病法定管理。根据《传染病防治法》规定，1991 年国务院制定了《中华人民共和国传染病防治法实施办法》（以下简称《传染病防治实施办法》），10 月 4 日批准，1991 年 12 月 6 日卫生部令第 17 号发布施行。2003 年传染性非典型肺炎暴发流行，我国《传染病防治法》经历了检验，经过对暴露的问题进行认真反思和研究，2004 年第十届全国人民代表大会常务委员会第十一次会议对《传染病防治法》进行了修订，2004 年 12 月 1 日起施行。为贯彻落实《传染病防治法》，卫生部还制定了《传染病信息报告管理规范（2015 年版）》（2015 年原国家卫生和计生委员会制订了 2015 版）《传染病病人或疑似传染病病人尸体解剖查验规定》《医疗机构传染病预检分诊管理办法》《传染性非典型肺炎防治管理办法》等一系列法律法规，初步形成了我国传染病防治的法律体系。2013 年 6 月 29 日，第十二届全国人民代表大会常务委员会第三次会议对《传染病防治法》进行了修正。2020 年 10 月 2 日，国家卫生健康委员会发布《传染病防治法》（修订草案征求意见稿），明确提出甲、乙、丙三类传染病的特征。乙类传染病新增人感染 H7N9 禽流感和新型冠状病毒两种。此次草案提出，任何单位和个人发现传染病患者或者疑似传染病患者时，应当及时向附近的疾病预防控制机构或者医疗机构报告，可按照国家有关规定予以奖励；对经确认排除传染病疫情的，不予追究相关单位和个人责任。

（四）法定传染病分类及管理

根据传染病的危害程度和应采取的监督、监测、管理措施，参照国际上统一分类标准，结合我国的实际情况，《传染病防治法》将全国发病率较高、流行面较大、危害严重的急性和慢性传染病列为法定管理的传染病，并根据其传播方式、速度及其对人类危害程度的不同，分为甲、乙、丙三类，实行分类管理。

我国法定传染病共有 41 种，其中甲类 2 种，乙类 28 种，丙类 11 种。

甲类传染病是指对人体健康和生命安全危害特别严重，可能造成重大经济损失和社会影响，需要采取强制管理、强制隔离治疗、强制卫生检疫，控制疫情蔓延的传染病，包括鼠疫、霍乱。

乙类传染病是指对人体健康和生命安全危害严重，可能造成较大经济损失和社会影响，需要严格管理、降低发病率、减少危害的传染病，包括新型冠状病毒感染、传染性非典型肺炎、艾滋病、病毒性肝炎、脊髓灰质炎、人感染新亚型流感、麻疹、流行性出血热、狂犬病、流行性乙型脑炎、登革热、猴痘、炭疽、细菌性和阿米巴性痢疾、肺结核、伤寒和副伤寒、流行性脑脊髓膜炎、百日咳、白喉、新生儿破伤风、猩红热、布鲁氏菌病、淋病、梅毒、钩端螺旋体病、血吸虫病、疟疾。

丙类传染病是指常见多发，对人体健康和生命安全造成危害，可能造成一定程度的经济损失和社会影响，需要关注流行趋势、控制暴发和流行的传染病，包括流行性感冒、流行性腮腺炎、风疹、急性出血性结膜炎、麻风病、流行性和地方性斑疹伤寒、黑热病、包虫病、丝虫病、手足口病，除霍乱、细菌性和阿米巴性痢疾、伤寒和副伤寒以外的感染性腹泻病。

2008 年 5 月 2 日，卫生部将手足口病列入《传染病防治法》规定的丙类传染病进行管理。

2014 年 1 月 1 日，国家卫生和计划生育委员会将甲型 H1N1 流感从乙类调整为丙类，并纳入现有流行性感冒进行管理；将人感染高致病性禽流感 H5N1 由"乙类传染病甲类管理"调整为"乙类传染病乙类管理"。

2022 年 12 月 26 日，国家卫生健康委发布公告，将新型冠状病毒性肺炎更名为新型冠状病毒感染。经国务院批准，自 2023 年 1 月 8 日起，解除对新型冠状病毒感染采取的《传染病防治法》规定的甲类传染病预防、控制措施；新型冠状病毒感染不再纳入《国境卫生检疫法》规定的检疫传染病管理。

《传染病防治法》第 4 条规定，对乙类传染病中传染性非典型肺炎、炭疽中的肺炭疽，采取本法所称甲类传染病的预防、控制措施。其他乙类传染病和突发原因不明的传染病需要采取本法所称甲类传染病的预防、控制措施的，由国务院卫生行政部门及时报经国务院批准后予以公布、实施。

需要解除依照上述规定采取的甲类传染病预防、控制措施的，由国务院卫生行政部门报经国务院批准后予以公布。

省、自治区、直辖市人民政府对本行政区域内常见、多发的其他传染病，可以根据情况决定按照乙类或者丙类传染病管理并予以公布，报国务院卫生健康主管部门备案。

二、传染病预防与报告

（一）传染病预防

《传染病防治法》及其实施办法明确规定了国家对传染病防治实行预防为主的方针，防治结合。这也是中华人民共和国成立后，党和政府提出的卫生工作方针，把防治严重危害人民生命健康的传染病作为卫生工作的主要任务之一，建立了各级疾病预防控制机构，依法执行传染病预防管理的制度和措施。具体要求包括以下几个方面。

1. 开展传染病预防知识和防治措施的卫生健康教育

开展传染病预防知识和防治措施的卫生健康教育是保障公众健康的重要举措，做好此项工作，能让公众更好地了解预防传染病的知识和方法，提高自我防范意识和能力。

2. 开展爱国卫生运动，加强环境卫生建设

各级人民政府应当组织开展爱国卫生文明运动，完善公共卫生基础设施，改善人民居住环境状况，加强社会健康管理，提高人民健康素养，提升全民健康水平。

各级人民政府农业农村、水利、林业行政部门按照职责分工负责指导和组织消除农田、湖区、河流、牧场、林区的鼠害与血吸虫危害，以及其他传播传染病的动物和病媒生物危害。

铁路、交通、民用航空行政部门负责组织消除交通工具及相关场所的鼠害和蚊、蝇等病媒生物的危害。

地方各级人民政府应当有计划地建设和改造公共卫生设施，加强对公共生活用水的卫生管理，对污水、粪堆（坑）等污染源进行无害化处理。

3. 国家实行免疫规划制度

国务院卫生健康主管部门制定国家免疫规划。省、自治区、直辖市人民政府在执行国家免疫规划时，可以根据本行政区域疾病预防、控制需要，增加免疫规划疫苗种类，报国务院卫生健康主管部门备案并公布。用于预防接种的疫苗应当符合国家质量标准。

（1）疫苗实施分类管理：按照《疫苗流通和预防接种管理条例》，疫苗分为第一类疫苗和第二类疫苗。第一类疫苗是指政府免费向公民提供，公民应当依照政府的规定受种的疫苗，包括国家免疫规划确定的疫苗，省、自治区、直辖市人民政府在执行国家免疫规划时增加的疫苗，以及县级以上人民政府或者其卫生主管部门组织的应急接种或者群体性预防接种所使用的疫苗；第二类疫苗是指由公民自费并且自愿受种的其他疫苗。接种第一类疫苗由政府承担费用。接种第二类疫苗由受种者或者其监护人承担费用。

国务院卫生主管部门制定国家免疫规划，省级疾病预防控制机构制定本地区第一类疫苗的使用计划，各级疾病预防控制机构负责第一类疫苗的采购、分发。疾病预防控制机构、接种单位、疫苗生产企业、疫苗批发企业应当遵守疫苗储存、运输管理规范，确保用于预防接种的疫苗必须符合国家质量标准。

国务院卫生主管部门或者省、自治区、直辖市人民政府卫生主管部门可以根据传染病监测和预警信息发布接种第二类疫苗的建议信息。第二类疫苗由省级疾病预防控制机构组织在省级公共资源交易平台集中采购，由县级疾病预防控制机构向疫苗生产企业采购后供应给本行政区域的接种单位，对使用第二类疫苗进行技术指导、监测、评价和监督。

（2）对儿童实行预防接种证制度：适龄儿童应当按照国家有关规定，接受预防接种。医

疗机构、疾病预防控制机构与儿童的监护人、所在托幼机构、学校应当相互配合，保证儿童及时接受预防接种。

在儿童出生后1个月内，其监护人应当到儿童居住地承担预防接种工作的接种单位或者出生医院为其办理预防接种证。接种单位或者出生医院不得拒绝办理。监护人应当妥善保管预防接种证。

预防接种实行居住地管理，儿童离开原居住地期间，由现居住地承担预防接种工作的接种单位负责对其实施接种。

预防接种证的格式由国务院卫生健康主管部门规定。

儿童入托、入学时，托幼机构、学校应当查验预防接种证，发现未按照规定接种免疫规划疫苗的，应当向儿童居住地或者托幼机构、学校所在地承担预防接种工作的接种单位报告，并配合接种单位督促其监护人按照规定补种。疾病预防控制机构应当为托幼机构、学校查验预防接种证等提供技术指导。

《传染病防治法》规定，政府免费向居民提供免疫规划疫苗。鼓励有条件的地方在国家免疫规划的基础上，增加适宜的疫苗纳入地方免疫规划，加强婴幼儿、学龄儿童及老年人等重点人群的预防接种。

4. 建立传染病监测制度

国务院卫生健康主管部门制定国家传染病监测规划和方案。省、自治区、直辖市人民政府卫生健康主管部门，根据国家传染病监测规划和方案，制定本行政区域的传染病监测计划和工作方案。加强国家传染病监测平台建设，建立重点传染病及不明原因传染病监测哨点，拓展传染病症状监测，收集传染病综合征、不明原因聚集性发病等敏感信息，及时发现重大疫情及突发公共卫生事件；建立传染病病原学监测网络，多途径、多渠道开展多病原监测，提升监测能力。

各级疾病预防控制机构对传染病的发生、流行及影响其发生、流行的因素进行监测，及时掌握重点传染病流行强度、疾病危害程度及病原体变异情况，快速发现和甄别不明原因传染病；对国外发生、国内尚未发生的传染病或者国内新发生的传染病进行监测。

5. 建立传染病疫情风险评估制度

传染病预警工作规范由国务院卫生健康主管部门制定。各级疾病预防控制机构应当及时分析传染病及健康危害因素相关信息，评估发生传染病疫情的风险、可能造成的影响及疫情发展态势。经评估可能严重危害公众健康的，应当立即报告本级卫生健康主管部门，由卫生健康主管部门组织本级专家咨询委员会进行分析研判。

6. 建立传染病菌种、毒种库和病原微生物实验室管理制度

根据《传染病防治法》规定，国家建立传染病菌种、毒种库。对传染病菌种、毒种和传染病检测样本的采集、保藏、携带、运输和使用实行分类管理，建立健全严格的管理制度；对高致病性病原微生物及国务院卫生健康主管部门规定的菌种、毒种和传染病检测样本，确需采集、保藏、携带、运输和使用的，须经省级以上人民政府卫生健康主管部门批准。

疾病预防控制机构、医疗机构的实验室和从事病原微生物实验的单位，应当符合国家规定的条件和技术标准，建立严格的监督管理制度，对传染病病原体样本按照规定的措施实行严格管理，严防传染病病原体的实验室感染和病原微生物的扩散。

7. 传染病综合预防制度

（1）关心与帮助传染病或疑似患者：国家和社会应当关心、帮助传染病患者、病原携带者和疑似患者，使其得到及时救治。任何单位和个人不得歧视传染病患者、病原携带者和疑

似患者，不得泄露涉及个人隐私的相关信息。

传染病患者病原携带者和疑似传染病患者，在治愈前或者在排除传染病嫌疑前，不得从事法律、行政法规和国务院卫生行政部门规定禁止从事的易使该传染病扩散的工作。

（2）传染病防控预案设置与执行：县级以上人民政府根据传染病暴发流行情况进行综合研判，按照传染病防控预案有关要求，采取相应的预防、控制措施。各级各类医疗卫生机构、学校、托幼机构、养老机构、康复机构、福利机构、监管场所等重点单位，制定本单位传染病防控预案。防控预案的制定单位应根据实际需要和形势变化，适时修订预案。

（3）防治传染病血液传播：采供血机构、生物制品生产单位应当严格执行国家有关规定，保证血液、血液制品的质量。禁止非法采集血液或者组织他人出卖血液。疾病预防控制机构、医疗机构使用血液和血液制品，应当遵守国家有关规定，防止因输入血液、使用血液制品引起经血液传播疾病的发生。

（4）加强艾滋病的防治工作：各级人民政府应当加强艾滋病的防治工作，采取预防、控制措施，防止艾滋病的传播。

（5）人畜共患传染病有关的动物传染病的防治管理工作：县级以上人民政府公安、农业、农村（畜牧兽医）、卫生健康、草原及其他有关部门，依据各自的职责负责与人畜共患传染病有关的动物传染病的防治管理工作，重点加强鼠疫、狂犬病、人感染禽流感、布鲁氏菌病、炭疽、血吸虫病、棘球蚴病等重点人畜共患传染病防控工作。国家建立人兽共患病联防联控机制，实行统筹规划、协同推进的防控措施，联合做好重点人群健康教育、疫情监测、调查处置和信息通报等工作。与人畜共患传染病有关的家畜家禽经检疫合格后，方可出售、运输。人畜共患传染病名录由国务院农业农村（畜牧兽医）主管部门会同国务院卫生健康、林业草原主管部门制定并公布。

（6）被传染病病原体污染物消毒处理：对被传染病病原体污染的水、物品和场所，有关单位和个人应当在疾病预防控制机构的指导下或者按照其提出的卫生要求，进行科学严格消毒处理；拒绝消毒处理的，可以由公安机关协助卫生健康主管部门或者疾病预防控制机构强制执行。

（7）自然疫源地建设项目的传染病防治措施：在国家确认的自然疫源地计划兴建水利、交通、旅游、能源等大型建设项目的，应当事先由省级以上疾病预防控制机构对施工环境进行卫生调查。建设单位应当根据疾病预防控制机构的意见，采取必要的传染病预防、控制措施。施工期间，建设单位应当设专人负责工地上的卫生防疫工作。工程竣工后，疾病预防控制机构应当对可能发生的传染病进行监测。

（8）消毒产品及饮用水安全卫生管理：用于传染病防治的消毒产品、饮用水供水单位供应的饮用水和涉及饮用水卫生安全的产品，应当符合国家卫生标准和卫生规范。饮用水供水单位应当依法取得卫生许可，涉及饮用水卫生安全的产品应当依法取得卫生许可批准文件方可生产和销售。消毒产品生产企业和生产新材料、新工艺技术和新杀菌原理生产的消毒剂和消毒器械，应当依法取得卫生许可；其他消毒剂和消毒器械应依法向省级卫生健康主管部门备案。

（二）传染病疫情报告、通报和公布

1. 传染病疫情报告

（1）疫情报告人：疫情报告人分为义务疫情报告人和责任疫情报告人。

义务疫情报告人是指发现传染病患者或者疑似传染病患者的任何单位和个人。根据《传染病防治法》规定，任何单位和个人发现传染病患者或者疑似传染病患者时，应当及时向附近的疾病预防控制机构或者医疗机构报告。

责任疫情报告人是指疾病预防控制机构、医疗机构和采供血机构及其执行职务的人员，包括医护人员和检疫人员、疾病预防控制人员、乡村医生、个体开业医生等。疾病预防控制机构、医疗机构和采供血机构及其执行职务的人员发现《传染病防治法》规定的传染病疫情、具备传染病流行特征的不明原因聚集性疾病或者发现其他传染病暴发、流行时，应当遵循疫情报告属地管理原则，按照国务院或者国务院卫生健康主管部门规定的内容、程序进行报告。

（2）传染病报告的程序与方式：传染病疫情报告遵循属地管理原则，即任何单位和个人发现传染病患者后，按照行政管理区域，及时报告所在地县级疾病预防控制机构，再由县级疾病预防控制机构逐级上报或者进行直报。

①乡镇卫生院与城镇社区卫生服务站负责收集和报告本行政区域内传染病信息。有条件的实行网络直报，没有条件实行网络直报的，应按照规定时限以最快方式将传染病报告卡报告本行政区域内县级疾病预防控制机构。②县级及以上医疗机构要实行网络直报。要建立预防保健科，要有专人负责网络直报工作。③交通、民航、厂（场）矿所属的医疗卫生机构，以及非政府举办的医疗机构按照《传染病防治法》规定的报告方式、报告程序进行报告。④部队、武警等部门的医疗卫生机构接诊地方居民传染病患者时，按照传染病防治法规定向属地的县级疾病预防控制机构报告。

（3）疫情报告时限：发现甲类传染病患者或者疑似患者，具备传染病流行特征的不明原因聚集性疾病以及其他传染病暴发、流行时，应当于2小时内进行网络报告。对乙类传染病患者、疑似患者和规定报告的传染病病原携带者在诊断后，应当于24小时内进行网络报告。对丙类传染病实行监测报告管理，监测哨点医院和网络实验室发现丙类传染病患者或者疑似患者，按照国务院卫生健康主管部门规定要求发现疾病24小时内上报。

（4）依照《传染病防治法》的规定，负有传染病疫情报告职责的人民政府有关部门、疾病预防控制机构、医疗机构、采供血机构及其工作人员，不得隐瞒、谎报、缓报传染病疫情。

2. 传染病疫情通报

国务院卫生健康主管部门应当及时向国务院其他有关部门和各省、自治区、直辖市人民政府卫生健康主管部门通报全国传染病疫情及监测、预警的相关信息。

县级以上人民政府有关部门发现传染病疫情时，应当及时向同级人民政府卫生健康主管部门通报。县级以上地方人民政府卫生健康主管部门应当及时向本行政区域内的疾病预防控制机构和医疗机构通报传染病疫情以及监测、预警的相关信息。接到通报的疾病预防控制机构和医疗机构应当及时告知本单位的主管负责人或主要负责人。

毗邻的以及相关的地方人民政府卫生健康主管部门，应当及时互相通报本行政区域的传染病疫情以及监测、预警的相关信息。

卫生健康主管部门与农业农村、林业草原、教育、民政部门之间建立传染病疫情通报制度，共享传染病疫情相关信息。学校、托幼机构和养老机构发现传染病患者、疑似传染病患者时，相关负责人应当在规定时限内通过网络、电话或传真等方式向所在地疾病预防控制机构报告；农村学校向乡镇卫生院报告，并应当同时向所在地教育局或者民政部门报告。

交通运输、海关部门发现甲类传染病患者、病原携带者、疑似患者时，应当按照国家有关规定立即向国境口岸所在地疾病预防控制机构或者所在地县级以上地方人民政府卫生健康主管部门通报。

3. 传染病疫情信息公布

《传染病防治法》规定，国家建立传染病疫情信息公布制度，公布传染病疫情信息应当及时、准确。

国务院卫生行政部门定期公布全国传染病疫情信息。省、自治区、直辖市人民政府卫生行政部门定期公布本行政区域的传染病疫情信息。传染病暴发、流行时，国务院卫生行政部门应当及时、准确地向社会公布本行政区域内传染病名称、流行传播范围，以及传染病确诊病例、疑似病例、死亡病例数等疫情信息，并可以授权省、自治区、直辖市人民政府卫生行政部门向社会公布本行政区域的传染病疫情信息。传染病疫情信息公布规范由国务院卫生健康主管部门制定。

三、传染病控制与监督

（一）传染病控制

传染病的疫情处理实行分级分工管理。卫生防疫机构和医疗保健机构在诊治中发现甲类传染病的疑似患者，应当在 2 日内做出明确诊断。

1. 一般控制措施

（1）医疗机构的控制措施：医疗机构对所发现的传染病应当根据法定传染病类型分别采取措施。

医疗机构发现甲类传染病时应当：①对患者、病原携带者，予以隔离治疗、医学观察，隔离期限根据疫情防控要求确定；②对疑似患者，确诊前在指定场所单独隔离治疗；③对医疗机构内的患者、病原携带者、疑似患者的密切接触者，在政府指定的场所进行医学观察，并采取其他必要的预防措施。患者、病原携带者、疑似患者的密切接触者应当主动接受和配合医学检查、检疫、医学观察或隔离治疗等措施。拒绝医学观察、隔离治疗或者隔离期未满擅自脱离隔离治疗的，可以由公安机关协助医疗机构强制执行。医疗机构对被传染病病原体污染的场所、物品及医疗废物进行消毒和无害化处置。

医疗机构发现乙类或者丙类传染病患者，应当根据病情采取必要的治疗和控制传播措施。发现疑似呼吸道传染病患者的，应当引导至发热门诊进行筛查。肺结核由县级以上卫生健康主管部门指定的医疗机构进行诊断和治疗，基层医疗卫生机构对患者采取全程管理措施。对于病原学检查阳性肺结核患者在传染期内需进行规范隔离治疗并开展耐药性检查，对其密切接触者进行必要的筛查。开展耐多药肺结核的诊断和治疗的机构要具备相应的隔离和感染控制等条件。肺结核患者应当根据防控需要采取佩戴口罩等必要的防护措施，以避免传播他人。肺结核患者须持有指定的医疗机构出具的其不具有传染性的证明方能复工复学。医疗机构对本单位内被传染病病原体污染的场所、物品及医疗废物，应当依照法律、法规的规定实施消毒和无害化处置。

（2）疾病预防控制机构发现传染病疫情或者接到传染病疫情报告时，应当及时采取下列措施：①对传染病疫情进行流行病学调查，判定密切接触者，根据调查情况提出划定疫点、疫区的建议，对被污染的场所进行卫生处理，对密切接触者，在指定场所进行医学观察和采取其他必要的预防措施，并向卫生健康主管部门提出疫情控制方案；②传染病暴发、流行时，对疫点、疫区进行卫生处理，向卫生健康主管部门提出疫情控制方案，并按照传染病防控相关要求采取措施；③指导下级疾病预防控制机构和基层医疗卫生机构实施传染病预防、控制措施，组织、指导有关单位对传染病疫情的处理。

疾病预防控制机构开展流行病学调查，必要时，公安、工业和信息化、交通运输、网信等部门应予以协助。

2. 紧急措施

紧急措施

传染病暴发、流行时，县级以上地方人民政府应当立即组织力量，按照传染病防控预案进行防治，控制传染源、切断传染病的传播途径，必要时，报经上一级人民政府决定，可以采取下列紧急措施并予以公告：①限制或者停止集市、影剧院演出或者其他人群聚集的活动；②停工、停业、停课；③封闭或者封存被传染病病原体污染的公共饮用水源、食品以及相关物品；④控制或者扑杀染疫野生动物、家畜家禽；⑤封闭可能造成传染病扩散的场所。

3. 其他措施

（1）隔离措施：对已经发生甲类传染病病例的场所或者该场所内的特定区域的人员可以实施隔离措施。具体要求如下：①隔离措施应当由所在地的县级以上地方人民政府实施并向上一级人民政府报告、批准；上级人民政府做出不予批准决定的，实施隔离措施的人民政府应当立即解除隔离措施。②在隔离期间，实施隔离措施的人民政府应当对被隔离人员提供生活保障；被隔离人员有工作单位的，所在单位不得停止支付其隔离期间的工作报酬。③拒绝隔离治疗或者隔离期未满擅自脱离隔离治疗的，可以由公安机关协助医疗机构采取强制隔离治疗措施。

（2）疫区的划定、管理和封锁：①疫区的划定。甲类、乙类传染病暴发、流行时，县级以上地方人民政府报经上一级人民政府决定，可以宣布本行政区域部分或者全部为疫区；国务院可以决定并宣布跨省、自治区、直辖市的疫区。②疫区管理。县级以上地方人民政府可以在疫区内依法采取紧急措施，并可以对出入疫区的人员、物资和交通工具实施卫生检疫。疫区中被传染病病原体污染或者可能被传染病病原体污染的物品，经消毒可以使用的，应当在当地疾病预防控制机构的指导下，进行消毒处理后，方可使用、出售和运输。③疫区封锁。省、自治区、直辖市人民政府可以决定对本行政区域内的甲类传染病疫区实施封锁；但是，封锁大、中城市的疫区或者封锁跨省、自治区、直辖市的疫区，以及封锁疫区导致中断干线交通或者封锁国境的，由国务院决定。疫区封锁的解除，由原机关决定并宣布。

（3）尸体处理：患甲类传染病、炭疽死亡的，应当将尸体立即进行卫生处理，就近火化。患其他传染病死亡的，必要时，应当将尸体进行卫生处理后火化或者按照规定深埋。

为了查找传染病病因，医疗机构在必要时可以按照国务院卫生行政部门的规定，对传染病患者尸体或者疑似传染病患者尸体进行解剖查验，并应当告知死者家属。尸体解剖查验应当在符合生物安全条件的场所进行。

（4）人员和物资的调集：传染病暴发、流行时，根据传染病疫情控制的需要，国务院有权在全国范围或者跨省、自治区、直辖市范围内，县级以上地方人民政府有权在本行政区域内紧急调集人员或者调用储备物资，临时征用房屋、交通工具以及相关设施、设备与技术支持。

紧急调集人员的，应当按照规定给予合理报酬。临时征用房屋、交通工具以及相关设施、设备与技术支持的，应当依法给予补偿；能返还的，应当及时返还。涉及持续需要技术支持的，应当通过政府购买服务等方式提供并支付合理费用。

（5）药品、医疗器械生产和供应：传染病暴发、流行时，药品和医疗器械生产、供应单位应当及时生产、供应防治传染病的药品和医疗器械。铁路、交通、民用航空经营单位必须优先运送处理传染病疫情的人员及防治传染病的药品和医疗器械。

（二）医疗救治

1. 加强和完善传染病医疗救治服务网络的建设

县级以上人民政府应当加强和完善平战结合的传染病医疗救治服务网络的建设，指定具备传染病救治条件和能力的医疗机构承担传染病救治任务，或者根据传染病救治需要设置传染病医院。

2. 重大疫情救治体系的优化

健全优化重大疫情救治体系，建立由传染病专科医院、综合性医院、中医医院、院前急救机构相结合的综合救治体系，这些医疗机构应当按照规定对使用的医疗器械、临时性救治场所等进行妥善消毒和无害化处置，根据患者疾病分型和病情进展情况进行分级、分层、分流的救治。

县级以上人民政府应当完善体育场馆、会展场馆、市民活动中心及学校等公共基础设施的建设和改造，为重大疫情发生时的应急医疗救治和患者隔离需求预留接口，便于紧急需要时作为临时性救治场所或隔离区域迅速投入使用。

3. 医疗救治的实施

医疗机构应当对传染病患者或者疑似传染病患者提供医疗救护、现场救援和接诊治疗，制作并妥善保管病历记录及其他有关资料。

医疗机构应当实行传染病预检、分诊制度；对传染病患者、疑似传染病患者，应当引导至相对隔离的分诊点进行初诊。医疗机构不具备相应救治能力的，应当将疑似患者、传染病患者及其病历记录复印件一并转至具备相应救治能力的医疗机构。

（三）传染病监督检查

1. 传染病监督检查机构

传染病监督检查是由各级政府卫生健康主管部门和受国务院卫生健康主管部门委托的其他有关部门卫生主管机构负责，监督检查各级卫生健康主管部门、卫生防疫机构及各医疗保健单位传染病防治工作情况。

2. 监督检查职责

县级以上人民政府卫生健康主管部门对传染病防治工作履行下列监督检查职责：①对下级人民政府卫生健康主管部门履行《传染病防治法》规定的传染病防治职责进行监督检查；②对疾病预防控制机构、医疗机构的传染病防治工作以及采供血机构的采供血活动进行分类监督综合评价，评价结果纳入日常管理考核内容；③对用于传染病防治的消毒产品及其生产单位进行监督检查，对饮用水供水单位及涉及饮用水卫生安全的产品进行监督检查；④对传染病菌种、毒种和传染病检测样本的采集、保藏、携带、运输、使用和销毁进行监督检查；⑤对公共场所和有关单位的卫生条件和传染病预防、控制措施依法进行监督检查。

县级以上人民政府各有关部门在法定职责范围内履行相应监督管理责任。

3. 监督检查程序

（1）设立监督检查员：地方各级政府卫生健康主管部门、卫生防疫机构和受国务院卫生健康主管部门委托的其他有关部门卫生主管机构聘任传染病管理监督员，各级各类医疗保健机构设立传染病管理检查员，负责执行传染病监督管理任务。

（2）依法监督检查：卫生健康主管部门工作人员依法执行职务时，应当不少于两人，并出示执法证件，填写卫生执法文书。卫生执法文书经核对无误后，应当由卫生执法人员和当事人签名。当事人拒绝签名的，卫生执法人员应当注明情况。

（3）健全监督检查制度：卫生健康主管部门应当依法建立健全内部监督制度，对其工作人员依据法定职权和程序履行职责的情况进行监督。上级卫生健康主管部门发现下级卫生健康主管部门不及时处理职责范围内的事项或者不履行职责的，应当责令纠正或者直接予以处理。

县级以上人民政府卫生健康主管部门联合有关部门建立传染病防控违法机构和人员信用记录制度，纳入全国信用信息共享平台，依法实施联合惩戒。

县级以上人民政府卫生部门监督县级以上人民政府和其他有关部门投诉、举报。接到举报的部门应当及时核实、处理，对查证属实的举报，按照规定给予举报人奖励。

4. 监督检查措施

县级以上人民政府卫生健康主管部门在履行监督检查职责时，有权进入被检查单位和传染病疫情发生现场调查取证，查阅或者复制有关的资料和采集样本。被检查单位应当予以配合，不得拒绝、阻挠。

县级以上地方人民政府卫生健康主管部门在履行监督检查职责时，发现被传染病病原体污染的公共饮用水源、食品及相关物品，如不及时采取控制措施可能导致传染病传播、流行的，可以采取封闭公共饮用水源、封存食品及相关物品或者暂停销售的临时控制措施，并予以检验或者进行消毒。经检验，属于被污染的食品，应当予以销毁；对未被污染的食品或者经消毒后可以使用的物品，应当解除控制措施。

县级以上政府卫生健康主管部门和受国务院卫生健康主管部门委托的部门，可以成立传染病技术鉴定组织。

四、艾滋病和传染性非典型肺炎防治法律规定

（一）艾滋病防治的法律规定

1. 艾滋病防治立法

艾滋病（AIDS）是指人类免疫缺陷病毒（艾滋病病毒）引起的获得性免疫缺陷综合征，主要通过血液、性接触和母婴进行传播。

为了预防、控制艾滋病的发生与流行，保障人体健康和公共卫生，2006年1月29日，国务院发布了《艾滋病防治条例》，并于2019年3月2日进行了修订。

2. 艾滋病的宣传教育

地方各级人民政府和政府有关部门应当组织开展艾滋病防治以及关怀和不歧视艾滋病病毒感染者、艾滋病患者及其家属的宣传教育，提倡健康文明的生活方式，营造良好的艾滋病防治的社会环境。医疗卫生机构、计划生育技术服务机构、出入境检验检疫机构、学校、妇女联合会、红十字会、新闻媒体、其他机关、团体、企业事业单位、个体经济组织都应当根据《艾滋病防治条例》的规定承担与艾滋病防治有关的宣传教育职责。

3. 艾滋病的预防与控制

国家建立健全艾滋病监测网络，实行艾滋病自愿咨询和自愿检测制度。县级以上地方人民政府和政府有关部门应当依照《艾滋病防治条例》规定，根据本行政区域艾滋病的流行情况制定措施，鼓励和支持居民委员会、村民委员会及其他有关组织和个人推广预防艾滋病的行为干预措施，帮助有易感染艾滋病病毒危险行为的人群改变行为。

血站、单采血浆站、临时采集血液的医疗机构均应当对采集的人体血液、血浆进行艾滋病检测。采集或者使用人体组织、器官、细胞、骨髓等的，也应当进行艾滋病检测。未经艾滋病检测或者艾滋病检测阳性的，不得采集或者使用。

4. 艾滋病的治疗与救助

医疗机构应当为艾滋病病毒感染者和艾滋病患者提供艾滋病防治咨询、诊断和治疗服务。医疗机构不得因就诊的患者是艾滋病病毒感染者或者艾滋病患者，推诿或者拒绝对其其他疾病进行治疗。对确诊的艾滋病病毒感染者和艾滋病患者，医疗卫生机构的工作人员应当将其感染或者发病的事实告知本人；本人为无行为能力人或者限制行为能力人的，应当告知其监护人。医疗卫生机构应当按照国务院卫生行政部门制定的预防艾滋病母婴传播技术指导方案的规定，对孕产妇提供艾滋病防治咨询和检测，对感染艾滋病病毒的孕产妇及其婴儿，提供预防艾滋病母婴传播的咨询、产前指导、阻断、治疗、产后访视、婴儿随访和检测等服务。

县级以上人民政府应当采取下列艾滋病防治关怀、救助措施：①向农村艾滋病患者和城镇经济困难的艾滋病患者免费提供抗艾滋病病毒治疗药品；②对农村和城镇经济困难的艾滋病病毒感染者、艾滋病患者适当减免抗机会性感染治疗药品的费用；③向接受艾滋病咨询、检测的人员免费提供咨询和初筛检测；④向感染艾滋病病毒的孕产妇免费提供预防艾滋病母婴传播的治疗和咨询。生活困难的艾滋病患者遗留的孤儿和感染艾滋病病毒的未成年人接受义务教育的，应当免收杂费、书本费；接受学前教育和高中阶段教育的，应当减免学费等相关费用。县级以上地方人民政府应当对生活困难并符合社会救助条件的艾滋病病毒感染者、艾滋病患者及其家属给予生活救助。县级以上地方人民政府有关部门应当创造条件，扶持有劳动能力的艾滋病病毒感染者和艾滋病患者，从事力所能及的生产和工作。

5. 艾滋病病毒感染者、艾滋病患者的权利与义务

艾滋病病毒感染者、艾滋病患者享有法律法规规定的权利，任何单位和个人不得歧视艾滋病病毒感染者、艾滋病患者及其家属。艾滋病病毒感染者、艾滋病患者及其家属享有的婚姻、就业、就医、入学等合法权益受法律保护。未经本人或者其监护人同意，任何单位或者个人不得公开艾滋病病毒感染者、艾滋病患者及其家属的姓名、住址、工作单位、肖像、病史资料以及其他可能推断出其具体身份的信息。

艾滋病病毒感染者和艾滋病患者应当履行下列义务：①接受疾病预防控制机构或者出入境检验检疫机构的流行病学调查和指导；②将感染或者发病的事实及时告知与其有性关系者；③就医时，将感染或者发病的事实如实告知接诊医生；④采取必要的防护措施，防止感染他人。艾滋病病毒感染者和艾滋病患者不得以任何方式故意传播艾滋病。

（二）传染性非典型肺炎防治的法律规定

1. 传染性非典型肺炎防治立法

传染性非典型肺炎是一种由 SARS 冠状病毒引起的具有明显传染性，可累及多个脏器和系统，以肺炎为主要临床表现的急性呼吸道传染病，又称为严重急性呼吸综合征。该病具有传染性强、人群普遍易感、病情进展快、预后较差和危害大等特点。为了有效预防和控制传染性非典型肺炎的发生与流行，保障公众的身体健康和生命安全，2003 年 5 月 12 日，卫生部发布了《传染性非典型肺炎防治管理办法》。

2. 传染性非典型肺炎防治体系

国务院卫生行政部门对全国传染性非典型肺炎的疾病防治工作实施统一监督管理。县级

以上地方卫生行政部门对本行政区域传染性非典型肺炎的疾病防治工作实施监督管理。各级疾病预防控制机构按照专业分工，承担责任范围内的传染性非典型肺炎监测管理工作；各级各类医疗机构承担责任范围内的传染性非典型肺炎防治管理任务。

任何单位和个人，必须接受疾病预防控制机构、医疗机构、卫生监督机构有关传染性非典型肺炎的查询、检验、调查取证、监督检查以及预防控制措施，并有权检举、控告违反《传染性非典型肺炎防治管理办法》的行为。

3. 传染性非典型肺炎的预防与控制

各级疾病预防控制机构履行传染性非典型性肺炎预防与控制的重要职责，必要时，向集中收治患者或者疑似患者的医疗机构派驻人员，协助医疗机构开展预防控制工作。疾病预防控制机构、医疗机构、从事传染性非典型肺炎科学研究机构，必须严格执行有关管理制度、操作规程，防止医源性感染、医院内感染、实验室感染和致病性微生物的扩散。有关单位和个人必须按照疾病预防控制机构的要求，对被传染性非典型肺炎病原体污染的污水、污物、粪便进行严密消毒后处理。

医疗机构、疾病预防控制机构发现传染性非典型肺炎患者或者疑似患者时，应当及时采取控制措施。

4. 传染性非典型肺炎的医疗救治

县级以上地方卫生行政部门应当指定专门的医疗机构负责收治患者或者疑似患者；指定专门机构和车辆负责转运工作，并建立安全的转诊制度；指定医疗机构设立发热门诊和隔离观察室负责收治可疑发热患者，实行首诊负责制。发现患者或者疑似患者时，应当采取应急控制措施并及时报告当地疾病预防控制机构。

各级各类医疗机构应当设立预防保健组织或者人员，承担本单位和责任地段的传染病预防、控制和疫情管理工作。

医疗机构收治患者或者疑似患者，实行先收治、后结算的办法，任何医疗机构不得以费用为由拒收患者。对农民（含进城务工农民）和城镇困难群众中的传染性非典型肺炎患者实行免费医疗，所发生救治费用由政府负担。

 典型案例

某市卫生健康委员会执法人员在对某医院进行日常监督检查时发现，该院医生接诊疑似肺结核患者时，未按照规定的内容、程序、方式、时限报告传染病疫情信息。该院医生的行为违反了《传染病防治法》第30条第1款的规定。根据《传染病防治法》第69条的规定，该市卫生健康委员会依法对当事人作出警告，通报批评的行政处罚；并在全市范围内行文通报。

案例分析： 根据《传染病防治法》：

第30条 疾病预防控制机构、医疗机构和采供血机构及其执行职务的人员发现本法规定的传染病疫情或者发现其他传染病暴发、流行以及突发原因不明的传染病时，应当遵循疫情报告属地管理原则，按照国务院规定的或者国务院卫生行政部门规定的内容、程序、方式和时限报告。

军队医疗机构向社会公众提供医疗服务，发现上述规定的传染病疫情时，应当按照国务院卫生行政部门的规定报告。

第69条 医疗机构违反本法规定，有下列情形之一的，由县级以上人民政府卫生行政部门责令改正，通报批评，给予警告；造成传染病传播、流行或者其他严重后果的，对负有责任的主管人员和其他直接责任人员，依法给予降级、撤职、开除的处分，并可以依法吊销有关责任人员的执业证书；构成犯罪的，依法追究刑事责任：

（一）未按照规定承担本单位的传染病预防、控制工作、医院感染控制任务和责任区域内的传染病预防工作的；

（二）未按照规定报告传染病疫情，或者隐瞒、谎报、缓报传染病疫情的；

（三）发现传染病疫情时，未按照规定对传染病患者、疑似传染病患者提供医疗救护、现场救援、接诊、转诊的，或者拒绝接受转诊的；

（四）未按照规定对本单位内被传染病病原体污染的场所、物品以及医疗废物实施消毒或者无害化处置的；

（五）未按照规定对医疗器械进行消毒，或者对按照规定一次使用的医疗器具未予销毁，再次使用的；

（六）在医疗救治过程中未按照规定保管医学记录资料的；

（七）故意泄露传染病患者、病原携带者、疑似传染病患者、密切接触者涉及个人隐私的有关信息、资料的。

五、法律责任

（一）行政责任

（1）地方各级人民政府，县级以上人民政府卫生健康主管部门，县级以上人民政府有关部门，疾病预防控制机构，医疗机构，采供血机构，国境卫生检疫机关，动物防疫机构，铁路、交通、民航经营单位未依照《传染病防治法》规定履行或未按规定及时履行传染病防治和保障职责的，有失职、渎职行为的，由本级人民政府或上级人民政府卫生健康主管部门责令改正，通报批评，给予警告；对直接负责的主管人员和其他直接责任人员依法给予降级或者撤职处分；上述行为造成传染病传播、流行或者其他严重后果的，其主要负责人应当引咎辞职；构成犯罪的，依法追究刑事责任。

（2）采供血机构非法采集血液或者组织他人出卖血液的，由县级以上人民政府卫生健康主管部门予以取缔，没收违法所得，可以并处 100 000 元以下的罚款；构成犯罪的，依法追究刑事责任。

（3）违反《传染病防治法》规定，有下列情形之一，导致或者可能导致传染病传播、流行的，由县级以上人民政府卫生行政部门责令限期改正，没收违法所得，并处 50 000 元以下的罚款。已取得许可证的，原发证部门依法暂扣或者吊销许可证；对违法单位的法定代表人或者主要负责人、直接负责的主管人员和其他直接责任人员 5 年内禁止从事相关生产经营活动；构成犯罪的，依法追究刑事责任：①饮用水供水单位未取得卫生许可证擅自供水，或者供应的饮用水不符合国家卫生标准和卫生规范的；②生产或者销售无卫生许可批准文件的涉及饮用水卫生安全的产品或者涉及饮用水卫生安全的产品不符合国家卫生标准和卫生规范的；③消毒产品不符合国家卫生标准和卫生规范的；④出售、运输疫区中被传染病病原体污染或者可能被传染病病原体污染的物品，未进行消毒处理的；⑤生物制品生产单位生产的血液制品不符合国家质量标准的。

（4）违反《传染病防治法》规定，有下列情形之一的，由县级以上地方人民政府卫生行政部门责令改正，通报批评，给予警告，已取得许可证的，依法暂扣或吊销许可证；造成传染病传播、流行及其他严重后果的，对主要负责人、直接负责的主管人员和其他直接责任人员，依法给予降级、撤职直至开除处分，并依法吊销负有责任的医务人员的执业证书，构成犯罪的，依法追究刑事责任：①疾病预防控制机构、医疗机构和从事病原微生物实验的单位，不符合国家规定的条件和技术标准，对传染病病原体样本未按照规定进行严格管理，造成实验室感染和病原微生物扩散的；②违反国家有关规定，采集、保藏、携带、运输、使用和销毁传染病菌种、毒种和传染病检测样本的；③疾病预防控制机构、医疗机构未执行有关法律规定，导致因输入血液、使用血液制品引起经血液传播疾病发生的。

（5）未经检疫出售、运输与人畜共患传染病有关的家畜家禽、动物产品的，由县级以上地方人民政府畜牧兽医行政部门责令停止违法行为，并依法给予行政处罚。

（6）在国家确认的自然疫源地兴建水利、交通、旅游、能源等大型建设项目，未经卫生调查进行施工的，或者未按照疾病预防控制机构的意见采取必要的传染病预防、控制措施的，由县级以上人民政府卫生行政部门责令限期改正，给予警告，并处 5 000 元以上 30 000 元以下罚款；逾期不改正的，处 30 000 元以上 100 000 元以下的罚款，提请有关人民政府依据职责权限，责令停建、关闭。

传染病暴发、流行时，单位和个人有下列行为之一的，由公安机关予以警告或处 2 000 元以下罚款；情节严重的，处 5 日以上 10 日以下拘留，可以并处 5 000 元以下罚款：①拒不履行政府发布的防控决定、命令的；②拒不接受或配合疾病预防控制机构采取的流行病学调查等防控措施的；③故意隐瞒传染病病情的；④患者、病原携带者、疑似患者、密切接触者拒绝接受隔离治疗或医学观察的，以及擅自脱离隔离治疗和医学观察的；⑤编造、故意传播虚假疫情信息的；⑥有其他干扰、阻碍、妨害传染病疫情防控行为的。

（二）民事责任

单位和个人违反《传染病防治法》规定，导致传染病传播、流行，给他人人身、财产造成损害的，应当依法承担民事责任。情节严重，构成犯罪的，依法追究刑事责任。

报纸、期刊、广播、电视、互联网站等传播媒介编造、散布虚假传染病疫情信息的，由有关部门依法给予处罚，对主要负责人、直接负责的主管人员和其他直接责任人员依法给予处分。

（三）刑事责任

对于上述行政及民事违法行为中，情节严重，构成犯罪的，依照《刑法》追究刑事责任。

1.妨害传染病防治罪

违反《传染病防治法》的规定，有下列情形之一，引起甲类传染病以及依法确定采取甲类传染病预防、控制措施的传染病传播或者有传播严重危险的，处 3 年以下有期徒刑或者拘役；后果特别严重的，处 3 年以上 7 年以下有期徒刑：①供水单位供应的饮用水不符合国家规定的卫生标准的；②拒绝按照疾病预防控制机构提出的卫生要求，对传染病病原体污染的污水、污物、场所和物品进行消毒处理的；③准许或者纵容传染病患者、病原携带者和疑似传染病患者从事国务院卫生健康主管部门规定禁止从事的易使该传染病扩散的工作的；④出售、运输疫区中被传染病病原体污染或者可能被传染病病原体污染的物品，未进行消毒处理的；⑤拒绝执行县级以上人民政府疾病预防控制机构依照传染病防治法提出的预防、控制措施的。

单位犯上述罪的，对单位判处罚金，并对其直接负责的主管人员和其他直接责任人员，依照上述的规定处罚。

2.传染病防治失职罪

从事传染病防治的政府卫生行政部门的工作人员违反国家对传染病防治的管理制度，严重不负责任、导致传染病传播或者流行，情节严重的行为，如下列情形之一，处 3 年以下有期徒刑或者拘役：①导致甲类传染病传播的；②导致乙类、丙类传染病流行的；③因传染病传播或者流行，造成人员死亡或者残疾的；④因传染病传播或者流行，严重影响正常的生产、生活秩序的；⑤其他情节严重的情形。

3. 传染病菌种、毒种扩散罪

从事实验、保藏、携带、运输传染病菌种、毒种的人员，违反国务院卫生行政部门的有关规定，造成传染病菌种、毒种扩散，后果严重的，处 3 年以下有期徒刑或者拘役；后果特别严重的，处 3 年以上 7 年以下有期徒刑。

4. 妨碍国境卫生检疫罪

违反国境卫生检疫规定，引起检疫传染病传播或者有传播严重危险的，处 3 年以下有期徒刑或者拘役，并处或者单处罚金。单位犯前述罪的，对单位判处罚金，并对其直接负责的主管人员和其他直接责任人员，依照上述规定处罚。

5. 传播性病罪

明知自己患有梅毒、淋病等严重性病卖淫、嫖娼的，处 5 年以下有期徒刑、拘役或者管制，并处罚金。

此外，传染病防治中还有玩忽职守罪、制作血液制品事故罪等。

单元二　突发公共卫生事件应急管理法律制度

< 案例引入

据某大学通报，即日起陆续有学生出现腹痛、腹泻、呕吐、伴随发热等症状，到学校医务室就诊。情况发生后，校医室医生根据疫情防控要求，指导学生到相关医院进行诊治，学生随后前往驻地医院诊治。傍晚，又陆续有多名学生出现类似症状。经紧急排查，学生用餐地点较为分散，涉及校内食堂七个档口和校外多家餐厅。按照突发事件应急预案的报告制度，学校及时电话报备了区市场监督管理部门和区疾控中心；同时召开学校食堂管理员紧急会议，分析原因并组成联合调查组对发病学生的信息进行采集，对发病前就餐地点、食物进行登记，并对食堂所有档口的食品留样进行监管，等待市场监管部门和疾控中心进行检验检测。

问题：

1. 该事件是否属于突发卫生公共事件？
2. 当有此类事件发生时，我们应该怎么做？

一、突发公共卫生事件概述

（一）突发公共卫生事件的概念

突发公共卫生事件是指突然发生，造成或者可能造成社会公众健康严重损害的重大传染病疫情、群体性不明原因疾病、重大食物和职业中毒以及其他严重影响公众健康的事件。

重大传染疫情是指某种传染病在短时间内发生、波及范围广，出现大量患者或者死亡病例，其发病率远远超过常年的发病率水平的情况。

群体性不明原因疾病是指短时间内（通常是指两周内），在某个相对集中的区域内（如同一个医疗机构、自然村、社区、建筑工地、学校等集体单位）同时或者相继出现 3 例及以上相同临床表现，经县级及以上医院组织专家会诊，不能诊断或解释病因，有重症病例或死亡病例发生的疾病。

重大食物和职业中毒是指由于食品污染和职业危害的原因造成的人数众多或者伤亡较重的中毒事件。

其他严重影响公众健康的事件是指针对不特定的社会群体，造成或可能造成社会公众健康严重损害，影响正常社会秩序的重大事件。

（二）突发公共卫生事件特征

1. 突发性

突发公共卫生事件的发生比较突然，没有特别的发生方式，突如其来，带来很大的偶然性，不易预测，难以及时预防。

2. 不特定性

突发公共卫生事件是发生在公共卫生领域的突发事件，具有公共卫生的属性，它不针对特定人群发生，也不局限于某一个固定的领域或区域。

3. 复杂性

突发公共卫生事件的复杂性表现在：一是成因复杂；二是种类复杂；三是影响复杂。

4. 危害性

突发公共卫生事件后果往往较为严重，它对公众健康的损害和影响达到一定的程度。

（三）突发公共卫生事件应急立法

为了有效预防、及时控制和消除突发公共卫生事件的危害，保障公众身体健康与生命安全，维护正常的社会秩序，2003 年 5 月 9 日，国务院发布了《突发公共卫生事件应急条例》，并于 2011 年 1 月 8 日修订。为依法惩治妨害预防、控制突发传染病疫情等灾害的犯罪活动，保障预防、控制突发传染病疫情等灾害工作的顺利进行，2003 年 5 月 14 日，最高人民法院、最高人民检察院公布了《关于办理妨害预防、控制突发传染病疫情等灾害的刑事案件具体应用法律若干问题的解释》。

为了预防和减少突发事件的发生，控制、减轻和消除突发事件引起的严重社会危害，规范突发事件应对活动，保护人民生命财产安全，维护国家安全、公共安全、环境安全和社会秩序，2007 年 8 月 30 日，第十届全国人民代表大会常务委员会第二十九次会议通过了《中华人民共和国突发事件应对法》（以下简称《突发事件应对法》），自 2007 年 11 月 1 日起施行。《突发事件应对法》对突发公共卫生事件的预防与应急准备监测与预警、应急处置与救援、事后恢复与重建等应对活动作出了明确规定。此外，国务院卫生行政部门还制定了《传染性非典型肺炎防治管理办法》《突发公共卫生事件与传染病疫情监测信息报告管理办法》《国家救灾防病与突发公共卫生事件信息报告管理规范》《突发事件卫生应急预案管理办法》等规章制度。

（四）突发公共卫生事件的处理方针与原则

突发公共卫生事件应急工作，应当遵循预防为主、常备不懈的方针，贯彻统一领导、分级负责、反应及时、措施果断、依靠科学、加强合作的原则。

1. 预防为主、常备不懈

预防为主是我国卫生工作的基本原则，应对突发公共卫生事件需要提高全社会的防范意识，落实各项防范措施，做好人员、物资、技术及设备的应急储备工作，且突发公共卫生事件的防范工作应坚持常抓不懈。

2. 统一领导、分级负责

突发公共卫生事件应急处理的各项工作中应贯彻统一领导的原则，按照突发公共卫生事件对公众健康造成或可能造成的危害程度，划分等级，分级管理，分级负责。

3. 反应及时、措施果断

突发公共卫生事件发生后相关部门应及时作出反应，采取果断、正确的措施，有效控制局面，减少或消除损害的后果。

4. 依靠科学、加强合作

突发公共卫生事件应急工作应充分依靠科学，重视开展相关科研和培训，为应急处理提供科技保障，同时，相关部门应通力合作，共享资源。

（五）突发公共卫生事件分级

根据突发公共卫生事件的性质、危害程度、涉及范围，划分为特别重大（Ⅰ级）、重大（Ⅱ级）、较大（Ⅲ级）和一般（Ⅳ级）四级。

1. 有下列情形之一的，为特别重大突发公共卫生事件（Ⅰ级）

（1）肺鼠疫、肺炭疽在大、中城市发生并有扩散趋势，或肺鼠疫、肺炭疽疫情波及2个以上的省份，并有进一步扩散的趋势。

（2）发生传染性非典型肺炎、人感染高致病性禽流感病例，并有扩散趋势。

（3）涉及多个省份的群体性不明原因疾病，并有扩散趋势。

（4）发生新传染病或我国尚未发现的传染病发生或传入，并有扩散趋势，或发现我国已消灭的传染病重新流行。

（5）发生烈性病菌株、毒株、致病因子等丢失事件。

（6）周边及与我国通航的国家和地区发生特大传染病疫情，并出现输入性病例，严重危及我国公共卫生安全的事件。

（7）国务院卫生行政部门认定的其他特别重大突发公共卫生事件。

2. 有下列情形之一的，为重大突发公共卫生事件（Ⅱ级）

（1）在一个县（市）行政区域内，一个平均潜伏期内（6天）发生5例以上肺鼠疫、肺炭疽病例，或者相关联的疫情波及2个以上的县（市）。

（2）发生传染性非典型肺炎、人感染高致病性禽流感疑似病例。

（3）腺鼠疫发生流行，在一个市（地）行政区域内，一个平均潜伏期内多点连续发病20例以上，或流行范围波及2个以上市（地）。

（4）霍乱在一个市（地）行政区域内流行，1周内发病30例以上，或波及2个以上市（地），有扩散趋势。

（5）乙类、丙类传染病波及2个以上县（市），1周内发病水平是前5年同期平均发病水平2倍以上。

（6）我国尚未发现的传染病发生或传入，尚未造成扩散。

（7）发生群体性不明原因疾病，扩散到县（市）以外的地区。

（8）发生重大医源性感染事件。

（9）预防接种或群体预防性服药出现人员死亡。

（10）一次食物中毒人数超过100人并出现死亡病例，或出现10例以上死亡病例。

（11）一次发生急性职业中毒 50 人以上，或死亡 5 人以上。

（12）境内外隐匿运输、邮寄烈性生物病原体、生物毒素造成我国境内人员感染或死亡的。

（13）省级以上人民政府卫生行政部门认定的其他重大突发公共卫生事件。

3. 有下列情形之一的，为较大突发公共卫生事件（Ⅲ级）

（1）发生肺鼠疫、肺炭疽病例，一个平均潜伏期内病例数未超过 5 例，流行范围在一个县（市）行政区域以内。

（2）腺鼠疫发生流行，在一个县（市）行政区域内，一个平均潜伏期内连续发病 10 例以上，或波及 2 个以上县（市）。

（3）霍乱在一个县（市）行政区域内发生，1 周内发病 10~29 例，或波及 2 个以上县（市），或市（地）级以上城市的市区首次发生。

（4）1 周内在一个县（市）行政区域内，乙类、丙类传染病发病水平是前 5 年同期平均发病水平 1 倍以上。

（5）在一个县（市）行政区域内发现群体性不明原因疾病。

（5）一次食物中毒人数超过 100 人，或出现死亡病例。

（7）预防接种或群体预防性服药出现群体性反应或不良反应。

（3）一次发生急性职业中毒 10~49 人，或死亡 4 人以下。

（9）市（地）级以上人民政府卫生行政部门认定的其他较大突发公共卫生事件。

4. 有下列情形之一的，为一般突发公共卫生事件（Ⅳ级）

（1）腺鼠疫在一个县（市）行政区域内发生，一个平均潜伏期内病例数未超过 10 例。

（2）霍乱在一个县（市）行政区域内发生，1 周内发病 9 例以下。

（3）一次食物中毒人数 30~99 人，未出现死亡病例。

（4）一次发生急性职业中毒 9 人以下，未出现死亡病例。

（5）县级以上人民政府卫生行政部门认定的其他一般突发公共卫生事件。

◁ 知识拓展

世界卫生日

1946 年 7 月 22 日，联合国经社理事会在纽约举行了一次国际卫生大会，60 多个国家的代表共同签署了《世界卫生组织宪章》。《世界卫生组织宪章》于 1948 年 4 月 7 日生效。为纪念《世界卫生组织宪章》的通过，1948 年 6 月，在日内瓦举行的联合国第一届世界卫生大会上正式成立世界卫生组织，并决定将每年的 7 月 22 日定为"世界卫生日"，倡议各国举行各种纪念活动。次年，第二届世界卫生大会考虑到每年 7 月大部分国家的学校已放暑假，无法参加这一庆祝活动，于是规定从 1950 年起将 4 月 7 日作为全球性的"世界卫生日"。

'世界卫生日'的设立旨在引起世界各国人民对卫生、健康工作的关注，提高人们对卫生健康的素质和认识，强调健康对于劳动创造和幸福生活的重要性。

世界卫生组织每年为世界卫生日选定一个主题，突出其关注的重点领域。世界卫生组织将 2025 年 4 月 7 日世界卫生日的主题确定为"健康起点，希望未来"，旨在倡导加大努力保障母婴健康、减少孕产妇和新生儿死亡，并优先关注妇女的长期健康与福祉。

二、突发公共卫生事件应急处理组织体系及原则

（一）突发公共卫生事件应急处理组织体系

1. 应急指挥机构

（1）全国突发事件应急处理指挥部的组成及其职责：突发事件发生后，国务院设立全国突发事件应急处理指挥部，由国务院有关部门和军队有关部门组成，国务院主管领导人担任总指挥，负责对全国突发事件应急处理的统一领导、统一指挥。国务院卫生行政主管部门和其他有关部门，在各自的职责范围内做好突发事件应急处理的有关工作。

（2）地方突发事件应急处理指挥部的组成及其职责：突发事件发生后，省、自治区、直辖市人民政府成立地方突发事件应急处理指挥部，省、自治区、直辖市人民政府主要领导人担任总指挥，负责领导、指挥本行政区域内突发事件应急处理工作。

县级以上地方人民政府卫生行政主管部门，具体负责组织突发事件的调查、控制和医疗救治工作。

县级以上地方人民政府有关部门，在各自的职责范围内做好突发事件应急处理的有关工作。

2. 日常管理机构

国务院卫生行政部门设立卫生应急办公室（突发公共卫生事件应急指挥中心），负责全国突发公共卫生事件应急处理的日常管理工作。

各省、自治区、直辖市人民政府卫生行政部门及军队、武警系统要参照国务院卫生行政部门突发公共卫生事件日常管理机构的设置及职责，结合各自实际情况，指定突发公共卫生事件的日常管理机构，负责本行政区域或本系统内突发公共卫生事件应急的协调、管理工作。

各市（地）级、县级卫生行政部门要指定机构负责本行政区域内突发公共卫生事件应急的日常管理工作。

3. 专家咨询委员会

国务院卫生行政部门和省级卫生行政部门负责组建突发公共卫生事件专家咨询委员会。

市（地）级和县级卫生行政部门可根据本行政区域内突发公共卫生事件应急工作需要，组建突发公共卫生事件应急处理专家咨询委员会。

4. 应急处理专业技术机构

医疗机构、疾病预防控制机构、卫生监督机构、出入境检验检疫机构是突发公共卫生事件应急处理的专业技术机构。应急处理专业技术机构要结合本单位职责开展专业技术人员处理突发公共卫生事件能力培训，提高快速应对能力和技术水平，在发生突发公共卫生事件时，要服从卫生行政部门的统一指挥和安排，开展应急处理工作。

（二）突发公共卫生事件应急处理原则

突发公共卫生事件应急工作，应当遵循预防为主、常备不懈的方针，贯彻统一领导、分级负责、反应及时、措施果断、依靠科学、加强合作的原则。

三、突发公共卫生事件应急处理预案的制定与主要内容

（一）突发公共卫生事件应急预案的制定

为有效预防、及时控制和消除突发公共卫生事件及其危害，指导和规范各类突发公共卫

生事件的应急处理工作，最大限度地减少突发公共卫生事件对公众健康造成的危害，保障公众身心健康与生命安全，根据《突发公共卫生事件应急条例》要求制定应急预案。

1. 制定机关

国务院卫生行政主管部门按照分类指导、快速反应的要求，制定全国突发公共卫生事件应急预案，报请国务院批准。省、自治区、直辖市人民政府根据全国突发公共卫生事件应急预案，结合本地实际情况，制定本行政区域的突发事件应急预案。

2. 全国突发事件应急预案的内容

①突发事件应急处理指挥部的组成和相关部门的职责；②突发事件的监测与预警；③突发事件信息的收集、分析、报告、通报制度；④突发事件应急处理技术和监测机构及其任务；⑤突发事件的分级、应急处理工作方案；⑥突发事件预防和现场控制，应急设施、设备、救治药品和医疗器械以及其他物资和技术的储备与调度；⑦突发事件应急处理专业队伍的建设和培训。

全国突发事件应急
预案的内容

突发事件应急预案应当根据突发事件的变化和实施中发现的问题及时进行修订和补充。

知识拓展

《突发事件应急预案管理办法》规定，应急预案按照制定主体划分，分为政府及其部门应急预案、单位和基层组织应急预案两大类。

政府及其部门应急预案由各级人民政府及其部门制定，包括总体应急预案、专项应急预案、部门应急预案等。

总体应急预案是应急预案体系的总纲，是人民政府组织应对突发事件的总体制度安排，由县级以上各级人民政府制定。总体应急预案主要规定突发事件应对的基本原则、组织体系、运行机制，以及应急保障的总体安排等，明确相关各方的职责和任务。

专项应急预案是人民政府为应对某一类型或某几种类型突发事件，或者针对重要目标物保护、重大活动保障、应急资源保障等重要专项工作而预先制定的涉及多个部门职责的工作方案，由有关部门牵头制定，报本级人民政府批准后印发实施。

部门应急预案是人民政府有关部门根据总体应急预案、专项应急预案和部门职责，为应对本部门（行业、领域）突发事件，或者针对重要目标物保护、重大活动保障、应急资源保障等涉及部门工作而预先制定的工作方案，由各级政府有关部门制定。

（二）建立统一的突发公共卫生事件预防体系

1. 应急知识教育

县级以上各级人民政府卫生行政主管部门和其他有关部门，应当对公众开展突发事件应急知识的专门教育，增强全社会对突发事件的防范意识和应对能力。县级以上地方人民政府卫生行政主管部门，应当定期对医疗卫生机构和人员开展突发事件应急处理相关知识、技能的培训，定期组织医疗卫生机构进行突发事件应急演练，推广最新知识和先进技术。

2. 建立和完善突发事件监测和预警系统

国家建立统一的突发事件预防控制体系。县级以上地方人民政府应当建立和完善突发事件监测与预警系统。县级以上各级人民政府卫生行政主管部门，应当指定机构负责开展突发事件的日常监测，并确保监测与预警系统的正常运行。

3. 保证应急物资储备

国务院有关部门和县级以上地方人民政府及其有关部门，应当根据突发事件应急预案的要求，保证应急设施、设备、救治药品和医疗器械等物资储备。

4. 加强急救医疗服务网络建设

县级以上各级人民政府应当加强急救医疗服务网络的建设，配备相应的医疗救治药物、技术、设备和人员，提高医疗卫生机构应对各类突发事件的救治能力。设区的市级以上地方人民政府应当设置与传染病防治工作需要相适应的传染病专科医院，或者指定具备传染病防治条件和能力的医疗机构承担传染病防治任务。

（三）突发公共卫生事件应急预案的内容

1. 组成及职责

应急预案包括突发公共卫生事件应急处理指挥部的组成和相关部门的职责。

2. 监测与预警

国家建立统一的突发公共卫生事件监测、预警网络体系。各级医疗、疾病预防控制、卫生监督和出入境检疫机构负责开展突发公共卫生事件的日常监测工作。省级人民政府卫生行政部门要按照国家统一规定和要求，结合实际，组织开展重点传染病和突发公共卫生事件的主动监测。国务院卫生行政部门和地方各级人民政府卫生行政部门要加强对监测工作的管理和监督，保证监测质量。各级人民政府卫生行政部门根据医疗机构、疾病预防控制机构、卫生监督机构提供的监测信息，按照公共卫生事件的发生、发展规律和特点，及时分析其对公众身心健康的危害程度、可能的发展趋势，及时做出预警。

3. 信息制度

包括突发公共卫生事件信息的收集、分析、报告、通报制度。

4. 技术、机构及任务

包括突发公共卫生事件应急处理技术和监测机构及其任务。

5. 处理方案

包括突发公共卫生事件的分级和应急处理工作方案。

6. 物资储备与调度

包括突发公共卫生事件预防、现场控制、应急设施、设备、救治药品和医疗器械以及其他物资和技术的储备与调度。

7. 人员建设与培训

包括突发公共卫生事件应急处理专业队伍的建设和培训。

四、突发公共卫生事件的报告与信息发布

（一）突发事件应急报告及通报制度

1. 报告主体

县级以上各级人民政府卫生行政部门指定的突发公共卫生事件监测机构、各级各类医疗卫生机构、卫生行政部门、县级以上地方人民政府和检验检疫机构、食品药品监督管理机

构、环境保护监测机构、教育机构等有关单位为突发公共卫生事件的责任报告单位。执行职务的各级各类医疗卫生机构的医疗卫生人员、个体开业医生为突发公共卫生事件的责任报告人。

2. 报告范围

①发生或者可能发生传染病暴发、流行的；②发生或者发现不明原因的群体性疾病的；③发生传染病菌种、毒种丢失的；④发生或者可能发生重大食物和职业中毒事件的。

3. 报告时限

突发事件监测机构、医疗卫生机构和有关单位发现有突发公共卫生事件报告范围之一的，应当在 2 小时内向所在地县级人民政府卫生行政主管部门报告；接到报告的卫生行政主管部门应当在 2 小时内向本级人民政府报告，并同时向上级人民政府卫生行政主管部门和国务院卫生行政主管部门报告。县级人民政府应当在接到报告后 2 小时内向设区的市级人民政府或者上一级人民政府报告；设区的市级人民政府应当在接到报告后 2 小时内向省、自治区、直辖市人民政府报告。省、自治区、直辖市人民政府应当在接到报告 1 小时内，向国务院卫生行政主管部门报告，国务院卫生行政主管部门对可能造成重大社会影响的突发事件，应当立即向国务院报告。

4. 通报

（1）国务院卫生行政主管部门应当根据发生突发事件的情况，及时向国务院有关部门和各省、自治区、直辖市人民政府卫生行政主管部门以及军队有关部门通报。

（2）突发事件发生地的省、自治区、直辖市人民政府卫生行政主管部门，应当及时向毗邻省、自治区、直辖市人民政府卫生行政主管部门通报。

（3）接到通报的省、自治区、直辖市人民政府卫生行政主管部门，必要时应当及时通知本行政区域内的医疗卫生机构。

（4）县级以上地方人民政府有关部门，已经发生或者发现可能引起突发事件的情形时，应当及时向同级人民政府卫生行政主管部门通报。

（二）突发事件的举报制度

任何单位和个人有权向人民政府及其有关部门报告突发事件隐患，有权向上级人民政府及其有关部门举报地方人民政府及其有关部门不履行突发事件应急处理职责，或者不按照规定履行职责的情况。接到报告、举报的有关人民政府及其有关部门，应当立即组织对突发事件隐患、不履行或者不按照规定履行突发事件应急处理职责的情况进行调查处理。

（三）突发事件的信息发布制度

国务院卫生行政主管部门负责向社会发布突发事件的信息。必要时，可以授权省、自治区、直辖市人民政府卫生行政主管部门向社会发布本行政区域内突发事件的信息。信息发布应当及时、准确、全面。

五、突发公共卫生事件应急处理

（一）突发事件应急预案的启动

突发事件发生后，卫生行政主管部门应当组织专家对突发事件进行综合评估，初步判断突发事件的类型，提出是否启动突发事件应急预案的建议。

在全国范围内或者跨省、自治区、直辖市范围内启动全国突发事件应急预案，由国务院卫生行政主管部门报国务院批准后实施。省、自治区、直辖市启动突发事件应急预案，由省、自治区、直辖市人民政府决定，并向国务院报告。

（二）应急处理措施

1. 突发公共卫生事件的评估

（1）省级以上人民政府卫生行政主管部门或者其他有关部门指定的突发事件应急处理专业技术机构，负责突发事件的技术调查、确认、处置、控制和评价工作。

（2）国务院卫生行政主管部门或者其他有关部门指定的专业技术机构，有权进入突发事件现场进行调查、采样、技术分析和检验，对地方突发事件的应急处理工作进行技术指导，有关单位和个人应当予以配合；任何单位和个人不得以任何理由予以拒绝。

（3）对新发现的突发传染病、不明原因的群体性疾病、重大食物和职业中毒事件，国务院卫生行政主管部门应当尽快组织力量制定相关的技术标准、规范和控制措施。

2. 法定传染病的宣布

国务院卫生行政主管部门对新发现的突发传染病，根据危害程度、流行强度，依照《传染病防治法》的规定及时宣布为法定传染病；宣布为甲类传染病的，由国务院决定。

3. 应急物资及人员的调集

（1）突发事件发生后，国务院有关部门和县级以上地方人民政府及其有关部门，应当保证突发事件应急处理所需的医疗救护设备、救治药品、医疗器械等物资的生产、供应；铁路、交通、民用航空行政主管部门应当保证及时运送。

（2）根据突发事件应急处理的需要，突发事件应急处理指挥部有权紧急调集人员、储备的物资、交通工具及相关设施、设备。

（3）可以对食物和水源采取控制措施。

4. 交通工具上发现突发事件的控制措施

（1）交通工具上发现根据国务院卫生行政主管部门的规定需要采取应急控制措施的传染病患者、疑似传染病患者，其负责人应当以最快的方式通知前方停靠点，并向交通工具的营运单位报告。交通工具的前方停靠点和营运单位应当立即向交通工具营运单位行政主管部门和县级以上地方人民政府卫生行政主管部门报告。卫生行政主管部门接到报告后，应当立即组织有关人员采取相应的医学处置措施。

（2）交通工具上的传染病患者密切接触者，由交通工具停靠点的县级以上各级人民政府卫生行政主管部门或者铁路、交通、民用航空行政主管部门，根据各自的职责，依照传染病防治法律、行政法规的规定，采取控制措施。

（3）涉及国境口岸和入出境的人员、交通工具、货物、集装箱、行李、邮包等需要采取传染病应急控制措施的，依照国境卫生检疫法律、行政法规的规定办理。

5. 对医疗机构的要求

（1）医疗卫生机构应当对因突发事件致病的人员提供医疗救护和现场救援，对就诊患者必须接诊治疗，并书写详细、完整的病历记录；对需要转送的患者，应当按照规定将患者及其病历记录的复印件转送至接诊地或者指定的医疗机构。

（2）医疗卫生机构内应当采取卫生防护措施，防止交叉感染和污染。

（3）医疗机构收治传染病患者、疑似传染病患者，应当依法报告所在地的疾病预防控制机构。接到报告的疾病预防控制机构应当立即对可能受到危害的人员进行调查，根据需要采取必要的控制措施。

（4）有关部门、医疗卫生机构应当对传染病做到早发现、早报告、早隔离、早治疗，切断传播途径，防止扩散。

6.对人员、疫区的控制

（1）根据突发事件应急处理的需要，突发事件应急处理指挥部有权对人员进行疏散或者隔离，并可以依法对传染病疫区实行封锁。

（2）传染病暴发、流行时，街道、乡镇以及居民委员会、村民委员会应当组织力量，团结协作，群防群治，协助卫生行政主管部门和其他有关部门、医疗卫生机构做好疫情信息的收集和报告、人员的分散隔离、公共卫生措施的落实工作，向居民、村民宣传传染病防治的相关知识。

（3）对传染病暴发、流行区域内流动人口，突发事件发生地的县级以上地方人民政府应当做好预防工作，落实有关卫生控制措施；对传染病患者和疑似传染病患者，应当采取就地隔离、就地观察、就地治疗的措施。

（4）医疗卫生机构应当对传染病患者、传染病疑似患者、传染病患者密切接触者采取隔离治疗、医学观察措施，传染病患者、传染病疑似患者、传染病患者密切接触者应当予以配合。拒绝配合的，由公安机关依法协助强制执行。

7.经费保障

县级以上各级人民政府应当提供必要资金，保障因突发事件致病、致残的人员得到及时、有效的救治。

 典型案例

2013年12月，埃博拉病毒在几内亚东南部农村暴发，随后蔓延至塞拉利昂、利比里亚等邻国。该病毒通过体液接触传播，致死率高达50%，引发高热、出血和多器官衰竭。此次疫情导致西非多国医疗系统瘫痪，经济陷入停滞。这种病毒具有极强的传染性和致死性，此次疫情是一种全球性的公共卫生紧急事件。世界卫生组织于2014年8月宣布其为"国际关注的突发公共卫生事件"，全球60多个国家紧急支援，派遣医疗队、建立隔离中心并提供物资援助。

案例分析： 突发公共卫生事件是一个全球面临的共同挑战，要应对这样的挑战，需要各个国家和组织通力合作，加强信息共享和协调，加强科学研究和技术创新，同时也需要广大医务人员勇往直前，众志成城，共克时艰。

六、法律责任

（一）公共场所经营者的法律责任

（1）对未依法取得公共场所卫生许可证擅自营业的，由县级以上地方人民政府卫生行政部门责令限期改正，给予警告，并处以500元以上5000元以下罚款；有下列情形之一的，处以5000元以上30000元以下罚款：①擅自营业曾受过卫生行政部门处罚的；②擅自营业时间在3个月以上的；③以涂改、转让、倒卖、伪造的卫生许可证擅自营业的。对涂改、转让、倒卖有效卫生许可证的，由原发证地卫生行政部门予以注销。

（2）公共场所经营者有下列情形之一的，由县级以上地方人民政府卫生行政部门责令限期改正，给予警告，并可处以2000元以下罚款；逾期不改正，造成公共场所卫生质量不符合卫生标准和要求的，处以 2 000 元以上 20 000 元以下罚款；情节严重的，可以依法责令停业整顿，直至吊销卫生许可证：①未按照规定对公共场所的空气、微小气候、水质、采光、照明、噪声、顾客用品用具等进行卫生检测的；②未按照规定对顾客用品用具进行清洗、消毒、保洁，或者重复使用一次性用品用具的。

（3）公共场所经营者有下列情形之一的，由县级以上地方人民政府卫生行政部门责令限期改正；逾期不改的，给予警告，并处以 1 000 元以上 10 000 元以下罚款；对拒绝监督的，处以 10 000 元以上 30 000 元以下罚款；情节严重的，可以依法责令停业整顿，直至吊销卫生许可证：①未按照规定建立卫生管理制度、设立卫生管理部门或者配备专（兼）职卫生管理人员，或者未建立卫生管理档案的；②未按照规定组织从业人员进行相关卫生法律知识和公共场所卫生知识培训，或者安排未经相关卫生法律知识和公共场所卫生知识培训考核的从业人员上岗的；③未按照规定设置与其经营规模、项目相适应的清洗、消毒、保洁、盥洗等设施设备和公共卫生间，或者擅自停止使用、拆除上述设施设备，或者挪作他用的；④未按照规定配备预防控制鼠、蚊、蝇、蟑螂和其他病媒生物的设施设备以及废弃物存放专用设施设备，或者擅自停止使用、拆除预防控制鼠、蚊、蝇、蟑螂和其他病媒生物的设施设备以及废弃物存放专用设施设备的；⑤未按照规定索取公共卫生用品检验合格证明和其他相关资料的；⑥未按照规定对公共场所新建、改建、扩建项目办理预防性卫生审查手续的；⑦公共场所集中空调通风系统未经卫生检测或者评价不合格而投入使用的；⑧未按照规定公示公共场所卫生许可证、卫生检测结果和卫生信誉度等级的。

（4）公共场所经营者安排未获得有效健康合格证明的从业人员从事直接为顾客服务工作的，由县级以上地方人民政府卫生行政部门责令限期改正，给予警告，并处以 500 元以上5 000 元以下罚款；逾期不改正的，处以 5 000 元以上 15 000 元以下罚款。

（5）公共场所经营者对发生的危害健康事故未立即采取处置措施，导致危害扩大，或者隐瞒、缓报、谎报的，由县级以上地方人民政府卫生行政部门处以 5 000 元以上 30 000 元以下罚款；情节严重的，可以依法责令停业整顿，直至吊销卫生许可证。构成犯罪的，依法追究刑事责任。

（二）卫生行政部门及其工作人员的法律责任

县级以上人民政府卫生行政部门及其工作人员玩忽职守、滥用职权、收取贿赂的，由有关部门对单位负责人、直接负责的主管人员和其他责任人员依法给予行政处分。构成犯罪的，依法追究刑事责任。

单元三 职业病防治法律制度

‹ 案例引入

2011 年 10 月，陶某入职某公司从事接触职业病危害的工作。2015 年 5 月底，公司与陶某的劳动关系解除。该公司在与陶某解除劳动合同前，并未安排其进行职业健康检查，2015 年 12 月之后停止了社保费用缴纳。2015 年 12 月，陶某在医院进行健康检查时被医生建议进行职业病鉴定。自被发现为疑似职业病患者后，陶某曾多次在安徽、浙江、上海等地的医疗机构进行诊断治疗。2017 年 5 月，陶某在其离岗后被诊断为职业病，并被认定为工伤。

一、职业病防治法律制度概述

（一）职业病防治的相关概念

职业病是指企业、事业单位和个体经济组织等用人单位的劳动者在职业活动中，因接触粉尘、放射性物质和其他有毒、有害因素而引起的疾病。

职业病危害是指对从事职业活动的劳动者可能导致职业病的各种危害。职业病危害因素包括职业活动中存在的各种有害的化学、物理、生物因素以及在作业过程中产生的其他职业有害因素。

职业病防治法是指在减少职业病危害、防治职业病的过程中，旨在保护劳动者职业健康权益、促进经济社会发展的活动中所产生的各种社会关系的法律规范的总称。职业病防治法包括所有与职业病防治有关的法律、法规和规章，也包括其他相关法律法规中有关预防、控制和消除职业病危害的规定。

（二）职业病防治的立法

2001 年 10 月 27 日，第九届全国人民代表大会常务委员会第二十四次会议通过了《中华人民共和国职业病防治法》（以下简称《职业病防治法》），自 2002 年 5 月 1 日起施行。2011 年 12 月 31 日第十一届全国人民代表大会常务委员会第二十四次会议、2016 年 7 月 2 日第十二届全国人民代表大会常务委员会第二十一次会议、2017 年 11 月 4 日第十二届全国人民代表大会常务委员会第三十次会议、2018 年 12 月 29 日第十三届全国人民代表大会常务委员会第七次会议进行了四次修正。《职业病防治法》适用于中华人民共和国领域内的职业病防治活动。

职业病防治的立法

根据《职业病防治法》有关规定，2014 年国家卫生健康委、人力资源社会保障部、国家疾控局、全国总工会联合组织对职业病的分类和目录进行了调整，自 2025 年 8 月 1 日起实施。2013 年 12 月 23 日原国家卫生计生委、人力资源社会保障部、原安全监管总局、全国总工会联合印发的《职业病分类和目录》同时废止。

目前我国公布的职业病分为职业性尘肺病及其他呼吸系统疾病、职业性皮肤病、职业性眼病、职业性耳鼻喉口腔疾病、职业性化学中毒、物理因素所致职业病、职业性放射性疾病、职业性传染病、职业性肿瘤、职业性肌肉骨骼疾病、职业性精神和行为障碍、其他职业病 12 大类 135 种。

（三）职业病防治的方针和原则

职业病防治工作坚持预防为主、防治结合的方针，建立用人单位负责、行政机关监管、行业自律、职工参与和社会监督的机制，实行分类管理、综合治理。国家鼓励和支持研制、开发、推广、应用有利于职业病防治和保护劳动者健康的新技术、新工艺、新设备、新材料，加强对职业病的机理和发生规律的基础研究，提高职业病防治科学技术水平；积极采用有效的职业病防治技术、工艺、设备、材料；限制使用或者淘汰职业病危害严重的技术、工艺、设备、材料。国家鼓励和支持职业病医疗康复机构的建设。

国家实行职业卫生监督制度。国务院卫生行政部门、劳动保障行政部门依照《职业病防治法》和国务院确定的职责，负责全国职业病防治的监督管理工作。有关部门在各自的职责范围内负责职业病防治的有关监督管理工作。

二、职业病的预防与控制

职业病的前期预防

（一）职业病的前期预防

1. 用人单位在前期预防中的责任

用人单位应当依照法律、法规要求，严格遵守国家职业卫生标准，落实职业病预防措施，从源头上控制和消除职业病危害。用人单位应当建立、健全职业病防治责任制，加强对职业病防治的管理，提高职业病防治水平，对本单位产生的职业病危害承担责任。用人单位的主要负责人对本单位的职业病防治工作全面负责。

2. 工作场所的职业卫生要求

产生职业病危害的用人单位的设立除应当符合法律、行政法规规定的设立条件外，其工作场所还应当符合下列职业卫生要求：①职业病危害因素的强度或者浓度符合国家职业卫生标准；②有与职业病危害防护相适应的设施；③生产布局合理，符合有害与无害作业分开的原则；④有配套的更衣间、洗浴间、孕妇休息间等卫生设施；⑤设备、工具、用具等设施符合保护劳动者生理、心理健康的要求；⑥法律、行政法规和国务院卫生行政部门关于保护劳动者健康的其他要求。

3. 职业病危害项目申报制度

职业病危害因素分类目录由国务院卫生行政部门制定、调整并公布。用人单位工作场所存在职业病目录所列职业病的危害因素的，应当及时、如实向所在地卫生行政部门申报危害项目，接受监督。

4. 职业病危害预评价制度

新建、扩建、改建建设项目和技术改造、技术引进项目（以下统称建设项目）可能产生职业病危害的，建设单位在可行性论证阶段应当进行职业病危害预评价。医疗机构建设项目可能产生放射性职业病危害的，建设单位应当向卫生行政部门提交放射性职业病危害预评价报告。卫生行政部门应当自收到预评价报告之日起30日内，作出审核决定并书面通知建设单位。未提交预评价报告或者预评价报告未经卫生行政部门审核同意的，不得开工建设。职业病危害预评价报告应当对建设项目可能产生的职业病危害因素及其对工作场所和劳动者健康的影响作出评价，确定危害类别和职业病防护措施。

5. 建设项目的职业病防护设施

建设项目的职业病防护设施所需费用应当纳入建设项目工程预算，并与主体工程同时设计，同时施工，同时投入生产和使用。建设项目的职业病防护设施设计应当符合国家职业卫生标准和卫生要求；其中，医疗机构放射性职业病危害严重的建设项目的防护设施设计，应当经卫生行政部门审查同意后，方可施工。

建设项目在竣工验收前，建设单位应当进行职业病危害控制效果评价。医疗机构可能产生放射性职业病危害的建设项目竣工验收时，其放射性职业病防护设施经卫生行政部门验收合格后，方可投入使用；其他建设项目的职业病防护设施应当由建设单位负责依法组织验收，验收合格后，方可投入生产和使用。

（二）劳动过程中的防护与管理

1. 职业病防治管理措施

用人单位应当采取下列职业病防治管理措施：①设置或者指定职业卫生管理机构或者组织，配备专职或者兼职的职业卫生管理人员，负责本单位的职业病防治工作；②制定职业病防治计划和实施方案；③建立、健全职业卫生管理制度和操作规程；④建立、健全职业卫生档案和劳动者健康监护档案；⑤建立、健全工作场所职业病危害因素监测及评价制度；⑥建立、健全职业病危害事故应急救援预案。

用人单位应当保障职业病防治所需的资金投入，不得挤占、挪用，并对因资金投入不足导致的后果承担责任。

2. 提供职业病防护设施和用品

（1）用人单位必须采用有效的职业病防护设施，并为劳动者提供个人使用的职业病防护用品。

（2）用人单位为劳动者个人提供的职业病防护用品必须符合防治职业病的要求。不符合要求的，不得使用。

（3）用人单位应当优先采用有利于防治职业病和保护劳动者健康的新技术、新工艺、新设备、新材料，逐步替代职业病危害严重的技术、工艺、设备、材料。

（4）对职业病防护设备、应急救援设施和个人使用的职业病防护用品，用人单位应当进行经常性的维护、检修，定期检测其性能和效果，确保其处于正常状态，不得擅自拆除或者停止使用。

3. 职业病危害的告知

（1）产生职业病危害的用人单位，应当在醒目位置设置公告栏，公布有关职业病防治的规章制度、操作规程、职业病危害事故应急救援措施和工作场所职业病危害因素检测结果。

（2）对产生严重职业病危害的作业岗位，应当在其醒目位置，设置警示标识和中文警示说明。警示说明应当载明产生职业病危害的种类、后果、预防以及应急救治措施等内容。

（3）对可能发生急性职业损伤的有毒、有害工作场所，用人单位应当设置报警装置，配置现场急救用品、冲洗设备、应急撤离通道和必要的泄险区。对放射工作场所和放射性同位素的运输、贮存，用人单位必须配置防护设备和报警装置，保证接触放射线的工作人员佩戴个人剂量计。

4 可能产生职业病危害的设备、材料的管理

（1）向用人单位提供可能产生职业病危害的设备的，应当提供中文说明书，并在设备的醒目位置设置警示标识和中文警示说明。

（2）向用人单位提供可能产生职业病危害的化学品、放射性同位素和含有放射性物质的材料的，应当提供中文说明书。

（3）国内首次使用或者首次进口与职业病危害有关的化学材料，使用单位或者进口单位按照国家规定经国务院有关部门批准后，应当向国务院卫生行政部门报送该化学材料的毒性鉴定以及经有关部门登记注册或者批准进口的文件等资料。

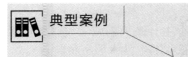 **典型案例**

2023年7月，某县卫生健康局执法人员在开展职业病防治工作监督检查时发现，该县某烟

花鞭炮厂存在使用有毒有害物质甲醇代替乙醇制作烟花亮珠的违法行为。

原国家安全生产监督管理总局在2014年就发布了禁止烟花爆竹生产企业使用甲醇进行生产作业的通知。该企业为降低生产成本，违规采用甲醇进行生产作业，增加了劳动者职业危害风险，违反了《职业病防治法》第30条规定，该县卫生健康局按规定，给予该企业"罚款20万元"的行政处罚，并责令其立即改正违法行为。

案例分析：根据《职业病防治法》：

第30条　任何单位和个人不得生产、经营、进口和使用国家明令禁止使用的可能产生职业病危害的设备或者材料。

第75条　违反本法规定，有下列情形之一的，由卫生行政部门责令限期治理，并处5万元以上30万元以下的罚款；情节严重的，责令停止产生职业病危害的作业，或者提请有关人民政府按照国务院规定的权限责令关闭：

（一）隐瞒技术、工艺、设备、材料所产生的职业病危害而采用的；

（二）隐瞒本单位职业卫生真实情况的；

（三）可能发生急性职业损伤的有毒、有害工作场所、放射工作场所或者放射性同位素的运输、贮存不符合本法第25条规定的；

（四）使用国家明令禁止使用的可能产生职业病危害的设备或者材料的；

（五）将产生职业病危害的作业转移给没有职业病防护条件的单位和个人，或者没有职业病防护条件的单位和个人接受产生职业病危害的作业的；

（六）擅自拆除、停止使用职业病防护设备或者应急救援设施的；

（七）安排未经职业健康检查的劳动者、有职业禁忌的劳动者、未成年工或者孕期、哺乳期女职工从事接触职业病危害的作业或者禁忌作业的；

（八）违章指挥和强令劳动者进行没有职业病防护措施的作业的。

5. 劳动合同的内容

（1）用人单位与劳动者订立劳动合同（含聘用合同，下同）时，应当将工作过程中可能产生的职业病危害及其后果、职业病防护措施和待遇等如实告知劳动者，并在劳动合同中写明，不得隐瞒或者欺骗。

（2）劳动者在已订立劳动合同期间因工作岗位或者工作内容变更，从事与所订立劳动合同中未告知的存在职业病危害的作业时，用人单位应当依照前述规定，向劳动者履行如实告知的义务，并协商变更原劳动合同相关条款。

（3）用人单位违反上述两项规定的，劳动者有权拒绝从事存在职业病危害的作业，用人单位不得因此解除与劳动者所订立的劳动合同。

6. 职业病危害因素检测、评价

（1）用人单位应当实施由专人负责的职业病危害因素日常监测，并确保监测系统处于正常运行状态。

（2）用人单位应当按照国务院卫生行政部门的规定，定期对工作场所进行职业病危害因素检测、评价，检测、评价结果存入用人单位职业卫生档案，定期向所在地卫生行政部门报告并向劳动者公布。

（3）职业病危害因素检测、评价由依法设立的取得国务院卫生行政部门或者设区的市级以上地方人民政府卫生行政部门按照职责分工给予资质认可的职业卫生技术服务机构进行。

（4）发现工作场所职业病危害因素不符合国家职业卫生标准和卫生要求时，用人单位应当立即采取相应治理措施，仍然达不到国家职业卫生标准和卫生要求的，必须停止存在职业病危害因素的作业。职业病危害因素经治理后，符合国家职业卫生标准和卫生要求的，方可重新作业。

7. 职业卫生培训

（1）用人单位的主要负责人和职业卫生管理人员应当接受职业卫生培训，遵守职业病防治法律、法规，依法组织本单位的职业病防治工作。

（2）用人单位应当对劳动者进行上岗前的职业卫生培训和在岗期间的定期职业卫生培训，普及职业卫生知识，督促劳动者遵守职业病防治法律、法规、规章和操作规程，指导劳动者正确使用职业病防护设备和个人使用的职业病防护用品。

（3）劳动者应当学习和掌握相关的职业卫生知识，增强职业病防范意识，遵守职业病防治法律、法规、规章和操作规程，正确使用、维护职业病防护设备和个人使用的职业病防护用品，发现职业病危害事故隐患应当及时报告。

8. 职业健康检查

（1）对从事接触职业病危害的作业的劳动者，用人单位应当按照国务院卫生行政部门的规定组织上岗前、在岗期间和离岗时的职业健康检查，并将检查结果书面告知劳动者。职业健康检查费用由用人单位承担。

（2）用人单位不得安排未经上岗前职业健康检查的劳动者从事接触职业病危害的作业；不得安排有职业禁忌的劳动者从事其所禁忌的作业；对在职业健康检查中发现有与所从事的职业相关的健康损害的劳动者，应当调离原工作岗位，并妥善安置；对未进行离岗前职业健康检查的劳动者不得解除或者终止与其订立的劳动合同。

（3）职业健康检查应当由取得《医疗机构执业许可证》的医疗卫生机构承担。

 典型案例

2023 年 3 月，某市卫生健康委员会执法人员在对某机械有限公司进行监督检查时发现，该公司存在以下违法行为：未按要求在高温季节来临前组织高温作业劳动者进行在岗期间职业健康检查；工作场所职业病危害因素的强度或浓度超过国家职业卫生标准；未根据职业健康检查情况采取相应措施。该公司的行为违反了《职业病防治法》第 15 条、第 35 条和《用人单位职业健康监护监督管理办法》第 17 条的规定。该市卫生健康委员会依规，给予该公司"警告，罚款 9.2 万元"的行政处罚，并责令其立即改正违法行为。

案例分析：根据《职业病防治法》：

第 15 条 产生职业病危害的用人单位的设立除应当符合法律、行政法规规定的设立条件外，其工作场所还应当符合下列职业卫生要求：

（一）职业病危害因素的强度或者浓度符合国家职业卫生标准；

（二）有与职业病危害防护相适应的设施；

（三）生产布局合理，符合有害与无害作业分开的原则；

（四）有配套的更衣间、洗浴间、孕妇休息间等卫生设施；

（五）设备、工具、用具等设施符合保护劳动者生理、心理健康的要求；

（六）法律、行政法规和国务院卫生行政部门关于保护劳动者健康的其他要求。

第 35 条 对从事接触职业病危害的作业的劳动者，用人单位应当按照国务院卫生行政部门的规定组织上岗前、在岗期间和离岗时的职业健康检查，并将检查结果书面告知劳动者。职业健康检查费用由用人单位承担。

用人单位不得安排未经上岗前职业健康检查的劳动者从事接触职业病危害的作业；不得安排有职业禁忌的劳动者从事其所禁忌的作业；对在职业健康检查中发现有与所从事的职业相关的健康损害的劳动者，应当调离原工作岗位，并妥善安置；对未进行离岗前职业健康检查的劳动者不得解除或者终止与其订立的劳动合同。

职业健康检查应当由取得《医疗机构执业许可证》的医疗卫生机构承担。卫生行政部门应当加强对职业健康检查工作的规范管理，具体管理办法由国务院卫生行政部门制定。

根据《用人单位职业健康监护监督管理办法》：

第17条 用人单位应当根据职业健康检查报告，采取下列措施：

（一）对有职业禁忌的劳动者，调离或者暂时脱离原工作岗位；

（二）对健康损害可能与所从事的职业相关的劳动者，进行妥善安置；

（三）对需要复查的劳动者，按照职业健康检查机构要求的时间安排复查和医学观察；

（四）对疑似职业病患者，按照职业健康检查机构的建议安排其进行医学观察或者职业病诊断；

（五）对存在职业病危害的岗位，立即改善劳动条件，完善职业病防护设施，为劳动者配备符合国家标准的职业病危害防护用品。

9. 职业健康监护档案

（1）用人单位应当为劳动者建立职业健康监护档案，并按照规定的期限妥善保存。

（2）职业健康监护档案应当包括劳动者的职业史、职业病危害接触史、职业健康检查结果和职业病诊疗等有关个人健康资料。

（3）劳动者离开用人单位时，有权索取本人职业健康监护档案复印件，用人单位应当如实、无偿提供，并在所提供的复印件上签章。

10. 职业病危害事故

发生或者可能发生急性职业病危害事故时，用人单位应当立即采取应急救援和控制措施，并及时报告所在地卫生行政部门和有关部门。卫生行政部门接到报告后，应当及时会同有关部门组织调查处理；必要时，可以采取临时控制措施。卫生行政部门应当组织做好医疗救治工作。对遭受或者可能遭受急性职业病危害的劳动者，用人单位应当及时组织救治、进行健康检查和医学观察，所需费用由用人单位承担。

11. 劳动者职业卫生保护权利

（1）获得职业卫生教育、培训。

（2）获得职业健康检查、职业病诊疗、康复等职业病防治服务。

（3）了解工作场所产生或者可能产生的职业病危害因素、危害后果和应当采取的职业病防护措施。

（4）要求用人单位提供符合防治职业病要求的职业病防护设施和个人使用的职业病防护用品，改善工作条件。

（5）对违反职业病防治法律、法规以及危及生命健康的行为提出批评、检举和控告。

（6）拒绝违章指挥和强令进行没有职业病防护措施的作业。

（7）参与用人单位职业卫生工作的民主管理，对职业病防治工作提出意见和建议。

用人单位应当保障劳动者行使上述所列权利。因劳动者依法行使正当权利而降低其工资、福利等待遇或者解除、终止与其订立的劳动合同的，其行为无效。

用人单位不得安排未成年工从事接触职业病危害的作业；不得安排孕期、哺乳期的女职工从事对本人和胎儿、婴儿有危害的作业。

三、职业病诊断与职业病患者法律保障

（一）职业病诊断的法律规定

1.职业病诊断机构

职业病诊断应当由取得《医疗机构执业许可证》的医疗卫生机构承担。承担职业病诊断的医疗卫生机构还应当具备下列条件：①具有与开展职业病诊断相适应的医疗卫生技术人员；②具有与开展职业病诊断相适应的仪器、设备；③具有健全的职业病诊断质量管理制度。

2.职业病诊断申请

劳动者可以在用人单位所在地、本人户籍所在地或者经常居住地依法承担职业病诊断的医疗卫生机构进行职业病诊断。承担职业病诊断的医疗卫生机构不得拒绝劳动者进行职业病诊断的要求。

3.职业病诊断依据

职业病诊断，应当综合分析下列因素：①患者的职业史；②职业病危害接触史和工作场所职业病危害因素情况；③临床表现以及辅助检查结果等。没有证据否定职业病危害因素与患者临床表现之间的必然联系的，应当诊断为职业病。

用人单位应当如实提供职业病诊断、鉴定所需的劳动者职业史和职业病危害接触史、工作场所职业病危害因素检测结果等资料；卫生行政部门应当监督检查和督促用人单位提供上述资料；劳动者和有关机构也应当提供与职业病诊断、鉴定有关的资料。

劳动者对用人单位提供的工作场所职业病危害因素检测结果等资料有异议，或者因劳动者的用人单位解散、破产，无用人单位提供上述资料的，诊断、鉴定机构应当提请卫生行政部门进行调查，卫生行政部门应当自接到申请之日起30日内对存在异议的资料或者工作场所职业病危害因素情况作出判定；有关部门应当配合。

职业病诊断、鉴定机构需要了解工作场所职业病危害因素情况时，可以对工作场所进行现场调查，也可以向卫生行政部门提出，卫生行政部门应当在10日内组织现场调查。用人单位不得拒绝、阻挠。

4.职业病诊断结论

职业病诊断证明书应当由参与诊断的取得职业病诊断资格的执业医师签署，并经承担职业病诊断的医疗卫生机构审核盖章。

5.职业病和疑似职业病的报告

用人单位和医疗卫生机构发现职业病患者或者疑似职业病患者时，应当及时向所在地卫生行政部门报告。确诊为职业病的，用人单位还应当向所在地劳动保障行政部门报告。接到报告的部门应当依法作出处理。县级以上地方人民政府卫生行政部门负责本行政区域内的职业病统计报告的管理工作，并按照规定上报。

> **知识拓展**
>
> ### 廉洁公正，秉公诊断
>
> 职业病诊断作为一项政策性和技术性较强的服务性工作，既要对广大劳动者负责，又要对用人单位负责，维护职业病患者和用人单位的合法利益。当前，职业健康受到了劳动者和社会的广泛关

注。职业病诊断有着严格的诊断技术标准和流程，职业病诊断医师应当不断提高诊断质量和服务水平，培养良好的职业精神和专业素养，依法执业、诚实守信、关爱生命、恪守医德。

职业病诊断医师应当具有客观、公正、科学、严谨的工作态度，坚持集体诊断机制，对出具的职业病诊断结论承担责任。由于职业病诊断涉及职业病待遇和民事赔偿等问题，职业病诊断医师不仅要争取当事人的信任，维护社会和谐稳定，还要敢于面对暴力威胁和利益考验，不得利用职务条件索取和收受当事人的宴请、红包礼金及其他影响诊断的不正当利益，不出具虚假证明文件、不超出资质范围开展职业病诊断，自觉抵制各种利益诱惑。

（二）职业病诊断鉴定机构与程序

1. 职业病诊断鉴定机构

职业病诊断鉴定委员会由相关专业的专家组成。省、自治区、直辖市人民政府卫生行政部门应当设立相关的专家库，需要对职业病争议作出诊断鉴定时，由当事人或者当事人委托有关卫生行政部门从专家库中以随机抽取的方式确定参加诊断鉴定委员会的专家。

职业病诊断鉴定委员会组成人员应当遵守职业道德，客观、公正地进行诊断鉴定，并承担相应的责任。职业病诊断鉴定委员会组成人员不得私下接触当事人，不得收受当事人的财物或者其他好处，与当事人有利害关系的，应当回避。

人民法院受理有关案件需要进行职业病鉴定时，应当从省、自治区、直辖市人民政府卫生行政部门依法设立的相关的专家库中选取参加鉴定的专家。

2. 职业病诊断鉴定程序

（1）两级鉴定制。

当事人对职业病诊断有异议的，可以向作出诊断的医疗卫生机构所在地地方人民政府卫生行政部门申请鉴定。职业病诊断争议由设区的市级以上地方人民政府卫生行政部门根据当事人的申请，组织职业病诊断鉴定委员会进行鉴定。

当事人对设区的市级职业病诊断鉴定委员会的鉴定结论不服的，可以向省、自治区、直辖市人民政府卫生行政部门申请再鉴定。职业病鉴定实行两级鉴定制，省级鉴定为最终鉴定。

（2）组织鉴定、形成鉴定结论。

鉴定委员会应当认真审阅鉴定资料，依照有关规定和职业病诊断标准，经充分合议后，根据专业知识独立进行鉴定。在事实清楚的基础上，进行综合分析，作出鉴定结论，并制作职业病诊断鉴定书。鉴定结论应当经鉴定委员会半数以上成员通过。

职业病诊断鉴定委员会应当按照国务院卫生行政部门颁布的职业病诊断标准和职业病诊断、鉴定办法进行职业病诊断鉴定，向当事人出具职业病诊断鉴定书。

（3）职业病诊断、鉴定过程中的争议处理。

职业病诊断、鉴定过程中，在确认劳动者职业史、职业病危害接触史时，当事人对劳动关系、工种、工作岗位或者在岗时间有争议的，可以向当地的劳动人事争议仲裁委员会申请仲裁；接到申请的劳动人事争议仲裁委员会应当受理，并在 30 日内作出裁决。

当事人在仲裁过程中对自己提出的主张，有责任提供证据。劳动者无法提供由用人单位掌握管理的与仲裁主张有关的证据的，仲裁庭应当要求用人单位在指定期限内提供；用人单位在指定期限内不提供的，应当承担不利后果。

劳动者对仲裁裁决不服的，可以依法向人民法院提起诉讼。用人单位对仲裁裁决不服的，可以在职业病诊断、鉴定程序结束之日起 15 日内依法向人民法院提起诉讼；诉讼期间，劳动者的治疗费用按照职业病待遇规定的途径支付。

（三）职业病患者的法律保障

1.职业病患者的待遇

（1）用人单位应当保障职业病患者依法享受国家规定的职业病待遇。职业病患者变动工作单位，其依法享有的待遇不变。用人单位在发生分立、合并、解散、破产等情形时，应当对从事接触职业病危害的作业的劳动者进行健康检查，并按照国家有关规定妥善安置职业病患者。

（2）用人单位应当按照国家有关规定，安排职业病患者进行治疗、康复和定期检查。医疗卫生机构发现疑似职业病患者时，应当告知劳动者本人并及时通知用人单位。用人单位应当及时安排对疑似职业病患者进行诊断；在疑似职业病患者诊断或者医学观察期间，不得解除或者终止与其订立的劳动合同。

（3）用人单位对不适宜继续从事原工作的职业病患者，应当调离原岗位，并妥善安置。

（4）用人单位对从事接触职业病危害的作业的劳动者，应当给予适当岗位津贴。

（5）用人单位应当承担职业病诊断、鉴定的费用和疑似职业病患者在诊断、医学观察期间的费用。

2.社会保障

职业病患者的诊疗、康复费用，伤残以及丧失劳动能力的职业病患者的社会保障按照国家有关工伤保险的规定执行。劳动者被诊断患有职业病，但用人单位没有依法参加工伤保险的，其医疗和生活保障由该用人单位承担。

3.民事赔偿

职业病患者除依法享有工伤保险外，依照有关民事法律，尚有获得赔偿的权利的，有权向用人单位提出赔偿要求。

4.社会救助

用人单位已经不存在或者无法确认劳动关系的职业病患者，可以向地方人民政府医疗保障、民政部门申请医疗救助和生活等方面的救助。地方各级人民政府应当根据本地区的实际情况，采取其他措施，使前述规定的职业病患者获得医疗救治。

四、法律责任

（一）国家机关及其工作人员的法律责任

县级以上地方人民政府在职业病防治工作中未依照《职业病防治法》履行职责，本行政区域出现重大职业病危害事故、造成严重社会影响的，依法对直接负责的主管人员和其他直接责任人员给予记大过直至开除的处分。

县级以上人民政府职业卫生监督管理部门不履行《职业病防治法》规定的职责，滥用职权、玩忽职守、徇私舞弊，依法对直接负责的主管人员和其他直接责任人员给予记大过或者降级的处分；造成职业病危害事故或者其他严重后果的，依法给予撤职或者开除的处分。

卫生行政部门不按照规定报告职业病和职业病危害事故的，由上一级行政部门责令改正，通报批评，给予警告；虚报、瞒报的，对单位负责人、直接负责的主管人员和其他直接责任人员依法给予降级、撤职或者开除的处分。

（二）相关部门和组织的法律责任

未取得职业卫生技术服务资质认可擅自从事职业卫生技术服务的，由卫生行政部门责令立即停止违法行为，没收违法所得；违法所得 5 000 元以上的，并处违法所得 2 倍以上 10 倍以下的罚款；没有违法所得或者违法所得不足 5 000 元的，并处 5 000 元以上 50 000 元以下的罚款；情节严重的，对直接负责的主管人员和其他直接责任人员，依法给予降级、撤职或者开除的处分。

从事职业卫生技术服务的机构和承担职业病诊断的医疗卫生机构违反《职业病防治法》规定，有下列行为之一的，由卫生行政部门责令立即停止违法行为，给予警告，没收违法所得；违法所得 5 千元以上的，并处违法所得 2 倍以上 5 倍以下的罚款；没有违法所得或者违法所得不足 5 千元的，并处 5 千元以上 2 万元以下的罚款；情节严重的，由原认可或者登记机关取消其相应的资格；对直接负责的主管人员和其他直接责任人员，依法给予降级、撤职或者开除的处分；构成犯罪的，依法追究刑事责任：①超出资质认可或者诊疗项目登记范围从事职业卫生技术服务或者职业病诊断的；②不按照《职业病防治法》规定履行法定职责的；③出具虚假证明文件的。

职业病诊断鉴定委员会组成人员收受职业病诊断争议当事人的财物或者其他好处的，给予警告，没收收受的财物，可以并处 3 千元以上 5 万元以下的罚款，取消其担任职业病诊断鉴定委员会组成人员的资格，并从省、自治区、直辖市人民政府卫生行政部门设立的专家库中予以除名。

（三）建设单位的法律责任

建设单位违反《职业病防治法》规定，有下列行为之一的，由卫生行政部门给予警告，责令限期改正；逾期不改正的，处 10 万元以上 50 万元以下的罚款；情节严重的，责令停止产生职业病危害的作业，或者提请有关人民政府按照国务院规定的权限责令停建、关闭：①未按照规定进行职业病危害预评价的；②医疗机构可能产生放射性职业病危害的建设项目未按照规定提交放射性职业病危害预评价报告，或者放射性职业病危害预评价报告未经卫生行政部门审核同意，开工建设的；③建设项目的职业病防护设施未按照规定与主体工程同时设计、同时施工、同时投入生产和使用的；④建设项目的职业病防护设施设计不符合国家职业卫生标准和卫生要求，或者医疗机构放射性职业病危害严重的建设项目的防护设施设计未经卫生行政部门审查同意擅自施工的；⑤未按照规定对职业病防护设施进行职业病危害控制效果评价的；⑥建设项目竣工投入生产和使用前，职业病防护设施未按照规定验收合格的。

（四）用人单位的法律责任

用人单位违反《职业病防治法》规定，已经对劳动者生命健康造成严重损害的，由卫生行政部门责令停止产生职业病危害的作业，或者提请有关人民政府按照国务院规定的权限责令关闭，并处 10 万元以上 50 万元以下的罚款。

用人单位违反《职业病防治法》规定，有下列行为之一的，由卫生行政部门责令限期改正，给予警告，可以并处 5 万元以上 10 万元以下的罚款：①未按照规定及时、如实向卫生行政部门申报产生职业病危害的项目的；②未实施由专人负责的职业病危害因素日常监测，或者监测系统不能正常监测的；③订立或者变更劳动合同时，未告知劳动者职业病危害真实情况的；④未按照规定组织职业健康检查、建立职业健康监护档案或者未将检查结果书面告知劳动者的；⑤未依照《职业病防治法》规定在劳动者离开用人单位时提供职业健康监护档案复印件的。

用人单位违反《职业病防治法》规定，有下列行为之一的，由卫生行政部门给予警告，责令限期改正；逾期不改正的；处 5 万元以上 20 万元以下的罚款；情节严重的，责令停止产生职业病危害的作业，或者提请有关人民政府按照国务院规定的权限责令关闭：①工作场所职业病危害因素的强度或者浓度超过国家职业卫生标准的；②未提供职业病防护设施和个人使用的职业病防护用品，或者提供的职业病防护设施和个人使用的职业病防护用品不符合国家职业卫生标准和卫生要求的；③对职业病防护设备、应急救援设施和个人使用的职业病防护用品未按照规定进行维护、检修、检测，或者不能保持正常运行、使用状态的；④未按照规定对工作场所职业病危害因素进行检测、评价的；⑤工作场所职业病危害因素经治理仍然达不到国家职业卫生标准和卫生要求时，未停止存在职业病危害因素的作业的；⑥未按照规定安排职业病患者、疑似职业病患者进行诊治的；⑦发生或者可能发生急性职业病危害事故时，未立即采取应急救援和控制措施或者未按照规定及时报告的；⑧未按照规定在产生严重职业病危害的作业岗位醒目位置设置警示标识和中文警示说明的；⑨拒绝职业卫生监督管理部门监督检查的；⑩隐瞒、伪造、篡改、毁损职业健康监护档案、工作场所职业病危害因素检测评价结果等相关资料，或者拒不提供职业病诊断、鉴定所需资料的；⑪未按照规定承担职业病诊断、鉴定费用和职业病患者的医疗、生活保障费用的。

用人单位和医疗卫生机构未按照规定报告职业病、疑似职业病的，由有关主管部门依据职责分工责令限期改正，给予警告，可以并处 1 万元以下的罚款；弄虚作假的，并处 2 万元以上 5 万元以下的罚款；对直接负责的主管人员和其他直接责任人员，可以依法给予降级或者撤职的处分。

用人单位违反《职业病防治法》规定，造成重大职业病危害事故或者其他严重后果，构成犯罪的，对直接负责的主管人员和其他直接责任人员，依法追究刑事责任。

医者仁心

"禽流感防控尖兵"——钟南山

2003 年非典疫情后，中国公共卫生体系迎来改革契机，而 2013 年 H7N9 禽流感疫情的突发再次考验防控能力。2013 年 3 月，上海首现不明原因重症肺炎病例，患者伴随高热、呼吸衰竭等症状。中国工程院院士、呼吸疾病专家钟南山与团队迅速介入，牵头组建国家专家组，通过基因测序首次确认病原体为新型 H7N9 禽流感病毒，并明确其"有限人传人"特性，为精准防控奠定科学基础。面对病毒来源不明、传播链模糊的困境，钟南山力主"早发现、早隔离、早治疗"，推动长三角地区活禽市场紧急关停，并建立全国病例实时监测网络。他深入一线指导诊疗方案，提出抗病毒药物联合应用策略，将病死率从初期 36% 降至 20% 以下。其团队发布的《H7N9 临床诊疗指南》被世界卫生组织采纳，成为全球防控范本。

疫情平息后，钟南山主导的"H7N9 病原发现及防控技术创新"项目获 2017 年国家科技进步特等奖。他始终强调"透明公开是防控核心"，推动中国传染病直报系统升级，为后续应对新发传染病提供了重要技术支撑，被誉为"中国公共卫生防线的守门人"。

课堂实训

突发公共卫生事件情景模拟

通过实训，使学生透彻理解突发公共卫生事件应急法律体系在应对危机、保障公众健康与社会稳定方面的关键支撑作用。

【实训情景】

某城市突发不明原因传染病疫情，当地一家综合医院在初期接诊多名有相似症状的患者时，因信息沟通不畅，未及时向疾控部门上报，且医院内部防护物资储备不足，医护人员在救治过程中出现交叉感染情况；同时，部分民众因恐慌抢购囤积防疫物资，个别商家借机哄抬物价。学生分组探讨医院、疾控部门、商家以及政府相关部门在此过程中的责任与应对举措，剖析从疫情监测上报、医疗救治规范、物资保障调配到市场监管等环节所涉及的法律要求。

问题：1. 医院在疫情初期未及时上报及防护不力，需承担何种法律责任？

2. 疾控部门应依据哪些法律规定迅速开展流调、防控等工作？

【实训目的】

帮助学生熟练掌握相关法律法规核心要点，强化应急处置法治思维，确保未来面对突发状况时能依法、科学、高效地参与防控与救援工作，维护公共卫生安全。

【实训准备】

1. 分组准备：综合考量班级学生的专业知识水平、实践能力等，科学合理地将班级划分为5组。

2. 资料准备：全面收集整理突发公共卫生事件相关法律法规、应急预案、典型案例剖析、专家解读等资料，制作成电子文档与纸质手册，供学生随时查阅参考，拓宽知识储备。

3. 场地准备：本班教室或实验室。

4. 道具准备：为各小组配备记录本、笔、不同角色臂章（如医院院长、疾控人员、市场监管员、普通市民等）、大白纸与彩笔（用于绘制思维导图、梳理流程），助力小组讨论与成果展示。

【实训操作】

1. 情景模拟与研讨：各小组依据给定场景，分别扮演不同角色，模拟疫情发生后的应对过程，结合所学法律知识，从自身角色立场出发，深度挖掘存在的法律问题，研讨优化解决方案。每组模拟与讨论时间为50分钟，期间教师现场观察，适时介入指导，解答法律条文应用、应急处置流程等疑惑。

2. 小组汇报：每组推选两名代表，一名负责讲解，借助大白纸展示的思维导图或流程梳理，向全班阐述小组研讨成果，包括对各角色涉及法律责任的剖析、依据法律应采取的正确行动；另一名负责答疑，回应其他小组提问。汇报时间限定在25分钟内，之后进行组间互动交流，激发思维碰撞。

【实训评价】

考核按以下标准进行评分。

1. 人人参与，个个关心。

2. 角色代入感强，团队协作默契度高。

3. 积极参加讨论，踊跃发言。

4. 法律运用合理。

【注意事项】

1. 情景设定要贴近现实且具复杂性，涵盖突发公共卫生事件多方面法律问题，有效检验学生知识掌握与应用能力。

2. 教师全程密切关注各小组动态，精准引导、高效答疑，确保学生准确理解法律内涵，熟悉应急处置法治流程。

【实训作业】

假设某旅游景区出现食物中毒疑似突发公共卫生事件，游客出现呕吐、腹泻等症状。要求学生结合所学知识，撰写一篇分析报告，剖析景区管理方、当地医疗机构、食品监管部门等主体应承担的法律责任，以及如何依据法律建立完善的应急处置机制，预防类似事件发生。

模块四　医疗物品管理法律法规制度

知识目标：1. 掌握药品、医疗器械、医疗废物、血液、疫苗等医疗物品的概念、特征及相关法律规定。

2. 熟悉医疗物品的监管范围及法律体系的构架。

3. 了解医疗物品相关法律所规定的法律责任。

能力目标：1. 能够在临床工作中明确并遵守医疗物品相关法律规定。

2. 面对医疗物品在使用、销售、监管等方面的情况，能正确判断是非。

3. 提高在医疗工作中医疗物品使用的规范性。

素质目标：1. 培养学生在医疗物品监管方面的法律意识。

2. 培养高素质医护人员，共同维护和谐的医疗关系。

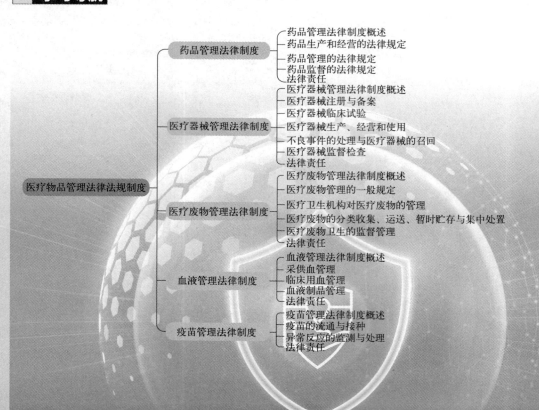

药品管理法律制度
- 药品管理法律制度概述
- 药品生产和经营的法律规定
- 药品管理的法律规定
- 药品监督的法律规定
- 法律责任

医疗器械管理法律制度
- 医疗器械管理法律制度概述
- 医疗器械注册与备案
- 医疗器械临床试验
- 医疗器械生产、经营和使用
- 不良事件的处理与医疗器械的召回
- 医疗器械监督检查
- 法律责任

医疗物品管理法律法规制度

医疗废物管理法律制度
- 医疗废物管理法律制度概述
- 医疗废物管理的一般规定
- 医疗卫生机构对医疗废物的管理
- 医疗废物的分类收集、运送、暂时贮存与集中处置
- 医疗废物卫生的监督管理
- 法律责任

血液管理法律制度
- 血液管理法律制度概述
- 采供血管理
- 临床用血管理
- 血液制品管理
- 法律责任

疫苗管理法律制度
- 疫苗管理法律制度概述
- 疫苗的流通与接种
- 异常反应的监测与处理
- 法律责任

单元一　药品管理法律制度

　　胡某因患三叉神经痛到上海市某医院就诊，医生开具了包含卡马西平药品的处方。胡某服药后，身上出现皮疹，阅读药品说明书发现，不良反应部分没有记载皮疹内容，于是继续服药，结果皮疹症状加重。胡某到医院抢救治疗 20 余日，诊断为：因卡马西平引起的重症多形红斑型药疹。经法医鉴定：胡某因服用卡马西平过敏，致全身泛发性黄豆大小水肿红斑，全身各处泛发性色素沉着，复视（轻度）。根据被鉴定人物的病情，一般可酌情给予休息 5 个月，营养、护理各 2 个月。经查实：上海某制药厂生产卡马西平药品时，在所附说明书中，擅自删除了包括皮疹在内的 20 余项不良反应的内容。

　　问题：

　　1. 本案中胡某的损失是什么原因造成的？

　　2. 药厂在该案件中违反了《中华人民共和国药品管理法》中哪些具体内容？

一、药品管理法律制度概述

（一）药品的概念

　　药品是指用于预防、治疗、诊断人的疾病，有目的地调节人的生理功能并规定有适应证或者功能主治、用法和用量的物质，包括中药、化学药和生物制品等。药品是人们用于防治疾病的特殊用品，直接关系着人们的身体健康和生命安危。

（二）药品管理法的立法现状

　　药品管理法是指为加强药品监督管理，保证药品质量，保障人体用药安全，维护人民身体健康和用药的合法权益，规定从事药品的研制、生产、经营、使用和监督管理的单位或者个人的义务等法律规范的总和。药品管理应当以人民健康为中心，坚持风险管理、全程管控、社会共治的原则，建立科学、严格的监督管理制度，全面提升药品质量，保障药品的安全、有效、可及。国家对药品管理实行药品上市许可持有人制度。药品上市许可持有人依法对药品研制、生产、经营、使用全过程中药品的安全性、有效性和质量可控性负责。从事药品研制、生产、经营、使用活动，应当遵守法律、法规、标准和规范，保证全过程数据真实、准确、完整和可追溯。

　　为了加强药品管理，保证药品质量，保障公众用药安全和合法权益，保护和促进公众健康，1984 年 9 月 20 日第六届全国人民代表大会常务委员会第七次会议通过了《中华人民共和国药品管理法》（以下简称《药品管理法》），2001 年 2 月 28 日第一次修订，2013 年 12 月 28 日第一次修正，2015 年 4 月 24 日第二次修正，2019 年 8 月 26 日第十三届全国人民代表大会常务委员会第十二次会议第二次修订并于 2019 年 12 月 1 日起施行。

《药品管理法》第二次修订体现"四个最严"精神

2019 年 8 月 26 日，第十三届全国人民代表大会常务委员会第十二次会议在北京闭幕，会议表决通过《药品管理法》修订案。新修订的《药品管理法》将于 2019 年 12 月 1 日施行。这是《药品管理法》自 1984 年颁布以来的第二次系统性、结构性的重大修订，将药品领域改革成果和行之有效的做法上升为法律，为公众健康提供更有力的法治保障。针对群众强烈反映的假药、劣药、药价高、药品短缺等突出问题，新修订的药品管理法体现了最严谨的标准、最严格的监管、最严厉的处罚、最严肃的问责"四个最严"精神，进一步健全了覆盖药品研制、生产、经营、使用全过程的法律制度。

二、药品生产和经营的法律规定

（一）药品生产企业管理

药品生产企业是指从事药品生产活动的专营企业或者兼营企业，应当经所在地省、自治区、直辖市人民政府药品监督管理部门批准，取得《药品生产许可证》。无《药品生产许可证》的，不得生产药品。

1. 药品生产许可制度

开办药品生产企业的，生产药品的行为和药品生产企业都必须经过许可。

（1）许可主体：生产药品行为的许可主体是所在地省、自治区、直辖市人民政府药品监督管理部门，由申办人向其申请发给《药品生产许可证》。药品生产企业的许可主体是工商行政管理部门，申办人凭《药品生产许可证》向其办理登记注册。药品生产企业变更《药品生产许可证》许可事项的，应当依法向原发证机关申请办理《药品生产许可证》变更登记手续。

（2）许可证的有效期：《药品生产许可证》有效期为 5 年。有效期届满，需要继续生产药品的，持证企业应当在许可证有效期届满前 6 个月，依法申请换发《药品生产许可证》。

2. 开办药品生产企业的条件

开办药品生产企业，应当符合国家制定的药品行业发展规划和产业政策，同时具备以下条件。

（1）具有依法经过资格认定的药学技术人员、工程技术人员及相应的技术工人。

（2）具有与其药品生产相适应的厂房、设施和卫生环境。

（3）有能对所生产药品进行质量管理和质量检验的机构、人员及必要的仪器设备。

（4）具有保证药品质量的规章制度，并符合国务院药品监督管理部门依据《药品管理法》制定的药品生产质量管理规范要求。

3. 药品生产企业的生产质检要求

（1）药品生产的质量管理：从事药品生产活动，应当遵守药品生产质量管理规范，建立健全药品生产质量管理体系，保证药品生产全过程持续符合法定要求。药品生产企业的法定代表人、主要负责人对本企业的药品生产活动全面负责。

（2）药品生产的工艺要求：药品应当按照国家药品标准和国务院药品监督管理部门批准的生产工艺进行生产，生产、检验记录必须完整准确。中药饮片必须按照国家药品标准炮制；国家药品标准没有规定的，必须按照省、自治区、直辖市人民政府药品监督管理部门制定的炮制规范炮制。省、自治区、直辖市人民政府药品监督管理部门制定的炮制规范应当报国务院药品监督管理部门备案。不符合国家药品标准或者不按照省、自治区、直辖市人民政府药品监督管理部门制定的炮制规范炮制的，不得出厂、销售。

（3）药品生产的质量检验：药品生产企业应当对药品进行质量检验，不符合国家药品标准不得出厂。药品生产企业应当建立药品出厂放行规程，明确出厂放行的标准、条件。符合标准、条件的，经质量负责人签字后方可放行。

（4）药品生产的人员状况：药品上市许可持有人、药品生产企业、药品经营企业和医疗机构直接接触药品的工作人员，应当每年进行健康检查。患有传染病或者其他可能污染药品的疾病的，不得从事直接接触药品的工作。

（二）药品经营企业管理

1. 药品经营许可制度

药品经营许可制度，除下列两点不同外，与药品生产行为许可和药品生产企业主体许可制度完全相同。

（1）药品经营企业需要取得《药品经营许可证》。

（2）药品经营企业许可的主体是从事药品批发活动，应当经所在地省、自治区、直辖市人民政府药品监督管理部门批准，取得《药品经营许可证》。从事药品零售活动，应当经所在地县级以上地方人民政府药品监督管理部门批准。

2. 开办药品经营企业的条件

开办药品经营企业，应当遵循方便群众购药的原则，同时还应具备以下条件：①具有依法经过资格认定的药师或者其他药学技术人员；②具有与所经营药品相适应的营业场所、设备、仓储设施、卫生环境；③具有与所经营药品相适应的质量管理机构或者人员；④具有保证所经营药品质量的规章制度，并符合国务院药品监督管理部门依据《药品管理法》制定的药品经营质量管理规范要求。

3. 药品经营企业的经营管理规范

（1）药品经营管理：从事药品经营活动，应当遵守药品经营质量管理规范，建立健全药品经营质量管理体系，保证药品经营全过程持续符合法定要求。药品经营企业的法定代表人、主要负责人对本企业的药品经营活动全面负责。

（2）药品经营方式：分为药品批发和药品零售。

（3）药品经营范围：指经药品监督管理部门核准经营药品的品种类别。如抗生素、生化药品、化学药及其制剂、中成药生物制品、中药材、疫苗等。

（4）药品购销规定：药品经营企业购进药品，应当建立并执行进货检查验收制度，验明药品合格证明和其他标识；不符合规定要求的，不得购进和销售。药品经营企业购销药品，应当有真实、完整的购销记录。购销记录必须注明药品的通用名称、剂型、规格、产品批号、有效期、上市许可持有人、生产企业、购销单位、购销数量、购销价格、购销日期及国务院药品监督管理部门规定的其他内容。药品经营企业零售药品必须准确无误，并正确说明用法、用量和注意事项；调配处方必须经过核对，对处方所列药品不得擅自更改或者代用。对有配伍禁忌或者超剂量的处方，应当拒绝调配；必要时，经处方医师更正或者重新签字，方可调配。药品经营企业销售中药材，必须标明产地。

4. 药品保管制度

药品经营企业必须制定和执行药品保管制度，采取必要的冷藏、冷冻、防潮、防虫、防鼠等措施，保证药品质量。药品入库和出库必须执行检查制度。

5. 药品网络销售制度

药品网络交易第三方平台提供者应当按照国务院药品监督管理部门的规定，向所在地省、自治区、直辖市人民政府药品监督管理部门备案。药品上市许可持有人、药品经营企业不得通过药品网络销售第三方平台直接销售处方药。

6. 其他药品规定

城乡集市贸易市场可以出售中药材，国务院另有规定的除外。

 典型案例

某有限公司成立于 2022 年，经营范围包括药品零售；药品互联网信息服务；第三类医疗器械经营；食品销售等。2022 年 7 月至 2024 年 2 月期间，当事人从无药品经营资质的李某某个人处购进大量药品，并通过其开设的互联网平台网店"某某大药房旗舰店"进行销售，涉案药品销售货值金额为 5 416 097.01 元，当事人违法所得 5 151 511.76 元。

案例分析： 当事人从无药品经营资质的李某某个人处购进大量药品，并通过其开设的互联网平台网店"某某大药房旗舰店"进行销售，违反了《药品管理法》第 55 条的规定。根据《药品管理法》第 129 条，药监局决定没收其违法所得 5 151 511.76 元；罚款 10 832 194.02 元；吊销《药品经营许可证》。

三、药品管理的法律规定

在生产经营过程中，药品的质量直接关系到患者的切身利益。要保证药品的质量，必须制定统一的药品质量标准。保证药品符合质量标准，是加强药品质量管理的重要内容之一。

（一）药品标准

药品质量直接影响药品的安全有效性，为了加强对药品质量的控制及行政管理，必须有个统一的药品质量标准。

1. 药品的参考标准

国务院药品监督管理部门颁布的《中华人民共和国药典》（简称《中国药典》）和药品标准为国家药品标准。国务院药品监督管理部门会同国务院卫生健康主管部门组织药典委员会，负责国家药品标准的制定和修订。国务院药品监督管理部门设置或指定的药品检验机构负责标定国家药品标准品、对照品。

‹ 知识拓展

《中华人民共和国药典》

药典是一个国家记载药品标准、规格的法典。制定药品标准对加强药品质量的监督管理、保证质量、保障用药安全有效、维护人民健康起着十分重要的作用。药品标准是药品现代化生产和质量管理的重要组成部分，是药品生产、供应、使用和监督管理部门共同遵循的法定依据。药品质量的内涵包括真伪、纯度、品质优良度三方面。三者的集中表现是使用中的有效性和安全性。因此，药品标准一般包括以下内容：法定名称、来源、性状、鉴别、纯度检查、含量（效价或活性）测定、类别、剂量、规格、贮藏、制剂等。现行《中国药典》分为四部出版：一部收载药材和饮片、植物油脂和提取物、成方制剂和单味制剂等；二部收载化学药品、抗生素、生化药品及放射性药品等；三部收载生物制品；四部收载通则，包括制剂通则、检验方法、指导原则、标准物质和试液试药相关通则、药用辅料等。

2. 药品质量标准的制定原则

药品的质量标准是药品生产、供应、使用、检验和药政管理部门共同遵循的法定依据。药品质量标准的制定既要符合我国国情，又要具备较高水平的药品质量标准。因此，药品质量标准的制定必须坚持"质量第一，安全有效，技术先进，经济合理"的原则。

3. 药品质量标准的内容

药品质量标准的主要内容包括名称、性状、物理常数、鉴别、检查、含量测定、类别、贮藏和制剂。

4. 药品的注册

药品注册是指药品注册申请人依照法定程序和相关要求提出药物临床试验、药品上市许可、再注册等申请以及补充申请，药品监督管理部门基于法律法规和现有科学认知进行安全性、有效性和质量可控性等审查，决定是否同意其申请的活动。

药品注册按照中药、化学药和生物制品等进行分类注册管理。

（1）中药注册：按照中药创新药、中药改良型新药、古代经典名方中药复方制剂、同名同方药等进行分类。

（2）化学药注册：按照化学药创新药、化学药改良型新药、仿制药等进行分类。

（3）生物制品注册：按照生物制品创新药、生物制品改良型新药、已上市生物制品（含生物类似药）等进行分类。

中药、化学药和生物制品等药品的细化分类和相应的申报资料要求，由国家药品监督管理局根据注册药品的产品特性、创新程度和审评管理需要组织制定，并向社会公布。

境外生产药品的注册申请，按照药品的细化分类和相应的申报资料要求执行。

（二）新药的管理

《中华人民共和国药品管理法实施条例》（以下简称《药品管理学法实施条例》）规定，新药是指未曾在中国境内上市销售的药品。已上市药品改变剂型、改变给药途径、增加新适应证的药品，也按新药管理。国家发展现代药和传统药，充分发挥其在预防、医疗和保健中的作用。国家保护野生药材资源和中药品种，鼓励培育中药材。国家鼓励研究和创制新药，保护公民、法人和其他组织研究、开发新药的合法权益。

研制新药需要开展药物临床试验，应当按照国务院药品监督管理部门的规定如实报送研制方法、质量指标、药理及毒理试验结果等有关数据、资料和样品，经国务院药品监督管理部门批准。国务院药品监督管理部门应当自受理临床试验申请之日起 60 个工作日内决定是否同意并通知临床试验申办者。

在中国境内上市的药品，应当经国务院药品监督管理部门批准，取得药品注册证书；但是，未实施审批管理的中药材和中药饮片除外。

（三）药品审评规定

对申请注册的药品，国务院药品监督管理部门应当组织药学、医学和其他技术人员进行审评，对药品的安全性、有效性和质量可控性及申请人的质量管理、风险防控和责任赔偿等能力进行审查；符合条件的，颁发药品注册证书。

国务院药品监督管理部门对已经批准生产、销售的药品进行再评价，根据药品再评价结果，可以采取责令修改药品说明书，暂停生产、销售和使用的措施；对不良反应大或者其他原因危害人体健康的药品，应当撤销批准文号证明文件。

（四）特殊药品的管理规定

国家对麻醉药品、精神药品、医疗用毒性药品、放射性药品、药品类易制毒化学品等，实行特殊管理。管理办法由国务院制定。

1. 麻醉药品和精神药品管理规定

（1）执业医师应当使用专用处方开具麻醉药品和精神药品。对麻醉药品和第一类精神药品处方，处方的调配人、核对人应当仔细核对，签署姓名，并予以登记；对不符合本条例规定的，处方的调配人、核对人应当拒绝发药。医疗机构应当对麻醉药品和精神药品处方进行专册登记，加强管理。麻醉药品处方至少保存 3 年，精神药品处方至少保存 2 年。

（2）医疗机构抢救患者急需麻醉药品和第一类精神药品而本医疗机构无法提供时，可以从其他医疗机构或者定点批发企业紧急借用；抢救工作结束后，应当及时将借用情况报所在地设区的市级药品监督管理部门和卫生主管部门备案。

（3）因治疗疾病需要，个人凭医疗机构出具的医疗诊断书、本人身份证明，可以携带单张处方最大用量以内的麻醉药品和第一类精神药品；携带麻醉药品和第一类精神药品出入境的，由海关根据自用、合理的原则放行。医务人员为了医疗需要携带少量麻醉药品和精神药品出入境的，应当持有省级以上人民政府药品监督管理部门发放的携带麻醉药品和精神药品证明。海关凭携带麻醉药品和精神药品证明放行。

（4）医疗机构、戒毒机构以开展戒毒治疗为目的，可以使用美沙酮或者国家确定的其他用于戒毒治疗的麻醉药品和精神药品。

（5）进口、出口麻醉药品和国家规定范围内的精神药品，必须持有国务院药品监督管理部门发给的进口许可证、出口许可证。

2. 医疗用毒性药品管理规定

医疗单位供应和调配毒性药品，凭医生签名的正式处方。国营药店供应和调配毒性药品，凭盖有医生所在的医疗单位公章的正式处方。每次处方剂量不得超过 2 日极量。处方 1 次有效，取药后处方保存 2 年备查。科研和教学单位所需的毒性药品，必须持本单位的证明信，经单位所在地县级以上卫生行政部门批准后，供应部门方能发售。群众自配民间单方、秘验方需用毒性中药，购买时要持有本单位或者城市街道办事处、乡（镇）人民政府的证明信，供应部门方可发售。每次购用量不得超过 2 日极量。

3. 放射性药品管理规定

医疗单位使用放射性药品，必须符合国家放射性同位素卫生防护管理的有关规定。所在地的省、自治区、直辖市的药品监督管理部门，应当根据医疗单位核医疗技术人员的水平、设备条件，核发相应等级的《放射性药品使用许可证》，无许可证的医疗单位不得使用放射性药品。放射性药品使用后的废物（包括患者排出物），必须按国家有关规定妥善处置。

此外，国家保护中药品种。新发现和从境外引种的药材，经国务院药品监督管理部门审核批准后，方可销售。

（五）药品分类管理规定

国家对药品实行处方药与非处方药分类管理制度。处方是指由注册的执业医师和执业助理医师在诊疗活动中为患者开具的、由取得药学专业技术职务任职资格的药学专业技术人员审核、调配、核对，并作为患者用药凭证的医疗文书。

根据原国家药品监督管理局发布的《处方药与非处方药分类管理办法（试行）》，根据药品品种、规格、适应证、剂量及给药途径不同，对药品分别按处方药与非处方药进行管理。处方药必须凭执业医师或执业助理医师处方才可调配、购买和使用；非处方药不需要凭执业医师或执业助理医师处方即可自行判断、购买和使用。处方药、非处方药生产企业必须具有《药品生产企业许可证》，其生产品种必须取得药品批准文号。

根据药品的安全性，非处方药分为甲、乙两类。经营处方药、非处方药的批发企业和经营处方药、甲类非处方药的零售企业必须具有《药品经营企业许可证》。经省级药品监督管理部门或其授权的药品监督管理部门批准的其他商业企业可以零售乙类非处方药。

零售乙类非处方药的商业企业必须配备专职的具有高中以上文化程度，经专业培训后，由省级药品监督管理部门或其授权的药品监督管理部门考核合格并取得上岗证的人员。

（六）药品生产（包括配制）、销售、使用的禁止性规定

1.禁止生产（包括配制）、销售、使用假药

有下列情形之一的，为假药：①药品所含成分与国家药品标准规定的成分不符的；②以非药品冒充药品或者以他种药品冒充此种药品的；③变质的药品；④药品所标明的适应证或者功能主治超出规定范围。

禁止生产（包括配制）、销售、使用假药

2.禁止生产（包括配制）、销售、使用劣药

有下列情形之一的，为劣药：①药品成分的含量不符合国家药品标准；②被污染的药品；③未标明或者更改有效期的药品；④未注明或者更改产品批号的药品；⑤超过有效期的药品；⑥擅自添加防腐剂、辅料的药品；⑦其他不符合药品标准的药品。

禁止生产（包括配制）、销售、使用劣药

禁止未取得药品批准证明文件生产、进口药品；禁止使用未按照规定审评、审批的原料药、包装材料和容器生产药品。

（七）药品工作人员规定

药品上市许可持有人、药品生产企业、药品经营企业和医疗机构直接接触药品的工作人员，应当每年进行健康检查。患有传染病或者其他可能污染药品的疾病的，不得从事直接接触药品的工作。

四、药品监督的法律规定

药品监督管理是指药品监督管理部门依照法律法规的授权，依据相关法律法规的规定，对药品研制、生产、经营和药品使用单位使用药品等活动进行监督检查的过程。

（一）药品监督的主体

药品监督关系的主体即当事人，包括监督者和被监督者。

1.监督者和被监督者

药品监督关系的当事人包括监督者和被监督者。监督者是药品监督管理部门。被监督者是药品研制单位、药品的生产企业、药品的经营企业、医疗机构。

2.业务指导问题

药品生产企业、药品经营企业和医疗机构的药品检验机构或者人员，应当接受当地药品监督管理部门设置的药品检验机构的业务指导。

（二）药品监督的内容

1. 出示证件和保守商业秘密

药品监督管理部门进行监督检查时，应当出示证明文件，对监督检查中知悉的商业秘密应当保密。

2. 药品质量抽查

药品监督管理部门根据监督管理的需要，可以对药品质量进行抽查检验。抽查检验应当按照规定抽样，并不得收取任何费用；抽样应当购买样品。

3. 查封、扣押权

对有证据证明可能危害人体健康的药品及其有关材料，药品监督管理部门可以查封、扣押，并在7日内作出行政处理决定；药品需要检验的，应当自检验报告书发出之日起15日内作出行政处理决定。

4. 检查监督

药品监督管理部门应当对药品上市许可持有人、药品生产企业、药品经营企业和药物非临床安全性评价研究机构、药物临床试验机构等遵守药品生产质量管理规范、药品经营质量管理规范、药物非临床研究质量管理规范、药物临床试验质量管理规范等情况进行检查，监督其持续符合法定要求。

5. 检查员队伍

国家建立职业化、专业化药品检查员队伍。检查员应当熟悉药品法律法规，具备药品专业知识。

6. 安全性评价

药品监督管理部门建立药品上市许可持有人、药品生产企业、药品经营企业、药物非临床安全性评价研究机构、药物临床试验机构和医疗机构药品安全信用档案，记录许可颁发、日常监督检查结果、违法行为查处等情况，依法向社会公布并及时更新；对有不良信用记录的，增加监督检查频次，并可以按照国家规定实施联合惩戒。

7. 保密原则

药品监督管理部门应当公布本部门的电子邮件地址、电话，接受咨询、投诉、举报并依法及时答复、核实、处理。对查证属实的举报，按照有关规定给予举报人奖励。药品监督管理部门应当对举报人的信息予以保密，保护举报人的合法权益。举报人举报所在单位的，该单位不得以解除、变更劳动合同或者其他方式对举报人进行打击报复。

8. 药品安全信息统一公布制度

国家药品安全总体情况、药品安全风险警示信息、重大药品安全事件及其调查处理信息和国务院确定需要统一公布的其他信息由国务院药品监督管理部门统一公布。药品安全风险警示信息和重大药品安全事件及其调查处理信息的影响限于特定区域的，也可以由有关省、自治区、直辖市人民政府药品监督管理部门公布。未经授权不得发布上述信息。公布药品安全信息，应当及时、准确、全面，并进行必要的说明，避免误导。任何单位和个人不得编造、散布虚假药品安全信息。

9. 药品安全事件应急预案

药品上市许可持有人、药品生产企业、药品经营企业和医疗机构等应当制定本单位的药品安全事件处置方案,并组织开展培训和应急演练。县级以上人民政府应当制定药品安全事件应急预案。药品上市许可持有人、药品生产企业、药品经营企业和医疗机构等应当制定本单位的药品安全事件处置方案,并组织开展培训和应急演练。发生药品安全事件,县级以上人民政府应当按照应急预案立即组织开展应对工作;有关单位应当立即采取有效措施进行处置,防止危害扩大。

10. 纪律检查考核要求

药品监督管理部门未及时发现药品安全系统性风险,未及时消除监督管理区域内药品安全隐患的,本级人民政府或者上级人民政府药品监督管理部门应当对其主要负责人进行约谈。

地方人民政府未履行药品安全职责,未及时消除区域性重大药品安全隐患的,上级人民政府或者上级人民政府药品监督管理部门应当对其主要负责人进行约谈。被约谈的部门和地方人民政府应当立即采取措施,对药品监督管理工作进行整改。约谈情况和整改情况应当纳入有关部门和地方人民政府药品监督管理工作评议、考核记录。

五、法律责任

(一)民事主体的法律责任

1. 未取得药品有关许可证的责任

未取得《药品生产许可证》《药品经营许可证》或者《医疗机构制剂许可证》生产、销售药品的,责令关闭,没收违法生产、销售的药品和违法所得,并处违法生产、销售的药品(包括已售出和未售出的药品)货值金额15倍以上30倍以下的罚款;货值金额不足10万元的,按10万元计算。

2. 生产、销售提供假药、劣药罪

《刑法》第141条规定,生产、销售假药的,处3年以下有期徒刑或者拘役,并处罚金;对人体健康造成严重危害或者有其他严重情节的,处3年以上10年以下有期徒刑,并处罚金;致人死亡或者有其他特别严重情节的,处10年以上有期徒刑、无期徒刑或者死刑,并处罚金或者没收财产。药品使用单位的人员明知是假药而提供给他人使用的,依照上述的规定处罚。《刑法》第142条规定,生产、销售劣药,对人体健康造成严重危害的,处3年以上10年以下有期徒刑,并处罚金;后果特别严重的,处10年以上有期徒刑或者无期徒刑,并处罚金或者没收财产。药品使用单位的人员明知是劣药而提供给他人使用的,依照上述的规定处罚。同时,违反药品管理法规,有下列情形之一,足以严重危害人体健康的,处3年以下有期徒刑或者拘役,并处或者单处罚金;对人体健康造成严重危害或者有其他严重情节的,处3年以上7年以下有期徒刑,并处罚金:①生产、销售国务院药品监督管理部门禁止使用的药品的;②未取得药品相关批准证明文件生产、进口药品或者明知是上述药品而销售的;③药品申请注册中提供虚假的证明、数据、资料、样品或者采取其他欺骗手段的;④编造生产、检验记录的。有上述行为,同时又构成本法第141条、第142条规定之罪或者其他犯罪的,依照处罚较重的规定定罪处罚。

3. 违反药品生产、经营质量管理规范的责任

药品上市许可持有人、药品生产企业、药品经营企业、药物非临床安全性评价研究机构、药物临床试验机构等未遵守药品生产质量管理规范、药品经营质量管理规范、药物非临床研究质量管理规范、药物临床试验质量管理规范等的,责令限期改正,给予警告;逾期不

改正的，处 10 万元以上 50 万元以下的罚款；情节严重的，处 50 万元以上 200 万元以下的罚款，责令停产停业整顿直至吊销药品批准证明文件、《药品生产许可证》《药品经营许可证》等，药物非临床安全性评价研究机构、药物临床试验机构等 5 年内不得开展药物非临床安全性评价研究、药物临床试验，对法定代表人、主要负责人、直接负责的主管人员和其他责任人员，没收违法行为发生期间自本单位所获收入，并处所获收入 10% 以上 50% 以下的罚款，10 年直至终身禁止从事药品生产经营等活动。有下列行为之一的，责令限期改正，给予警告；逾期不改正的，处 10 万元以上 50 万元以下的罚款：①开展生物等效性试验未备案；②药物临床试验期间，发现存在安全性问题或者其他风险，临床试验申办者未及时调整临床试验方案、暂停或者终止临床试验，或者未向国务院药品监督管理部门报告；③未按照规定建立并实施药品追溯制度；④未按照规定提交年度报告；⑤未按照规定对药品生产过程中的变更进行备案或者报告；⑥未制定药品上市后风险管理计划；⑦未按照规定开展药品上市后研究或者上市后评价。

4. 违法使用药品方面的许可证的责任

伪造、变造、出租、出借、非法买卖许可证或者药品批准证明文件的，没收违法所得，并处违法所得 1 倍以上 5 倍以下的罚款；情节严重的，并处违法所得 5 倍以上 15 倍以下的罚款，吊销《药品生产许可证》《药品经营许可证》《医疗机构制剂许可证》或者药品批准证明文件，对法定代表人、主要负责人、直接负责的主管人员和其他责任人员，处 2 万元以上 20 万元以下的罚款，10 年内禁止从事药品生产经营活动，并可以由公安机关处 5 日以上 15 日以下的拘留；违法所得不足 10 万元的，按 10 万元计算。

5. 违法取得药品方面的许可证的责任

提供虚假的证明、数据、资料、样品或者采取其他手段骗取临床试验许可、药品生产许可、药品经营许可、医疗机构制剂许可或者药品注册等许可的，撤销相关许可，10 年内不受理其相应申请，并处 50 万元以上 500 万元以下的罚款；情节严重的，对法定代表人、主要负责人、直接负责的主管人员和其他责任人员，处 2 万元以上 20 万元以下的罚款，10 年内禁止从事药品生产经营活动，并可以由公安机关处 5 日以上 15 日以下的拘留。

6. 损害赔偿责任

药品的生产企业、经营企业、医疗机构违反法律规定，给药品使用者造成损害的，依法承担赔偿责任。

7. 从重处罚情形

违反《药品管理法》和《药品管理法实施条例》的规定，有下列情形之一的，由药品监督管理部门在《药品管理法》和《药品管理法实施条例》规定的处罚幅度内从重处罚：①以麻醉药品、精神药品、医疗用毒性药品、放射性药品冒充其他药品，或者以其他药品冒充上述药品的；②生产、销售以孕产妇、婴幼儿及儿童为主要使用对象的假药、劣药的；③生产、销售的生物制品、血液制品属于假药、劣药的；④生产、销售、使用假药、劣药，造成人员伤害后果的；⑤生产、销售、使用假药、劣药，经处理后重犯的；⑥拒绝、逃避监督检查，或者伪造、销毁、隐匿有关证据材料的，或者擅自动用查封、扣押物品的。

8. 无过错使用假药、劣药的责任

药品经营企业、医疗机构未违反《药品管理法》和《药品管理法实施条例》的有关规定，并有充分证据证明其不知道所销售或者使用的药品是假药、劣药的，应当没收其销售或者使用的假药、劣药和违法所得；但是，可以免除其他行政处罚。

（二）行政主体的法律责任

1.不依法审查广告的责任

药品监督管理部门对药品广告不依法履行审查职责，批准发布的广告有虚假或者其他违反法律、行政法规的内容的，对直接负责的主管人员和其他直接责任人员依法给予行政处分；构成犯罪的，依法追究刑事责任。

2.弄虚作假的责任

（1）药品监督管理部门有下列行为之一的，应当撤销相关许可，对直接负责的主管人员和其他直接责任人员依法给予处分：①不符合条件而批准进行药物临床试验；②对不符合条件的药品颁发药品注册证书；③对不符合条件的单位颁发《药品生产许可证》《药品经营许可证》或者《医疗机构制剂许可证》。

（2）县级以上地方人民政府有下列行为之一的，对直接负责的主管人员和其他直接责任人员给予记过或者记大过处分；情节严重的，给予降级、撤职或者开除处分：①瞒报、谎报、缓报、漏报药品安全事件；②未及时消除区域性重大药品安全隐患，造成本行政区域内发生特别重大药品安全事件，或者连续发生重大药品安全事件；③履行职责不力，造成严重不良影响或者重大损失。

3.渎职的责任

药品监督管理人员滥用职权、徇私舞弊、玩忽职守的，依法给予处分。查处假药、劣药违法行为有失职、渎职行为的，对药品监督管理部门直接负责的主管人员和其他直接责任人员依法从重给予处分。

4.派出机构的行政处罚权

药品监督管理部门设置的派出机构，有权作出《药品管理法》和《药品管理法实施条例》规定的警告、罚款、没收违法生产、销售的药品和违法所得的行政处罚。

单元二　医疗器械管理法律制度

> **案例引入**
>
> 　　某县市场监督管理局开展走街道、进门店、进社区宣传活动，向经营企业、使用单位和社区群众发放医疗器械科普知识宣传材料，促进医疗器械行业健康发展，普及医疗器械安全使用知识，指导社区群众正确选购医疗器械等。此次走街道、进门店、进社区宣传活动共覆盖门店120余户，宣传人群600余人次，发放医疗器械安全使用常识宣传单600余份。
>
> 　　举办进医疗机构科普宣传活动，为医务人员培训、讲解医疗器械安全相关知识，宣传医疗器械相关法律法规。活动期间各医疗机构、医疗器械经营企业在LED屏滚动播放宣传标语，该县市场监督管理局还通过微信公众号推送安全用械相关科普文章、宣传视频等，引导群众依法维护自身合法权益。
>
> **问题：**
>
> 　1.医疗器械的正确使用和监管涉及哪些人群？
>
> 　2.如何实现对医疗器械的规范监督和管理？

一、医疗器械管理法律制度概述

医疗器械的概念

（一）医疗器械的概念

医疗器械，是指直接或者间接用于人体的仪器、设备、器具、体外诊断试剂及校准物、材料以及其他类似或者相关的物品，包括所需要的计算机软件；其效用主要通过物理等方式获得，不是通过药理学、免疫学或者代谢的方式获得，或者虽然有这些方式参与但是只起辅助作用；其目的是：①疾病的诊断、预防、监护、治疗或者缓解；②损伤的诊断、监护、治疗、缓解或者功能补偿；③生理结构或者生理过程的检验、替代、调节或者支持；④生命的支持或者维持；⑤妊娠控制；⑥通过对来自人体的样本进行检查，为医疗或者诊断目的提供信息。

（二）医疗器械的分类

评价医疗器械风险程度，应当考虑医疗器械的预期目的、结构特征、使用方法等因素。根据《医疗器械监督管理条例》规定，国家对医疗器械按照风险程度实行分类管理，将医疗器械分为以下三类。

（1）第一类是风险程度低，实行常规管理可以保证其安全、有效的医疗器械。

（2）第二类是具有中度风险，需要严格控制管理以保证其安全、有效的医疗器械。

（3）第三类是具有较高风险，需要采取特别措施严格控制管理以保证其安全、有效的医疗器械。

（三）医疗器械管理立法

1. 医疗器械法律监管的目的

医疗器械的可靠性关系重大，临床上使用的医疗器械直接影响诊断、治疗的效果，社会上销售的医疗器械如果存在隐患，会对使用者造成不合理的损害。因此，为了保证医疗器械的安全性和有效性，保障人体健康和生命安全，必须对医疗器械实行法律监管。

对医疗器械的法律监管，要贯穿于医疗器械研发、生产、经营、使用的全过程，保障各个环节的合法化、秩序化，保证医疗器械具有使用价值，最大程度防范风险。

2. 医疗器械法律监管的主体

在医疗器械监督管理体制方面，中华人民共和国成立初期，主要由地方卫生、商业部门或医药公司负责医疗器械的部门管理。从1953年开始全国统一归属管理，曾先后由原轻工业部、原化学工业部、原一机部、原卫生部、原国家医药管理局管理。上述各部、局在主管期间对医疗器械管理工作都很重视，制定了一系列医疗器械管理的规范性文件和标准。1998年国务院机构改革后，医疗器械由原国家药品监督管理局管理，2003年由原国家食品药品监督管理局管理。根据2018年3月第十三届全国人民代表大会第一次会议审议批准的国务院机构改革方案，组建国家药品监督管理局，其职责之一是负责医疗器械监管。

3. 我国医疗器械管理立法

为了加强对医疗器械的监督管理，保证医疗器械的安全、有效，保障人体健康和生命安全，国务院于2000年1月4日发布了《医疗器械监督管理条例》，同年4月1日起施行。2014年2月12日、2017年5月4日，国务院分别对《医疗器械监督管理条例》进行了修订。《医疗器械监督管理条例》是我国第一部关于医疗器械监督管理的行政法规，适用于在中华人民共和国境内从事医疗器械的研制、生产、经营、使用活动及其监督管理。国务院药品监督管理部门根据《医疗器械监督管理条例》相继发布了《医疗器械生产监督管理办法》《医疗器械经营监督管理办法》《医疗器械网络销售监督管理办法》《医疗器械标准管理办法》《医疗器械召回管理办法》《医疗器械临床试验质量管理规范》《医疗器械通用名称命名规则》《医疗器械使用质量监督管理办法》《医疗器械分类规则》《一次性使用无菌医疗器械监督管理办法（暂行）》《医疗器械说明书和标签管理规定》《医疗器械注册与备案管理办法》《体外诊断试剂注册管理办法》《医疗器械经营企业许可证管理办法》，原卫生部颁布了《医疗器械广告审查办法》《医疗器械广告审查发布标准》等规章，使医疗器械监督管理法律制度得到逐步完善。

二、医疗器械注册与备案

医疗器械注册是指医疗器械注册申请人（以下简称申请人）依照法定程序和要求提出医疗器械注册申请，药品监督管理部门依据法律法规，基于科学认知，进行安全性、有效性和质量可控性等审查，决定是否同意其申请的活动。医疗器械备案是指医疗器械备案人（以下简称备案人）依照法定程序和要求向药品监督管理部门提交备案资料，药品监督管理部门对提交的备案资料存档备查的活动。

《医疗器械监督管理条例》规定，第一类医疗器械实行产品备案管理，第二类、第三类医疗器械实行产品注册管理。2021 年 7 月 22 日国家市场监督管理总局发布的《医疗器械注册与备案管理办法》规定，在中华人民共和国境内从事医疗器械注册、备案及其监督管理活动，适用本办法。医疗器械注册与备案应当遵循依法、科学、公开、公平、公正的原则。

（一）注册与备案提交的资料

《医疗器械监督管理条例》规定，第一类医疗器械产品备案和申请第二类、第三类医疗器械产品注册，应当提交下列资料：①产品风险分析资料；②产品技术要求；③产品检验报告；④临床评价资料；⑤产品说明书及标签样稿；⑥与产品研制、生产有关的质量管理体系文件；⑦证明产品安全、有效所需的其他资料。医疗器械注册申请人、备案人应当确保提交的资料合法、真实、准确、完整和可追溯。

（二）注册与备案申请

《医疗器械监督管理条例》规定，第一类医疗器械产品备案，由备案人向所在地设区的市级人民政府负责药品监督管理部门提交备案资料。申请第二类医疗器械产品注册，注册申请人应当向所在地省、自治区、直辖市人民政府药品监督管理部门提交注册申请资料。申请第三类医疗器械产品注册，注册申请人应当向国务院药品监督管理部门提交注册申请资料。

（三）注册与备案的受理和审批

受理注册申请的药品监督管理部门应当自受理注册申请之日起 3 个工作日内将注册申请资料转交技术审评机构。技术审评机构应当在完成技术审评后，将审评意见提交受理注册申请的药品监督管理部门作为审批的依据。

受理注册申请的药品监督管理部门应当自收到审评意见之日起 20 个工作日内做出决定。对符合条件的，准予注册并发给《医疗器械注册证》；对不符合条件的，不予注册并书面说明理由。受理注册申请的药品监督管理部门应当自医疗器械准予注册之日起 5 个工作日内，通过国务院药品监督管理部门在线政务服务平台向社会公布注册有关信息。

（四）进口医疗器械产品注册与备案

向我国境内出口第一类医疗器械的境外备案人，由其指定的我国境内的企业法人向国务院药品监督管理部门提交备案资料和备案人所在国（地区）主管部门准许该医疗器械上市销售的证明文件。向我国境内出口第二类、第三类医疗器械的境外注册申请人，由其指定的我国境内企业法人向国务院药品监督管理部门提交注册申请资料和注册申请人所在国（地区）主管部门准许该医疗器械上市销售的证明文件。未在境外上市的创新医疗器械，可以不提交注册申请人所在国（地区）主管部门准许该医疗器械上市销售的证明文件。

（五）医疗器械注册人、备案人应当履行下列义务

（1）建立与产品相适应的质量管理体系并保持有效运行。

（2）制定上市后研究和风险管控计划并保证有效实施。

（3）依法开展不良事件监测和再评价。

（4）建立并执行产品追溯和召回制度。

（5）国务院药品监督管理部门规定的其他义务。

三、医疗器械临床试验

（一）医疗器械临床试验的概念

医疗器械临床试验是指在经资质认定的医疗器械临床试验机构中，对拟申请注册的医疗器械在正常使用条件下的安全性和有效性进行确认或者验证的过程。《医疗器械监督管理条例》规定，第一类医疗器械产品备案和申请第二类、第三类医疗器械产品注册，应当提交临床评价资料。进行医疗器械临床评价，可以根据产品特征、临床风险、已有临床数据等情形，通过开展临床试验，或者通过对同品种医疗器械临床文献资料、临床数据进行分析评价，证明医疗器械安全、有效。按照国务院药品监督管理部门的规定，进行医疗器械临床评价时，已有临床文献资料、临床数据不足以确认产品安全、有效的医疗器械，应当开展临床试验。为了加强对医疗器械临床试验的管理，维护受试者权益，保证临床试验过程规范，结果真实、科学、可靠和可追溯，2016 年 3 月 1 日，原国家食品药品监督管理总局会同原国家卫生计生委联合发布了《医疗器械临床试验质量管理规范》。

（二）医疗器械临床试验受试者权益保障

伦理审查与知情同意是保障受试者权益的主要措施。受试者有权在临床试验的任何阶段退出并不承担任何经济责任。

四、医疗器械生产、经营和使用

（一）医疗器械生产

1. 医疗器械生产企业开办的条件

从事医疗器械生产活动，应当具备下列条件：①有与生产的医疗器械相适应的生产场地、环境条件、生产设备及专业技术人员；②有能对生产的医疗器械进行质量检验的机构或者专职检验人员以及检验设备；③有保证医疗器械质量的管理制度；④有与生产的医疗器械相适应的售后服务能力；⑤符合产品研制、生产工艺文件规定的要求。

2. 医疗器械生产企业的审批

从事第一类医疗器械生产的，生产企业应向所在地设区的市级人民政府药品监督管理的部门备案，在提交符合《医疗器械监督管理条例》规定条件的有关资料后即完成备案。从事第二类、第三类医疗器械生产的，生产企业应当向所在地省、自治区、直辖市人民政府药品监督管理部门申请生产许可并提交符合《医疗器械监督管理条例》规定条件的有关资料及所

生产医疗器械的注册证。受理生产许可申请的药品监督管理部门应当对申请资料进行审核，按照国务院药品监督管理部门制定的医疗器械生产质量管理规范的要求进行核查，并自受理之日起 20 个工作日内做出决定。《医疗器械生产许可证》有效期为 5 年。有效期届满需要延续的，依照有关行政许可的法律规定办理延续手续。

3. 医疗器械标准

医疗器械标准是指由原国家食品药品监督管理总局依据职责组织制定修订，依法定程序发布，在医疗器械研制、生产、经营、使用、监督管理等活动中遵循的统一的技术要求。医疗器械产品应当符合适用的医疗器械强制性标准；没有强制性标准的，应当鼓励采用推荐性标准。医疗器械应当有说明书、标签。说明书、标签的内容应当与经注册或者备案的相关内容一致。

典型案例

北京市 A 医药有限公司为北京 B 医药有限公司控股公司，成立于 2020 年，是一家以从事零售业为主的企业，企业注册资本 10 万元人民币。官网资料显示，北京 B 医药有限公司主要从事西药制剂、中成药、保健品、玻璃仪器、化学试剂、中药饮片、食品、饮料、保健食品、健身器材、医疗器械、日用百货等经营，经营品种 10 000 余种，目前在北京拥有 10 余家连锁药店。北京市顺义区市场监督管理局于 2024 年 7 月 2 日向铜川市市场局发布协查函，铜川市市场监督管理局 2024 年 7 月 17 日回函，回函内容显示协查的医用退热凝胶的标签与备案的相关内容不一致。市场监督管理局认定北京 A 医药有限公司违法事实成立，给予其行政处罚。北京市顺义区市场监督管理局责令北京 A 医药有限公司改正上述违法行为，并处罚款 10 000 元。

案例分析： 根据《医疗器械监督管理条例》：

第 39 条　医疗器械应当有说明书、标签。说明书、标签的内容应当与经注册或者备案的相关内容一致，确保真实、准确。

医疗器械的说明书、标签应当标明下列事项：

（一）通用名称、型号、规格；

（二）医疗器械注册人、备案人、受托生产企业的名称、地址以及联系方式；

（三）生产日期和使用期限或者失效日期；

（四）产品性能、主要结构、适用范围；

（五）禁忌、注意事项以及其他需要警示或者提示的内容；

（六）安装和使用说明或者图示；

（七）维护和保养方法，特殊运输、贮存的条件、方法；

（八）产品技术要求规定应当标明的其他内容。

第二类、第三类医疗器械还应当标明医疗器械注册证编号。

由消费者个人自行使用的医疗器械还应当具有安全使用的特别说明。

第 88 条　有下列情形之一的，由负责药品监督管理的部门责令改正，处 1 万元以上 5 万元以下罚款；拒不改正的，处 5 万元以上 10 万元以下罚款；情节严重的，责令停产停业，直至由原发证部门吊销医疗器械生产许可证、医疗器械经营许可证，对违法单位的法定代表人、主要负责人、直接负责的主管人员和其他责任人员，没收违法行为发生期间自本单位所获收入，并处所获收入的 30% 以上 2 倍以下罚款，5 年内禁止其从事医疗器械生产经营活动：

（一）生产条件发生变化、不再符合医疗器械质量管理体系要求，未依照本条例规定整改、停止生产、报告；

（二）生产、经营说明书、标签不符合本条例规定的医疗器械；

（三）未按照医疗器械说明书和标签标示要求运输、贮存医疗器械；

（四）转让过期、失效、淘汰或者检验不合格的在用医疗器械。

（二）医疗器械经营

1. 医疗器械经营企业开办的条件

《医疗器械监督管理条例》规定，从事医疗器械经营活动，应当有与经营规模和经营范围相适应的经营场所和贮存条件，以及与经营的医疗器械相适应的质量管理制度和质量管理机构或者人员。《医疗器械经营监督管理办法》规定，从事第三类医疗器械经营的企业还应当具有符合医疗器械经营质量管理制度要求的计算机信息管理系统，保证经营的产品可追溯；鼓励从事第一类、第二类医疗器械经营的企业建立符合医疗器械经营质量管理制度要求的计算机信息管理系统。

2. 医疗器械经营企业的审批

《医疗器械监督管理条例》规定，从事第二类医疗器械经营的，由经营企业向所在地设区的市级负责药品监督管理的部门备案，并提交符合本办法规定的资料，即完成经营备案，获取经营备案编号。从事第三类医疗器械经营的，经营企业应当向所在地设区的市级负责药品监督管理的部门提出申请并提交符合规定条件的证明资料。受理经营许可申请的药品监督管理部门应当自受理之日起 20 个工作日内进行审查，必要时组织核查。对符合规定条件的，准予许可并于 10 个工作日内发给医疗器械经营许可证；对不符合规定条件的，作出不予许可的书面决定并说明理由。医疗器械经营许可证有效期为 5 年。医疗器械经营许可证有效期届满需要延续的，医疗器械经营企业应当在有效期满前 90 个工作日至 30 个工作日期间提出延续申请。

3. 医疗器械经营质量管理规范

根据《医疗器械经营质量管理规范》，医疗器械经营企业应当在医疗器械采购、验收、贮存、销售、运输、售后服务等环节采取有效的质量管理措施，保障经营过程中产品的质量安全与可追溯。从事医疗器械经营活动应当按照所经营医疗器械的风险类别实行风险管理，并采取相应的质量管理措施。企业及其从业者应当诚实守信，依法经营。禁止任何虚假、欺骗行为。

4. 医疗器械网络销售管理

《医疗器械网络销售监督管理办法》规定，从事医疗器械网络销售的企业、医疗器械网络交易服务第三方平台提供者应当遵守医疗器械法规、规章和规范，建立健全管理制度，依法诚信经营，保证医疗器械质量安全；应当采取技术措施，保障医疗器械网络销售数据和资料的真实、完整、可追溯。

（三）医疗器械使用条件

医疗器械使用单位是指使用医疗器械为他人提供医疗等技术服务的机构，包括取得《医疗机构执业许可证》的医疗机构、取得《计划生育技术服务机构执业许可证》的计划生育技术服务机构，以及依法不需要取得《医疗机构执业许可证》的血站、单采血浆站、康复辅助器具适配机构等。

1. 医疗器械使用单位应当具备的条件

《医疗器械监督管理条例》规定，医疗器械使用单位应当有与在用医疗器械品种、数量相适应的贮存场所和条件。医疗器械使用单位应当加强对工作人员的技术培训，按照产品说明书、技术操作规范等要求使用医疗器械。医疗器械使用单位配置大型医用设备，应当符合国务院卫生主管部门制定的大型医用设备配置规划，与其功能定位、临床服务需求相适应，具有相应的技术条件、配套设施和具有相应资质、能力的专业技术人员，并经省级以上人民政府卫生主管部门批准，取得《大型医用设备配置许可证》。

2. 进货查验和资料保存

医疗器械经营单位、使用单位购进医疗器械时，应当查验供货者的资质和医疗器械的合格证明文件，建立进货查验记录制度。医疗器械使用单位应当妥善保存购入第三类医疗器械的原始资料，并确保信息具有可追溯性。

3. 医疗器械的使用

医疗器械使用单位应当：①对重复使用的医疗器械，应当按照国务院卫生主管部门制定的消毒和管理的规定进行处理。一次性使用的医疗器械不得重复使用，对使用过的医疗器械应当按照国家有关规定销毁并记录。②对需要定期检查、检验、校准、保养、维护的医疗器械，应当按照产品说明书的要求进行检查、检验、校准、保养、维护并予以记录，及时进行分析、评估，确保医疗器械处于良好状态，保障使用质量。③对使用期限长的大型医疗器械，应当逐台建立使用档案，记录其使用、维护、转让、实际使用时间等事项。记录保存期限不得少于医疗器械规定使用期限终止后 5 年。④使用大型医疗器械及植入和介入类医疗器械的，应当将医疗器械的名称、关键性技术参数等信息及与使用质量安全密切相关的必要信息记载到病历等相关记录中。⑤发现使用的医疗器械存在安全隐患的，医疗器械使用单位应当立即停止使用，并通知医疗器械注册人、备案人或者其他负责产品质量的机构进行检修；经检修仍不能达到使用安全标准的医疗器械，不得继续使用。

4. 医疗器械进出口

《医疗器械监督管理条例》规定，进口的医疗器械应当是依照规定已注册或者已备案的医疗器械。

进口的医疗器械应当有中文说明书、中文标签。说明书、标签应当符合《医疗器械监督管理条例》规定及相关强制性标准的要求，并在说明书中载明医疗器械的原产地以及境外医疗器械注册人、备案人指定的我国境内企业法人的名称、地址、联系方式。没有中文说明书、中文标签或者说明书、标签不符合本规定的，不得进口。

（四）医疗器械广告

医疗器械广告是指通过一定媒介和形式发布的含有医疗器械名称、产品适用范围、性能结构及组成、作用机理等内容的广告。《医疗器械监督管理条例》规定，医疗器械广告的内容应当真实合法，以经负责药品监督管理的部门注册或者备案的医疗器械说明书为准，不得含有虚假、夸大、误导性的内容。发布医疗器械广告，应当在发布前由省、自治区、直辖市人民政府确定的广告审查机关对广告内容进行审查，并取得医疗器械广告批准文号；未经审查，不得发布。

> **◁ 知识拓展**
>
> ### 医疗器械广告禁忌
>
> 医疗器械广告中有关适用范围和功效等内容的宣传应当科学准确，不应夸大其词，例如：
> （1）不得使用"最佳""唯一""精确""速效"等绝对化、排他性的词语，或者表示产品功效

的断言或者保证类的用语。

（2）不得出现说明有效率、治愈率的用语。

（3）不得出现明示或者暗示包治百病，夸大适用范围，或者其他具有误导性、欺骗性的内容。

（4）不得使用"美容""保健"等宣传性词语。

（5）不得与其他医疗器械产品、药品或其他治疗方法的功效和安全性对比。

五、不良事件的处理与医疗器械的召回

医疗器械不良
事件的概念

（一）医疗器械不良事件的概念

医疗器械不良事件是指获准上市的质量合格的医疗器械在正常使用情况下发生的，导致或者可能导致人体伤害的各种有害事件。《医疗器械监督管理条例》规定，国家建立医疗器械不良事件监测制度，对医疗器械不良事件及时进行收集、分析、评价、控制。

（二）医疗器械不良事件的监测和控制措施

医疗器械不良事件监测是指对医疗器械不良事件的发现、报告、评价和控制的过程。《医疗器械不良事件监测和再评价管理办法》规定，报告医疗器械不良事件应当遵循可疑即报的原则。

医疗器械不良事件监测技术机构发现不良事件或者接到不良事件报告的，应当及时进行核实，必要时调查、分析、评估，向负责药品监督管理部门和卫生主管部门报告并提出处理建议。对发生群体医疗器械不良事件的医疗器械，省级以上负责药品监督管理部门应当根据风险情况及时采取发布警示信息及责令暂停生产、销售、进口和采取等控制措施。

（三）医疗器械召回

1. 医疗器械召回的概念

医疗器械召回是指医疗器械生产企业按照规定的程序对其已上市销售的某一类别、型号或者批次的存在缺陷的医疗器械产品，采取警示、检查、修理、重新标签、修改并完善说明书、软件更新、替换、收回、销毁等方式进行处理的行为。《医疗器械监督管理条例》规定，医疗器械注册人、备案人发现其生产的医疗器械不符合强制性标准、经注册或者备案的产品技术要求，或者存在其他缺陷的，应当立即停止生产，通知相关生产经营企业、使用单位和消费者停止经营和使用，召回已经上市销售的医疗器械，采取补救、销毁等措施，记录相关情况，发布相关信息，并将医疗器械召回和处理情况向负责药品监督管理部门和卫生主管部门报告。医疗器械受托生产企业、经营企业发现生产、经营的医疗器械存在上述规定情形的，应当立即停止生产、经营，通知医疗器械注册人、备案人，并记录停止生产、经营和通知情况。

2. 医疗器械召回方式

（1）主动召回：医疗器械生产企业按照《医疗器械召回管理办法》的要求进行调查评估后，确定医疗器械产品存在缺陷的，应当立即决定并实施召回，同时向社会发布产品召回信息。

（2）责令召回：药品监督管理部门经过调查评估，认为医疗器械生产企业应当召回存在缺陷的医疗器械产品而未主动召回的，应当责令医疗器械生产企业召回医疗器械。医疗器械

生产企业应当按照药品监督管理部门的要求进行召回，并按《医疗器械召回管理办法》的规定向社会公布产品召回信息。

六、医疗器械监督检查

（一）医疗器械监督管理机构

国务院药品监督管理部门负责全国医疗器械监督管理工作，国务院有关部门在各自的职责范围内负责与医疗器械有关的监督管理工作。县级以上地方人民政府负责药品监督管理的部门负责本行政区域的医疗器械监督管理工作。

（二）医疗器械监督检查方式及措施

负责药品监督管理的部门应当对医疗器械的研制、生产、经营活动及使用环节的医疗器械质量加强监督检查，并对医疗器械注册人、备案人、生产经营企业、使用单位建立信用档案，对有不良信用记录的增加监督检查频次。

（三）医疗器械检验机构及其职责

《医疗器械监督管理条例》规定，医疗器械检验机构资质认定工作按照国家有关规定实行统一管理。经国务院认证认可监督管理部门会同国务院药品监督管理部门认定的检验机构，方可对医疗器械实施检验。负责药品监督管理的部门在执法工作中需要对医疗器械进行检验的，应当委托有资质的医疗器械检验机构进行，并支付相关费用。

七、法律责任

（一）医疗器械生产经营者的法律责任

《医疗器械监督管理条例》规定，有下列情形之一的，由负责药品监督管理的部门没收违法所得、违法生产经营的医疗器械和用于违法生产经营的工具、设备、原材料等物品。

（1）违法生产经营的医疗器械货值金额不足 1 万元的，并处 5 万元以上 15 万元以下罚款。

（2）货值金额 1 万元以上的，并处货值金额 15 倍以上 30 倍以下罚款。

（3）情节严重的，责令停产停业，10 年内不受理相关责任人以及单位提出的医疗器械许可申请，对违法单位的法定代表人、主要负责人、直接负责的主管人员和其他责任人员，没收违法行为发生期间自本单位所获收入，并处所获收入30% 以上 3 倍以下罚款，终身禁止其从事医疗器械生产经营活动：①生产、经营未取得医疗器械注册证的第二类、第三类医疗器械；②未经许可从事第二类、第三类医疗器械生产活动；③未经许可从事第三类医疗器械经营活动。

有前述第①项的情形，情节严重的，由原发证部门吊销《医疗器械生产许可证》或者《医疗器械经营许可证》。

有下列情形之一的，由负责药品监督管理的部门责令改正，没收违法生产经营使用的医疗器械。

（1）违法生产经营使用的医疗器械货值金额不足 1 万元的，并处 2 万元以上 5 万元以下罚款。

（2）货值金额 1 万元以上的，并处货值金额 5 倍以上 20 倍以下罚款。

（3）情节严重的，责令停产停业，直至由原发证部门吊销《医疗器械注册证》《医疗器械生产许可证》《医疗器械经营许可证》，对违法单位的法定代表人、主要负责人、直接负责的主管人员和其他责任人员，没收违法行为发生期间自本单位所获收入，并处所获收入 30% 以上 3 倍以下罚款，10 年内禁止其从事医疗器械生产经营活动：①生产、经营、使用不符合强制性标准或者不符合经注册或者备案的产品技术要求的医疗器械；②未按照经注册或者备案的产品技术要求组织生产，或者未依照本条例规定建立质量管理体系并保持有效运行，影响产品安全、有效；③经营、使用无合格证明文件、过期、失效、淘汰的医疗器械，或者使用未依法注册的医疗器械；④在负责药品监督管理的部门责令召回后仍拒不召回，或者在负责药品监督管理的部门责令停止或者暂停生产、进口、经营后，仍拒不停止生产、进口、经营医疗器械；⑤委托不具备本条例规定条件的企业生产医疗器械，或者未对受托生产企业的生产行为进行管理；⑥进口过期、失效、淘汰等已使用过的医疗器械。

有下列情形之一的，由负责药品监督管理的部门责令改正，处 1 万元以上 5 万元以下罚款；拒不改正的，处 5 万元以上 10 万元以下罚款；情节严重的，责令停产停业，直至由原发证部门吊销《医疗器械生产许可证》《医疗器械经营许可证》，对违法单位的法定代表人、主要负责人、直接负责的主管人员和其他责任人员，没收违法行为发生期间自本单位所获收入，并处所获收入 30% 以上 2 倍以下罚款，5 年内禁止其从事医疗器械生产经营活动。

（1）生产条件发生变化、不再符合医疗器械质量管理体系要求，未依照本条例规定整改、停止生产、报告。

（2）生产、经营说明书、标签不符合本条例规定的医疗器械。

（3）未按照医疗器械说明书和标签标示要求运输、贮存医疗器械。

（4）转让过期、失效、淘汰或者检验不合格的在用医疗器械。

（二）医疗器械使用者的法律责任

未经许可擅自配置使用大型医用设备的，由县级以上人民政府卫生主管部门责令停止使用，给予警告，没收违法所得；违法所得不足 1 万元的，并处 5 万元以上 10 万元以下罚款；违法所得 1 万元以上的，并处违法所得 10 倍以上 30 倍以下罚款；情节严重的，5 年内不受理相关责任人以及单位提出的大型医用设备配置许可申请，对违法单位的法定代表人、主要负责人、直接负责的主管人员和其他责任人员，没收违法行为发生期间自本单位所获收入，并处所获收入 30% 以上 3 倍以下罚款，依法给予处分。

（三）医疗器械临床试验、检验机构的法律责任

医疗器械临床试验机构开展医疗器械临床试验未遵守临床试验质量管理规范的，由负责药品监督管理的部门责令改正或者立即停止临床试验，处 5 万元以上 10 万元以下罚款；造成严重后果的，5 年内禁止其开展相关专业医疗器械临床试验，由卫生主管部门对违法单位的法定代表人、主要负责人、直接负责的主管人员和其他责任人员，没收违法行为发生期间自本单位所获收入，并处所获收入 30% 以上 3 倍以下罚款，依法给予处分。

医疗器械临床试验机构出具虚假报告的，由负责药品监督管理的部门处 10 万元以上 30 万元以下罚款；有违法所得的，没收违法所得；10 年内禁止其开展相关专业医疗器械临床试验；由卫生主管部门对违法单位的法定代表人、主要负责人、直接负责的主管人员和其他责任人员，没收违法行为发生期间自本单位所获收入，并处所获收入 30% 以上 3 倍以下罚款，依法给予处分。

医疗器械检验机构出具虚假检验报告的，由授予其资质的主管部门撤销检验资质，10 年内不受理相关责任人以及单位提出的资质认定申请，并处 10 万元以上 30 万元以下罚款；有

违法所得的，没收违法所得；对违法单位的法定代表人、主要负责人、直接负责的主管人员和其他责任人员，没收违法行为发生期间自本单位所获收入，并处所获收入 30% 以上 3 倍以下罚款，依法给予处分；受到开除处分的，10 年内禁止其从事医疗器械检验工作。

（四）违法发布医疗器械广告的法律责任

违反规定发布未取得批准文件的医疗器械广告，未事先核实批准文件的真实性即发布医疗器械广告，或者发布广告内容与批准文件不一致的医疗器械广告的，由工商行政管理部门依照有关广告管理的法律、行政法规的规定给予处罚。篡改经批准的医疗器械广告内容的，由原发证部门撤销该医疗器械的广告批准文件，2 年内不受理其广告审批申请。

发布虚假医疗器械广告的，由省级以上人民政府药品监督管理部门决定暂停销售该医疗器械，并向社会公布；仍然销售该医疗器械的，由县级以上人民政府药品监督管理部门没收违法销售的医疗器械，并处 2 万元以上 5 万元以下罚款。

（五）相关刑事责任

违反《医疗器械监督管理条例》规定，构成犯罪的，依法追究刑事责任；造成人身、财产或者其他损害的，依法承担赔偿责任。《民法典》规定，因药品、消毒药剂、医疗器械的缺陷，或者输入不合格的血液造成患者损害的，患者可以向生产者或者血液提供机构请求赔偿，也可以向医疗机构请求赔偿。患者向医疗机构请求赔偿的，医疗机构赔偿后，有权向负有责任的生产者或者血液提供机构追偿。

《刑法》第 145 条规定，生产不符合保障人体健康的国家标准、行业标准的医疗器械、医用卫生材料，或者销售明知是不符合保障人体健康的国家标准、行业标准的医疗器械、医用卫生材料，足以严重危害人体健康的，处 3 年以下有期徒刑或者拘役，并处销售金额 50% 以上 2 倍以下罚金；对人体健康造成严重危害的，处 5 年以上 10 年以下有期徒刑，并处销售金额 50% 以上 2 倍以下罚金；后果特别严重的，处 10 年以上有期徒刑或者无期徒刑，并处销售金额 50% 以上 2 倍以下罚金或者没收财产。

单元三　血液管理法律制度

◁ 案例引入

患者雷某因车祸被送往某市中心医院抢救治疗，术中输入该市血液中心供给的新鲜全血 600mL。3 年后，雷某因食欲差、全身乏力等症状到医院检查，确诊为"丙型肝炎"。通过回忆就诊史及临床表现，雷某及其家人认为，雷某手术前未患有丙型肝炎，也没有其他输血史，丙型肝炎是在市中心医院输血所致。在与市中心医院协商无果的情况下，雷某将其诉至法院，要求医院赔偿前期各种费用 30 余万元，并承担后续治疗费用。市中心医院认为，给雷某手术中输入的血液是市血液中心提供的，具有全套血液检验合格手续，并且输血过程严格执行了《临床输血技术规范》，医院没有任何过错，不应承担责任。

问题：
1. 医疗机构临床用血的原则是什么？
2. 在这一事件中，医疗机构应该承担什么责任？
3. 采供血机构应该承担什么责任？

一、血液管理法律制度概述

（一）献血法的概念和立法意义

献血法是指调整保证医疗临床用血需要和安全，保障献血者和用血者身体健康活动中产生的各种社会关系的法律规范的总称。为保证医疗临床用血需要和安全，保障献血者和用血者身体健康，发扬人道主义精神，促进社会主义物质文明和精神文明建设，1997 年 12 月 29 日，第八届全国人民代表大会常务委员会第二十九次会议通过了《中华人民共和国献血法》（以下简称《献血法》），自 1998 年 10 月 1 日起施行。我国的献血法律制度采用广义的概念，除了上述《献血法》外，还包括国务院于 1996 年 12 月发布的《血液制品管理条例》，原卫生部制定的《医疗机构临床用血管理办法》《血站管理办法》，国家卫生健康委、中国红十字会总会和中央军委后勤保障部卫生局修订的《全国无偿献血表彰奖励办法（2022 年修订）》等法规、规章。

《献血法》及相关法律法规的颁布与实施，确立了我国实行无偿献血制度，规范了采供血机构的执业行为，使献血数量明显增加，质量明显提高，保证了医疗临床用血的需要和安全，保障了献血者和用血者的身体健康，促进了社会主义物质文明和精神文明建设，具有重要的意义。

《献血法》适用于中华人民共和国境内的各级人民政府、各级卫生行政部门、各级红十字会、采供血机构、血液制品生产和经营机构以及 18 周岁至 55 周岁的健康公民。

（二）无偿献血的法律规定

无偿献血是指公民在无报酬的情况下，自愿捐献自身血液的行为。献血活动在世界范围内经历了从有偿到无偿的过程。无偿献血是国际红十字会和世界卫生组织在 20 世纪 30 年代建议和倡导的。1991 年，在布达佩斯召开的红十字会与红新月会国际联合会作出第 34 号决议，将自愿无偿献血定义为"出于自愿无偿提供自身的血液、血浆和其他血液成分而不收任何报酬的人被称为无偿献血者。无论是现金或礼品都可视为金钱的替代，包括休假和旅游等，而小型礼品和茶点，以及支付交通费则是合理的。"《献血法》中明确规定了我国实行无偿献血制度，使我国无偿献血走上了有法可依的道路。

1. 无偿献血的主体

国家提倡 18 周岁至 55 周岁的健康公民自愿献血。国家鼓励国家工作人员、现役军人和高等学校在校学生率先献血，为树立社会新风尚作表率。

《献血法》提倡 18 周岁至 55 周岁的健康公民献血，是根据我国公民的身体素质和满足用血的需要等因素来确立的。18 周岁是我国法定的完全民事行为能力人的年龄界限，无偿献血是公民自愿的行为，需要具备完全行为能力人来决定，因此规定 18 周岁为无偿献血的最低年龄，与我国其他法律规定一致；考虑到我国公民的体质状况和各地的做法，法律规定 55 周岁为无偿献血的终止年龄，但法律规定的终止献血年龄，只是法律的一般规定，并不是超过终止年龄的公民不允许献血。可见，《献血法》对年龄的规定并不是强制性条款。

2012 年 7 月 1 日起实施的《献血者健康检查要求》（GB 18467—2011）规定，既往无献血反应、符合健康检查要求的多次献血者主动要求再次献血的，年龄可延长至 60 周岁。

2. 无偿献血的管理体制

《献血法》规定，地方各级人民政府领导本行政区域内的献血工作，统一规划并负责组织、协调有关部门共同做好献血工作。县级以上各级人民政府卫生行政部门监督管理献血工作。各级红十字会依法参与、推动献血工作。各级人民政府采取措施广泛宣传献血的意义，普及献血的科学知识，开展预防和控制经血液途径传播的疾病的教育。新闻媒介应当开展献血的社会公益性宣传。国家机关、军队、社会团体、企业事业组织、居民委员会、村民委员会，应当动员和组织本单位或者本居住区的适龄公民参加献血。对献血者，发给国务院卫生行政部门制作的《无偿献血证书》，有关单位可以给予适当补贴。

> **知识拓展**
>
> ### 世界献血者日
>
> 6月14日是世界献血者日（World Blood Donor Day，WBDD），为鼓励更多的人无偿献血，宣传和促进全球血液安全规划的实施，世界卫生组织、红十字会与红新月会国际联合会、国际献血组织联合会、国际输血协会将每年的6月14日定为"世界献血者日"，并将2004年6月14日定为第一个世界献血者日。世界献血日之所以选中这一天，是因为6月14日是发现ABO血型系统的诺贝尔奖获得者卡尔·兰德斯坦纳的生日。每年各有关组织会选定一个主题和一个城市作为宣传中心。

3.无偿献血的管理措施

公民的献血行为是造福社会的行为，是履行社会义务、尊重社会公德、发扬救死扶伤人道主义精神的一种表现，公民献血制度的完善程度，充分体现了一个国家公民的文化知识程度、道德水准和社会公德水平的高低。

我国实行的是无偿献血制度，临床用血全部来自无偿献血，规定了政府机构、各级红十字会、新闻媒介、各级各类单位和组织在无偿献血工作中的职责任务。同时为进一步营造无偿献血良好社会氛围，推动无偿献血招募工作，鼓励单位、个人参与无偿献血活动，保障临床用血，国家卫生健康委、中国红十字会总会和中央军委后勤保障部卫生局修订的《全国无偿献血表彰奖励办法（2022年修订）》，进一步完善了无偿献血的社会激励机制。无偿献血表彰奖项分为"无偿献血奉献奖""无偿献血促进奖""无偿献血志愿服务奖""无偿献血先进省（市）奖""无偿献血先进部队奖"和"无偿捐献造血干细胞奖"。在我国形成了推动无偿献血工作顺利开展的强大合力，也取得了良好的社会效益。

4.无偿献血的使用

无偿献血的血液必须用于临床，不得买卖；血站、医疗机构不得将无偿献血者的血液出售给单采血浆站或者血液制品生产单位。

二、采供血管理

按照2006年3月1日施行的《血站管理办法》，血站是指不以营利为目的，采集、提供临床用血的公益性卫生机构。血站以省、自治区、直辖市为区域实行统一规划设置并实行《血站执业许可证》制度。血站采血、供血必须严格遵守各项技术操作规程和制度，应当为献血者提供各种安全、卫生、便利的条件。

（一）血站的设置、分类与审批

1.血站的设置

《血站管理办法》规定，省、自治区、直辖市人民政府卫生行政部门应当根据国家卫生行政部门制定的全国采供血机构设置规划指导原则，结合本行政区域人口、医疗资源、临床用血需求等实际情况和当地区域卫生发展规划，制定本行政区域血站设置规划。

2. 血站的分类

血站分为一般血站和特殊血站。一般血站包括血液中心、中心血站和中心血库；特殊血站包括脐带血造血干细胞库和卫生行政部门根据医学发展需要批准、设置的其他类型血库。

3. 血站的审批

《献血法》规定，设立血站向公民采集血液，必须经国务院卫生行政部门或者省、自治区、直辖市人民政府卫生行政部门批准；血液中心、中心血站和中心血库由地方人民政府设立。

（二）血站的管理

1. 血站的执业许可

血站开展采供血活动，应当向所在省、自治区、直辖市人民政府卫生行政部门申请办理执业登记，取得《血站执业许可证》；没有取得《血站执业许可证的》，不得开展采供血活动。《血站执业许可证》有效期为3年，期满前3个月，血站应当办理再次执业登记。

2. 血站的监督管理

国家卫生健康委定期对血液中心执行有关规定情况和无偿献血比例、采供血服务质量、业务指导、人员培训、综合质量评价技术能力等情况以及脐带血造血干细胞库等特殊血站的质量管理状况进行评价及监督检查，并将结果向社会公布；省级人民政府卫生行政部门应当对本辖区内的血站执行有关规定情况和无偿献血比例、采供血服务质量、业务指导、人员培训、综合质量评价技术能力等情况进行评价及监督检查，按照原卫生部的有关规定将结果上报，同时向社会公布；县级以上地方人民政府卫生行政部门负责本行政区域内血站的监督管理工作。

（三）采血管理

血站开展采供血业务应当实行全面质量管理，严格遵守《中国输血技术操作规程》《血站质量管理规范》和《血站实验室质量规范》等技术规范和标准，为医疗机构提供合格的血液，保证临床用血的安全。

（1）血站应当按照国家有关规定对献血者进行健康检查和血液采集；采血前应当对献血者身份进行核对并进行登记；严禁采集冒名顶替者的血液。

（2）血站采集血液应当遵循自愿和知情同意的原则，并对献血者履行规定的告知义务；建立献血者信息保密制度，为献血者保密；血站工作人员应当符合岗位执业资格的规定，并经岗位培训与考核合格后方可上岗。

（3）血站对献血者每次采集血液量一般为200毫升，最多不得超过400毫升，两次采集间隔期不少于6个月；严禁血站违反规定对献血者超量、频繁采集血液。

（4）血站各业务岗位工作记录应当内容真实、项目完整、格式规范、字迹清楚、记录及时，有操作者签名；献血、检测和供血的原始记录应当至少保存10年；血液标本的保存期为全血或成分血使用后2年。

（5）血站应当加强消毒、隔离工作管理，预防和控制感染性疾病的传播；血站产生的医疗废物应当按《医疗废物管理条例》规定处理，做好记录与签字，避免交叉感染；应当保证所采集的血液由具有血液检测实验室资格的实验室进行检测；对检测不合格或者报废的血液，血站应当严格按照有关规定处理；使用的药品、体外诊断试剂、一次性卫生器材应当符合国家有关规定。

（四）供血管理

（1）血液的包装、储存、运输应当符合《血站质量管理规范》的要求；血液包装袋上应当标明：①血站的名称及其许可证号；②献血编号或者条形码；③血型；④血液品种；⑤采血日期及时间或者制备日期及时间；⑥有效日期及时间；⑦储存条件。

（2）血站应当保证发出的血液质量符合国家有关标准，其品种、规格、数量、活性、血型无差错；未经检测或者检测不合格的血液，不得向医疗机构提供。

（3）血站应当制定紧急灾害应急预案，并从血源、管理制度、技术能力和设备条件等方面保证预案的实施。在紧急灾害发生时服从县级以上人民政府卫生行政部门的调遣。

（4）因科研或者特殊需要进行血液调配的，由省级人民政府卫生行政部门批准。

三、临床用血管理

临床用血是医疗过程中不可缺少的环节，应加强对临床用血的管理，以便合理利用血液，最大限度地发挥血液的功效，为用血者身体健康服务。因此，原卫生部于 2012 年 6 月 7 日公布了《医疗机构临床用血管理办法》，该办法自 2012 年 8 月 1 日起施行，根据 2019 年 2 月 28 日《国家卫生健康委关于修改〈职业健康检查管理办法〉等 4 件部门规章的决定》（国家卫生健康委员会令第 2 号）修订，对临床用血的管理进行了规范。

（一）临床用血的原则

医疗机构临床用血应当制定用血计划，遵循合理、科学的原则，不得浪费和滥用血液；医务人员应当认真执行临床输血技术规范，严格掌握临床输血适应证，根据患者病情和实验室检测指标，对输血指征进行综合评估，制订输血治疗方案；积极推行按血液成分针对医疗实际需要输血，同时国家鼓励临床用血新技术的研究和推广。

（二）临床用血的管理

（1）无偿献血的血液必须用于临床，不得买卖；血站、医疗机构不得将无偿献血者的血液出售给单采血浆站或者血液制品生产单位。

（2）医疗机构应当使用卫生行政部门指定血站提供的血液；科研用血由所在地省级卫生行政部门负责核准；临床用血的包装、储存、运输，必须符合国家规定的卫生标准和要求；医疗机构对临床用血必须进行核查，不得将不符合国家规定标准的血液用于临床。

（3）医疗机构应当根据有关规定和临床用血需求设置输血科或者血库，并根据自身功能、任务、规模，配备与输血工作相适应的专业技术人员、设施、设备。不具备条件设置输血科或者血库的医疗机构，应当安排专（兼）职人员负责临床用血工作。

（4）为保障公民临床急救用血的需要，国家提倡并指导择期手术的患者自身储血，动员家庭、亲友、所在单位以及社会互助献血；为保证应急用血，医疗机构可以临时采集血液，但应确保采血用血安全。

（5）公民临床用血时，只交付用于血液的采集、储存、分离、检验等费用。无偿献血者临床需要用血时，免交上述费用；无偿献血者的配偶和直系亲属临床需要用血时，可以按照省、自治区、直辖市人民政府的规定免交或者减交规定的费用。

（三）临床输血的技术规范

为在各级医疗机构中推广科学、合理用血技术，杜绝血液的浪费和滥用，保证临床用血的质量和安全，2000 年 6 月 1 日卫生部颁布了《临床输血技术规范》，该规范自 2000 年 10 月 1 日起实施。

1. 输血申请

（1）申请输血应由经治医师逐项填写《临床输血申请单》，由主治医师核准签字，连同受血者血样于预定输血日期前送交输血科（血库）备血。

（2）决定输血治疗前，经治医师应向患者或其家属说明输同种异体血的不良反应和经血传播疾病的可能性，征得患者或家属的同意，并在《输血治疗同意书》上签字。

（3）确定输血后，医护人员持《输血申请单》和贴好标签的试管，当面核对患者姓名、性别、年龄、病案号、病室 / 门诊、床号、血型和诊断，采集血样，由医护人员或专门人员将受血者血样与《输血申请单》送交输血科（血库），双方进行逐项核对。

（4）受血者配血试验的血标本必须是输血前 3 天之内的。输血科（血库）要逐项核对《输血申请单》、受血者和供血者血样，复查受血者和供血者 ABO 血型（正、反定型），并常规检查患者 Rh（D）血型（急诊抢救患者紧急输血时 Rh（D）检查可除外），正确无误时可进行交叉配血。

2. 输血

（1）输血前由两名医护人员核对交叉配血报告单及血袋标签各项内容，检查血袋有无破损渗漏，血液颜色是否正常，准确无误方可输血。

（2）输血时，由两名医护人员带病历共同到患者床旁核对患者姓名、性别、年龄、病案号、门急诊 / 病室、床号、血型等，确认与配血报告相符，再次核对血液后，用符合标准的输血器进行输血。

（3）取回的血应尽快输用，不得自行贮血。输用前将血袋内的成分轻轻混匀，避免剧烈振荡。血液内不得加入其他药物，如需稀释只能用静脉注射生理盐水。

（4）输血前后用静脉注射生理盐水冲洗输血管道。连续输用不同供血者的血液时，前一袋血输尽后，用静脉注射生理盐水冲洗输血器，再接下一袋血继续输注。

（5）输血过程中应先慢后快，再根据病情和年龄提高输注速度，并严密观察受血者有无输血不良反应，如出现异常情况应及时处理：①减慢或停止输血，用静脉注射生理盐水维持静脉通路；②立即通知值班医师和输血科（血库）值班人员，及时检查、治疗和抢救，并查找原因，做好记录。

（6）疑为溶血性或细菌污染性输血反应，应立即停止输血，用静脉注射生理盐水维护静脉通路，及时报告上级医师，在积极治疗抢救的同时，按照《输血管理办法》的有关规定做好核对检查。

（7）输血完毕，医护人员对有输血反应的应逐项填写患者输血反应回报单，并返还输血科（血库）保存。输血科（血库）每月统计上报医务处（科）。

（8）输血完毕后，医护人员将输血记录单（交叉配血报告单）贴在病历中，并将血袋送回输血科（血库）至少保存 1 天。

四、血液制品管理

目前我国血液管理的法律法规将血液分为医疗临床用血和血液制品生产用血两部分进行管理，血液制品特指各种人血浆蛋白制品。为加强血液制品管理，预防和控制经血液途径传播的疾病，保证血液制品的质量，1996 年 12 月 30 日，国务院发布了《血液制品管理条例》，2016 年 2 月 6 日修订。本条例适用于在中华人民共和国境内从事原料血浆的采集、供应以及血液制品的生产、经营活动。

（一）原料血浆的管理

原料血浆是指由单采血浆站采集的专用于血液制品生产原料的血浆。单采血浆站是指根据地区血源资源，按照有关标准和要求并经严格审批设立，采集供应血液制品生产用原料血浆的单位。

1 单采血浆站的设置

（1）国务院卫生行政部门根据核准的全国生产用原料血浆的需求，对单采血浆站的布局、数量和规模制定总体规划。省、自治区、直辖市人民政府卫生行政部门根据总体规划制定本行政区域内单采血浆站设置规划和采集血浆的区域规划。

（2）单采血浆站由血液制品生产单位设置或者由县级人民政府卫生行政部门设置，专门从事单采血浆活动，具有独立法人资格；其他任何单位和个人不得从事单采血浆活动。在一个采血浆区域内，只能设置一个单采血浆站；严禁单采血浆站采集非划定区域内的供血浆者和其他人员的血浆。申请设置单采血浆站必须具备一定的条件，并经相应的卫生行政部门审批核发《单采血浆许可证》。

2 原料血浆的采集

（1）单采血浆站必须对供血浆者进行健康检查；检查合格的，由县级人民政府卫生行政部门核发《供血浆证》。

（2）单采血浆站必须使用单采血浆机械采集血浆，严禁手工操作采集血浆。采集的血浆必须按单人份冰冻保存，不得混浆。单采血浆站必须使用有产品批准文号并经国家药品生物制品检定机构逐批检定合格的体外诊断试剂以及合格的一次性采血浆器材。

（3）单采血浆站采集的原料血浆的包装、储存、运输，必须符合国家规定的卫生标准和要求，且只能向一个与其签订质量责任书的血液制品生产单位供应原料血浆，严禁向其他任何单位供应原料血浆。

（4）严禁单采血浆站采集血液或者将所采集的原料血浆用于临床；国家禁止出口原料血浆。

（二）血液制品生产经营机构的管理

新建、改建或者扩建血液制品生产单位，经国务院卫生行政部门根据总体规划进行立项审查同意后，由省、自治区、直辖市人民政府卫生行政部门依照《药品管理法》的规定审核批准。血液制品生产单位必须达到国务院卫生行政部门制定的《药品生产质量管理规范》规定的标准，经国务院卫生行政部门审查合格，并依法向工商行政管理部门申领营业执照后，方可从事血液制品的生产活动。严禁血液制品生产单位出让、出租、出借以及与他人共用《药品生产企业许可证》和产品批准文号。

开办血液制品经营单位，由省、自治区、直辖市人民政府卫生行政部门审核批准。血液制品经营单位应当具备与所经营的产品相适应的冷藏条件和熟悉所经营品种的业务人员。

（三）血液制品的生产经营管理

血液制品生产单位应当积极开发新品种，提高血浆综合利用率。血液制品生产单位生产国内已经生产的品种，必须依法向国务院卫生行政部门申请产品批准文号；国内尚未生产的品种，必须按照国家有关新药审批的程序和要求申报。

血液制品生产单位不得向无《单采血浆许可证》的单采血浆站或者未与其签订质量责任书的单采血浆站及其他任何单位收集原料血浆；不得向其他任何单位供应原料血浆。

血液制品生产单位在原料血浆投料生产前，必须对每一人份血浆进行全面复检，并作检测记录。原料血浆经复检不合格的，不得投料生产。原料血浆经复检发现有经血液途径传播的疾病的，必须通知供应血浆的单采血浆站，并及时上报所在地省、自治区、直辖市人民政府卫生行政部门。血液制品出厂前，必须经过质量检验；经检验不符合国家标准的，严禁出厂。

血液制品生产经营单位生产、包装、储存、运输、经营血液制品，应当符合国家规定的卫生标准和要求。

五、法律责任

对违反《献血法》有关规定的行为，视其情节轻重，分别承担行政责任、民事责任和刑事责任。

（一）行政责任

违反《献血法》的行政责任主要有以下几种情形：非法采集血液的；血站、医疗机构出售无偿献血的血液的；非法组织他人出卖血液的；血站违反有关操作规程和制度采集血液的；临床用血的包装、储存、运输，不符合国家规定的卫生标准和要求的；血站向医疗机构提供不符合国家规定标准的血液的；医疗机构的医务人员将不符合国家规定标准的血液用于患者的；卫生行政部门及其工作人员在献血、用血的监督管理工作中，玩忽职守，尚不构成犯罪的。

（二）民事责任

承担民事责任主要有以下几种情形。

（1）按照我国《献血法》的有关规定，血站违反有关操作规程和制度采集血液，给献血者健康造成损害的；医疗机构的医务人员违反规定，将不符合国家规定标准的血液用于患者，给患者健康造成损害的。

（2）按照我国《民法典》的有关规定，因输入不合格的血液造成患者损害的，患者可以向血液提供机构请求赔偿，也可以向医疗机构请求赔偿。患者向医疗机构请求赔偿的，医疗机构赔偿后，有权向负有责任的血液提供机构追偿。

（三）刑事责任

下列情形，构成犯罪的，依法追究刑事责任：非法采集血液的；血站、医疗机构出售无偿献血的血液的；非法组织他人出卖血液的；血站违反有关操作规程和制度采集血液，给献血者健康造成损害的；血站向医疗机构提供不符合国家规定标准的血液，情节严重，造成经血液途径传播的疾病传播或者有传播严重危险的；卫生行政部门及其工作人员在献血、用血的监督管理工作中，玩忽职守，造成严重后果的。

吴祖泽——中国造血干细胞研究的奠基人

吴祖泽是中国造血干细胞研究的奠基人和实验血液学的先驱，在长期进行造血干细胞基础理论和临床转化的研究中，成功地实现了世界上首例胎肝造血干细胞移植治疗急性重度骨髓型放射患者，迄今存活超过 30 年，首次获得人源性肝细胞生长因子，被誉为"中国造血干细胞之父"。在从事医学事业长达 50 多年的生涯里，吴祖泽先后研究过生物化学、辐射化学、放射生物学、细胞动力学等学科；吴祖泽一生"善变"，不管是科研方向，还是角色担当，但"变"的宗旨和目的却不变，那就是国家的需求、事业的召唤、使命的担当。无论是早年的携笔从戎，中年的砥柱担当，还是晚年的产业进军，"变"中对于"坚守"的一以贯之却没有分毫动摇。

📖 课堂实训

药品管理案例研讨

通过实训，让学生熟练掌握药品管理相关法律法规的核心条款，强化法律意识，能够在未来的医药相关工作中准确运用法律知识，保障药品质量与用药安全。

【实训情景】

某药企在药品生产过程中，为降低成本，私自更换了一种关键原料的供应商，新供应商提供的原料虽然价格低廉，但质量标准略低于原规定。药品生产出来后，经抽检发现有效成分含量不稳定，部分批次接近合格线边缘。当地药品监管部门介入调查，药企面临整改与处罚。

问题：1. 药企在此过程中违反了哪些药品生产法律规定？

2. 从原料采购、生产流程管控到成品检测等环节应如何依法依规行事，监管部门依据哪些法律条款执法？

【实训目的】

使学生深入理解药品管理法律制度在医药领域的关键地位，明确其与药品研发、生产、经营、使用等各环节的紧密联系。

【实训准备】

1. 分组准备：依据班级学生人数、学习能力等因素，尽量均衡地将班级分为5组。

2. 资料准备：汇总整理药品管理法律制度相关教材、法规文件、司法解释等资料，供学生随时查阅。

3. 场地准备：本班教室或实训室。

4. 道具准备：为各小组准备记录纸、笔、角色名牌等，方便学生进行讨论与角色代入。

【实训操作】

1. 案例研讨：各小组针对案例，结合所学药品管理法律知识，从不同角色角度出发，分析案例中存在的法律问题，探讨正确的处理方式。每组讨论时间为30分钟，其间教师巡视指导，解答学生关于法律条款理解的疑问。

2. 小组汇报：每组选派一名代表，向全班汇报本小组的案例分析结果，包括对案例中涉及的药品管理法律规定的解读、各角色的行为合法性判断以及改进建议等，汇报时间不超过15分钟。其他小组可以提问、质疑，进行组间交流。

【实训评价】

考核按以下标准进行评分。

1. 要求人人参与，个个关心。

2. 积极参加讨论，踊跃发言。

3. 相关法律规定表述准确。

【注意事项】

1 教师在实训过程中要做好引导、答疑工作，确保学生理解法律条款内涵，正确运用知识分析案例。

2. 维持良好的课堂秩序，保证各小组讨论、汇报等环节顺利进行，避免混乱。

【实训作业】

要求学生结合实训过程中的案例分析、知识竞赛等经历，撰写一篇不少于 1 500 字的药品管理法律制度学习心得，阐述自己对药品管理法律重要性的认识、在实训中的收获以及对未来职业发展的启示，加深对知识的理解与记忆。

模块五

健康保障法律法规制度

学习目标

知识目标：1. 掌握食品安全法的适用范围、食品安全标准、食品生产经营和监督管理的法律规定。

2. 熟悉母婴保健法律规定的婚前保健、孕产期保健及医学技术鉴定相关法律制度。

3. 了解违反精神卫生法律规定应承担的法律责任。

能力目标：1. 学会运用本项目知识指导自己正确执行执业相关的法律规定。

2. 自觉成为具有学习和运用卫生技术人员管理法律制度的医务人员。

素质目标：1. 培养依法执业的能力，提升法律素养。

2. 培养解决医疗护理法律问题的能力。

学习导航

单元一　食品安全法律制度

> **案例引入**

　　某市是传统农业大市，该市委市政府作出建设"中国食品名市"的决策，对食品安全监管提出更高的要求。该市市场监管局严格贯彻落实全国食品安全办主任视频会议精神，以"食品安全"建设为统领，以打造"中国食品名市"为目标，全面落实"四个最严"要求，深入推进食品安全放心工程建设，构建全链条风险防控和监管体系，坚决守住守好食品安全防线，确保人民群众饮食安全。

　　为了保证老百姓吃上放心的食品，该市政府做到了抓全程管控，精准聚焦问题，排查食品安全风险；抓执法办案，从严查处食品违法行为；健全完善检查、抽检和执法联动工作程序，对双随机抽查、日常监督检查、监督抽检、明察暗访、督导检查中发现的食品违法行为线索进行统一管理，与其他市市场监管局开展省界食品安全专项整治行动，维护区域食品安全。

　　问题：
　　1.《中华人民共和国食品安全法》的适用范围是什么？
　　2.为了保证人民食品安全，《中华人民共和国食品安全法》对哪些方面做出了规定？

一、食品安全法律制度概述

（一）食品安全相关概念

1.食品

食品指各种供人食用或者饮用的成品和原料以及按照传统既是食品又是中药材的物品，但是不包括以治疗为目的的物品。在《食品工业基本术语》（GB/T 15091—1994）中，食品被定义为可供人类食用或饮用的物质，包括加工食品、半成品和未加工食品，不包括烟草或只作药品用的物质。从食品卫生立法和管理的角度，广义的食品概念还涉及：所生产食品的原料、食品原料种植、养殖过程接触的物质和环境、食品的添加物质、所有直接或间接接触食品的包装材料、设施以及影响食品原有品质的环境。

2.食品安全

食品安全指食品无毒、无害，符合应当有的营养要求，对人体健康不造成任何急性、亚急性或者慢性危害。

3.食品安全法

食品安全法是旨在调整食品生产、经营、销售、运输、存储等各环节中形成的各种社会关系，并保障人民群众生命安全和身体健康的法律规范的总和。

（二）食品安全立法

为了保障公众身体健康和生命安全，党和政府高度重视食品安全，1982年全国人民代表大会常务委员会通过了《中华人民共和国食品卫生法（试行）》（已失效），标志着我国食品卫生工作进入法治化轨道。1995年我国《中华人民共和国食品卫生法》（已失效）正式颁布施行，对保障食品安全和人民群众身体健康起到了积极的作用。2004年国务院公布了《国务院关于进一步加强食品安全工作的决定》（已失效），组织开展食品卫生法的修订，立足中国实际，积极吸收国际先进经验，历经人民代表大会常务委员会的审议和广泛征求社会意见，《中华人民共和国食品安全法》（以下简称《食品安全法》）在 2009 年 2 月 28 日第十一届全国人民代表大会常务委员会第七次会议上通过，进一步加强了食品卫生和质量安全工作监管力度，国务院还制定了《食品安全法实施条例》等一系列法规。2015 年 4 月 24 日第十二届全国人民代表大会常务委员会第十四次会议通过了新修订的《食品安全法》，自 2015 年 10 月 1 日起施行。《食品安全法》于 2018 年 12 月 29 日第十三届全国人民代表大会常务委员会第七次会议上《关于修改〈中华人民共和国产品质量法〉等五部法律的决定》进行了第一次修正，于 2021 年 4 月 29 日在第十三届全国人民代表大会常务委员会第二十八次会议上《关于修改〈中华人民共和国道路交通安全法〉等八部法律的决定》进行第二次修正，标志着我国的食品安全工作树立了一个新的里程碑，具有十分重要的意义。

（三）食品安全立法适用范围

《食品安全法》第 2 条规定，在中华人民共和国境内从事下列活动，应当遵守本法：①食品生产和加工（以下称食品生产），食品销售和餐饮服务（以下简称食品经营）；②食品添加剂的生产经营；③用于食品的包装材料、容器、洗涤剂、消毒剂和用于食品生产经营的工具、设备（以下简称食品相关产品）的生产经营；④食品生产经营者使用食品添加剂、食品相关产品；⑤食品的贮存和运输；⑥对食品、食品添加剂、食品相关产品的安全管理。

供食用的源于农业的初级产品（以下简称食用农产品）的质量安全管理，遵守《中华人民共和国农产品质量安全法》的规定。但是，食用农产品的市场销售、有关质量安全标准的制定、有关安全信息的公布和《食品安全法》对农业投入品作出规定的，应当遵守《食品安全法》的规定。

二、食品生产经营安全法律规定

（一）食品安全标准的概念

1 食品安全标准

食品安全标准是食品安全法律法规体系中重要的组成部分，是食品生产经营者、检验单位、进出口及国内市场监督管理部门必须严格执行的技术性法规，是保护消费者健康和权益的法律依据，是食品进入市场的最基本要求。《食品安全法》明确规定：食品安全标准是强制执行的标准。除食品安全标准外，不得制定其他食品强制性标准。

2 食品安全标准的内容

根据《食品安全法》第 26 条规定，食品安全标准应当包括下列内容：①食品、食品添加剂、食品相关产品中的致病性微生物，农药残留、兽药残留、生物毒素、重金属等污染物质以及其他危害人体健康物质的限量规定；②食品添加剂的品种、使用范围、用量；③专供婴幼儿和其他特定人群的主辅食品的营养成分要求；④对与卫生、营养等食品安全要求有关的标签、标志、说明书的要求；⑤食品生产经营过程的卫生要求；⑥与食品安全有关的质量要求；⑦与食品安全有关的食品检验方法与规程；⑧其他需要制定为食品安全标准的内容。

3. 食品安全国家标准

食品安全国家标准由国务院卫生行政部门会同国务院食品安全监督管理部门制定、公布，国务院标准化行政部门提供国家标准编号；食品中农药残留、兽药残留的限量规定及其检验方法与规程由国务院卫生行政部门、国务院农业行政部门会同国务院食品安全监督管理部门制定；屠宰畜、禽的检验规程由国务院农业行政部门会同国务院卫生行政部门制定。制定食品安全国家标准，应当依据食品安全风险评估结果并充分考虑食用农产品安全风险评估结果，参照相关的国际标准和国际食品安全风险评估结果，并将食品安全国家标准草案向社会公布，广泛听取食品生产经营者、消费者、有关部门等方面的意见。

食品安全国家标准应当经国务院卫生行政部门组织的食品安全国家标准审评委员会审查通过。食品安全国家标准审评委员会由医学、农业、食品、营养、生物、环境等方面的专家以及国务院有关部门、食品行业协会、消费者协会的代表组成，对食品安全国家标准草案的科学性和实用性等进行审查。

4. 食品安全地方标准

对地方特色食品，没有食品安全国家标准的，省、自治区、直辖市人民政府卫生行政部门可以制定并公布食品安全地方标准，报国务院卫生行政部门备案。食品安全国家标准制定后，该地方标准即行废止。

5. 食品安全企业标准

国家鼓励食品生产企业制定严于食品安全国家标准或者地方标准的企业标准，在本企业适用，并报省、自治区、直辖市人民政府卫生行政部门备案。

（二）食品生产经营许可制度

国家对食品生产经营实行许可制度。从事食品生产、食品销售、餐饮服务，应当依法取得许可。根据《食品经营许可和本案管理办法》第4条规定，下列情形不需要取得食品经营许可：①销售食用农产品；②仅销售预包装食品；③医疗机构、药品零售企业销售特殊医学用途配方食品中的特定全营养配方食品；④已经取得食品生产许可的食品生产者，在其生产加工场所或者通过网络销售其生产的食品；⑤法律、法规规定的其他不需要取得食品经营许可的情形。除上述情形外，还开展其他食品经营项目的，应当依法取得食品经营许可。仅销售预包装食品的，应当报所在地县级以上地方人民政府食品安全监督管理部门备案。

（三）食品生产经营者健康管理

食品生产经营者应当建立并执行从业人员健康管理制度。患有国务院卫生行政部门规定的有碍食品安全疾病的人员，不得从事接触直接入口食品的工作。从事接触直接入口食品工作的食品生产经营人员应当每年进行健康检查，取得健康证明后方可上岗工作。

（四）食品的运输储存保管制度

食品生产企业应当就下列事项制定并实施控制要求，保证所生产的食品符合食品安全标准：①原料采购、原料验收、投料等原料控制；②生产工序、设备、贮存、包装等生产关键环节控制；③原料检验、半成品检验、成品出厂检验等检验控制；④运输和交付控制。

食品生产企业应当建立食品出厂检验记录制度，查验出厂食品的检验合格证和安全状况，如实记录食品的名称、规格、数量、生产日期或者生产批号、保质期、检验合格证号、销售日期以及购货者名称、地址、联系方式等内容，并保存相关凭证。记录和凭证保存期限不得少于产品保质期满后6个月；没有明确保质期的，保存期限不得少于2年。

食品经营者应当按照保证食品安全的要求贮存食品，定期检查库存食品，及时清理变质或者超过保质期的食品。

食品经营者贮存散装食品，应当在贮存位置标明食品的名称、生产日期或者生产批号、保质期、生产者名称及联系方式等内容。

（五）食品召回和其他管理制度

在食品生产经营过程中，除了上述几种管理制度外，《食品安全法》还规定了食品召回、食品生产经营者自查、供货许可证及食品添加剂生产许可证、网络食品交易平台管理等制度。

国家建立食品召回制度。食品生产者发现其生产的食品不符合食品安全标准或者有证据证明可能危害人体健康的，应当立即停止生产，召回已经上市销售的食品，通知相关生产经营者和消费者，并记录召回和通知情况。

食品经营者发现其经营的食品有上述规定情形的，应当立即停止经营，通知相关生产经营者和消费者，并记录停止经营和通知情况。食品生产者认为应当召回的，应当立即召回。由于食品经营者的原因造成其经营的食品有上述规定情形的，食品经营者应当召回。

食品生产经营者应当对召回的食品采取无害化处理、销毁等措施，防止其再次流入市场。但是，对因标签、标志或者说明书不符合食品安全标准而被召回的食品，食品生产者在采取补救措施且能保证食品安全的情况下可以继续销售；销售时应当向消费者明示补救措施。

食品生产经营者应当将食品召回和处理情况向所在地县级人民政府食品安全监督管理部门报告；需要对召回的食品进行无害化处理、销毁的，应当提前报告时间、地点。食品安全监督管理部门认为必要的，可以实施现场监督。

食品生产经营者未依照《食品安全法》规定召回或者停止经营的，县级以上人民政府食品安全监督管理部门可以责令其召回或者停止经营。

三、食品安全监督管理法律规定

（一）食品安全监管

食品安全监管离不开食品安全监管体制，它是国家行政管理体制的重要组成部分，是指国家食品安全监管组织机构的设置、监管权限的分配、职责范围的划分、机构运行和协调以及人事制度等项制度的有机体系。它的基本要素包括食品安全监管机构的设置、监管职能的配置、各机构职权范围的划分与运行机制的规范等。《食品安全法》规定，国务院设立食品安全委员会，其职责由国务院规定；国务院食品安全监督管理部门依照《食品安全法》和国务院规定的职责，对食品生产经营活动实施监督管理；国务院卫生行政部门依照《食品安全法》和国务院规定的职责，组织开展食品安全风险监测和风险评估，会同国务院食品安全监督管理部门制定并公布食品安全国家标准；国务院其他有关部门依照《食品安全法》和国务院规定的职责，承担有关食品安全工作。

县级以上地方人民政府对本行政区域的食品安全监督管理工作负责，统一领导、组织、协调本行政区域的食品安全监督管理工作以及食品安全突发事件应对工作，建立健全食品安全全程监督管理工作机制和信息共享机制。县级以上地方人民政府依照《食品安全法》和国务院的规定，确定本级食品安全监督管理、卫生行政部门和其他有关部门的职责。有关部门在各自职责范围内负责本行政区域的食品安全监督管理工作。县级人民政府食品安全监督管理部门可以在乡镇或者特定区域设立派出机构。县级以上地方人民政府实行食品安全监督管理责任制。上级人民政府负责对下一级人民政府的食品安全监督管理工作进行评议、考核。县级以上地方人民政府负责对本级食品安全监督管理部门和其他有关部门的食品安全监督管理工作进行评议、考核。

县级以上人民政府应当将食品安全工作纳入本级国民经济和社会发展规划，将食品安全工作经费列入本级政府财政预算，加强食品安全监督管理能力建设，为食品安全工作提供保障。县级以上人民政府食品安全监督管理部门和其他有关部门应当加强沟通、密切配合，按照各自职责分工，依法行使职权，承担责任。

除了政府机关外，《食品安全法》还规定了社会团体在食品安全监管中的任务。例如，食品行业协会应当加强行业自律，按照章程建立健全行业规范和奖惩机制，提供食品安全信息、技术等服务，引导和督促食品生产经营者依法生产经营，推动行业诚信建设，宣传、普及食品安全知识；消费者协会和其他消费者组织对违反《食品安全法》规定，损害消费者合法权益的行为，依法进行社会监督。

> **📁 典型案例**
>
> 2024年8月，某县市场监督管理局执法人员到该县某乡学校周边的某百货店开展监督检查工作，发现该店销售过期儿童食品共9种，货值150余元。同时，进货时未建立、遵守进货查验记录制度，该店购进食品时未索取并保存购货凭证、销售超过保质期食品的行为，违反了《中华人民共和国食品安全法》第53条、第34条的规定，依据《中华人民共和国行政处罚法》第28条、《中华人民共和国食品安全法》第124条的规定，该县市场监管局依法责令当事人改正违法行为，并作出罚款2 000元的行政处罚。
>
> **案例分析：**《中华人民共和国食品安全法》第34条第10款规定，禁止生产经营下列食品、食品添加剂、食品相关产品：标注虚假生产日期、保质期或者超过保质期的食品、食品添加剂。校园周边食品经营户销售过期儿童食品的行为损害了未成年人的身体健康，本案的查处，进一步规范了校园周边食品经营行为和校园食品安全有序的市场环境。

（二）食品安全风险

1. 食品安全风险监测

根据《食品安全法》规定，国家建立食品安全风险监测制度，对食源性疾病、食品污染以及食品中的有害因素进行监测。国务院卫生行政部门会同国务院食品安全监督管理等部门，制定、实施国家食品安全风险监测计划。国务院食品安全监督管理部门和其他有关部门获知有关食品安全风险信息后应当立即核实并向国务院卫生行政部门通报。对有关部门通报的食品安全风险信息以及医疗机构报告的食源性疾病等有关疾病信息，国务院卫生行政部门应当会同国务院有关部门分析研究，认为必要的，及时调整国家食品安全风险监测计划。

省、自治区、直辖市人民政府卫生行政部门会同同级食品安全监督管理等部门，根据国家食品安全风险监测计划，结合本行政区域的具体情况，制定、调整本行政区域的食品安全风险监测方案，报国务院卫生行政部门备案并实施。

食品安全风险监测结果表明可能存在食品安全隐患的，县级以上人民政府卫生行政部门应当及时将相关信息通报同级食品安全监督管理等部门，并报告本级人民政府和上级人民政府卫生行政部门。食品安全监督管理等部门应当组织开展进一步调查。

2. 食品安全风险评估

食品安全风险评估指对食品、食品添加剂中生物性、化学性和物理性危害对人体健康可能造成的不良影响所进行的科学评估，包括危害识别、危害特征描述、暴露评估、风险特征描述等。食品安全风险评估结果是制定、修订食品安全标准和实施食品安全监督管理的科学依据。为此,《食品安全法》规定,国家建立食品安全风险评估制度,运用科学方法,根据食品安全风险监测信息、科学数据以及有关信息,对食品、食品添加剂、食品相关产品中生物性、化学性和物理性危害因素进行风险评估。国务院卫生行政部门负责组织食品安全风险评估工作,成立由医学、农业、食品、营养、生物、环境等方面的专家组成的食品安全风险评估专家委员会进行食品安全风险评估。食品安全风险评估结果由国务院卫生行政部门公布。

有下列情形之一的,应当进行食品安全风险评估:①通过食品安全风险监测或者接到举报发现食品、食品添加剂、食品相关产品可能存在安全隐患的;②为制定或者修订食品安全国家标准提供科学依据需要进行风险评估的;③为确定监督管理的重点领域、重点品种需要进行风险评估的;④发现新的可能危害食品安全因素的;⑤需要判断某一因素是否构成食品安全隐患的;⑥国务院卫生行政部门认为需要进行风险评估的其他情形。

(三)食品安全检验

1. 检验机构资质

食品检验机构按照国家有关认证认可的规定取得资质认定后,方可从事食品检验活动。但是,法律另有规定的除外。食品检验机构的资质认定条件和检验规范,由国务院食品安全监督管理部门规定。符合《食品安全法》规定的食品检验机构出具的检验报告具有同等效力。县级以上人民政府应当整合食品检验资源,实现资源共享。

食品生产企业可以自行对所生产的食品进行检验,也可以委托符合《食品安全法》规定的食品检验机构进行检验。食品行业协会和消费者协会等组织、消费者需要委托食品检验机构对食品进行检验的,应当委托符合《食品安全法》规定的食品检验机构进行。

2. 检验人

食品检验由食品检验机构指定的检验人独立进行。检验人应当依照有关法律、法规的规定,并按照食品安全标准和检验规范对食品进行检验,尊重科学,恪守职业道德,保证出具的检验数据和结论客观、公正,不得出具虚假检验报告。

食品检验实行食品检验机构与检验人负责制。食品检验报告应当加盖食品检验机构公章,并有检验人的签名或者盖章。食品检验机构和检验人对出具的食品检验报告负责。

3. 抽样检验

县级以上人民政府食品安全监督管理部门应当对食品进行定期或者不定期的抽样检验,并依据有关规定公布检验结果,不得免检。进行抽样检验,应当购买抽取的样品,委托符合《食品安全法》规定的食品检验机构进行检验,并支付相关费用;不得向食品生产经营者收取检验费和其他费用。

4. 复检

对依照《食品安全法》规定实施的检验结论有异议的,食品生产经营者可以自收到检验结论之日起7个工作日内向实施抽样检验的食品安全监督管理部门或者其上一级食品安全监督管理部门提出复检申请,由受理复检申请的食品安全监督管理部门在公布的复检机构名录中随机确定复检机构进行复检。复检机构出具的复检结论为最终检验结论。复检机构与初检机构不得为同一机构。复检机构名录由国务院认证认可监督管理、食品安全监督管理、卫生行政、农业行政等部门共同公布。采用国家规定的快速检测方法对食用农产品进行抽查检测,被抽查人对检测结果有异议的,可以自收到检测结果时起4小时内申请复检。复检不得采用快速检测方法。

（四）食品安全事故

1. 食品安全事故应急预案的制定

《食品安全法》规定，国务院组织制定国家食品安全事故应急预案。县级以上地方人民政府应当根据有关法律、法规的规定和上级人民政府的食品安全事故应急预案以及本行政区域的实际情况，制定本行政区域的食品安全事故应急预案，并报上一级人民政府备案。食品安全事故应急预案应当对食品安全事故分级、事故处置组织指挥体系与职责、预防预警机制、处置程序、应急保障措施等作出规定。食品生产经营企业应当制定食品安全事故处置方案，定期检查本企业各项食品安全防范措施的落实情况，及时消除事故隐患。

2. 食品安全事故的报告

《食品安全法》规定，发生食品安全事故的单位应当立即采取措施，防止事故扩大。事故单位和接收患者进行治疗的单位应当及时向事故发生地县级人民政府食品安全监督管理、卫生行政部门报告。县级以上人民政府农业行政等部门在日常监督管理中发现食品安全事故或者接到事故举报，应当立即向同级食品安全监督管理部门通报。

发生食品安全事故，接到报告的县级人民政府食品安全监督管理部门应当按照应急预案的规定向本级人民政府和上级人民政府食品安全监督管理部门报告。县级人民政府和上级人民政府食品安全监督管理部门应当按照应急预案的规定上报。

任何单位和个人不得对食品安全事故隐瞒、谎报、缓报，不得隐匿、伪造、毁灭有关证据。

医疗机构发现其接收的患者属于食源性疾病患者或者疑似患者的，应当按照规定及时将相关信息向所在地县级人民政府卫生行政部门报告。县级人民政府卫生行政部门认为与食品安全有关的，应当及时通报同级食品安全监督管理部门。

县级以上人民政府卫生行政部门在调查处理传染病或者其他突发公共卫生事件中发现与食品安全相关的信息，应当及时通报同级食品安全监督管理部门。

3. 食品安全事故处理

县级以上人民政府食品安全监督管理部门接到食品安全事故的报告后，应当立即会同同级卫生行政、农业行政等部门进行调查处理，并采取下列措施，防止或者减轻社会危害：①开展应急救援工作，组织救治因食品安全事故导致人身伤害的人员；②封存可能导致食品安全事故的食品及其原料，并立即进行检验；对确认属于被污染的食品及其原料，责令食品生产经营者依照《食品安全法》第63条的规定召回或者停止经营；③封存被污染的食品相关产品，并责令进行清洗消毒；④做好信息发布工作，依法对食品安全事故及其处理情况进行发布，并对可能产生的危害加以解释、说明。

发生食品安全事故需要启动应急预案的，县级以上人民政府应当立即成立事故处置指挥机构，启动应急预案，依照上述和应急预案的规定进行处置。发生食品安全事故，县级以上疾病预防控制机构应当对事故现场进行卫生处理，并对与事故有关的因素开展流行病学调查，有关部门应当予以协助。县级以上疾病预防控制机构应当向同级食品安全监督管理、卫生行政部门提交流行病学调查报告。

4. 食品安全事故调查

发生食品安全事故，设区的市级以上人民政府食品安全监督管理部门应当立即会同有关部门进行事故责任调查，督促有关部门履行职责，向本级人民政府和上一级人民政府食品安全监督管理部门提出事故责任调查处理报告。涉及两个以上省、自治区、直辖市的重大食品安全事故由国务院食品安全监督管理部门依照上述规定组织事故责任调查。

调查食品安全事故，应当坚持实事求是、尊重科学的原则，及时、准确查清事故性质和原因，认定事故责任，提出整改措施。调查食品安全事故，除了查明事故单位的责任，还应当查明有关监督管理部门、食品检验机构、认证机构及其工作人员的责任。

食品安全事故调查部门有权向有关单位和个人了解与事故有关的情况，并要求提供相关资料和样品。有关单位和个人应当予以配合，按照要求提供相关资料和样品，不得拒绝。任何单位和个人不得阻挠、干涉食品安全事故的调查处理。

四、法律责任

在食品生产、经营、监管相关环节中，相关人员若违反食品安全管理的法律、法规，应当承担行政责任、民事责任，构成犯罪的还应当承担刑事责任。

（一）行政责任

1.食品安全行政责任的主体

根据《食品安全法》的相关规定，食品安全行政责任的主体主要包括：食品生产经营者；食品添加剂生产经营者；为其提供生产经营场所或者其他条件者；食品生产加工小作坊、食品摊贩；集中交易市场的开办者、柜台出租者、展销会的举办者；食用农产品批发市场；网络食品交易第三方平台；学校、托幼机构、养老机构、建筑工地等集中用餐单位；承担食品安全风险监测、风险评估工作的技术机构、技术人员；食品检验机构、食品检验人员；广告经营者、发布者；推荐虚假广告的社会团体或者其他组织、个人；新闻媒体；地方政府部门的负责人；政府食品安全监督管理、卫生行政、农业行政等部门的负责人等。

2.食品安全行政责任的行为

《食品安全法》第122条至第146条是关于食品安全行政违法行为相关规定，主要包括：未取得食品生产经营许可从事食品生产经营活动，或者未取得食品添加剂生产许可从事食品添加剂生产活动的；违法从事食品或食品添加剂生产经营活动的；事故单位在发生食品安全事故后未进行处置、报告的；违反进出口食品安全管理的；集中交易市场的开办者、柜台出租者、展销会的举办者允许未依法取得许可的食品经营者进入市场销售食品，或者未履行检查、报告等义务的；网络食品交易第三方平台提供者未对入网食品经营者进行实名登记、审查许可证，或者未履行报告、停止提供网络交易平台服务等义务的；未按要求进行食品贮存、运输和装卸的；拒绝、阻挠、干涉有关部门、机构及其工作人员依法开展食品安全监督检查、事故调查处理、风险监测和风险评估的；承担食品安全风险监测、风险评估工作的技术机构、技术人员提供虚假监测、评估信息的；食品检验机构、食品检验人员出具虚假检验报告的；认证机构出具虚假认证结论；在广告中对食品作虚假宣传，欺骗消费者，或者发布未取得批准文件、广告内容与批准文件不一致的保健食品广告的；编造、散布虚假食品安全信息，构成违反治安管理行为的；县级以上人民政府及县级以上人民政府食品安全监督管理、卫生行政、农业行政等部门未履行食品安全监督管理职责的。

（二）民事责任

根据《民法典》的规定，民事主体依照法律规定或者按照当事人约定，履行民事义务，承担民事责任。民事责任属于法律责任的一种，是保障民事权利和民事义务实现的重要措施，是民事主体因违反民事义务所应承担的民事法律后果。公民或法人在违反自己的民事义务或侵犯他人的民事权利时所应当承担的法律后果。

《食品安全法》第148条规定，消费者因不符合食品安全标准的食品受到损害的，可以向经营者要求赔偿损失，也可以向生产者要求赔偿损失。接到消费者赔偿要求的生产经营者，应当实行首负责任制，先行赔付，不得推诿；属于生产者责任的，经营者赔偿后有权向生产者追偿；属于经营者责任的，生产者赔偿后有权向经营者追偿。

生产不符合食品安全标准的食品或者经营明知是不符合食品安全标准的食品，消费者除要求赔偿损失外，还可以向生产者或者经营者要求支付价款10倍或者损失3倍的赔偿金；增加赔偿的金额不足1 000元的，为1 000元。但是，食品的标签、说明书存在不影响食品安全且不会对消费者造成误导的瑕疵的除外。

当食品生产经营企业同时面临民事赔偿、行政罚款和刑事罚金的处罚时，可能会出现难以支付的问题。为此，《食品安全法》进一步明确规定，违反本法规定，造成人身、财产或者其他损害的，依法承担赔偿责任。生产经营者财产不足以同时承担民事赔偿责任和缴纳罚款、罚金时，先承担民事赔偿责任。

（三）刑事责任

《食品安全法》第149条规定，违反本法规定，构成犯罪的，依法追究刑事责任。《刑法》第143条规定，生产、销售不符合食品安全标准的食品，足以造成严重食物中毒事故或者其他严重食源性疾病的，处3年以下有期徒刑或者拘役，并处罚金；对人体健康造成严重危害或者有其他严重情节的，处3年以上7年以下有期徒刑，并处罚金；后果特别严重的，处7年以上有期徒刑或者无期徒刑，并处罚金或者没收财产。

《刑法》第144条规定，在生产、销售的食品中掺入有毒、有害的非食品原料的，或者销售明知掺有有毒、有害的非食品原料的食品的，处5年以下有期徒刑，并处罚金；对人体健康造成严重危害或者有其他严重情节的，处5年以上10年以下有期徒刑，并处罚金；致人死亡或者有其他特别严重情节的，处10年以上有期徒刑、无期徒刑或者死刑，并处罚金或者没收财产。

＜ 知识拓展

"史上最严"的《食品安全法》（节选）

2015年10月1日，新修订后的《中华人民共和国食品安全法》正式实施，被称为"史上最严"的《食品安全法》，其建立了覆盖食品生产、流通、餐饮服务、食用农产品销售环节的全过程监管制度。其中部分条例如下。

（1）超市、餐馆无证生产、销售食品至少罚款50 000元。

（2）使用回收食品作为原料生产经营的食品最低罚款100 000元。

（3）生产经营超过保质期食品至少罚款50 000元。

（4）生产经营标签不符合规定的食品至少罚款5 000元。

（5）网络销售食品未实名登记没收违法所得至少罚款50 000元。

（6）阻碍食品监管工作责令停产停业并处罚款至少2 000元。

（7）食品生产经营者1年受3次处罚至少责令停产停业。

（8）吊销食品生产经营许可证后的有关人员禁业5年。

（9）造成食品消费者损害的民事赔偿优先。

（10）销售明知不符合安全标准的食品支付10倍赔偿金。

单元二　母婴保健法律制度

　　王女士，第二胎孕12周，孕检时要求查胎儿性别，如果是男孩就不留。在医院都有规定是不允许告诉孕妇胎儿性别的，医生对此要求直接拒绝，可王女士听到医生的拒绝后直接大哭起来。经沟通了解，王女士的遗传基因有问题，第一胎男孩患有先天性眼球萎缩疾病，如果二胎还是男孩，那么就会继续遗传该疾病。同时，遗传该疾病的孩子还有可能会出现智力低下、发育障碍等并发症。之前医生说女性会携带这种致病基因，但本身不会发病，后代中只有男性会发病。医生了解到王女士的具体情况后，立马向上级请求，希望能够告知吴女士胎儿的性别，通过协商后医院同意了这一请求。在做B超的过程中，影像显示并不清楚。医生建议吴女士可以在怀孕22~26周时进行胎儿性别的鉴定，用B超三维重造去观察，准确率要比12周高很多。如果检查出胎儿有问题，就及时进行引产手术。在听到医生的解释后，吴女士也向医院进行了申请，希望自己在怀孕22~26周检查胎儿时能够告知性别。孕23周时，吴女士通过检查发现二胎是个女儿，听到这一消息后全家人都很开心，终于能迎来一个健康的宝宝了。

　　问题：
　　1. 医生拒绝为产妇鉴定胎儿性别的行为是否能够得到法律支持？
　　2. 根据《中华人民共和国母婴保健法》相关法律规定，什么情况可以允许医生对胎儿进行性别鉴定？

一、母婴保健法律制度概述

（一）母婴保健的概念

　　母婴保健是指医疗保健机构运用医学科学技术，为公民提供婚前保健、孕产期保健和婴儿保健服务的活动。

　　母婴保健工作以保健为中心，以保障生殖健康为目的，实行保健和临床相结合，面向群体、面向基层和预防为主的方针。国家发展母婴保健事业，提供必要条件和物质帮助，使母亲和婴儿获得医疗保健服务。

　　母婴保健法律制度是为母亲和婴儿提供医疗保健服务，以保障母亲和婴儿健康、提高出生人口素质活动中产生的各种社会关系的法律规范的总和。母婴保健法律制度的实施充分显示了党和政府对广大妇女、儿童身心健康的重视和关怀。母婴保健法律制度为国家发展母婴保健事业，为母亲和婴儿获得医疗保健服务提供了法律保障。

（二）母婴保健立法

　　在我国，保障妇女和儿童的健康权利，一直受到党和政府的重视。我国宪法中明确了保护母亲和儿童的规定。为了贯彻宪法的规定，《民法典》《中华人民共和国妇女权益保障法》（以下简称《妇女权益保障法》）、《中华人民共和国未成年人保护法》（以下简称《未成年人保护法》）对保护妇女和儿童的健康都作了规定。

　　为了保障母亲和婴儿健康、提高出生人口素质，1994年10月27日，第八届全国人民代表大会常务委员会第十次会议通过了《中华人民共和国母婴保健法》（以下简称《母婴保健法》），自 1995 年 6 月 1 日起施行。2009 年 8 月 27 日第十一届全国人民代表大会常务委员会第十次会议、2017 年 11 月 4 日第十二届全国人民代表大会常务委员会第三十次会议对《母婴保健法》进行了修正。这是我国第一部保护妇女儿童健康的法律，是宪法对人民的健康和对妇女、儿童保护原则规定的具体化。2001 年 6 月 20 日，国务院颁布了《中华人民共和国母婴保健法实施办法》（以下简称《母婴保健法实施办法》），并于 2017 年 11 月 17 日进行了第一次修订，2022 年 3 月 29 日进行第二次修订。国务院卫生行政部门先后颁布了《产前诊断技术管理办法》《新生儿疾病筛查管理办法》《禁止非医学需要的胎儿性别鉴定和选择性别人工终止妊娠的规定》等规章和《婚前保健工作规范（修订）》《孕前保健服务工作规范（试行）》《孕产期保健工作管理办法》《孕产期保健工作规范》《母婴保健医学技术鉴定管理办法》等规范性文件。

（三）母婴保健技术服务事项

母婴保健技术服务主要包括下列 7 个事项：①有关母婴保健的科普宣传、教育和咨询；②婚前医学检查；③产前诊断和遗传病诊断；④助产技术；⑤实施医学上需要的节育手术；⑥新生儿疾病筛查；⑦有关生育、节育、不育的其他生殖保健服务。

二、婚前保健

婚前保健是妇幼保健工作的重要内容之一。婚前保健的目的不仅能对准备结婚的男女双方实行婚前卫生指导，而且还能通过医学检查及时发现影响结婚和生育的疾病，从而及时采取相应措施，预防和减少严重缺陷新生儿的出生。

（一）婚前保健的内容

《母婴保健法》第 7 条规定，医疗保健机构应当为公民提供婚前保健服务。对准备结婚的男女双方提供与结婚和生育有关的生殖健康知识，并根据需要提出医学指导意见。婚前保健服务包括下列内容。

1. 婚前卫生指导

婚前卫生指导是指对准备结婚的男女双方进行的以生殖健康为核心、与结婚和生育有关的保健知识的宣传教育。其内容主要包括：①有关性卫生的保健和教育；②新婚避孕知识及计划生育指导；③受孕前的准备、环境和疾病对后代影响等孕前保健知识；④遗传病的基本知识；⑤影响婚育的有关疾病的基本知识；⑥其他生殖健康知识。

2. 婚前卫生咨询

婚前卫生咨询是指受过专业培训的医师与服务对象面对面地交谈，针对医学检查结果发现的异常情况以及服务对象提出的具体问题进行解答、交换意见、提供信息，帮助其做出合适的决定。医师进行婚前卫生咨询时，应当为服务对象提供科学的信息，对可能产生的后果进行指导，并提出适当的建议。

3. 婚前医学检查

婚前医学检查是指医疗保健机构对准备结婚的男女双方可能患有影响结婚和生育的疾病进行医学检查。婚前医学检查应当遵循婚前保健工作规范并按照婚前医学检查项目进行。

（二）婚前医学检查的内容

我国《民法典》第五编婚姻家庭第 1053 条规定，一方患有重大疾病的，应当在结婚登记前如实告知另一方；不如实告知的，另一方可以向人民法院请求撤销婚姻。《母婴保健法》

第9条明确规定，经婚前医学检查，对患指定传染病在传染期内或者有关精神病在发病期内的，医师应当提出医学意见；准备结婚的男女双方应当暂缓结婚。因而，婚前医学检查医疗保健机构应当对接受婚前医学检查的当事人出具婚前医学检查证明。

婚前医学检查的项目主要有询问病史、体格检查、常规辅助检查和其他特殊检查，其中常规辅助检查包括胸部透视、血常规、尿常规、梅毒筛查、血转氨酶和乙肝表面抗原检测、女性阴道分泌物滴虫和霉菌检查；其他特殊检查包括乙型肝炎血清学标志检测，淋病、艾滋病、支原体和衣原体检查，精液常规，B超，乳腺、染色体检查等。婚前医学检查的目的是检查当事人是否患有以下疾病：①严重遗传性疾病，指由于遗传因素先天形成、患者全部或部分丧失自主生活能力、后代再现风险高、医学上认为不宜生育的遗传性疾病；②指定传染病，指《传染病防治法》中规定的艾滋病、淋病、梅毒、麻风病以及医学上认为影响结婚和生育的其他传染病；③有关精神病，指精神分裂症、躁狂抑郁型精神病及其他重型精神病；④其他不宜婚育的有关疾病，如重要脏器疾病和生殖系统疾病等。

在实行婚前医学检查的地区，准备结婚的男女双方在办理结婚登记前，应当到医疗、保健机构进行婚前医学检查。

（三）婚前医学检查的意见

婚前医学检查由经所在地县级人民政府卫生行政部门审查符合条件的医疗、保健机构承担。经婚前医学检查，医疗保健机构不能确诊的，应当转到设区的市级以上人民政府卫生行政部门指定的医疗保健机构确诊。接受婚前医学检查的人员对检查结果持有异议的，可以申请医学技术鉴定，取得医学鉴定证明。

婚前医学检查机构应向接受婚前医学检查的当事人出具《婚前医学检查证明》，并注明医学检查意见。婚前医学检查意见一般包括以下几种。

1.建议不宜结婚

双方为直系血亲、三代内旁系血亲关系以及患有医学上认为不宜结婚的疾病，如发现一方或双方患有重度、极重度智力低下，不具有婚姻意识能力的；重型精神病，在病情发作期有攻击危害行为的，应注明"建议不宜结婚"。

2.建议暂缓结婚

发现指定传染病在传染期内、有关精神病在发病期内或其他医学上认为应暂缓结婚的疾病时，应注明"建议暂缓结婚"。

3.建议不宜生育

发现医学上认为不宜生育的严重遗传性疾病或其他重要脏器疾病，以及医学上认为不宜生育的疾病，医师应向男女双方说明情况，提出医学意见，经男女双方同意，采取长效避孕措施或施行结扎手术后不生育的，应注明"可以结婚，建议不宜生育"。

4　建议采取医学措施，尊重受检者意愿

对于婚检发现的可能会终身传染的不在发病期的传染病患者或病原体携带者，在出具婚前检查医学意见时，应向受检者说明情况，提出预防、治疗及采取其他医学措施的意见。若受检者坚持结婚，应充分尊重受检双方的意愿，应注明"建议采取医学措施，尊重受检者意愿"。

5.未发现医学上不宜结婚的情形，可以结婚

未发现上述情况，为婚检时法定允许结婚的情形，注明"未发现医学上不宜结婚的情形"。

在出具任何一种医学意见时，婚检医师应当向当事人说明情况，并进行指导。应当注意的是，无论是婚前医学检查和证明，还是医学鉴定和证明，都只是一种医学结论，而不是行政决定，并不具备强制执行力。在出具这些医学结论证明后，当事人是否可以结婚或是否暂缓结婚应当由当事人或婚姻登记机关决定。可见，婚前医学检查以科学为依据，对公民提出要求，有限制但不强制，它对促进婚姻美满、家庭幸福，预防和减少严重先天残疾儿的出生具有重要意义。

知识拓展

母婴健康

每个公民都应履行母婴健康的责任。首先，要学习和了解有关母婴健康的科普知识，主动接受医疗机构提供的一系列保健检查和咨询指导。其次，准备结婚的男女双方一定要去做婚前保健，以对双方和家庭负责的态度配合医生对家族疾病史的询问，不隐瞒自身病情和不良健康行为，获取科学的婚育指导。准备怀孕的夫妇应提前接受孕前检查，在夫妇双方最佳生理、心理状况下孕育宝宝；怀孕的妇女要定期做好产前检查，必要时接受产前诊断，预防严重遗传性疾病和病残儿出生；要自觉做到住院分娩，摒弃非法的家庭接生。还要坚持母乳喂养，合理喂养，按时接受各项儿童保健。已经生育过严重病残子女的夫妇，再次妊娠前，应携病残子女到经卫生部门许可的医疗机构进行咨询，接受必要的医学检查，避免再次生出患有严重先天性疾病的婴儿，减少家庭和社会不必要的痛苦和负担。

三、孕产期保健

孕产期保健是指各级各类医疗保健机构为准备妊娠至产后42天的妇女及胎婴儿提供全程系列的医疗保健服务，包括孕前、孕期、分娩期及产褥期各阶段的系统保健。孕产期保健是母婴保健的中心环节。

（一）孕产期保健的内容

《母婴保健法》规定，医疗保健机构应当开展母婴保健指导，孕妇、产妇保健，胎儿保健，新生儿保健服务。《母婴保健法实施办法》规定，医疗保健机构应当为育龄妇女提供有关避孕、节育、生育、不育和生殖健康的咨询和医疗保健服务。通过系列保健服务，为产妇提供科学育儿、合理营养和母乳喂养的指导，同时提供对婴儿进行体格检查和预防接种、逐步开展新生儿疾病筛查、婴儿多发病和常见病防治等医疗保健服务。

1. 母婴保健指导

母婴保健指导是指医疗保健机构为服务对象孕育健康后代提供医学指导与咨询，对孕育健康后代以及严重遗传性疾病和碘缺乏病等地方病的发病原因、治疗与预防措施提供医学意见。医疗保健机构为准备妊娠的夫妇提供孕前保健，包括健康教育与咨询、孕前医学检查、健康状况评估和健康指导等。

2. 孕产妇保健

医疗保健机构应当为孕妇、产妇提供卫生、营养、心理等方面的咨询和指导，以及产前定期检查、产时及产后保健等医学保健服务。孕产妇保健主要包括：①为孕产妇建立保健手册（卡），定期进行产前检查；②为孕产妇提供卫生、营养、心理等方面的医学指导与咨询；③对高危孕妇进行重点监护、随访和医疗保健服务；④为孕产妇提供安全分娩技术服务；

⑤定期进行产后访视，指导产妇科学喂养婴儿；⑥提供避孕咨询指导和技术服务；⑦对产妇及其家属进行生殖健康教育和科学育儿知识教育；⑧其他孕产期保健服务。

3. 胎儿保健

胎儿保健是指为胎儿生长发育提供监护，提供咨询和医学指导。胎儿保健需要在医师的指导下定期开展，包括：①孕妇早期妊娠阶段的保健，这是胚胎和胎儿各器官形成期，重点预防先天畸形。孕妇患病毒感染或吸烟、饮酒，滥用药物，接受放射线照射、身处噪声环境，甚至情绪不好等情况，均可能导致胎儿先天畸形。②妊娠中、晚期保健，这是胎儿快速生长发育阶段，此时期孕妇的营养很重要，应多进食优质蛋白质和富含铁的食品，多吃绿色蔬菜和水果，补充适量的钙和维生素 D，减少胎儿宫内营养不良，同时孕妇要防止感染和过劳，生活要规律化，心情要愉快，以保证顺利分娩。

4. 新生儿保健

新生儿保健是指为新生儿生长发育、哺乳和护理提供医疗保健服务。主要包括：①按照国家有关规定开展新生儿先天性、遗传性代谢病筛查、诊断、治疗和监测；②进行新生儿访视，建立儿童保健手册（卡），定期对其进行健康检查，提供有关预防疾病、合理膳食、促进智力发育等科学知识，做好婴儿多发病、常见病防治等医疗保健服务；③按照规定的程序和项目对婴儿进行预防接种，婴儿的监护人应当保证婴儿及时接受预防接种；④国家推行母乳喂养，医疗保健机构应当为实施母乳喂养提供技术指导，为住院分娩的产妇提供必要的母乳喂养条件；医疗保健机构不得向孕产妇和婴儿家庭宣传、推荐母乳代用品；⑤母乳代用品产品包装标签应当在显著位置标明母乳喂养的优越性；母乳代用品生产者、销售者不得向医疗保健机构赠送产品样品或者以推销为目的的有条件地提供设备、资金和资料；⑥妇女享有国家规定的产假，有不满 1 周岁婴儿的妇女，所在单位应当在劳动时间内为其安排一定的哺乳时间。

（二）医学指导和医学意见

为保证孕妇和胎儿的生命安全和身体健康，医疗保健机构应当出具医学指导意见并进行医学指导。

1. 医学指导

医疗保健机构发现孕妇患有下列严重疾病或者接触物理、化学、生物等有毒、有害因素，可能危及孕妇生命安全或者可能严重影响孕妇健康和胎儿正常发育的，应当对孕妇进行医学指导和必要的医学检查：①严重的妊娠合并症或并发症；②严重的精神性疾病；③国务院卫生行政部门规定的严重影响生育的其他疾病。

2. 医学意见

医师发现或怀疑患严重遗传性疾病的育龄夫妻，应当提出医学意见；限于现有医疗技术水平难以确诊的，应当向当事人说明情况。育龄夫妻可以自愿选择避孕、节育、不育等相应的医学措施。生育过严重缺陷患儿的妇女再次妊娠前，夫妻双方应当到县级以上妇幼保健院或省级卫生行政部门指定的医疗保健机构接受检查。医疗保健机构应当向当事人介绍有关遗传性疾病的知识，给予咨询和指导。对诊断患有医学上认为不宜生育的严重遗传性疾病的，医师应当向当事人说明情况，并提出医学意见。

（三）产前诊断和终止妊娠

《母婴保健法》规定，经产前检查，医师发现或者怀疑胎儿异常的，应当对孕妇进行产前诊断，即对胎儿进行先天性缺陷和遗传性疾病的诊断。经产前诊断，有《母婴保健法》规定情形的，医师应当向夫妻双方说明情况，并提出终止妊娠的医学意见。

1. 产前诊断

产前诊断是对胎儿进行先天性缺陷和遗传性疾病的诊断。目前常用的产前诊断技术有染色体检查、基因诊断、超声诊断以及实验室检查等。孕妇有下列情形之一的，医师应当对其做产前诊断：①羊水过多或者过少的；②胎儿发育异常或者胎儿有可疑畸形的；③孕早期接触过可能导致胎儿先天性缺陷的物质的；④有遗传病家族史或者曾经分娩过先天性严重缺陷儿的；⑤初产妇年龄超过 35 周岁的。

2. 终止妊娠

经产前检查和产前诊断有下列情形之一的，医师应当向夫妻双方说明情况，并提出终止妊娠的医学意见：①胎儿患有严重遗传性疾病的；②胎儿有严重缺陷的；③因患严重疾病，继续妊娠可能危及孕妇生命安全或者严重危害孕妇健康的。

依照《母婴保健法》规定，施行终止妊娠或者结扎手术，应当经本人同意，并签署意见。本人无行为能力的，应当经其监护人同意，并签署意见。施行终止妊娠或者结扎手术的，接受免费服务。

（四）胎儿性别鉴定的禁止性规定

我国政府对胎儿性别鉴定一直采取禁止的态度，《母婴保健法》第 32 条规定，严禁采用技术手段对胎儿进行性别鉴定，但医学上确有需要的除外。这里所说的医学需要主要是指与性别有关的遗传性疾病的产前诊断。为促进出生人口性别结构趋向平衡，依法严厉打击非医学需要的胎儿性别鉴定和选择性别人工终止妊娠行为，国家卫生行政部门单独或者联合其他部门出台相关规定、通知。

原国家计划生育委员会第八号部长令发布《关于禁止非医学需要的胎儿性别鉴定和选择性别的人工终止妊娠的规定》中强调，禁止非医学需要的胎儿性别鉴定，该规定自 2003 年 1月 1 日起施行。未经卫生行政部门或计划生育行政部门批准，任何机构和个人不得开展胎儿性别鉴定和人工终止妊娠手术。实施医学需要的胎儿性别鉴定，应当由实施机构三人以上的专家组集体审核。2006 年 7 月 21 日卫生部发布《关于严禁利用超声等技术手段进行非医学需要的胎儿性别鉴定和选择性别人工终止妊娠的通知》，指出"对开展遗传诊断和治疗的医疗机构及其医务人员实行准入管理，只有具备遗传性疾病诊断能力的二级甲等以上综合医院和妇幼保健院方可申请开展医学需要的胎儿性别鉴定。"

2016 年 3 月 28 日，国家卫生和计划生育委员会、原国家工商行政管理总局、原国家食品药品监督管理总局共同发布的《禁止非医学需要的胎儿性别鉴定和选择性别人工终止妊娠的规定》；2018 年 9 月 19 日，国家卫生健康委员会、中央网信办、工业和信息化部、国家市场监督管理总局和国家药品监督管理局联合发布《关于严禁非法使用超声诊断仪开展"胎儿摄影"活动的通知》规定，有些"胎儿摄影"涉嫌非医学需要的胎儿性别鉴定行为，各地要按照《人口与计划生育法》《母婴保健法》《禁止非医学需要的胎儿性别鉴定和选择性别人工终止妊娠的规定》等法律法规和规章，禁止任何单位和个人实施"两非"（非医学需要的胎儿性别鉴定和非医学需要的选择性别的人工终止妊娠），或者介绍、组织孕妇实施"两非"。一经发现，各地卫生健康和药监部门要按照各自职责，依法依规坚决予以查处。

（五）住院分娩

国家提倡住院分娩。医疗保健机构应当按照国务院卫生行政部门制定的技术操作规范，实施消毒接生和新生儿复苏工作，预防产伤及产后出血等产科并发症，降低孕产妇及围产儿发病率、死亡率。没有条件住院分娩的，应当由经过培训、具备相应接生能力的家庭接生人员接生。高危孕妇应当在医疗保健机构住院分娩。

2021年《全国第六次卫生服务统计调查报告》显示，我国孕产妇住院分娩率为98.6%。国家卫生健康委员会2022年5月30日新闻发布会中，国家卫生健康委妇幼司司长宋莉回答记者问题时公布数据：近年来，全国孕产妇住院分娩率持续稳定在99%以上，孕产妇系统管理率、儿童健康管理率保持在90%以上。妇女儿童健康水平城乡地区间差距进一步缩小。

＜ 知识拓展

出生缺陷"三级预防"

世界卫生组织（WHO）提出了出生缺陷"三级预防"策略部署。一级预防是指通过健康教育、选择最佳生育年龄、遗传咨询、婚前检查、孕早期保健（包括合理营养、谨慎用药、戒烟戒酒、避免接触放射线和有毒有害物质、避免接触高温环境等）减少出生缺陷的发生；二级预防是指通过孕期筛查和产前诊断识别胎儿的严重先天缺陷，早期发现，早期干预减少缺陷儿的出生；三级预防是指对新生儿疾病的早期筛查，早期诊断，及时治疗，避免或减轻致残率，提高患儿的生活品质。

（六）新生儿出生医学证明

《新生儿出生医学证明》，又称《出生医学证明》，是依据《母婴保健法》出具的、证明婴儿出生状态、血亲关系以及申报国籍、户籍取得公民身份的法定医学证明。医疗保健机构和从事家庭接生的人员按照国务院卫生行政部门的规定，出具统一制发的《新生儿出生医学证明》；有产妇和婴儿死亡以及新生儿出生缺陷情况的，应当向卫生行政部门报告。《新生儿出生医学证明》是新生儿申报户口的依据，由新生儿父母或监护人到新生儿常住地户口登记机关申报。

典型案例

某市某区卫生监督大队接到一产妇亲属举报，某区某某镇某某村有一户无任何证件非法开设产科从事接生活动。监督大队立即组织人员会同区卫生局法监科、医教科人员前往调查。经查，当事人杨某某无《母婴保健技术服务许可证》《母婴保健技术服务合格证》《家庭接生员合格证》在家开展非法接生活动，现场助产房条件差，设备简陋，仅有产包1个，简易木制产床1张，听诊器1个，婴儿秤1台和少量助产药品，不具备助产接生条件；印制使用假冒的《出生医学证明》。当场通知杨某某立即停止非法接生活动。其违法事实严重违反了《中华人民共和国母婴保健法》的规定，应予从重处罚，依据《中华人民共和国母婴保健法实施办法》第40条的规定，对杨某某下发了"责令停止从事母婴保健技术服务活动；没收母婴保健技术服务器械；罚款人民币2万元整"的卫生行政处罚事先告知书，并按规定告知其有要求举行听证的权利。

案例分析：根据《母婴保健法》：

第22条　不能住院分娩的孕妇应当由经过培训、具备相应接生能力的接生人员实行消毒接生。

第23条　医疗保健机构和从事家庭接生的人员按照国务院卫生行政部门的规定，出具统一制发的新生儿出生医学证明；有产妇和婴儿死亡以及新生儿出生缺陷情况的，应当向卫生行政

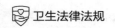

部门报告。

> 根据《母婴保健法实施办法》：
>
> 第 40 条　医疗、保健机构或者人员未取得母婴保健技术许可，擅自从事婚前医学检查、遗传病诊断、产前诊断、终止妊娠手术和医学技术鉴定或者出具有关医学证明的，由卫生行政部门给予警告，责令停止违法行为，没收违法所得；违法所得 5 000 元以上的，并处违法所得 3 倍以上 5 倍以下的罚款；没有违法所得或者违法所得不足 5 000 元的，并处 5 000 元以上 2 万元以下的罚款。

（七）医学技术鉴定

医学技术鉴定是指接受母婴保健服务的公民或提供母婴保健服务的医疗保健机构，对婚前医学检查、遗传病诊断和产前诊断结果或医学技术鉴定结论持有异议时所进行的技术鉴定。

1. 医学技术鉴定组织

省、市、县级人民政府应当分别设立母婴保健医学技术鉴定组织，统称母婴保健医学技术鉴定委员会，负责本行政区域内有异议的婚前医学检查、遗传病诊断、产前检查的结果和有异议的下一级医学技术鉴定结论的医学技术鉴定工作。母婴保健医学技术鉴定工作必须坚持实事求是、尊重科学、公正鉴定、保守秘密的原则。

2. 医学技术鉴定人员

医学技术鉴定委员会应由妇产科、儿科、妇女保健、儿童保健、生殖保健、医学遗传、神经病学、精神病学、传染病学等学科的医学专家组成，必须具有临床经验和医学遗传学知识，并且具备下列任职条件：①认真负责的精神和良好的医德风尚；②县级母婴保健医学技术鉴定委员会成员应当具有主治医师以上专业技术职务，设区的市级和省级母婴保健医学技术鉴定委员会成员应当具有副主任医师以上专业技术职务。医学技术鉴定组织的组成人员，由卫生行政部门提名，同级人民政府聘任。

3. 医学技术鉴定程序

当事人对许可的医疗保健机构出具的婚前医学检查、遗传病诊断、产前诊断结果持有异议的，可在接到诊断结果之日起 15 日内向所在地县或设区的市级母婴保健医学技术鉴定委员会申请医学技术鉴定，填写《母婴保健医学技术鉴定申请表》，并提交有关材料。母婴保健医学技术鉴定委员会应当在接到鉴定申请之日起 30 日内作出医学技术鉴定意见，并及时通知当事人。当事人对鉴定结论有异议的，可在接到《母婴保健医学技术鉴定证明》之日起 15 日内向上一级母婴保健医学技术鉴定委员会申请重新鉴定。省级母婴保健医学技术鉴定委员会的鉴定为最终鉴定结论。母婴保健医学技术鉴定委员会进行医学技术鉴定时必须有 5 名以上相关专业医学技术鉴定委员会成员参加。参加鉴定人员中与当事人有利害关系的，应当回避。鉴定委员会成员应当在鉴定结论上署名；不同意见应当如实记录。鉴定委员会根据鉴定结论向当事人出具鉴定意见书。

四、法律责任

（一）擅自从事母婴保健技术服务的法律责任

（1）未取得国家颁发的有关合格证书的，有下列行为之一，县级以上地方人民政府卫生行政部门应当予以制止，并可根据情节给予警告或者处以罚款：①从事婚前医学检查、遗传病诊断、产前诊断或者医学技术鉴定的；②施行终止妊娠手术的；③出具《母婴保健法》规定的有关医学证明的。同时，违法出具的医学证明视为无效。

（2）母婴保健机构或者人员未取得母婴保健技术许可，擅自从事婚前医学检查、遗传病诊断、产前诊断、终止妊娠手术和医学技术鉴定或者出具有关医学证明的，由卫生行政部门给予警告，责令停止违法行为，没收违法所得；违法所得 5 000 元以上的，并处违法所得 3 倍以上 5 倍以下的罚款；没有违法所得或者违法所得不足 5 000 元的，并处 5 000 元以上 20 000 元以下的罚款。

（3）未取得国家颁发的有关合格证书，施行终止妊娠手术或者采取其他方法终止妊娠，致人死亡、残疾、丧失或者基本丧失劳动能力的，依照刑法有关规定追究刑事责任。《刑法》第 336 条第 2 款规定，未取得医生执业资格擅自为他人进行节育复通手术、假节育手术、终止妊娠手术或者摘取宫内节育器，情节严重的，处 3 年以下有期徒刑、拘役或者管制，并处或者单处罚金；严重损害就诊人身体健康的，处 3 年以上 10 年以下有期徒刑，并处罚金；造成就诊人死亡的，处 10 年以上有期徒刑，并处罚金。

（二）出具虚假医学证明文件的法律责任

（1）从事母婴保健技术服务的人员违反《母婴保健法实施办法》规定出具虚假医学证明文件的，由医疗保健机构或者卫生行政部门根据情节给予行政处分；情节严重的，依法取消执业资格。

（2）从事母婴保健技术服务的人员出具虚假医学证明文件的，依法给予行政处分；有下列情形之一的，由原发证部门撤销相应的母婴保健技术执业资格或者医师执业证书：①因延误诊治，造成严重后果的；②给当事人身心健康造成严重后果的；③造成其他严重后果的。

（三）违反规定进行胎儿性别鉴定的法律责任

（1）从事母婴保健技术服务的人员违反规定进行胎儿性别鉴定的，由医疗保健机构或者卫生行政部门根据情节给予行政处分；情节严重的，依法取消执业资格。

（2）违反规定进行胎儿性别鉴定的，由卫生行政部门给予警告，责令停止违法行为；对医疗保健机构直接负责的主管人员和其他直接责任人员，依法给予行政处分。进行胎儿性别鉴定 2 次以上的或者以营利为目的进行胎儿性别鉴定的，并由原发证机关撤销相应的母婴保健技术执业资格或者医师执业证书。

单元三　精神卫生法律制度

> ### ᐸ 案例引入
>
> 　　某社区居民反映本社区的一名居民陈某疑似精神疾病发作，出现无法自控现象，严重影响了同楼栋居民的人身安全，社区干部立即将此事上报街道"一站式"矛盾调解中心，并联系包干民警一起对陈某疑似精神疾病的情况进行了核实。通过走访陈某周边群众及其亲属得知：陈某，男性，1965 年生，单身，父母均去世多年，独居住，无劳动能力、无经济收入、无监护人。至今，陈某从未到医院进行过诊断和治疗，病情发作时，对周边居民有不可控行为，存在严重的安全隐患。为稳定陈某病情，调解员多次与陈某的弟弟协商，一致决定将陈某送往医院进行规范治疗。为了保障陈某的日常生活，某民政所工作人员到陈某家做入户调查，争取对其提供帮扶救助。

目前，陈某已由家属送至医院接受专业诊断治疗，下一步，社区将为其申请低保救助，为其提供更多的关怀和温暖。

问题：
1. 精神障碍患者有哪些权益？
2. 在精神卫生工作中，社会各方的责任和义务都有什么？

一、精神卫生法律制度概述

精神卫生是影响经济社会发展的重大公共卫生问题和社会问题。精神卫生法律制度明确了我国精神卫生工作实行预防为主的方针，坚持预防、治疗和康复相结合的原则；规定了各级政府心理健康促进和精神障碍预防的责任、精神障碍患者的权益保护；完善了精神障碍的诊断和治疗制度、精神障碍康复制度和保障措施，为发展精神卫生事业，规范精神卫生服务，维护精神障碍患者的合法权益，促进社会和谐、稳定提供了法律保障。

（一）精神卫生和精神障碍概念

精神卫生是指开展精神障碍的预防、治疗和康复，促进公民心理健康的各项活动。精神卫生有广义和狭义之分。狭义的精神卫生是指精神障碍的预防、医疗和康复工作，即对精神障碍患者早期发现、及时治疗、有效康复，最终使其回归社会。广义的精神卫生除了上述内容外，还包括促进全体公民心理健康的内容，通过政府及有关部门、用人单位、学校、新闻媒体的宣传教育工作，促进公民了解精神卫生知识，提高社会公众的心理健康水平。

精神障碍是一种疾病，是指由各种原因引起的感知、情感和思维等精神活动的紊乱或者异常，导致患者明显的心理痛苦或者社会适应等功能损害。常见的精神障碍有：精神分裂症、情感性精神障碍、脑器质性精神障碍等。导致精神障碍的致病因素是多方面的，既有先天遗传、个性特征及体质因素、器质因素，也有社会性环境因素等。

（二）精神卫生立法

精神卫生问题既是公共卫生问题，也是重大的社会问题。随着我国经济社会的发展，人们生活节奏的加快，在工作、生活中面临的各种压力的增大，精神健康问题逐年增多，精神卫生逐渐成为亟待关注的一个重要问题。截至2021年底，全国在数据库里登记在册的重性精神障碍患者有6 600 000人。同时精神疾病属于慢性疾病，治疗时间长，康复任务重，又易于复发，在我国疾病总负担中排名前列。因此，制定精神卫生法，依法促进精神卫生事业的发展，对于做好精神障碍的预防、治疗和康复，加强精神障碍服务体系建设，增进人民群众的身心健康，保障我国经济社会全面、协调和可持续发展具有重要意义。

为了发展精神卫生事业，规范精神卫生服务，维护精神障碍患者的合法权益，2012年10月26日，第十一届全国人民代表大会常务委员会第二十九次会议通过了《中华人民共和国精神卫生法》（以下简称《精神卫生法》），自2013年5月1日起施行。2018年4月27日，第十三届全国人民代表大会常务委员会第二次会议对《精神卫生法》进行了修正。《精神卫生法》适用于在中华人民共和国境内开展维护和增进公民心理健康、预防和治疗精神障碍、促进精神障碍患者康复的活动。

（三）精神卫生工作的方针和原则

精神卫生工作实行预防为主的方针，坚持预防、治疗和康复相结合的原则。

预防是精神卫生工作中重要的一环，通过积极有效的预防，可以减少精神障碍的发生，促进全民心理健康。精神卫生预防分为三级预防：一级预防指病因预防，通过消除或减少致病因素来防止或减少精神障碍的发生；二级预防的重点是早期发现、早期诊断、早期治疗，并争取疾病缓解后有良好的预后，防止复发；三级预防的重点是做好精神障碍患者的康复训练，最大程度地促进患者社会功能的恢复，减少功能残疾，提高患者的生活质量。

除了预防为主的方针外，对精神障碍患者的及时治疗和有效康复也极为重要。运用一切可采取的措施，尽量纠正精神障碍患者的病态表现，使之最大程度地恢复适应社会生活的精神功能。因此，精神障碍患者的康复应当坚持功能训练、全面康复、回归社会的基本原则。

知识拓展

中医对精神疾病的认识

中医对精神疾病的认识很早就开始了。中医最早关于精神疾病的记载可以追溯到上古时代，那时已有对"心疾""首疾"的描述。

春秋战国时期，扁鹊提出人的疾患与鬼神无关，而是由"六气"引起的。《黄帝内经》中记载了很多有关情志类疾病的描述及部分治疗药方，被誉为最早的精神病学专著。东汉时期，《金匮要略》记载了多种精神类疾病的药方，至今在精神疾病的临床仍有广泛应用。隋唐时期，在中医学著作中，更多的症状被认知和记录。孙思邈的《千金方》就对癫狂症状有细致入微的描述，并记录了该病针灸治疗的方法。精神疾病的药物治疗也有显著的成就。明代时期，李时珍所著的《本草纲目》记载的各种精神疾病的治疗药物多达百余种。金元时期，朱震亨所著的《丹溪心法》[卷三]六郁五十二篇中记载："郁者，结聚而不得发越也。当升者不得升，当降者不得降，当变化者不得变化也。此为传化失常，六郁之病见矣"，并提出了气、血、火、食、湿、痰六郁之说，创立了六郁汤、越鞠丸等治疗郁证的专方。明代赵献可《医贯》血症论篇中记载："凡郁皆肝病也，木中有火，郁甚则火不得舒，血不得藏而妄行"，并提出了五郁相因为病学说。清代叶天士在《临症指南医案》[卷六]郁篇中指出："今所辑者，七情之郁居多，如思伤脾，怒伤肝之类是也。其原总由于心，因情志不遂，则郁而成病矣"，并提出了"郁证全在病者能移情易性"的治疗法则。

从历史的角度看，中医学对精神疾病的认识历史更为久远，对其病因、病机、预防、治疗等形成了独特的理论和实践经验。

（四）精神卫生工作管理机制

精神卫生工作实行政府组织领导、部门各负其责、家庭和单位尽力尽责、全社会共同参与的综合管理机制。

1　政府组织领导

县级以上人民政府领导精神卫生工作，将其纳入国民经济和社会发展规划，建设和完善精神障碍的预防、治疗和康复服务体系，建立健全精神卫生工作协调机制和工作责任制，对有关部门承担的精神卫生工作进行考核、监督。乡镇人民政府和街道办事处根据本地区的实际情况，组织开展预防精神障碍发生、促进精神障碍患者康复等工作。

2　国务院卫生行政部门主管

国务院卫生行政部门主管全国的精神卫生工作。县级以上地方人民政府卫生行政部门主管本行政区域的精神卫生工作。县级以上人民政府卫生、司法行政、民政、公安、教育、人力资源与社会保障等部门在各自职责范围内负责有关的精神卫生工作。

（1）卫生部门：负责制定精神卫生工作的规划、规范、技术标准。

（2）司法行政部门：与卫生部门共同制定和完善精神疾病司法鉴定规范性文件。

（3）民政部门：负责城市、农村贫困精神疾病患者医疗救助和生活救助有关工作。

（4）公安部门：会同有关部门制定严重危害公共安全或他人人身安全的精神疾病患者的监督管理政策，依法做好对严重危害公共安全或者他人人身安全的精神疾病患者的强制收治工作。

（5）教育部门：负责精神卫生人才培养有关工作；及时实施素质教育，将学生心理健康教育、预防学生心理和行为问题工作纳入学校日常工作计划。

（6）人力资源和社会保障部门：促进职工中精神疾病患者平等就业，防止针对精神疾病患者的就业歧视，维护其合法的劳动权益。

3. 全社会共同参与

中国残疾人联合会及其地方组织依照法律、法规或者接受政府委托，动员社会力量，开展精神卫生工作。村民委员会、居民委员会依照《精神卫生法》规定开展精神卫生工作，并对所在地人民政府开展的精神卫生工作予以协助。国家鼓励和支持工会、共产主义青年团、妇女联合会、红十字会、科学技术协会等团体依法开展精神卫生工作。

（五）精神障碍患者权益保护

精神障碍患者与其他公民的法律地位平等，依法享有法律赋予公民的各种权利，但是由于社会偏见的普遍存在，使得精神障碍患者及其家庭成员在入学、就业、就医等方面存在一定的阻碍，所以必须加强对他们的基本权利的保障。

1. 尊重、理解、关爱精神障碍患者

全社会应当尊重、理解、关爱精神障碍患者。任何组织或者个人不得歧视、侮辱、虐待精神障碍患者。不得非法限制精神障碍患者的人身自由。新闻报道和文学艺术作品不得含有歧视、侮辱精神障碍患者的内容。

2. 保障精神障碍患者受教育、就业的权利

精神障碍患者的教育、劳动、医疗以及从国家和社会获得物质帮助等方面的合法权益受法律保护。县级以上地方人民政府以及相关部门应采取有效措施，保障患有精神障碍的适龄儿童、少年接受义务教育，扶持有劳动能力的精神障碍患者从事力所能及的劳动，为已经康复的人员提供就业服务。国家对安排精神障碍患者就业的用人单位依法给予税收优惠政策，并在生产、经营、技术、资金、物资、场地等方面给予扶持。

3. 保护精神障碍患者的隐私

有关单位和个人应当对精神障碍患者的姓名、肖像、住址、工作单位、病历资料以及其他可能推断出其身份的信息予以保密；但是，依法履行职责需要公开的除外。

4. 禁止对精神障碍患者实施家庭暴力或遗弃

良好的家庭关系和氛围有利于精神障碍患者的康复，家庭成员之间应当相互关爱，创造良好、和睦的家庭环境。发现家庭成员可能患有精神障碍的，应当帮助其及时就诊，照顾其生活，做好看管监护。特别是精神障碍患者的监护人应当履行监护职责，维护精神障碍患者的合法权益。禁止对精神障碍患者实施家庭暴力，禁止遗弃精神障碍患者。

5. 生活保障

村民委员会、居民委员会应当为生活困难的精神障碍患者提供帮助，并向所在地乡镇人民政府或者街道办事处以及县级人民政府有关部门反映患者及其家庭的情况和要求，帮助其解决实际困难，为患者融入社会创造条件。

对符合城乡最低生活保障条件的严重精神障碍患者，民政部门应当会同有关部门及时将其纳入最低生活保障。

二、促进心理健康和预防精神障碍

（一）各级政府及其部门的责任

各级人民政府和县级以上人民政府有关部门应当采取措施，加强心理健康的促进和精神障碍的预防工作，提高公众心理健康水平。各级人民政府和县级以上人民政府有关部门制定的突发事件应急预案，应当包括心理援助的内容。发生突发事件时，履行统一领导职责或者组织处置突发事件的人民政府应当根据突发事件的具体情况，按照应急预案的规定，组织开展心理援助工作。

（二）相关单位和人员的精神障碍预防义务

1. 用人单位

用人单位作为职工活动的主要场所，工作环境是影响职工心理健康的重要因素。用人单位应当创造有益于职工身心健康的工作环境，关注职工的心理健康；对处于职业发展特定时期或者在特殊岗位工作的职工，应当有针对性地开展心理健康教育。

2. 学校

通过各种方式对不同年龄层次的学生进行心理健康教育指导，是对传统学校教育的重要补充，是帮助学生掌握调控自我、发展自我的方法，避免学生出现行为障碍或人格缺陷，也是促进学生德、智、体、美全面发展。《精神卫生法》规定，各级各类学校应当对学生进行精神卫生知识教育；配备或者聘请心理健康教育教师、辅导人员，并可以设立心理健康辅导室，对学生进行心理健康教育。学前教育机构应当对幼儿开展符合其特点的心理健康教育。发生自然灾害、意外伤害、公共安全事件等可能影响学生心理健康的事件，学校应当及时组织专业人员对学生进行心理援助。教师应当学习和了解相关的精神卫生知识，关注学生心理健康状况，正确引导、激励学生。地方各级人民政府教育行政部门和学校应当重视教师心理健康。学校和教师应当与学生父母或者其他监护人、近亲属沟通学生心理健康情况。

3. 医务人员

加强医疗环节的心理健康指导，是精神卫生预防工作的重要组成部分。除精神障碍诊断、治疗以外，医务人员还应承担起精神卫生预防的职责。《精神卫生法》规定，医务人员开展疾病诊疗服务，应当按照诊断标准和治疗规范的要求，对就诊者进行心理健康指导；发现就诊者可能患有精神障碍的，应当建议其到符合《精神卫生法》规定的医疗机构就诊。

4. 监狱、看守所等场所

监狱、看守所、拘留所、强制隔离戒毒所等场所，应当对服刑人员，被依法拘留、逮捕、强制隔离戒毒的人员等，开展精神卫生知识宣传，关注其心理健康状况，必要时提供心理咨询和心理辅导。

5. 村委会、居委会

村民委员会、居民委员会应当协助所在地人民政府及其有关部门开展社区心理健康指导、精神卫生知识宣传教育活动，创建有益于居民身心健康的社区环境。

6. 乡镇、社区卫生服务机构

乡镇卫生院或者社区卫生服务机构应当为村民委员会、居民委员会开展社区心理健康指导、精神卫生知识宣传教育活动提供技术指导。

7. 家庭

《精神卫生法》规定，家庭成员之间应当相互关爱，创造良好、和睦的家庭环境，提高精神障碍预防意识；发现家庭成员可能患有精神障碍的，应当帮助其及时就诊，照顾其生活，做好看护管理。

8. 心理咨询人员

心理健康咨询是运用心理学技术和方法帮助健康人解决生活中遇到的各种心理困扰，预防心理问题演变为心理障碍，促进心理健康。

心理咨询对精神障碍的预防具有重要作用。《精神卫生法》规定，心理咨询人员应当提高业务素质，遵守执业规范，为社会公众提供专业化的心理咨询服务。心理咨询人员不得从事心理治疗或者精神障碍的诊断、治疗。心理咨询人员发现接受咨询的人员可能患有精神障碍的，应当建议其到符合本法规定的医疗机构就诊。心理咨询人员应当尊重接受咨询人员的隐私，并为其保守秘密。

9. 新闻媒体、社会组织

国家鼓励和支持新闻媒体、社会组织开展精神卫生的公益性宣传，普及精神卫生知识，引导公众关注心理健康，预防精神障碍的发生。

三、精神障碍的诊断和治疗

（一）精神卫生医疗机构的条件

精神障碍的诊断、治疗，应当遵循维护患者合法权益、尊重患者人格尊严的原则，保障患者在现有条件下获得良好的精神卫生服务。

《精神卫生法》规定，开展精神障碍诊断、治疗活动，应当具备下列条件，并依照医疗机构的管理规定办理有关手续：①有与从事的精神障碍诊断、治疗相适应的精神科执业医师、护士；②有满足开展精神障碍诊断、治疗需要的设施和设备；③有完善的精神障碍诊断、治疗管理制度和质量监控制度。从事精神障碍诊断、治疗的专科医疗机构还应当配备从事心理治疗的人员。

根据《精神卫生法》，县级以上地方人民政府卫生行政部门应当定期就下列事项对本行政区域内从事精神障碍诊断、治疗的医疗机构进行检查：①相关人员、设施、设备是否符合《精神卫生法》要求；②诊疗行为是否符合《精神卫生法》及诊断标准、治疗规范的规定；③对精神障碍患者实施住院治疗的程序是否符合规定；④是否依法维护精神障碍患者的合法权益。县级以上地方人民政府卫生行政部门进行上述检查，应当听取精神障碍患者及其监护人的意见；发现存在违反《精神卫生法》行为的，应当立即制止或者责令改正，并依法作出处理。

（二）精神障碍的诊断

1.精神障碍诊断的依据

根据《精神卫生法》，精神障碍的诊断应当以精神健康状况为依据。除法律另有规定外，不得违背本人意志进行确定其是否患有精神障碍的医学检查。

2.精神障碍患者送诊的主体和条件

①通常情况下的送诊：《精神卫生法》规定，除个人自行到医疗机构进行精神障碍诊断外，疑似精神障碍患者的近亲属可以将其送往医疗机构进行精神障碍诊断。对查找不到近亲属的流浪乞讨疑似精神障碍患者，由当地民政等有关部门按照职责分工，帮助送往医疗机构进行精神障碍诊断。②紧急情况下的送诊：疑似精神障碍患者发生伤害自身、危害他人安全的行为，或者有伤害自身、危害他人安全的危险的，其近亲属、所在单位、当地公安机关应当立即采取措施予以制止，并将其送往医疗机构进行精神障碍诊断。③医疗机构的接诊义务：医疗机构接到送诊的疑似精神障碍患者，不得拒绝为其作出诊断。

3.精神障碍诊断的主体和程序

《精神卫生法》规定，精神障碍的诊断应当由精神科执业医师作出。医疗机构接到依照本法规定紧急情况下送诊的疑似精神障碍患者，应当将其留院，立即指派精神科执业医师进行诊断，并及时出具诊断结论。

（三）精神障碍的住院治疗

《精神卫生法》规定，精神障碍的住院治疗实行自愿原则。精神障碍的非自愿住院治疗，必须符合《精神卫生法》规定的条件，即诊断结论、病情评估表明，就诊者为严重精神障碍患者并有下列情形之一的，应当对其实施住院治疗：①已经发生伤害自身的行为，或者有伤害自身的危险的；②已经发生危害他人安全的行为，或者有危害他人安全的危险的。

精神障碍患者有已经发生伤害自身的行为，或者有伤害自身的危险情形的，经其监护人同意，医疗机构应当对患者实施住院治疗；监护人不同意的，医疗机构不得对患者实施住院治疗，监护人应当对在家居住的患者做好看护管理。

（四）精神障碍患者的再次诊断、鉴定和住院手续

1.再次诊断

精神障碍患者已经发生危害他人安全的行为，或者有危害他人安全的危险情形的，患者或者其监护人对需要住院治疗的诊断结论有异议，不同意对患者实施住院治疗的，可以要求再次诊断和鉴定。

依照上述规定要求再次诊断的，应当自收到诊断结论之日起3日内向原医疗机构或者其他具有合法资质的医疗机构提出。承担再次诊断的医疗机构应当在接到再次诊断要求后指派2名初次诊断医师以外的精神科执业医师进行再次诊断，并及时出具再次诊断结论。承担再次诊断的执业医师应当到收治患者的医疗机构面见、询问患者，该医疗机构应当予以配合。

2.精神障碍医学鉴定

精神障碍医学鉴定是指经司法行政部门审核、登记，取得精神障碍鉴定执业资质的司法鉴定机构，运用科学技术或者专门知识对精神障碍进行鉴别和判断并提供鉴定意见的活动。

《精神卫生法》规定，患者或者其监护人对再次诊断结论有异议的，可以自主委托依法取得执业资质的鉴定机构进行精神障碍医学鉴定；医疗机构应当公示经公告的鉴定机构名单和联系方式。接受委托的鉴定机构应当指定本机构具有该鉴定事项执业资格的2名以上鉴定

人共同进行鉴定，并及时出具鉴定报告。鉴定人应当到收治精神障碍患者的医疗机构面见、询问患者，该医疗机构应当予以配合。鉴定人本人或者其近亲属与鉴定事项有利害关系，可能影响其独立、客观、公正进行鉴定的，应当回避。鉴定机构、鉴定人应当遵守有关法律、法规、规章的规定，尊重科学，恪守职业道德，按照精神障碍鉴定的实施程序、技术方法和操作规范，依法独立进行鉴定，出具客观、公正的鉴定报告。鉴定人应当对鉴定过程进行实时记录并签名。记录的内容应当真实、客观、准确、完整，记录的文本或者声像载体应当妥善保存。

3. 再次诊断结论和鉴定报告

再次诊断结论或者鉴定报告表明，不能确定就诊者为严重精神障碍患者，或者患者不需要住院治疗的，医疗机构不得对其实施住院治疗。

再次诊断结论或者鉴定报告表明，精神障碍患者有已经发生危害他人安全的行为，或者有危害他人安全的危险的情形，其监护人应当同意对患者实施住院治疗。监护人阻碍实施住院治疗或者患者擅自脱离住院治疗的，可以由公安机关协助医疗机构采取措施对患者实施住院治疗。

在相关机构出具再次诊断结论、鉴定报告前，收治精神障碍患者的医疗机构应当按照诊疗规范的要求对患者实施住院治疗。

4. 精神障碍患者的住院手续

诊断结论表明需要住院治疗的精神障碍患者，本人没有能力办理住院手续的，由其监护人办理住院手续；患者属于查找不到监护人的流浪乞讨人员的，由送诊的有关部门办理住院手续。

精神障碍患者有已经发生危害他人安全的行为，或者有危害他人安全的危险的情形，其监护人不办理住院手续的，由患者所在单位、村民委员会或者居民委员会办理住院手续，并由医疗机构在患者病历中予以记录。

医疗机构认为上述精神障碍患者不宜出院的，应当告知不宜出院的理由；患者或者其监护人仍要求出院的，执业医师应当在病历资料中详细记录告知的过程，同时提出出院后的医学建议，患者或者其监护人应当签字确认。对于已经发生危害他人安全的行为，或者有危害他人安全的危险情形的精神障碍患者实施住院治疗，医疗机构认为患者可以出院的，应当立即告知患者及其监护人。

医疗机构应当根据精神障碍患者病情，及时组织精神科执业医师对依照《精神卫生法》规定（已经发生危害他人的安全的行为，或者有危害他人安全的危险的实施住院治疗）的患者进行检查评估。评估结果表明患者不需要继续住院治疗的，医疗机构应当立即通知患者及其监护人。

精神障碍患者出院，本人没有能力办理出院手续的，监护人应当为其办理出院手续。

（五）心理治疗

心理治疗是指借助心理学的、非药物的技术和方法改变患者的心理状态来达到治疗精神障碍患者的目的的一种治疗方法。临床上心理治疗最常见的对象是神经症等轻度精神障碍患者，同时也包括需配合药物治疗进行心理治疗的严重精神障碍患者。《精神卫生法》规定，心理治疗活动应当在医疗机构内开展。专门从事心理治疗的人员不得从事精神障碍的诊断，不得为精神障碍患者开具处方或者提供外科治疗。

（六）未住院治疗精神障碍患者的看护

根据《精神卫生法》，精神障碍患者的监护人，即按照《民法典》的有关规定可以担任监护人的人应当妥善看护未住院治疗的患者，按照医嘱督促其按时服药、接受随访或者治疗。村民委员会、居民委员会、患者所在单位等应当依患者或者其监护人的请求，对监护人看护患者提供必要的帮助。

（七）精神障碍患者违法行为的处理

《精神卫生法》规定，精神障碍患者违反治安管理处罚法或者触犯刑法的，依照有关法律的规定处理。

 典型案例

2016年，某市原市卫生计生监督执法局接到群众投诉举报，反映本市某三级以下精神卫生专科医疗机构存在强制接送非自愿就诊的患者到医院就诊的情况。经原市卫生计生监督执法局执法人员查明，该医院在接到投诉人家属口头申请的情况下，协助其家属强行接送投诉人到医院就诊，同时违背其本人意志进行确定其是否患有精神障碍的医学检查。该医院的行为严重违反了《精神卫生法》的相关规定。《精神卫生法》第27条规定，不能违背本人意志进行确定其是否患有精神障碍的医学检查；第28条规定，除个人自行到医疗机构进行精神障碍诊断外，疑似精神障碍患者的近亲属可以将其送往医疗机构进行精神障碍诊断。疑似精神障碍患者发生伤害自身、危害他人安全的行为，或者有伤害自身、危害他人安全的危险的，其近亲属、所在单位、当地公安机关应当立即采取措施予以制止，并将其送往医疗机构进行精神障碍诊断。执法人员依法下达了《卫生监督意见书》，责令该医院立即改正违法行为，并对该医院的负责人实行告诫谈话。

案例分析：根据《精神卫生法》：

第27条 精神障碍的诊断应当以精神健康状况为依据。

除法律另有规定外，不得违背本人意志进行确定其是否患有精神障碍的医学检查。

第28条 除个人自行到医疗机构进行精神障碍诊断外，疑似精神障碍患者的近亲属可以将其送往医疗机构进行精神障碍诊断。对查找不到近亲属的流浪乞讨疑似精神障碍患者，由当地民政等有关部门按照职责分工，帮助送往医疗机构进行精神障碍诊断。

疑似精神障碍患者发生伤害自身、危害他人安全的行为，或者有伤害自身、危害他人安全的危险的，其近亲属、所在单位、当地公安机关应当立即采取措施予以制止，并将其送往医疗机构进行精神障碍诊断。

医疗机构接到送诊的疑似精神障碍患者，不得拒绝为其作出诊断。

四、精神障碍的康复

（一）精神障碍康复的概念

精神障碍康复是指对患有身心疾病的患者，尽可能利用药物、社会、职业、经济和教育的方法使残疾的风险减少到最低限度。康复是精神障碍患者最终摆脱疾病，走向健康的重要环节。精神障碍的康复工作应当以社区康复为基础、以康复机构为骨干、以家庭为依托。

（二）相关机构和单位的义务

1. 社区康复机构的义务

社区康复是属于社区发展范畴内的一项战略性计划，其目的是促进残疾人康复，享受均等的机会，成为社会的一员。《精神卫生法》规定，社区康复机构应当为需要康复的精神障碍患者提供场所和条件，对患者进行生活自理能力和社会适应能力等方面的康复训练。

2. 医疗机构的义务

医疗机构应当为在家居住的严重精神障碍患者提供精神科基本药物维持治疗，并为社区康复机构提供有关精神障碍康复的技术指导和支持。社区卫生服务机构、乡镇卫生院、村卫生室应当建立严重精神障碍患者的健康档案，对在家居住的严重精神障碍患者进行定期随访，指导患者服药和开展康复训练，并对患者的监护人进行精神卫生知识和看护知识的培训。县级人民政府卫生行政部门应当为社区卫生服务机构、乡镇卫生院、村卫生室开展上述工作给予指导和培训。

3. 村民委员会、居民委员会的义务

村民委员会、居民委员会应当为生活困难的精神障碍患者家庭提供帮助，并向所在地乡镇人民政府或者街道办事处及县级人民政府有关部门反映患者及其家庭的情况和要求，帮助其解决实际困难，为患者融入社会创造条件。

4. 残疾人组织或者残疾人康复机构的义务

残疾人组织或者残疾人康复机构应当根据精神障碍患者康复的需要，组织患者参加康复活动。

5. 用人单位的义务

用人单位应当根据精神障碍患者的实际情况，安排患者从事力所能及的工作，保障患者享有同等待遇，安排患者参加必要的职业技能培训，提高患者的就业能力，为患者创造适宜的工作环境，对患者在工作中取得的成绩予以鼓励。

（三）精神障碍患者监护人的责任

精神障碍患者的监护人应当协助患者进行生活自理能力和社会适应能力等方面的康复训练。精神障碍患者的监护人在看护患者过程中需要技术指导的，社区卫生服务机构或者乡镇卫生院、村卫生室、社区康复机构应当提供。

五、保障措施

（一）制定精神卫生工作规划

县级以上人民政府卫生行政部门会同有关部门依据国民经济和社会发展规划的要求，制定精神卫生工作规划并组织实施。精神卫生监测和专题调查结果应当作为制定精神卫生工作规划的依据。

（二）建设和完善精神卫生服务体系

省、自治区、直辖市人民政府根据本行政区域的实际情况，统筹规划，整合资源，建设和完善精神卫生服务体系，加强精神障碍预防、治疗和康复服务能力建设。县级人民政府根据本行政区域的实际情况，统筹规划，建立精神障碍患者社区康复机构。县级以上地方人民政府应当采取措施，鼓励和支持社会力量举办从事精神障碍诊断、治疗的医疗机构和精神障碍患者康复机构。

国家加强基层精神卫生服务体系建设，扶持贫困地区、边远地区的精神卫生工作，保障

城市社区、农村基层精神卫生工作所需经费。

（三）精神卫生工作财政保障

各级人民政府应当根据精神卫生工作需要，加大财政投入力度，保障精神卫生工作所需经费，将精神卫生工作经费列入本级财政预算。

（四）培养精神卫生专门人才

国家鼓励和支持开展精神卫生专门人才的培养，维护精神卫生工作人员的合法权益，加强精神卫生专业队伍建设。医学院校应当加强精神医学的教学和研究，按照精神卫生工作的实际需要培养精神医学专门人才，为精神卫生工作提供人才保障。

（五）开展科学研究和国际交流

国家鼓励和支持开展精神卫生科学技术研究，发展现代医学、中医学、心理学，提高精神障碍预防、诊断、治疗、康复的科学技术水平。国家鼓励和支持开展精神卫生领域的国际交流与合作。

（六）提高精神障碍预防、诊断、治疗能力

综合性医疗机构应当按照国务院卫生行政部门的规定开设精神科门诊或者心理治疗门诊，提高精神障碍预防、诊断、治疗能力。医疗机构应当组织医务人员学习精神卫生知识和相关法律、法规、政策。从事精神障碍诊断、治疗、康复的机构应当定期组织医务人员、工作人员进行在岗培训，更新精神卫生知识。县级以上人民政府卫生行政部门应当组织医务人员进行精神卫生知识培训，提高其识别精神障碍的能力。

（七）提供基本公共卫生服务

县级以上人民政府卫生行政部门应当组织医疗机构为严重精神障碍患者免费提供基本公共卫生服务。

1. 基本医疗保险

精神障碍患者的医疗费用按照国家有关社会保险的规定由基本医疗保险基金支付。医疗保险经办机构应当按照国家有关规定将精神障碍患者纳入城镇职工基本医疗保险、城镇居民基本医疗保险或者新型农村合作医疗的保障范围。县级人民政府应当按照国家有关规定对家庭经济困难的严重精神障碍患者参加基本医疗保险给予资助。医疗保障、财政等部门应当加强协调，简化程序，实现属于基本医疗保险基金支付的医疗费用由医疗机构与医疗保险经办机构直接结算。

2. 医疗救助

精神障碍患者通过基本医疗保险支付医疗费用后仍有困难，或者不能通过基本医疗保险支付医疗费用的，民政部门应当优先给予医疗救助。

3. 严重精神障碍患者生活保障

对符合城乡最低生活保障条件的严重精神障碍患者，民政部门应当会同有关部门及时将其纳入最低生活保障。对属于农村五保供养对象的严重精神障碍患者，以及城市中无劳动能力、无生活来源且无法定赡养、抚养、扶养义务人，或者其法定赡养、抚养、扶养义务人无赡养、抚养、扶养能力的严重精神障碍患者，民政部门应当按照国家有关规定予以供养、救助。上述规定以外的严重精神障碍患者确有困难的，民政部门可以采取临时救助等措施，帮

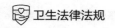

助其解决生活困难。

六、法律责任

（一）擅自从事精神障碍诊断、治疗的法律责任

不符合《精神卫生法》规定条件的医疗机构擅自从事精神障碍诊断、治疗的，由县级以上人民政府卫生行政部门责令停止相关诊疗活动，给予警告，并处 5000 元以上 1 万元以下罚款，有违法所得的，没收违法所得；对直接负责的主管人员和其他直接责任人员依法给予或者责令给予降低岗位等级或者撤职、开除的处分；对有关医务人员，吊销其执业证书。

（二）医疗机构及其工作人员的法律责任

（1）医疗机构及其工作人员有下列行为之一的，由县级以上人民政府卫生行政部门责令改正，给予警告；情节严重的，对直接负责的主管人员和其他直接责任人员依法给予或者责令给予降低岗位等级或者撤职、开除的处分，并可以责令有关医务人员暂停 1 个月以上 6 个月以下执业活动：①拒绝对送诊的疑似精神障碍患者作出诊断的；②对依照《精神卫生法》规定已经发生危害他人的安全的行为，或者有危害他人安全的危险的实施住院治疗的患者未及时进行检查评估或者未根据评估结果作出处理的。

（2）医疗机构及其工作人员有下列行为之一的，由县级以上人民政府卫生行政部门责令改正，对直接负责的主管人员和其他直接责任人员依法给予或者责令给予降低岗位等级或者撤职的处分；对有关医务人员，暂停 6 个月以上 1 年以下执业活动；情节严重的，给予或者责令给予开除的处分，并吊销有关医务人员的执业证书：①违反《精神卫生法》规定，实施约束、隔离等保护性医疗措施的；②违反《精神卫生法》规定，强迫精神障碍患者劳动的；③违反《精神卫生法》规定，对精神障碍患者实施外科手术或者实验性临床医疗的；④违反《精神卫生法》规定，侵害精神障碍患者的通讯和会见探访者等权利的；⑤违反精神障碍诊断标准，将非精神障碍患者诊断为精神障碍患者的。

（三）心理咨询、心理治疗人员的法律责任

心理咨询人员有下列情形之一的，由县级以上人民政府卫生行政部门、工商行政管理部门依据各自职责责令改正，给予警告，并处 5000 元以上 1 万元以下罚款，有违法所得的，没收违法所得；造成严重后果的，责令暂停 6 个月以上 1 年以下执业活动，直至吊销执业证书或者营业执照：①心理咨询人员从事心理治疗或者精神障碍的诊断、治疗的；②从事心理治疗的人员在医疗机构以外开展心理治疗活动的；③专门从事心理治疗的人员从事精神障碍的诊断的；④专门从事心理治疗的人员为精神障碍患者开具处方或者提供外科治疗的。心理咨询人员、专门从事心理治疗的人员在心理咨询、心理治疗活动中造成他人人身、财产或者其他损害的，依法承担民事责任。

（四）卫生行政部门和其他有关部门的法律责任

县级以上人民政府卫生行政部门和其他有关部门未依照《精神卫生法》规定履行精神卫生工作职责，或者滥用职权、玩忽职守、徇私舞弊的，由本级人民政府或者上一级人民政府有关部门责令改正，通报批评，对直接负责的主管人员和其他直接责任人员依法给予警告、记过或者记大过的处分；造成严重后果的，给予降级、撤职或者开除的处分。

情暖病房——重症精神科医护人员为患者过生日

"人间自有真情在，宜将寸心报春晖。"生日对于每个人来说都有特殊的意义，它代表生命与希望。尤其对于精神科患者来说，不能时常与家人团聚。四川省绵阳市某医院重症精神一科的医护人员看在眼里、记在心里。

8月16日是患者冯先生的生日，重症医科护士长薛某、医生陈某等医护人员带着蛋糕和鲜花，与其他病友一起，为冯先生送上真挚的生日祝福。

薛某表示，生日代表着生命与希望，给患者过生日可以树立患者对生活的信心。为患者举办生日会是重症精神科长期坚持的爱心服务，科室医务人员用真心服务患者，为他们营造一个温馨、安全又舒适的就医环境，帮助他们重树信心，拥抱生活，早日回归社会。

📖 课堂实训

母婴保健案例研讨

通过实训，使学生精准掌握母婴保健相关法律法规的核心要点，强化依法执业的意识，确保未来从事母婴保健相关工作时能切实维护母婴合法权益，提供专业、合规的服务。

【实训情景】

某妇幼保健机构在为孕妇进行孕期产检时，因医护人员疏忽，未按照规定流程对胎儿进行某项关键畸形筛查，导致孕妇分娩出患有严重先天性疾病的婴儿。家属得知产检遗漏关键项目后，向医院提出索赔，并质疑医院违反母婴保健法律规定。学生分组探讨医院在此过程中的过错责任，剖析从产检项目规范、医护人员资质到告知义务履行等环节所涉及的法律要求，以及家属维权的法律依据。

问题：1. 医院在此过程中存在哪些过错，需要承担哪些责任？
　　　2. 家属维权的法律依据有哪些？

【实训目的】

助力学生深刻认识母婴保健法律制度在保障妇女儿童健康权益、提升人口素质方面的基石作用，明确其贯穿孕前、孕期、分娩、产后及婴幼儿保健各阶段的关键意义。

【实训准备】

1. 分组准备：综合考量班级学生的专业知识水平、实践能力等，科学合理地将班级划分为5组。

2. 资料准备：系统收集整理母婴保健法律制度的教材、法规汇编、典型案例集、学术研究报告等资料，供学生随时翻阅查询，拓展知识视野。

3. 场地准备：本班教室或实验室。

4. 道具准备：为各小组配备记录册、笔、角色标识牌、案例分析展示板等，便于小组讨论、记录与成果展示。

【实训操作】

1. 案例研讨：各小组围绕案例，立足所学的母婴保健法律知识，从不同涉事主体角度出发，深度挖掘案例中的法律问题，研讨妥善的解决策略。每组讨论时长设定为40分钟，期间教师巡回指导，及时解答学生关于法律条文理解、案例分析逻辑等方面的困惑。

2. 小组汇报：每组推选一名代表，运用案例分析展示板向全班呈现本小组的研讨成果，涵盖对案例所涉母婴保健法律条款的深度解读、各角色行为的合法性判定、改进优化建议等内容，汇报时间严格控制在20分钟以内。其余小组可进行提问、发表不同见解，展开热烈的组间互动交流。

【实训评价】

考核按以下标准进行评分。

1. 要求人人参与，个个关心。

2. 积极参加讨论，踊跃发言。

3. 相关法律规定表述准确。

【注意事项】

1. 教师在实训全程要充分发挥引导、答疑、纠偏作用，助力学生吃透法律条文内涵，掌握科学分析方法，提升法律运用能力。

2. 强化课堂秩序管控，确保小组讨论热烈有序、汇报展示顺畅高效，营造良好的实训氛围。

【实训作业】

某社区卫生服务中心在开展婴幼儿预防接种工作时，由于疫苗冷链存储设备故障，部分疫苗长时间脱离规定低温环境，效力可能受影响，但工作人员未察觉仍为婴幼儿接种。事后家长发现问题，引发社区恐慌。

问题：1. 剖析社区卫生服务中心违反了哪些母婴保健相关法律责任。

2. 探讨如何建立严格的疫苗管理与接种监督制度来保障婴幼儿预防接种安全。

模块六

医疗纠纷法律制度

〈 **学习目标**

知识目标：1.了解医疗纠纷、医疗事故和医疗损害的概念。
2.熟悉医疗纠纷预防、医疗事故处理的规范与流程。
3.掌握医疗损害法律责任的分类与内容。
能力目标：具有分析违反《医疗纠纷预防和处理条例》及《医疗事故处理条例》所必须承担的法律责任的能力。
素质目标：充分理解法律规范对于化解医患矛盾、推动健康中国建设的作用和意义。

〈 **学习导航**

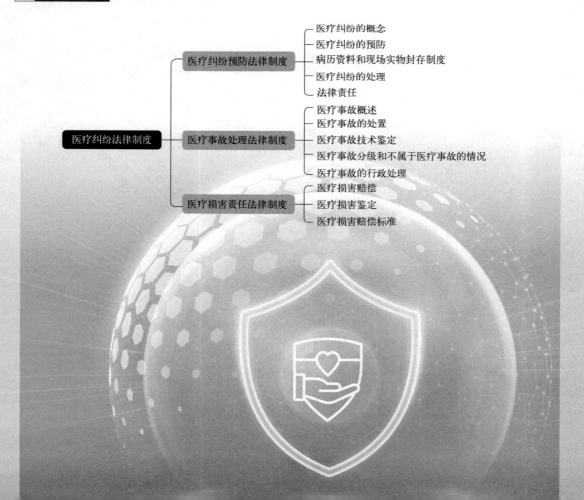

单元一 医疗纠纷预防法律制度

◁ 案例引入

　　5 岁男孩盼盼在医院住院。一天傍晚，盼盼听见楼外传来音乐声，遂从病床上爬起。为了找到音乐声来源，盼盼趴在窗台上向外张望，一不小心重心失控从二楼摔下，导致重伤。盼盼的父母要求医院赔偿。医院提出家长是其监护人，医院不应给予赔偿，但出于同情，同意免费为盼盼治疗。盼盼的父母认为，孩子住院，父母没有陪住，孩子的监护权自然转移给了医院，孩子受伤完全是因为医院疏于看护，责任应由医院承担。

　　问题：

　　1. 医院对孩子的受伤有责任吗？

　　2. 医院对患者的人身财产安全负有管理和注意的义务吗？

　　进入 21 世纪以来，我国政府一直把"健康中国"摆在优先发展的战略位置，在此背景下，医患关系问题成为推动"健康中国"战略实施必须面对和解决的重要问题。

　　由于医学科学本身的未知性及风险性特点，医患纠纷在人民群众对健康需求的不断增长以及医疗服务量持续增高的大背景下时有发生，部分医疗纠纷矛盾激化甚至引发激烈冲突，严重扰乱了正常医疗秩序，损害了医患双方合法权益，影响了社会和谐和稳定。为适应新形势的需要，《医疗纠纷预防和处理条例》（以下简称《条例》）于 2018 年 6 月 20 日国务院第 13 次常务会议通过，2018 年 7 月 31 日发布，自 2018 年 10 月 1 日起施行。

一、医疗纠纷的概念

　　医疗纠纷必须是因诊疗活动引发的，有关"诊疗活动"的定义是：通过各种检查，使用药物、器械及手术等方法，对疾病作出判断和消除疾病、缓解病情、减轻痛苦、改善功能、延长生命、帮助患者恢复健康的活动。

　　《条例》第 2 条规定，医疗纠纷是指医患双方因诊疗活动引发的争议。从该条例的调整范围来看，"医疗纠纷"的范围大于"医疗事故"，涵盖了所有医患双方因诊疗活动引发的争议，乏指医方与患方在医疗法律关系形成的基础上，就双方医疗法律行为的需求、采取的手段、期望的结果、双方权利义务的认知上产生的分歧，并以损害赔偿为诉求的一切行为。在所有医疗纠纷中，因医疗事故所产生的争议纠纷占比较大，所以通常情况下医疗纠纷与医疗事故存在密切联系。

二、医疗纠纷的预防

（一）社会预防制度

1. 体制性预防

　　国家建立医疗质量安全管理体系，深化医药卫生体制改革，规范诊疗活动，改善医疗服务，提高医疗质量，预防、减少医疗纠纷。

　　国家建立完善医疗风险分担机制，鼓励医疗机构参加医疗责任保险，鼓励患者参加医疗意外保险。

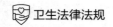

2. 自我预防

在诊疗活动中，医患双方应当互相尊重，维护自身权益应当遵守有关法律法规的规定。患者应当遵守医疗秩序和医疗机构有关就诊、治疗、检查的规定，如实提供与病情有关的信息，配合医务人员开展诊疗活动。

3. 监督预防

卫生主管部门负责指导、监督医疗机构做好医疗纠纷的预防和处理工作，引导医患双方依法解决医疗纠纷。

县级以上人民政府应当加强对医疗纠纷预防和处理工作的领导、协调，将其纳入社会治安综合治理体系，建立部门分工协作机制，督促相关部门依法履行职责。

4. 法律预防

公安机关依法维护医疗机构治安秩序，查处、打击侵害患者和医务人员合法权益以及扰乱医疗秩序等违法犯罪行为。

司法行政部门负责指导医疗纠纷人民调解工作。

5. 财政预防

财政、民政、保险监督管理等部门和机构，按照各自职责做好医疗纠纷预防和处理的有关工作。

6. 新闻媒体预防

新闻媒体应当加强医疗卫生法律、法规和医疗卫生常识的宣传，引导公众理性对待医疗风险；报道医疗纠纷，应当遵守有关法律法规的规定，恪守职业道德，做到真实、客观、公正。

 典型案例

李某在某医院出生，成长过程中发现右臂存在异常，不能正常活动，遂到其他医院就诊，相关就诊记录、诊断结论载明李某存在右上肢产瘫伤。李某在其他医院进行手术及康复治疗后起诉某医院，认为某医院在接生过程中存在医疗过错，导致其右上肢产瘫伤，要求某医院赔偿医疗费等相关损失2万余元。某医院主张其不存在医疗过错，但以医院工作人员搬运病历不当导致李某母亲病历丢失为由，未向法院提供李某母亲生产时的相关病历资料。

法院经审理认为，患者在诊疗活动中受到损害，医疗机构或者其医务人员有过错的，由医疗机构承担赔偿责任。病历资料是认定案件事实、明确责任的重要证据，如果医疗机构隐匿或者拒绝提供相关病历资料，应当推定医疗行为存在过错。本案中，李某在某医院出生，因出院后发现身体存在异常情况，先后在其他多家医院检查、治疗，就医记录反映李某右臂损伤是在分娩过程中形成。某医院无正当理由未提供当时的病历资料，应当推定其医疗行为存在过错，遂判决某医院对李某的损害后果承担相应赔偿责任。

案例分析：《民法典》第1 222条规定，患者在诊疗活动中受到损害，有下列情形之一的，推定医疗机构有过错：①违反法律、行政法规、规章以及其他有关诊疗规范的规定；②隐匿或者拒绝提供与纠纷有关的病历资料；③遗失、伪造、篡改或者违法销毁病历资料。

（二）医疗机构预防

医疗机构预防
基本原则

1. 基本原则

医疗机构及其医务人员在诊疗活动中应当以患者为中心，加强人文关怀，严格遵守医疗卫生法律、法规、规章和诊疗相关规范、常规，恪守职业道德。

2. 医疗机构的预防职责

（1）医疗机构应当对其医务人员进行医疗卫生法律、法规、规章和诊疗相关规范、常规的培训，并加强职业道德教育。

（2）医疗机构应当制定并实施医疗质量安全管理制度，设置医疗服务质量监控部门或者配备专（兼）职人员，加强对诊断、治疗、护理、药事、检查等工作的规范化管理，优化服务流程，提高服务水平。

（3）医疗机构应当加强医疗风险管理，完善医疗风险的识别、评估和防控措施，定期检查措施落实情况，及时消除隐患。

（4）医疗机构应当按照国务院卫生主管部门制定的医疗技术临床应用管理规定，开展与其技术能力相适应的医疗技术服务，保障临床应用安全，降低医疗风险；采用医疗新技术的，应当开展技术评估和伦理审查，确保安全有效、符合伦理。

（5）医疗机构应当依照有关法律、法规的规定，严格执行药品、医疗器械、消毒药剂、血液等的进货查验、保管等制度。禁止使用无合格证明文件、过期等不合格的药品、医疗器械、消毒药剂、血液等。

（5）开展手术、特殊检查、特殊治疗等具有较高医疗风险的诊疗活动，医疗机构应当提前预备应对方案，主动防范突发风险。

（7）医疗机构应当建立健全医患沟通机制，对患者在诊疗过程中提出的咨询、意见和建议，应当耐心解释、说明，并按照规定进行处理；对患者就诊疗行为提出的疑问，应当及时予以核实、自查，并指定有关人员与患者或者其近亲属沟通，如实说明情况。

（8）医疗机构应当建立健全投诉接待制度，设置统一的投诉管理部门或者配备专（兼）职人员，在医疗机构显著位置公布医疗纠纷解决途径、程序和联系方式等，方便患者投诉或者咨询。

3. 医务人员的预防职责

（1）医务人员在诊疗活动中应当向患者说明病情和医疗措施。

（2）需要实施手术，或者开展临床试验等存在一定危险性、可能产生不良后果的特殊检查、特殊治疗的，医务人员应当及时向患者说明医疗风险、替代医疗方案等情况，并取得其书面同意。

（3）患者处于昏迷等无法自主作出决定的状态或者病情不宜向患者说明等情形下，应当向患者的近亲属说明，并取得其书面同意。

（4）紧急情况下不能取得患者或者其近亲属意见的，经医疗机构负责人或者授权的负责人批准，可以立即实施相应的医疗措施。

（5）医疗机构及其医务人员应当按照国务院卫生主管部门的规定，填写并妥善保管病历

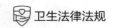

资料。

因紧急抢救未能及时填写病历的，医务人员应当在抢救结束后6小时内据实补记，并加以注明。任何单位和个人不得篡改、伪造、隐匿、毁灭或者抢夺病历资料。

> **知识拓展**

中医如何在坚守传统的同时防范风险

从医学院毕业的中医学生越来越像西医学生，而传统中医更多的是通过传承取得执业资格的医生。这是因为，中医学生在医学院教育过程中对于医疗事故防范内容有所学习，教师也会针对其在执业过程中遇到的各种纠纷或耳濡目染所形成的对自我保护的心得进行讲授。

对于现代中医和传统中医孰是孰非的争论意义并不大，如何保证诊疗安全才是值得所有医生去思考的。那么，从医疗过错认定的角度来看，中医如何在坚守传统的同时防范风险呢？

（1）中医执业要符合卫生行政部门的管理规定。中医医师需要资质齐全后在有中医业务的正规医疗机构注册，根据目前政策，可以在药店、其他诊所出诊，但要核实其执业许可，并办理多点执业才可以进行合法执业。

（2）没有金刚钻别揽瓷器活，有可为有可不为。相对于西医医师，中医医师更依赖主观判断，医师个人的悟性、学识、经验都非常重要。在临床工作中，中医医师需要对自身水平有一定认识，哪些疾病可以治，哪些患者不能接，一定要分清。将危重患者及时转入上级医院完善检查，能够大大减少从业风险。

（3）用药需谨慎，必须符合《中国药典》规定。中药也有毒性药，对于药物剂量的使用，适应证、禁忌证、配伍禁忌也都有相关的说明。作为中医医师需要谨慎的配伍药品、调整药量，切不可冒进。

（4）病历书写和保存要重视。虽然中医病历的书写也有相关规范，但是在临床工作中很多医生并没有严格执行。中医的病历书写千差万别，记录主诉、四诊内容、诊断、治疗原则和药物则应该是必需的。重要的是，要把一些建议写明，比如饮食禁忌、随诊要求，需要到西医院就诊检查的也要明确说明。

作为一名患者，希望中医诊治快捷有效；作为一名医生，则需要谨慎执业、小心处置、及时转诊、规范用药。

三、病历资料和现场实物封存制度

（一）病历资料的书写

病历资料是判定医疗纠纷责任的重要依据。医疗机构及其医务人员应当按照病历书写的相关规定，填写并妥善保管病历资料。因紧急抢救未能及时填写病历的，应当在抢救结束后6小时内据实补记，并加以注明。

（二）病历资料的复印

患者有权查阅、复制其门诊病历、住院志、体温单、医嘱单、化验单（检验报告）、医学影像检查资料、特殊检查同意书、手术同意书、手术及麻醉记录、病理资料、护理记录、医疗费用以及国务院卫生主管部门规定的其他属于病历的全部资料。复制病历资料时，应当有患者或者其近亲属在场。

四、医疗纠纷的处理

（一）医疗纠纷的解决途径

《条例》中明确了医疗纠纷的解决途径，形成了适合我国医疗事业发展的多元化医疗纠纷及解决机制，具体如下。

1. 自愿协商

协商解决医疗纠纷应当坚持自愿、合法、平等的原则，尊重当事人的权利，尊重客观事实。医患双方应当文明、理性表达意见和要求，不得有违法行为。双方代表不超过 5 人，应当在专门的场所进行协商，不得影响医疗秩序。协商确定赔付金额应当以事实为依据，防止畸高或者畸低。对分歧较大或者索赔数额较高的医疗纠纷，鼓励医患双方通过人民调解的途径解决。医患双方经协商达成一致的，应当签署书面和解协议书。

2. 人民调解

（1）纠纷受理：申请医疗纠纷人民调解的，由医患双方共同向医疗纠纷人民调解委员会提出申请；一方申请调解的，医疗纠纷人民调解委员会需征得另一方同意后进行调解，申请人以书面或者口头形式申请调解均可。发生重大医疗纠纷，医疗纠纷人民调解委员会获悉医疗机构内发生重大医疗纠纷，可以主动开展工作，引导医患双方申请调解。当事人已经向人民法院提起诉讼并且已被受理，或者已经申请卫生主管部门调解并且已被受理的，医疗纠纷人民调解委员会不予受理；已经受理的，终止调解。

（2）医疗纠纷人民调解委员的职责：应当自设立之日起 30 个工作日内向所在地县级以上地方人民政府司法行政部门备案。医疗纠纷人民调解委员会应当根据具体情况，聘任一定数量的具有医学、法学等专业知识且热心调解工作的人员担任专（兼）职医疗纠纷人民调解员，调解不得收取费用。医疗纠纷人民调解工作所需经费按照国务院财政、司法行政部门的有关规定执行。

（3）调解期限：期限为 30 天，特殊情况可以延长，鉴定时间不计入调解期限，超过调解期限未达成协议的，视为调解不成。

（4）达成协议：医患双方经人民调解达成一致的，医疗纠纷人民调解委员会应当制作调解协议书。调解协议书经医患双方签字或者盖章，人民调解员签字并加盖医疗纠纷人民调解委员会印章后生效。达成调解协议的，医疗纠纷人民调解委员会应当告知医患双方可以依法向人民法院申请司法确认。

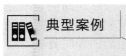 **典型案例**

患儿宋某因反复腹胀入住某医院，初步诊断为"新生儿腹胀"和"肺炎"，经住院治疗逐渐好转。因患儿初次就诊时医院影像学检查提示存在代谢性骨病的可能，故医院对其进行了进一步检查，诊断为"代谢性骨病"。治疗期间，宋某进行 X 线检查时提示右股骨中段骨折，医院骨科会诊后予以夹板固定等措施。宋某父母认为医方在治疗期间护理不当导致宋某右股骨骨折，情绪激动，向医方讨要说法。经医患双方申请，当地市医疗纠纷人民调解委员会介入调解。

案件受理后，调解员立即与患方取得联系，患方坚持认为医方护理不当导致宋某骨折。调解员建议申请专家咨询判定医方责任，患方表示同意。市医调委召开专家咨询会论证后认为，代谢性骨病并发骨折是可预见但不能完全避免的疾病并发症，患者自身因素是发生骨折的决定性原因；医方存在病情及风险告知不充分的过错，对骨折的发生存在一定原因力，建议原因力为次要原因。患方对该意见不予认同，认为医方不能证明宋某骨折系因其他原因所致，应由医方承担全部赔偿责任。调解员告知，医方提供了完整的护理记录证明其护理行为并无过错，仅在风险告知方面存在不当且为次要因素，患方如果要求医方对损害后果承担全部赔偿责任，应当进一步举证。患方考虑后表示理解。调解员又与医方进行沟通，指出医方未就代谢性骨病及可能发生骨折的风险与宋某父母充分告知和沟通，导致骨折风险扩大，应当对损害承担一定责任，医方表示认可。经调解员耐心劝说，医患双方互相谅解，医方一次性赔偿患方5800元，双方和解。

案例分析：医疗纠纷遵循"谁主张，谁举证"的基本原则，考虑到医疗活动专业性强、技术性高，对患方举证责任可以作出适当缓和，一方面，患方可以借助医疗损害鉴定、专家咨询等专业力量进行举证；另一方面，医方应当积极提供患方病历资料，以便鉴定机构、调解组织、司法机关掌握具体情况。本案中，患方因不了解医疗纠纷中的举证责任分配，对医方提出不合理诉求，调解员秉持公平公正的立场，向患方释法说理，劝导患方有理有据主张权利，最终平息了医患双方的矛盾。

3. 行政调解

（1）纠纷受理：向医疗纠纷发生地县级人民政府卫生主管部门提出申请。当事人已经向人民法院提起诉讼并且已被受理，或者已经申请医疗纠纷人民调解委员会调解并且已被受理的，卫生主管部门不予受理；已经受理的，终止调解。

（2）调解时限：卫生主管部门应当自收到申请之日起5个工作日内作出是否受理的决定，自受理之日起30个工作日内完成调解。行政部门可咨询医疗损害鉴定专家，有争议的需要进行鉴定，鉴定时间不计入调解期限。超过调解期限未达成调解协议的，视为调解不成。

（3）达成协议：医患双方经卫生主管部门调解达成一致的，应当签署调解协议书。未经医患双方同意，医疗纠纷人民调解委员会、卫生主管部门不得公开进行调解，也不得公开调解协议的内容。

4. 法院途径

发生医疗纠纷，当事人协商、调解不成的，可以依法向人民法院提起诉讼。当事人也可以直接向人民法院提起诉讼。

（二）医疗纠纷的告知程序

发生医疗纠纷，医疗机构应当告知患者或者其近亲属下列事项：解决医疗纠纷的合法途径；有关病历资料、现场实物封存和启封的规定；有关病历资料查阅、复制的规定。患者死亡的，还应当告知其近亲属有关尸检的规定。该条款规范了医疗纠纷发生后的即时处置，明确了医疗机构的告知义务。

（三）依法维权

医患双方应当依法维护医疗秩序。任何单位和个人不得实施危害患者和医务人员人身安全、扰乱医疗秩序的行为。

医疗纠纷中发生涉嫌违反治安管理行为或者犯罪行为的，医疗机构应当立即向所在地公安机关报案。公安机关应当及时采取措施，依法处置，维护医疗秩序。

（四）纠纷上报

发生重大医疗纠纷的，医疗机构应当按照规定向所在地县级以上地方人民政府卫生主管部门报告。卫生主管部门接到报告后，应当及时了解掌握情况，引导医患双方通过合法途径解决纠纷。

（五）二元鉴定

二元即二元化的医疗损害鉴定机构。"二元"具体指医学会和司法鉴定机构。二元鉴定的相关释义如下。

1. 受托人

医学会或者司法鉴定机构。

2. 鉴定人

应当由鉴定事项所涉专业的临床医学、法医学等专业人员进行鉴定。

3. 专家库构成

医疗损害鉴定专家库由设区的市级以上人民政府卫生、司法行政部门共同设立。专家库应当包含医学、法学、法医学等领域的专家。

4. 鉴定标准

执行规定的标准和程序，尊重科学，恪守职业道德，对出具的医疗损害鉴定意见负责，不得出具虚假鉴定意见。

5. 医疗损害鉴定意见

医疗损害鉴定意见应包括：①是否存在医疗损害以及损害程度；②是否存在医疗过错；③医疗过错与医疗损害是否存在因果关系；④医疗过错在医疗损害中的责任程度。

五、法律责任

《条例》规定了9种法律责任，全方位将医疗纠纷相关情况纳入法制轨道，极大地丰富了我国医疗纠纷相关法律法规体系的内容，使执法更为方便、有效。

（一）病历责任

医疗机构篡改、伪造、隐匿、毁灭病历资料的，对直接负责的主管人员和其他直接责任人员 由县级以上人民政府卫生主管部门给予或者责令给予降低岗位等级或者撤职的处分，对有关医务人员责令暂停6个月以上1年以下执业活动；造成严重后果的，对直接负责的主管人员和其他直接责任人员给予或者责令给予开除的处分，对有关医务人员由原发证部门吊销执业证书；构成犯罪的，依法追究刑事责任。

（二）技术责任

医疗机构将未通过技术评估和伦理审查的医疗新技术应用于临床的，由县级以上人民政府卫生主管部门没收违法所得，并处5万元以上10万元以下罚款，对直接负责的主管人员和其他直接责任人员给予或者责令给予降低岗位等级或者撤职的处分，对有关医务人员责令暂停6个月以上1年以下执业活动；情节严重的，对直接负责的主管人员和其他直接责任人员给予或者责令给予开除的处分，对有关医务人员由原发证部门吊销执业证书；构成犯罪的，依法追究刑事责任。

（三）医疗责任

医疗机构及其医务人员有下列情形之一的，由县级以上人民政府卫生主管部门责令改正，给予警告，并处 1 万元以上 5 万元以下罚款；情节严重的，对直接负责的主管人员和其他直接责任人员给予或者责令给予降低岗位等级或者撤职的处分，对有关医务人员可以责令暂停 1 个月以上 6 个月以下执业活动；构成犯罪的，依法追究刑事责任。

（1）未按规定制定和实施医疗质量安全管理制度。

（2）未按规定告知患者病情、医疗措施、医疗风险、替代医疗方案等。

（3）开展具有较高医疗风险的诊疗活动，未提前预备应对方案防范突发风险。

（4）未按规定填写、保管病历资料，或者未按规定补记抢救病历。

（5）拒绝为患者提供查阅、复制病历资料服务。

（6）未建立投诉接待制度、设置统一投诉管理部门或者配备专（兼）职人员。

（7）未按规定封存、保管、启封病历资料和现场实物。

（8）未按规定向卫生主管部门报告重大医疗纠纷。

（9）其他未履行本条例规定义务的情形。

（四）鉴定责任

医学会、司法鉴定机构出具虚假医疗损害鉴定意见的，由县级以上人民政府卫生、司法行政部门依据职责没收违法所得，并处 5 万元以上 10 万元以下罚款，对该医学会、司法鉴定机构和有关鉴定人员责令暂停 3 个月以上 1 年以下医疗损害鉴定业务，对直接负责的主管人员和其他直接责任人员给予或者责令给予降低岗位等级或者撤职的处分；情节严重的，该医学会、司法鉴定机构和有关鉴定人员 5 年内不得从事医疗损害鉴定业务或者撤销登记，对直接负责的主管人员和其他直接责任人员给予或者责令给予开除的处分；构成犯罪的，依法追究刑事责任。

（五）尸检责任

尸检机构出具虚假尸检报告的，由县级以上人民政府卫生、司法行政部门依据职责没收违法所得，并处 5 万元以上 10 万元以下罚款，对该尸检机构和有关尸检专业技术人员责令暂停 3 个月以上 1 年以下尸检业务，对直接负责的主管人员和其他直接责任人员给予或者责令给予降低岗位等级或者撤职的处分；情节严重的，撤销该尸检机构和有关尸检专业技术人员的尸检资格，对直接负责的主管人员和其他直接责任人员给予或者责令给予开除的处分；构成犯罪的，依法追究刑事责任。

（六）调解责任

医疗纠纷人民调解员有下列行为之一的，由医疗纠纷人民调解委员会给予批评教育、责令改正；情节严重的，依法予以解聘：①偏袒一方当事人；②侮辱当事人；③索取、收受财物或者牟取其他不正当利益；④泄露医患双方个人隐私等事项。

（七）媒体责任

新闻媒体编造、散布虚假医疗纠纷信息的，由有关主管部门依法给予处罚；给公民、法人或者其他组织的合法权益造成损害的，依法承担消除影响、恢复名誉、赔偿损失、赔礼道歉等民事责任。

（八）主体责任

县级以上人民政府卫生主管部门和其他有关部门及其工作人员在医疗纠纷预防和处理工作中，不履行职责或者滥用职权、玩忽职守、徇私舞弊的，由上级人民政府卫生等有关部门或者监察机关责令改正；依法对直接负责的主管人员和其他直接责任人员给予处分；构成犯罪的，依法追究刑事责任。

（九）侵权责任

医患双方在医疗纠纷处理中，造成人身、财产或者其他损害的，依法承担民事责任；构成违反治安管理行为的，由公安机关依法给予治安管理处罚；构成犯罪的，依法追究刑事责任。

单元二　医疗事故处理法律制度

◀ 案例引入

患者张某因胸闷、气短、浑身乏力，于 10 月 25 日到某中医诊所就诊，被诊断为"肝血虚、胸痹、心肾不交"，医生为其开具了七天汤药，处方内容包含"半夏 40g"。11 月 1 日，张某再次就诊，经诊断为"气虚气滞、胸闷气短、动则加重"，医生又为其开具了三天汤药，处方内容包含"半夏 12g"，并嘱其"如效不显及时去医院就医"。11 月 15 日，张某到当地某三甲医院检查，结果为肌酐严重超标（755μmol/L）、血红蛋白严重低下。后就诊于多家医院，张某最终被诊断为"慢性肾小球肾炎、慢性肾功能不全（尿毒症期）、肾性贫血、肾性高血压"。

之后的一年多时间，张某多次住院治疗，最终在确诊尿毒症一年半后依靠规律透析治疗。

张某认为医生违反诊疗常规，在明知处方中药物具有肾毒性的情况下，不仅未进行充分告知说明，而且在未进行肾功能检测的前提下，超剂量用药导致肾损伤，造成尿毒症的不良后果。于是患者张某将该中医诊所诉至法院，要求赔偿，索赔医疗费、误工费、营养费、残疾赔偿费、后续治疗费、精神损害费共计约 650 万元。

法院委托鉴定中心对本案进行过错鉴定，并且在张某病情趋于稳定后，进行了伤残鉴定。最终，法院判决医方承担 100% 责任，赔偿张某医疗费、误工费、交通费、住院伙食补助费、残疾赔偿金共计 100 余万元，赔偿后续治疗费、营养费共计 373 万元，赔偿精神损害抚慰金 4 万元，共计 477 万元。

医方对判决不服，提起上诉。二审法院审理后认为，张某在就医时，医方不但未仔细了解记录张某的既往病史、中医四诊情况，也没有进行必要的体格检查和辅助检查；而且医方在了解到张某可能存在问题的情况下，没有进行有针对性的检查，用药依据欠充分，违反了医方应尽的谨慎注意义务，存在过错，该过错与张某目前的损害后果具有一定因果关系。

最终，二审法院判决驳回上诉，维持原判。

问题：
1. 法院对证据的判断依据是怎样的？
2. 医方在诊疗时应尽的义务是怎样的？

一、医疗事故概述

（一）医疗事故的概念及构成

《医疗事故处理条例》是为了正确处理医疗事故，保护患者和医疗机构及其医务人员的合法权益，维护医疗秩序，保障医疗安全，促进医学科学的发展而制定的行政法规，于 2002 年 2 月 20 日国务院第 55 次常务会议通过，同年 9 月 1 日起公布施行。

该条例是我国第一部系统、完整阐述医疗事故相关法律责任的行政法规，其前身是 1987 年 6 月 29 日国务院发布的《医疗事故处理办法》，《医疗事故处理条例》在《医疗事故处理办法》的基础上，细化了医疗事故的分类与等级，明确了医疗事故的处理程序，构建了我国医疗事故的鉴定制度，对后期《医疗纠纷预防和处理条例》《中华人民共和国侵权责任法》（已于 2021 年 1 月 1 日全文废止，以下简称《侵权责任法》）及《民法典》中侵权责任内容的制定影响深远。

《医疗事故处理条例》第 2 条规定，医疗事故是指医疗机构及其医务人员在医疗活动中，违反医疗卫生管理法律、行政法规、部门规章和诊疗护理规范、常规，过失造成患者人身损害的事故。

（二）医疗事故、医疗纠纷之间的区别和联系

需要注意的是，医疗事故可能引发医疗纠纷，但医疗纠纷绝非医疗事故，两者存在本质区别。医疗纠纷发生的前提是通过医疗活动形成医患间的医疗法律关系，是双方对其各自或对方的权利义务在认知上出现偏差或不一致导致的，但其发生的原因并不一定局限在诊疗护理过程中，不良后果可以出现在接受医疗服务的过程中，也可以出现在服务结束之后，但医疗事故的构成必须是在医疗活动的过程之中。

由于医疗纠纷与医疗事故的特殊关系，《医疗纠纷预防和处理条例》与《医疗事故处理条例》之间必然存在着千丝万缕的联系，两部法规中的某些法律规定也存在适用上的重复，但按照"新法优于旧法"的原则，《医疗事故处理条例》中与《医疗纠纷预防和处理条例》相冲突的条款将会失去法律效力，《医疗纠纷预防和处理条例》尚未规定的条款，依照《医疗事故处理条例》的相关规定执行。

知识拓展

医疗纠纷预防与处理相关立法历程

1987 年 6 月 29 日，国务院颁布了《医疗事故处理办法》，将医疗事故分为责任事故和技术事故，就医疗事故的处理程序作出了明确的规定。

1997 年 3 月 14 日，第八届全国人民代表大会修订通过了《刑法》，并于同年 10 月 1 日起施行，新《刑法》增加了医疗事故罪，改变了原《刑法》对医疗人员严重不负责任行为的刑事处罚不明的状况。

2002 年是我国医疗纠纷处理法律制度发生重大变化的一年，2002 年 4 月 1 日最高人民法院审议通过的《关于民事诉讼证据的若干规定》开始生效。该司法解释第一次明确规定了医疗侵权案件举证责任倒置的证据规则，即由医疗机构就医疗行为与损害结果之间不存在因果关系及不存在医疗过错承担举证责任，这一证据规则的实施改变了患方在法庭上被动地位，有利于维护其合法权益。另外，《医疗事故处理条例》的颁布和实施也在这一年发生，对预防和处理医疗纠纷发挥了作用。

2009 年 12 月 26 日全国人民代表大会常务委员会审议通过《中华人民共和国侵权责任法》，自 2010 年 7 月 1 日起施行。该法第七章以专章形式对医疗损害责任进行了规定，明确了医疗损害责任的归责原则、患者知情同意权、医疗过错认定、医疗侵权责任形态、医疗损害责任豁免事由等方面的内容，从而统一了医疗纠纷民事责任的法律适用及赔偿问题。《侵权责任法》颁布实施以前特别是《人身损害赔偿司法解释》出台前，《医疗事故处理条例》以"特别法"的优势地位在医

疗事故处理方面予以优先适用，《医疗事故处理条例》设定的医疗事故技术鉴定也优先于司法鉴定。根据《立法法》规定："法律的效力高于行政法规、地方性法规、规章。"因此，《医疗事故处理条例》的规定与《侵权责任法》不一致的，应以《侵权责任法》为准，而与《侵权责任法》不相矛盾的地方，三要是有关医疗事故行政监督及预防处置的内容，仍然继续有效。2020年5月28日通过的《民法典》基本继承了《侵权责任法》关于医疗损害责任的相关规定，自2021年1月1日起对医疗损害责任的处理依照《民法典》相关规定。

为正确审理医疗损害责任纠纷案件，依法维护当事人的合法权益，推动构建和谐医患关系，促进卫生健康事业发展，2017年12月13日最高人民法院发布《关于审理医疗损害责任纠纷案件适用法律若干问题的解释》，2020年12月29日修正，对此类案件审理中的一些疑难问题进行了明确规定。

此外，为了预防和妥善处理医疗纠纷，保护医患双方的合法权益，维护医疗秩序，保障医疗安全，2018年7月31日，国务院颁布《医疗纠纷预防和处理条例》，自2018年10月1日起施行。《医疗纠纷预防和处理条例》突出了医疗纠纷预防，规范医疗损害鉴定，要求充分发挥人民调解作用，明确了医疗纠纷处理途径和程序，并明确规定，对诊疗活动中医疗事故的行政调查处理，依照《医疗事故处理条例》的相关规定执行。这就意味着《医疗事故处理条例》与《医疗纠纷预防和处理条例》并存，《医疗事故处理条例》中关于医疗事故认定及行政处理的内容仍然有效，而与《医疗纠纷预防和处理条例》重复的预防与处理的内容应该适用《医疗纠纷预防和处理条例》。

二、医疗事故的处置

（一）医疗事故报告制度

医务人员在医疗活动中发生或者发现医疗事故、可能引起医疗事故的医疗过失行为或者发生医疗事故争议的，应当立即向所在科室负责人报告，科室负责人应当及时向本医疗机构负责医疗服务质量监控的部门或者专（兼）职人员报告；负责医疗服务质量监控的部门或者专（兼）职人员接到报告后，应当立即进行调查、核实，将有关情况如实向本医疗机构的负责人报告，并向患者通报、解释。

发生医疗事故的，医疗机构应当按照规定向所在地卫生行政部门报告。

发生下列重大医疗过失行为的，医疗机构应当在12小时内向所在地卫生行政部门报告：①导致患者死亡或者可能为二级以上的医疗事故；②导致3人以上人身损害后果；③国务院卫生行政部门和省、自治区、直辖市人民政府卫生行政部门规定的其他情形。

发生或者发现医疗过失行为，医疗机构及其医务人员应当立即采取有效措施，避免或者减轻对患者身体健康的损害，防止损害扩大。

（二）尸检制度

患者死亡，医患双方当事人不能确定死因或者对死因有异议的，应当在患者死亡后48小时内进行尸检；具备尸体冻存条件的，可以延长至7日。尸检应当经死者近亲属同意并签字。尸检应当由按照国家有关规定取得相应资格的机构和病理解剖专业技术人员进行。承担尸检任务的机构和病理解剖专业技术人员有进行尸检的义务。

医疗事故争议双方当事人可以请法医病理学人员参加尸检，也可以委派代表观察尸检过程。拒绝或者拖延尸检，超过规定时间，影响对死因判定的，由拒绝或者拖延的一方承担责任。

患者在医疗机构内死亡的，尸体应当立即移放太平间。死者尸体存放时间一般不得超过2周。逾期不处理的尸体，经医疗机构所在地卫生行政部门批准，并报经同级公安部门备案

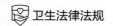

后，由医疗机构按照规定进行处理。

三、医疗事故技术鉴定

（一）医疗事故鉴定的受理

卫生行政部门接到医疗机构关于重大医疗过失行为的报告或者医疗事故争议当事人要求处理医疗事故争议的申请后，对需要进行医疗事故技术鉴定的，应当交由负责医疗事故技术鉴定工作的医学会组织鉴定；医患双方协商解决医疗事故争议，需要进行医疗事故技术鉴定的，由双方当事人共同委托负责医疗事故技术鉴定工作的医学会组织鉴定。

设区的市级地方医学会和省、自治区、直辖市直接管辖的县（市）地方医学会负责组织首次医疗事故技术鉴定工作。省、自治区、直辖市地方医学会负责组织再次鉴定工作。必要时，中华医学会可以组织疑难、复杂并在全国有重大影响的医疗事故争议的技术鉴定工作。

当事人对首次医疗事故技术鉴定结论不服的，可以自收到首次鉴定结论之日起15日内向医疗机构所在地卫生行政部门提出再次鉴定的申请。

（二）专家库的建立

根据《医疗事故处理条例》第23条规定，负责组织医疗事故技术鉴定工作的医学会应当建立专家库。专家库由具备下列条件的医疗卫生专业技术人员组成：①有良好的业务素质和执业品德；②受聘于医疗卫生机构或者医学教学、科研机构并担任相应专业高级技术职务3年以上。

符合上述第①项规定条件并具备高级技术任职资格的法医可以受聘进入专家库。负责组织医疗事故技术鉴定工作的医学会依照《医疗事故处理条例》规定聘请医疗卫生专业技术人员和法医进入专家库，可以不受行政区域的限制。

（三）鉴定机构

医疗事故技术鉴定，由负责组织医疗事故技术鉴定工作的医学会组织专家鉴定组进行。

（四）专家的选取及构成

参加医疗事故技术鉴定的相关专业的专家，由医患双方在医学会主持下从专家库中随机抽取。在特殊情况下，医学会根据医疗事故技术鉴定工作的需要，可以组织医患双方在其他医学会建立的专家库中随机抽取相关专业的专家参加鉴定或者函件咨询。

符合《医疗事故处理条例》第23条规定条件的医疗卫生专业技术人员和法医有义务受聘进入专家库，并承担医疗事故技术鉴定工作。

专家鉴定组进行医疗事故技术鉴定，实行合议制。专家鉴定组人数为单数，涉及的主要学科的专家一般不得少于鉴定组成员的二分之一；涉及死因、伤残等级鉴定的，并应当从专家库中随机抽取法医参加专家鉴定组。

（五）回避

专家鉴定组成员有下列情形之一的，应当回避，当事人也可以以口头或者书面的方式申请其回避：①是医疗事故争议当事人或者当事人的近亲属的；②与医疗事故争议有利害关系的；③与医疗事故争议当事人有其他关系，可能影响公正鉴定的。

（六）独立鉴定

专家鉴定组依照医疗卫生管理法律、行政法规、部门规章和诊疗护理规范、常规，运用医学科学原理和专业知识，独立进行医疗事故技术鉴定，对医疗事故进行鉴别和判定，为处理医疗事故争议提供医学依据。任何单位或者个人不得干扰医疗事故技术鉴定工作，不得威胁、利诱、辱骂、殴打专家鉴定组成员。专家鉴定组成员不得接受双方当事人的财物或者其他利益。

（七）材料提交时限

负责组织医疗事故技术鉴定工作的医学会应当自受理医疗事故技术鉴定之日起5日内通知医疗事故争议双方当事人提交进行医疗事故技术鉴定所需的材料。

（八）鉴定材料

当事人应当自收到医学会的通知之日起10日内提交有关医疗事故技术鉴定的材料、书面陈述及答辩。

医疗机构提交的有关医疗事故技术鉴定的材料应当包括下列内容：住院患者的病程记录、死亡病例讨论记录、疑难病例讨论记录、会诊意见、上级医师查房记录等病历资料原件；住院患者的住院志、体温单、医嘱单、化验单（检验报告）、医学影像检查资料、特殊检查同意书、手术同意书、手术及麻醉记录单、病理资料、护理记录等病历资料原件；抢救急危患者，在规定时间内补记的病历资料原件；封存保留的输液、注射用物品和血液、药物等实物，或者依法具有检验资格的检验机构对这些物品、实物作出的检验报告；与医疗事故技术鉴定有关的其他材料。

在医疗机构建有病历档案的门诊、急诊患者，其病历资料由医疗机构提供；没有在医疗机构建立病历档案的，由患者提供。

医患双方应当依照《医疗事故处理条例》的规定提交相关材料。医疗机构无正当理由未依照本条例的规定如实提供相关材料，导致医疗事故技术鉴定不能进行的，应当承担责任。

（九）鉴定时限

负责组织医疗事故技术鉴定工作的医学会应当自接到当事人提交的有关医疗事故技术鉴定的材料、书面陈述及答辩之日起45日内组织鉴定并出具医疗事故技术鉴定书。

（十）医学会的权利义务

负责组织医疗事故技术鉴定工作的医学会可以向双方当事人调查取证。专家鉴定组应当认真审查双方当事人提交的材料，听取双方当事人的陈述及答辩并进行核实。双方当事人应当按照《医疗事故处理条例》规定如实提交进行医疗事故技术鉴定所需要的材料，并积极配合调查。当事人任何一方不予配合，影响医疗事故技术鉴定的，由不予配合的一方承担责任。专家鉴定组应当在事实清楚、证据确凿的基础上，综合分析患者的病情和个体差异，作出鉴定结论，并制作医疗事故技术鉴定书。鉴定结论以专家鉴定组成员的过半数通过。鉴定过程应当如实记载。

（十一）技术鉴定的内容

医疗事故技术鉴定书应当包括下列主要内容。
（1）双方当事人的基本情况及要求。
（2）当事人提交的材料和负责组织医疗事故技术鉴定工作的医学会的调查材料。
（3）对鉴定过程的说明。
（4）医疗行为是否违反医疗卫生管理法律、行政法规、部门规章和诊疗护理规范、常规。
（5）医疗过失行为与人身损害后果之间是否存在因果关系。

（6）医疗过失行为在医疗事故损害后果中的责任程度。

（7）医疗事故等级。

（8）对医疗事故患者的医疗护理医学建议。

（十二）费用的收取

医疗事故技术鉴定，可以收取鉴定费用。经鉴定，属于医疗事故的，鉴定费用由医疗机构支付；不属于医疗事故的，鉴定费用由提出医疗事故处理申请的一方支付。鉴定费用标准由省、自治区、直辖市人民政府价格主管部门会同同级财政部门、卫生行政部门规定。

 典型案例

一家医院发生了一起医疗事故——孕妇药物流产意外死亡。虽然致死原因主要是心肌梗死，但妇产科医生 L 在药物配伍使用方面不规范以及观察处置不当是心肌梗死的诱因，不能豁免责任。

区卫生健康局根据医学会组织的专家咨询会意见，对 L 医生违反执业规范造成医疗事故的行为，予以暂停 11 个月执业的行政处罚。

案例分析：《基本医疗卫生与健康促进法》第 54 条规定，医疗卫生人员应当遵循医学科学规律，遵守有关临床诊疗技术规范和各项操作规范以及医学伦理规范，使用适宜技术和药物，合理诊疗，因病施治，不得对患者实施过度医疗。

《中华人民共和国医师法》第 55 条第 5 款规定，违反本法规定，医师在执业活动中有下列行为之一的，由县级以上人民政府卫生健康主管部门责令改正，给予警告；情节严重的，责令暂停 6 个月以上 1 年以下执业活动直至吊销医师执业证书：（五）违反法律、法规、规章或者执业规范，造成医疗事故或者其他严重后果。

四、医疗事故分级和不属于医疗事故的情况

（一）医疗事故分级

《医疗事故处理条例》根据对患者人身造成的损害程度，将医疗事故分为四级：一级医疗事故为造成患者死亡、重度残疾的；二级医疗事故为造成患者中度残疾、器官组织损伤导致严重功能障碍的；三级医疗事故为造成患者轻度残疾、器官组织损伤导致一般功能障碍的；四级医疗事故为造成患者明显人身损害的其他后果的。

等级的清晰划分有利于医疗事故的鉴定，也便于对赔偿责任进行判定。

（二）不属于医疗事故的情况

《医疗事故处理条例》第 33 条规定了不属于医疗事故的 6 种情况：①在紧急情况下为抢救垂危患者生命而采取紧急医学措施造成不良后果的；②在医疗活动中由于患者病情异常或者患者体质特殊而发生医疗意外的；③在现有医学科学技术条件下，发生无法预料或者不能防范的不良后果的；④无过错输血感染造成不良后果的；⑤因患方原因延误诊疗导致不良后果的；⑥因不可抗力造成不良后果的。

这一条款，明确了因特殊情况和原因可能造成的医疗意外情况，是对医疗机构及其医务人员的保护。

五、医疗事故的行政处理

（一）监管部门

卫生行政部门应当依照《医疗事故处理条例》和有关法律、行政法规、部门规章的规定，对发生医疗事故的医疗机构和医务人员作出行政处理。

卫生行政部门接到医疗机构关于重大医疗过失行为的报告后，除责令医疗机构及时采取必要的医疗救治措施，防止损害后果扩大外，应当组织调查，判定是否属于医疗事故；对不能判定是否属于医疗事故的，应当依照《医疗事故处理条例》的有关规定交由负责医疗事故技术鉴定工作的医学会组织鉴定。

（二）当事人申请行政处理的程序

1. 申请方式

发生医疗事故争议，当事人申请卫生行政部门处理的，应当提出书面申请。申请书应当载明申请人的基本情况、有关事实、具体请求及理由等。

2. 申请时效

当事人自知道或者应当知道其身体健康受到损害之日起1年内，可以向卫生行政部门提出医疗事故争议处理申请。

3. 申请机构

发生医疗事故争议，当事人申请卫生行政部门处理的，由医疗机构所在地的县级人民政府卫生行政部门受理。医疗机构所在地是直辖市的，由医疗机构所在地的区、县人民政府卫生行政部门受理。

有下列情形之一的，县级人民政府卫生行政部门应当自接到医疗机构的报告或者当事人提出医疗事故争议处理申请之日起7日内移送上一级人民政府卫生行政部门处理：患者死亡；可能为二级以上的医疗事故；国务院卫生行政部门和省、自治区、直辖市人民政府卫生行政部门规定的其他情形。

4. 处理时限

卫生行政部门应当自收到医疗事故争议处理申请之日起10日内进行审查，作出是否受理的决定。对符合《医疗事故处理条例》规定，予以受理，需要进行医疗事故技术鉴定的，应当自作出受理决定之日起5日内将有关材料交由负责医疗事故技术鉴定工作的医学会组织鉴定并书面通知申请人；对不符合《医疗事故处理条例》规定，不予受理的，应当书面通知申请人并说明理由。

当事人对首次医疗事故技术鉴定结论有异议，申请再次鉴定的，卫生行政部门应当自收到申请之日起7日内交由省、自治区、直辖市地方医学会组织再次鉴定。

5. 诉讼优先

当事人既向卫生行政部门提出医疗事故争议处理申请，又向人民法院提起诉讼的，卫生行政部门不予受理；卫生行政部门已经受理的，应当终止处理。

（三）医疗事故的其他解决途径

1. 协商解决

医疗事故争议由双方当事人自行协商解决的，医疗机构应当自协商解决之日起7日内向所在地卫生行政部门作出书面报告，并附具协议书。

2. 经调解或判决解决

医疗事故争议经人民法院调解或者判决解决的，医疗机构应当自收到生效的人民法院的调解书或者判决书之日起7日内向所在地卫生行政部门作出书面报告，并附具调解书或者判决书。

（四）医疗事故上报制度

县级以上地方人民政府卫生行政部门应当按照规定逐级将当地发生的医疗事故以及依法对发生医疗事故的医疗机构和医务人员作出行政处理的情况，上报国务院卫生行政部门。

单元三　医疗损害责任法律制度

案例引入

为了进一步提高医院医务人员的医疗质量安全意识与医疗纠纷防范意识，有效减少医疗损害和医疗纠纷的发生，全国各医院开展"医疗损害责任"专题培训，医院各科室主任、护士长和科室医护骨干参加培训。《中华人民共和国民法典》中"医疗损害责任"的相关条款，从法律的各个视角就如何加强医院及科室管理、如何依法行医、如何履行告知义务、如何规范医务人员的执业行为等多方面进行了精彩的解读，深刻阐述了医疗纠纷的防范与处理的重要性，并强调医务人员在日常工作中要加强法律法规学习，严格执行核心制度，保障医疗安全，提高医疗技术水平，认真做好医疗文书书写工作，落实患者知情告知，加强医患沟通，不断促进医患关系和谐发展。

问题：

1. 何为医疗损害责任？

2. 针对关于医疗损害责任的相关规定，医务人员在执业过程中应注意哪些问题？

一、医疗损害赔偿

（一）医疗损害赔偿的概念

医疗损害赔偿是指医疗机构及其医务人员在医疗活动过程中因自身过错导致患者人身损害产生，并根据损害的后果程度承担相应的赔偿责任。医疗损害责任和赔偿责任的构成要件包括四个方面：一是医疗机构和医务人员存在诊疗行为；二是患者实际发生的损害；三是医疗机构和医务人员的行为与患者损害后果之间存在因果关系；四是医疗机构及其医务人员存在过错。损害赔偿是医疗机构及医务人员承担民事责任的主要方式，具体的赔偿方式包括直接损害赔偿、间接损害赔偿和精神损害赔偿等。

（二）医疗损害赔偿的责任

《民法典》第1218条规定，患者在诊疗活动中受到损害，医疗机构或者其医务人员有过错的，由医疗机构承担赔偿责任。根据医疗损害发生的不同原因，可以将医疗损害赔偿责任分为医疗技术损害责任、医疗伦理损害责任、医疗产品损害责任以及医疗管理损害责任四种类型。

1. 医疗技术损害责任

医疗技术损害责任是指医疗机构及医务人员从事病情的检验、诊断、治疗方法的选择，治疗措施的执行，病情发展过程的追踪以及术后照护等医疗行为，不符合当时既存的医疗专业知识或技术水准的过失行为，医疗机构所应当承担的侵权赔偿责任。医疗技术损害责任适用过错责任原则。证明医疗机构及医务人员的医疗损害责任的构成要件，须由原告即受害患者一方承担举证责任，即使是医疗过失要件举证也由受害患者一方承担。如《民法典》第1 221条规定，医务人员在诊疗活动中未尽到与当时的医疗水平相应的诊疗义务，造成患者损害的，医疗机构应当承担赔偿责任。《基本医疗卫生与健康促进法》第54条规定，医疗卫生人员应当遵循医学科学规律，遵守有关临床诊疗技术规范和各项操作规范以及医学伦理规范，恒用适宜技术和药物，合理诊疗，因病施治，不得对患者实施过度医疗。

2.医疗伦理损害责任

医疗伦理损害责任是指医疗机构及医务人员从事各种医疗行为时，未对患者充分告知或者说明其病情，未提供患者及时有用的医疗建议，未保守与病情有关的各种秘密，或未取得患者同意即采取某种医疗措施或停止继续治疗等，而违反医疗职业良知或职业伦理上应遵守的规则的过失行为，医疗机构所应当承担的侵权赔偿责任。《民法典》第1 226条规定，医疗机构及其医务人员应当对患者的隐私和个人信息保密。泄露患者的隐私和个人信息，或者未经患者同意公开其病历资料的，应当承担侵权责任；第1 219条规定，医务人员在诊疗活动中应当向患者说明病情和医疗措施。需要实施手术、特殊检查、特殊治疗的，医务人员应当及时向患者具体说明医疗风险、替代医疗方案等情况，并取得其明确同意；不能或者不宜向患者说明的，应当向患者的近亲属说明，并取得其明确同意。医务人员未尽到上述义务，造成患者损害的，医疗机构应当承担赔偿责任。

3.医疗产品损害责任

医疗产品损害责任是指医疗机构在医疗过程中使用有缺陷的药品、消毒药剂、医疗器械、血液及其制品等医疗产品，因此造成患者人身损害，医疗机构或者医疗产品生产者、销售者应该承担的医疗损害赔偿责任。《民法典》第1 202条规定，因产品存在缺陷造成他人损害的，生产者应当承担侵权责任；第1 203条规定，因产品存在缺陷造成他人损害的，被侵权人可以向产品的生产者请求赔偿，也可以向产品的销售者请求赔偿。《民法典》第1 223条规定，因药品、消毒产品、医疗器械的缺陷，或者输入不合格的血液造成患者损害的，患者可以向药品上市许可持有人、生产者、血液提供机构请求赔偿，也可以向医疗机构请求赔偿。患者向医疗机构请求赔偿的，医疗机构赔偿后，有权向负有责任的药品上市许可持有人、生产者、血液提供机构追偿。

4.医疗管理损害责任

医疗管理损害责任是指医疗机构和医务人员违反医疗管理方面的法律法规和要求，没有正确履行职责，具有医疗管理过错，造成患者损害的医疗损害责任。医疗管理损害责任包括违反病历资料管理职责、违反诊疗规范等。《民法典》第1 225条规定，医疗机构及其医务人员应当按照规定填写并妥善保管住院志、医嘱单、检验报告、手术及麻醉记录、病理资料、护理记录等病历资料；患者要求查阅、复制前款规定的病历资料的，医疗机构应当及时提供。《民法典》第1 227条规定，医疗机构及其医务人员不得违反诊疗规范实施不必要的检查。《基本医疗卫生与健康促进法》第102条规定，在开展医学研究或提供医疗卫生服务过程中未按照规定履行告知义务或者违反医学伦理规范，由县级以上人民政府卫生健康主管部门依照有关执业医师、护士管理和医疗纠纷预防处理等法律、行政法规的规定给予行政处罚。

（三）医疗损害赔偿的归责原则

医疗损害赔偿的归责原则是指医疗机构及其医务人员的行为导致患者受到损害时，以什么样的标准和原则来确定和追究医疗机构及其医务人员的责任。医疗损害赔偿的归责原则是处理医疗纠纷的基本依据，对医疗损害的赔偿具有重要的指导作用。

1. 过错责任原则

过错责任是指行为人违反民事义务并致他人损害时，应以过错作为责任构成要件和确定责任范围的依据的责任。《民法典》第1 218条规定，患者在诊疗活动中受到损害，医疗机构或者其医务人员有过错的，由医疗机构承担赔偿责任。依据过错责任原则，若行为人没有过错，如加害行为因不可抗力而致，则虽有损害发生，行为人也不负责任。此外，在确定责任范围时应当确定受害人是否具有过错，受害人具有过错的事实可能导致加害人责任的减轻和免除。侵权责任以过错责任为原则，以无过错责任为例外。医务人员有无过错是判断医疗损害赔偿责任的重要依据。如医务人员在诊疗过程中未尽到诊疗义务或违反诊疗规范，就可以认定其存在过错，而由此造成的患者损害，就必须承担损害赔偿责任。但是由于医疗技术的有限性以及患者疾病本身的不确定性，有时候即使医务人员尽到了诊疗义务，也有可能在诊疗过程中对患者造成一些难以避免的损害，这时候由于医务人员无过错可以不承担赔偿责任。对于过错损害赔偿责任的界定和举证有时候存在一些异议，由于医疗信息的高度不对称，患者自身有时难以证明医院和医务人员存在过错；由于医疗和疾病的复杂性，医院有时候也很难证明自己没有任何过错。

2. 过错推定责任原则

医疗损害赔偿的归责原则一般情况下适用过错原则，但是在特殊情况下适用过错推定责任原则。《民法典》第1222条规定，患者在诊疗活动中受到损害，有下列情形之一的，推定医疗机构有过错：①违反法律、行政法规、规章以及其他有关诊疗规范的规定；②隐匿或者拒绝提供与纠纷有关的病历资料；③遗失、伪造、篡改或者违法销毁病历资料。

3. 无过错责任原则

对于医疗产品存在缺陷造成他人损害的，生产者和医疗机构应当承担无过错的产品责任。医疗产品损害责任是指医疗机构在医疗过程中使用了有缺陷的药品、消毒产品、医疗器械以及血液医疗产品（准产品），造成患者人身损害，药品上市许可持有人、医疗产品生产者、销售者或者医疗机构应当承担的医疗损害赔偿责任。

（四）医疗损害赔偿的免责条件

医疗行为具有高技术性与高风险性，医疗过程中存在许多不可控的因素，所以医疗结果也具有不确定性和不可预见性。同时，现代医学技术发展有局限性，有许多未知领域需要探索。医学作为发展中的科学，仍然必须在实践中不断探索并寻求解除疾病的办法。而且，由于患者的个体化差异，治疗同一种疾病，即使医生采取相同的诊疗措施，所达到的效果也可能不尽相同。

另外，医学科学的发展必须以医务人员积极探索、大胆创新为前提。因此，《民法典》第1 224条规定，患者在诊疗活动中受到损害，有下列情形之一的，医疗机构不承担赔偿责任：

（1）患者或者其近亲属不配合医疗机构进行符合诊疗规范的诊疗；

（2）医务人员在抢救生命垂危的患者等紧急情况下已经尽到合理诊疗义务；

（3）限于当时的医疗水平难以诊疗。

上述第（1）项情形中，医疗机构或者其医务人员也有过错的，应当承担相应的赔偿责任。

2022年3月1日正式施行的《医师法》提出，国家鼓励医师积极参与公共交通工具等公共场所急救服务；医师因自愿实施急救造成受助人损害的，不承担民事责任。

典型案例

　　一场家庭纠纷官司的当事人 W 因病缺席，为 W 开具病假证明的某医院 L 医生却当即被另一方举报了，并最终被处以 1.2 万元罚款的行政处罚。

　　事情经过也很简单：W 因抑郁症常年在该医院心理科就诊，开庭之前由其母亲找到 L 医生代诊；L 医生根据 W 之前的诊疗记录和其母亲对 W 病情的陈述，作出"抑郁症发作"的诊断，并开出"建议休息一个月"的病假证明及用药处方。

　　看上去这种凭既往病史、家属代诊来开药或者开病假证明的情况好像很常见，医患双方见怪不怪，甚至达成默契。但仔细分析该案例，医生的申辩理由是站不住脚的：W 是 1 个月前在该院被诊断为"抑郁症发作期"的，而抑郁症的特点是间歇性反复发作，在间歇期患者是可以恢复至正常精神状态的；要诊断某人是否处于发作期，还需做精神学及其他辅助检查。显然，L 医生仅凭 W 母亲的陈述及一个多月以前的诊疗记录，就为 W 开出用药处方和病假证明，是缺乏客观依据且违反《医师法》相关规定的。

　　最终，执法人员对 L 医生"未经亲自诊查开具病假证明"的行为，予以 1.2 万元罚款的行政处罚。

　　案例分析：《医师法》第 24 条第 1 款规定，医师实施医疗、预防、保健措施，签署有关医学证明文件，必须亲自诊查、调查，并按照规定及时填写病历等医学文书，不得隐匿、伪造、篡改或者擅自销毁病历等医学文书及有关资料。

二、医疗损害鉴定

　　在我国司法实践中，医疗损害技术鉴定实施"双轨制"。《侵权责任法》（已于 2021 年 1 月 1 日全文废止，侵权责任并入《民法典》）实施以前，法院委托医学会鉴定的称为"医疗事故技术鉴定"，委托司法机构鉴定的称为"医疗过错司法鉴定"，为了正确适用《侵权责任法》，最高人民法院于 2010 年 6 月 30 日发布《关于适用〈侵权责任法〉若干问题的通知》。该通知第 3 条规定，人民法院适用《侵权责任法》审理民事纠纷案件，根据当事人的申请或者依职权决定进行医疗损害鉴定的，按照《全国人民代表大会常务委员会关于司法鉴定管理问题的决定》《最高人民法院对外委托鉴定、评估、拍卖等工作管理规定》及国家有关部门的规定组织鉴定。现在从事医疗损害鉴定的机构主要是三类：①医学会；②司法鉴定机构；③依法具有检验资格的检验机构。医学会主要进行诊疗行为引起的医疗损害争议鉴定；司法鉴定机构根据司法行政部门授予的业务范围进行司法鉴定；检验机构进行缺陷产品或者不合格血液的质量鉴定。

　　目前，与医疗损害鉴定有关的规定主要是《全国人民代表大会常务委员会关于司法鉴定管理问题的决定》、国务院《医疗纠纷预防和处理条例》《医疗事故处理条例》和最高人民法院《关于审理医疗损害责任纠纷案件适用法律若干问题的解释》（2017 年 3 月 27 日通过，2020 年 12 月 23 日修改，以下简称《医疗损害责任解释》）。

（一）鉴定材料的提交和质证

　　《医疗损害责任解释》第 10 条规定，委托医疗损害鉴定的，当事人应当按照要求提交真实、完整、充分的鉴定材料。提交的鉴定材料不符合要求的，人民法院应当通知当事人更换或者补充相应材料。在委托鉴定前，人民法院应当组织当事人对鉴定材料进行质证。

（二）委托鉴定书与鉴定要求

（1）委托进行医疗损害责任签订，首先要有委托鉴定书。《医疗损害责任解释》第 11 条第 1 款对此作出了规定。委托鉴定书的必要内容是：有明确的鉴定事项，有明确的鉴定要求。委托鉴定书的作用是，为鉴定人提出鉴定的事项及鉴定要求。

（2）鉴定要求是当事人以及人民法院委托进行医疗损害责任鉴定想要达到的鉴定目的，包括鉴定人的资质、鉴定人的组成、鉴定程序、鉴定意见、鉴定期限等。这些鉴定要求都应当在委托鉴定书中一一写明。其中，鉴定人的资质和鉴定人的组成以及鉴定意见最为重要。对于鉴定人的资质，关系到鉴定人的专业与所鉴定事项的对应性，应当特别说明。鉴定人的组成，即由一个还是几个鉴定人进行鉴定，应当根据专业鉴定的具体要求确定，并提出具体要求。

（三）鉴定事项的规定

《医疗损害责任解释》第 11 条第 2 款规定，下列专门性问题可以作为申请医疗损害鉴定的事项，主要包括：①实施诊疗行为有无过错；②诊疗行为与损害后果之间是否存在因果关系以及原因力大小；③医疗机构是否尽到了说明义务、取得患者或者患者近亲属书面同意的义务；④医疗产品是否有缺陷、该缺陷与损害后果之间是否存在因果关系以及原因力的大小；⑤患者损伤残疾程度；⑥患者的护理期、休息期、营养期；⑦其他专门性问题。

（四）因果关系及原因力鉴定

《医疗损害责任解释》第 12 条专门对因果关系中的原因力的有无及原因力大小鉴定作出规定。鉴定意见可以按照导致患者损害的全部原因、主要原因、同等原因、次要原因、轻微原因或者与患者损害无因果关系，表述诊疗行为或者医疗产品等造成患者损害的原因力大小。

《医疗损害责任解释》增加了一个"轻微原因"的层次，将医疗机构承担责任的原因力，在同等原因和无原因之间，又增加了一个新的档次。这样的要求包括两个要素：一是作为原因的过失医疗行为的等级；二是对损害发生的原因力大小。两者的对应关系是：全部原因 =100%；主要原因 =75% 左右；同等原因 =50%；次要原因 =30% 左右；轻微原因 =10% 左右；无原因 =0。鉴定人对医疗损害责任原因力的鉴定意见，应当符合上述要求。

（五）对鉴定意见的质证

《医疗损害责任解释》第 13 条规定，鉴定意见应当经当事人质证。当事人申请鉴定人出庭作证，经人民法院审查同意，或者人民法院认为鉴定人有必要出庭的，应当通知鉴定人出庭作证。双方当事人同意鉴定人通过书面说明、视听传输技术或者视听资料等方式作证的，可以准许。鉴定人因健康原因、自然灾害等不可抗力或者其他正当理由不能按期出庭的，可以延期开庭；经人民法院许可，也可以通过书面说明、视听传输技术或者视听资料等方式作证。无上述规定理由，鉴定人拒绝出庭作证，当事人对鉴定意见又不认可的，对该鉴定意见不予采信。

（六）专家辅助证人

《医疗损害责任解释》第 14 条规定，当事人申请通知 1 ～ 2 名具有医学专门知识的人出庭，对鉴定意见或者案件的其他专门性事实问题提出意见，人民法院准许的，应当通知具有医学专门知识的人出庭。上述规定的具有医学专门知识的人提出的意见，视为当事人的陈述，经质证可以作为认定案件事实的根据。《民事诉讼法》第 82 条规定："当事人可以申请人民法院通知有专门知识的人出庭，就鉴定人作出的鉴定意见或者专业问题提出意见。"这种有专门知识的人，通常被称为专家辅助证人。其要点是：第一，在医疗损害责任纠纷案件中，当事人可以申请通知专家辅助证人出庭作证；第二，申请通知专家辅助证人的人数，是1～2人；第三，专家辅助证人是否出庭作证，应当经过法院准许，经过准许的，具有医学专门知识的专家辅助证人应当出庭作证；第四，具有医学专门知识的专家辅助证人出庭提出的意见，性质上视为当事人陈述；第五，专家辅助证人出庭所作的陈述，经过质证，可以作为认定案件事实的根据。

（七）对鉴定意见的采信

《医疗损害责任解释》第15条规定，当事人自行委托鉴定人作出的医疗损害鉴定意见，其他当事人认可的，可予采信。当事人共同委托鉴定人作出的医疗损害鉴定意见，一方当事人不认可的，应当提出明确的异议内容和理由。经审查，有证据足以证明异议成立的，对鉴定意见不予采信；异议不成立的，应予采信。这是对医疗损害鉴定意见的采信程序，包括当事人单独委托和共同委托的医疗损害鉴定意见。

三、医疗损害赔偿标准

医疗损害赔偿原则与医疗事故赔偿原则一致。

（一）医疗损害赔偿的原则

《医疗事故处理条例》确定医疗事故赔偿具体数额的三个基本原则如下。

1. 医疗事故赔偿与医疗事故等级相适应原则

医疗事故等级体现了医疗过失行为对患者人身损害的程度。根据医疗事故等级来确定不同的赔偿金额，体现了民事责任实际赔偿的原则。

2. 医疗事故赔偿与责任程度相适应原则

赔偿时要确定造成医疗事故的医疗过失行为对患者损害结果必须承担的责任程度，根据责任程度来决定赔偿责任，依法维护医患双方的合法权益。

3. 医疗事故赔偿与患者原有疾病相适应原则

在医疗事故赔偿时，应客观评价患者原有疾病状况对医疗事故产生的影响。这体现法律平等保护医患双方合法权益的原则，从而彰显法律的公平性。

（二）医疗损害赔偿法律关系中的主体

1. 医疗损害赔偿的主体

医疗损害赔偿的主体包括医疗机构，药品、消毒产品、医疗器械的上市持有人等。

2. 医疗损害责任归责原则和责任承担主体

《民法典》第1218条规定，患者在诊疗活动中受到损害，医疗机构或者其医务人员有过错的，由医疗机构承担赔偿责任。

3. 药品、消毒产品、医疗器械的缺陷，或者输入不合格血液的侵权责任

《民法典》第1223条规定，因药品、消毒产品、医疗器械的缺陷，或者输入不合格的血液造成患者损害的，患者可以向药品上市许可持有人、生产者、血液机构请求赔偿，也可以向医疗机构请求赔偿。患者向医疗机构请求赔偿的，医疗机构赔偿后，有权向负有责任的药品上市许可持有人、生产者、血液机构追偿。

当"传统中医"遇到"医疗损害"

在中医相关纠纷案件的审理过程中，依旧需要通过专家鉴定的方式对诊疗行为进行判断，通常主导鉴定的依旧是法医专家，而鉴定的主要标准就是主要包含客观证据的病历材料。

对于中医的诊疗行为并没有独立成体系的评价标准，也没有中医对应各个专科的专家组。因此，对于中医的管理、损害事实判断、过失推断、因果关系推断、责任比例划分还是按照西医的鉴定标准执行。

对于中医，作为客观证据的病历，中医院住院病历基本上都按照西医的病历进行书写，但是中医门诊病历就简单多了，很多中药房的坐堂中医甚至没有病历，只有一个药方。

当患者出现问题拿着西医院就诊的结果（损害结果）来质疑中医的时候，往往中医无法自证清白（证据不足）。并且，面对每个患者，每个医生的诊查结果、脉象判断、病机分析往往不尽相同，而对于中医诊断标准、治疗规范好像也难以有一个统一的标准。所以，一旦中医陷入医疗纠纷，很难全身而退。因此，很多人抱怨说现在中医越来越不像中医了，医生不仅戴上了听诊器，还经常开各种实验室检查和影像学检查，如 CT、MRI 等。中医学院的学生不但要学中医理论，而且生理、病理、内科、外科等西医课程也需要学习。

（三）医疗损害赔偿的项目和赔偿标准

最高人民法院《关于审理人身损害赔偿案件适用法律若干问题的解释》第 1 条规定，因生命、身体、健康遭受侵害，赔偿权利人起诉请求赔偿义务人赔偿物质损害和精神损害的，人民法院应予受理。《民法典》第 1179 条也规定，侵害他人造成人身损害的，应当赔偿医疗费、护理费、交通费、营养费、住院伙食补助费等为治疗和康复支出的合理费用，以及因误工减少的收入。造成残疾的，还应当赔偿辅助器具费和残疾赔偿金；造成死亡的，还应当赔偿丧葬费和死亡赔偿金。

依据《医疗事故处理条例》第 50 条规定，医疗机构发生医疗损害事故赔偿，按照下列项目和标准计算。

1. 医疗费

按照医疗事故对患者造成的人身损害进行治疗所发生的医疗费用计算，凭据支付，但不包括原发病医疗费用。结案后确实需要继续治疗的，按照基本医疗费用支付。

2. 误工费

患者有固定收入的，按照本人因误工减少的固定收入计算，对收入高于医疗事故发生地上一年度职工年平均工资 3 倍以上的，按照 3 倍计算；无固定收入的，按照医疗事故发生地上一年度职工年平均工资计算。

3. 住院伙食补助费

按照医疗事故发生地国家机关一般工作人员的出差伙食补助标准计算。

4. 陪护费

患者住院期间需要专人陪护的，按照医疗事故发生地上一年度职工年平均工资计算。

5. 残疾生活补助费

根据伤残等级，按照医疗事故发生地居民年平均生活费计算，自定残之月起最长赔偿 30

年；但是，60 周岁以上的，不超过 15 年；70 周岁以上的，不超过 5 年。

6. 残疾用具费

因残疾需要配置补偿功能器具的，凭医疗机构证明，按照普及型器具的费用计算。

7. 丧葬费

按照医疗事故发生地规定的丧葬费补助标准计算。

8 被扶养人生活费

以死者生前或者残疾者丧失劳动能力前实际扶养且没有劳动能力的人为限，按照其户籍所在地或者居所地居民最低生活保障标准计算。对不满 16 周岁的，扶养到 16 周岁。对年满 16 周岁但无劳动能力的，扶养 20 年；但是，60 周岁以上的，不超过 15 年；70 周岁以上的，不超过 5 年。

9. 交通费

按照患者实际必需的交通费用计算，凭据支付。

10. 住宿费

按照医疗事故发生地国家机关一般工作人员的出差住宿补助标准计算，凭据支付。

11. 精神损害抚慰金

按照医疗事故发生地居民年平均生活费计算。造成患者死亡的，赔偿年限最长不超过 6 年；造成患者残疾的，赔偿年限最长不超过 3 年。

医疗事故赔偿费用实行一次性结算，由承担医疗事故责任的医疗机构支付。

杏林春暖——董奉

千百年来，庐山不仅以秀丽的风景吸引世人的目光，其厚重的人文历史底蕴和美丽传说也让人为之向往。祖国传统医学的"杏林文化"便出自此，其"开山鼻祖"是大名鼎鼎的董奉。

董奉，字君异，东汉末年东吴侯官（今福建长乐）人，与南阳的张仲景、谯（音 qiáo）郡的华佗并称"建安三神医"。董奉幼年时，正是三国争雄、瘟疫频发时期，也是道教萌发成长的重要时期。起先，董奉在侯官县衙当差。不久，他以"不为良相，便为良医"的儒家济世理念，回乡拜福山观老道为师，了解草药中药，学习养生治病，和师父一起救死扶伤。

董奉学了师父的本领，离开家乡，云游四方，寻师问道，治病救人。成名后，他沿闽江一线行医，后翻过武夷山脉，来到江西，曾经到过两广、越南一带。最后设太乙馆于庐山下，常年为百姓治病。

董奉医德高尚，治病救人不求报酬。他所治愈的病人，自然都要感恩答谢他。但他从不收财物，只让在他住宅周围种植杏树，表达心意——视病情轻重，种杏一株或者数株。就这样日积月累，成就了一片杏林。杏子成熟时，董奉就在杏林里搭了个草棚存杏，人们想要杏，可用谷子来换。董奉用换来的谷子赈济庐山贫苦百姓和南来北往的饥民，每年施舍的粮食高达数十万斗。

凭借这份高尚品德，董奉的善举赢得了百姓的敬仰，被后世所传颂，人们以"杏林春暖"或"杏林春满"称颂他的医道高明、医德高尚。

🔖 课堂实训

医疗损害赔偿案例分析辩论

通过实训，让学生明确医疗损害的构成要件以及医疗损害的赔偿原则、赔偿项目和赔偿标准等知识内容。要学习和掌握医疗损害赔偿制度，必须全面认知医疗事故的鉴定、医疗侵权责任确定以及医疗损害赔偿等方面的法律法规。

【实训情景】

怀孕 36 周的陈某，因胎膜早破入住某妇幼保健院。医院的医生经过一系列检查后，认为孕妇没有达到剖宫产的指征，不需要进行剖宫产，希望孕妇先尝试顺产，但是陈某要求医院为其进行剖宫产。后在分娩过程中，因胎儿过重导致孕妇难产，胎儿不能自主呼吸，虽然医院尽力抢救，但是最终婴儿身体还是受到损害，鉴定为八级伤残。陈某向当地法院起诉该医院，认为医院存在医疗过错，要求赔偿各项损失费共 50 万元。

问题： 1. 被告医院是否存在医疗过错行为？被告医院是否应该承担赔偿责任？

2. 如需承担责任，赔偿费用如何计算？

从原告、被告以及法院的角度，分别阐述自己的观点及相关理由。

【实训目的】

1. 了解医疗损害的原则和构成要件。

2. 通过案例分析，让学生掌握医疗损害赔偿的项目和标准。

【实训准备】

1. 角色准备：确定 2 个小组，一方为正方，另一方为反方，开展辩论。

2. 场地准备：本班教室或者实训室。

【实训操作】

1. 双方进行实质辩论分析。

2. 分析要求有理有据。

【实训评价】

考核按以下标准进行评分。

1. 人人参与，个个关心。

2. 情景模拟真实，角色表演自然。

3. 有关医疗损害赔偿法律规定表达准确。

【注意事项】

1. 每小组课前做好准备工作，组织排练。

2. 小组长代表本组总结发言，老师评分并点评。

【实训作业】

余某因腹痛到广州市某医院就诊，被诊断为"肠梗阻"。医院对余某实施了手术治疗。出院后，余某感觉下肢疼痛，于是到手术医院复诊。经检查，医院诊断余某右下肢静脉栓塞，随即进行了药物注射治疗，但是病情没有好转。余某因此向当地法院提起诉讼。经鉴定，医院存在行为过失，与余某右下肢静脉栓塞存在一定的因果关系，医疗责任与余某病情的参与度为 50%；另鉴定余某为九级伤残。

问题： 1. 被告医院是否应该承担赔偿责任？为什么？

2. 余某的伤残赔偿金按照什么标准进行计算？

模块七

医学科学发展相关法律制度

学习目标

知识目标：1. 了解器官移植的含义、分类和历史发展，安乐死的含义和分类。

2. 熟悉辅助生殖技术的内容、脑死亡标准内容、安乐死特征、我国脑死亡和安乐死的立法困境。

3. 掌握辅助生殖技术的法律制度、器官移植的法律问题、脑死亡标准立法情况、安乐死的法律制度以及基因诊断、基因治疗、基因编辑的法律问题。

能力目标：1. 能够理性认识辅助生殖技术、脑死亡、安乐死、器官移植等问题。

2. 能够辩证分析医学科学技术发展的相关伦理问题。

3. 能够处理现代医学科学技术发展所面临的现实问题。

素质目标：1. 具有求真务实的科研探索精神。

2. 具备以人为本、敬佑生命的医学职业精神和医学人文情怀。

学习导航

单元一　人类辅助生殖技术法律制度

案例引入

某富商夫妇久婚不孕，他们借助试管婴儿技术孕育的 8 个胚胎竟然全部成功，喜出望外的富商夫妇最终找来两位代孕妈妈，再加上自身，共 3 个子宫，采取 "2+3+3" 队形，在当年 10 个月内先后诞下 4 男 4 女八胞胎，被称是 "中国首例八胞胎"，"八胞胎" 事件在社会中引起巨大反响。

此事件主要触及五个方面的问题：①代孕是非法的；②人工有意多胎违反计划生育政策；③医疗机构有超范围执业、违规操作和经济犯罪之嫌；④医学伦理学问题；⑤人为多胎有损孕妇身心健康。任何机构开展代孕行为，都是违反原卫生部《人类辅助生殖技术管理办法》规定，一经查实，必须严肃查处。

省卫生厅同时决定，暂停涉事人类辅助生殖技术服务机构的审批，并对已经取得行政许可开展人类辅助生殖技术服务的 38 所医疗机构进行一次专项检查，重点检查医疗机构是否买卖配子、合子、胚胎；是否违规实施代孕技术；是否使用不具有《人类精子库批准证书》机构提供的精子；是否擅自进行性别选择，等等。

问题：

1. 八胞胎事件的发生是偶然的还是必然的？
2. 辅助生殖技术能够引发哪些医学伦理学问题？
3. 代孕行为在我国是否合理、合法？为什么？

人类辅助生殖技术已由科学实验走向临床应用，成千上万的人类辅助生殖人口来到人世，这不仅涉及社会伦理关系，更衍生出一系列有关行政法、亲属法等诸领域的边缘性法律问题。

一、人类辅助生殖技术概述

（一）人类辅助生殖技术的概念

人类辅助生殖技术是指运用医学技术和方法对配子、合子、胚胎进行人工操作，以达到受孕目的的技术，分为人工授精和体外受精-胚胎移植技术及其各种衍生技术。

人工授精是指用人工方式将处理后的精液注入女性体内，使女性妊娠的一种技术。根据精液来源不同，分为夫精人工授精和供精人工授精。

体外受精-胚胎移植技术及其各种衍生技术是指从女性体内取出卵子，在器皿内培养后，加入经技术处理的精子，待卵子受精后，继续培养，到形成早期胚胎时，再转移到子宫内着床，发育成胎儿直至分娩的技术。用这种技术生育的婴儿也称 "试管婴儿"。

（二）人类辅助生殖技术立法

为保证人类辅助生殖技术安全、有效和健康发展，规范人类辅助生殖技术的应用和管理，保障人民健康，国务院卫生行政部门制定并修订了《人类辅助生殖技术管理办法》《人类精子库管理办法》《人类辅助生殖技术规范》《人类精子库基本标准和技术规范》《人类辅助生殖技术和人类精子库伦理原则》《关于加强辅助生殖技术服务机构和人员管理的若干规定》《人类辅助生殖技术应用规划指导原则（2021 版）》等规章制度。

（三）人类辅助生殖技术应用规则

人类辅助生殖技术的应用应当在医疗机构中进行，以医疗为目的，并符合国家计划生育政策、伦理原则和有关法律规定。禁止以任何形式买卖配子、合子、胚胎。医疗机构和医务人员不得实施任何形式的代孕技术。人类辅助生殖技术应当遵循有利于患者、知情同意、保护后代、社会公益、保密、严防商业化、伦理监督等伦理原则。

（四）人类辅助生殖技术的审批

国务院卫生行政部门根据区域卫生规划、医疗需求和技术条件等实际情况，制订人类辅助生殖技术应用规划。

1. 申请开展人类辅助生殖技术的医疗机构条件

申请开展人类辅助生殖技术的医疗机构应当符合下列条件：①具有与开展技术相适应的卫生专业技术人员和其他专业技术人员；②具有与开展技术相适应的技术和设备；③设有医学伦理委员会；④符合《人类辅助生殖技术规范》的要求。

2. 开展人类辅助生殖技术的医疗机构审批

申请开展丈夫精液人工授精技术的医疗机构，由省、自治区、直辖市人民政府卫生行政部门审查批准。省、自治区、直辖市人民政府卫生行政部门收到《人类辅助生殖技术管理办法》第7条规定的材料后，可以组织有关专家进行论证，并在收到专家论证报告后30个工作日内进行审核，审核同意的，发给批准证书；审核不同意的，书面通知申请单位。

对申请开展供精人工授精和体外受精-胚胎移植技术及衍生技术的医疗机构，由省、自治区、直辖市人民政府卫生行政部门提出初审意见，卫生行政部门审批。

人类辅助生殖技术批准证书每2年校验1次，校验由原审批机关办理。校验合格的，可以继续开展人类辅助生殖技术；校验不合格的，收回其批准证书。

典型案例

吴某某非法行医案中，被告人吴某某未取得医师执业资格，在未经工商登记注册且非医疗机构的广州某健康咨询有限公司工作。其间，吴某某伙同他人在广州某区某大厦长期从事非法取卵、买卖卵子、"代孕"等违法业务。

2019年7月23日，被害人张某某（女，未成年人）在蔡某某（女，未成年人）介绍和带领下来到该公司卖卵。吴某某未核实被害人真实年龄、身份等情况，即安排他人为被害人进行身体检查、连续多日施打促排卵针。

同年8月4日，吴某某安排他人驾车接送张某某到某地别墅进行取卵手术。之后，吴某某向张某某及蔡某某支付报酬1.7万元。同月9日，张某某因"重度卵巢过度刺激综合征"就医，入院后行腹壁全层切开插入引流管引流腹腔积液。经鉴定，张某某损伤程度属轻伤二级。

广州市某区人民法院、广州市中级人民法院经审理认为，被告人吴某某未取得医师执业资格，安排他人为被害人进行身体检查、在未被批准行医的场所连续多日施打促排卵针、行取卵手术等医疗行为，且利诱并组织未成年人卖卵，对未成年人身心健康造成严重危害，情节严重，其行为已构成非法行医罪。吴某某归案后如实供述基本犯罪事实，且已经赔偿被害人经济损失并取得谅解。据此，以非法行医罪判处吴某某有期徒刑2年，并处罚金人民币50万元。

案例分析：人类辅助生殖技术的应用为生育障碍家庭带来了希望。一些不法分子为攫取非法利益，不顾相关人员的身体健康，非法利用人类辅助生殖技术实施取卵、"代孕"等违法活动，强烈冲击伦理、道德和法律底线，严重影响社会秩序和稳定，应依法惩处。

二、人类辅助生殖技术实施

人类辅助生殖技术必须在经过批准并进行登记的医疗机构中实施。未经卫生行政部门批准，任何单位和个人不得实施人类辅助生殖技术。

实施人类辅助生殖技术必须遵循以下规则。

（1）符合《人类辅助生殖技术规范》的规定。

（2）遵循知情同意原则，并签署知情同意书。涉及伦理问题的，应当提交医学伦理委员会讨论。

（3）实施供精人工授精和体外受精-胚胎移植技术及其各种衍生技术的医疗机构，应当与原卫生部批准的人类精子库签订供精协议。严禁私自采精。医疗机构在实施人类辅助生殖技术时应当索取精子检验合格证明。

（4）实施人类辅助生殖技术的医疗机构应当为当事人保密，不得泄露有关信息。

（5）实施人类辅助生殖技术的医疗机构不得进行性别选择。法律法规另有规定的除外。

（6）实施人类辅助生殖技术的医疗机构应当建立健全技术档案管理制度。供精人工授精医疗行为方面的医疗技术档案和法律文书应当永久保存。

（7）实施人类辅助生殖技术的医疗机构应当对实施人类辅助生殖技术的人员进行医学业务和伦理学知识的培训。

三、人类精子库管理

人类精子库是指以治疗不育症以及预防遗传病等为目的，利用超低温冷冻技术，采集、检测、保存和提供精子的机构。人类精子库必须设置在医疗机构内。医疗机构设置人类精子库，由省级卫生行政主管部门按照规定审批。精子的采集和提供应当遵守当事人自愿和符合社会伦理原则。任何单位和个人不得以营利为目的进行精子的采集与提供活动。精子的采集与提供应当在经过批准的人类精子库中进行。未经批准，任何单位和个人不得从事精子的采集与提供活动。

1. 精子的采集

供精者原籍必须为我国公民，年龄在22~45周岁之间的健康男性。人类精子库应当对供精者进行健康检查和严格筛选，供精者必须达到供精者健康检查标准，不得采集有下列情况之一的人员的精液：①有遗传病家族史或者患遗传性疾病；②精神病患者；③传染病患者或者病源携带者；④长期接触放射线和有害物质者；⑤精液检查不合格者；⑥其他严重器质性疾病患者。

人类精子库工作人员应当向供精者说明精子的用途、保存方式以及可能带来的社会伦理等问题。供精者只能在一个人类精子库中供精。人类精子库应当和供精者签署知情同意书。

2. 精子的检验和筛查

精子库采集精子后，应当进行检验和筛查，应遵循以下规则：①不得向未取得省级卫生行政主管部门人类辅助生殖技术批准证书的机构提供精液；②不得提供未经检验或检验不合格的精液；③不得提供新鲜精液进行供精人工授精，精液冷冻保存需经半年检疫期，并经复检合格后，才能提供临床使用，并向医疗机构提交检验结果；④不得实施非医学指征的，以性别选择生育为目的的精子分离技术；⑤不得提供 2 人或 2 人以上的混合精液；⑥一个供精者的精子最多只能提供给 5 名妇女受孕；⑦不得采集、保存和使用未签署供精知情同意书者的精液；⑧人类精子库工作人员及其家属不得供精。

3. 供精者档案

人类精子库应当建立供精者档案，对供精者的详细资料和精子使用情况进行计算机管理，并永久保存。人类精子库应当为供精者和受精者保密，未经供精者和受精者同意不得泄露有关信息。

> **知识拓展**
>
> ### 中国的辅助生殖技术发展
>
> 1983 年：卢光琇教授指导的中国首例冷冻精液人工授精婴儿诞生。
> 1988 年：北京大学第三医院张丽珠教授团队完成首例 IVF 试管婴儿郑萌珠的诞生。
> 1996 年：中山大学附属第一医院庄广伦教授团队完成首例 ICSI 试管婴儿的诞生。
> 2002 年：陈子江教授团队首次报道囊胚期冷冻胚胎的活产。
> 2005 年：我国首例卵母细胞玻璃化冷冻婴儿诞生。
> 2006 年：北京大学第三医院诞生我国首例"三冻"（冻精、冻卵、冻胚胎）试管婴儿。

四、法律责任

（一）开展人类辅助生殖技术和设置人类精子库的法律责任

未经批准擅自开展人类辅助生殖技术的非医疗机构、未经批准擅自设置人类精子库，采集、提供精子的非医疗机构，按照《医疗机构管理条例》的规定处罚。对未经批准擅自开展人类辅助生殖技术和设置人类精子库，采集、提供精子的医疗机构，按照《医疗机构管理条例》和《医疗机构管理条例实施细则》的规定处罚。

（二）开展人类辅助生殖技术医疗机构的法律责任

开展人类辅助生殖技术的医疗机构有下列行为之一的，由省、自治区、直辖市人民政府卫生行政部门给予警告、处 3 万元以下罚款，并给予有关责任人行政处分；构成犯罪的，依法追究刑事责任。

（1）买卖配子、合子、胚胎的。
（2）实施代孕技术的。
（3）使用不具有《人类精子库批准证书》机构提供的精子的。
（4）擅自进行性别选择的。
（5）实施人类辅助生殖技术档案不健全的。
（6）经指定技术评估机构检查技术质量不合格的。
（7）其他违反《人类辅助生殖技术管理办法》规定的行为。

（三）设置人类精子库医疗机构的法律责任

设置人类精子库的医疗机构有下列行为之一的，由省、自治区、直辖市人民政府卫生行政部门给予警告、处 1 万元以下罚款，并给予有关责任人员行政处分；构成犯罪的，依法追究刑事责任。

（1）采集精液前，未按规定对供精者进行健康检查的。

（2）向医疗机构提供未经检验的精子的。

（3）向不具有《人类辅助生殖技术批准证书》的机构提供精子的。

（4）供精者档案不健全的。

（5）经评估机构检查质量不合格的。

（6）其他违反《人类精子库管理办法》规定的行为。

典型案例

2020年，邹某与丈夫陈某因生育障碍问题，到湖南省某医院进行辅助生殖技术助孕治疗。因邹某暂不宜实施胚胎移植手术，医院为其冷冻保存了4枚胚胎。

2021年5月，陈某死亡。此后，邹某要求该院继续为其实施胚胎移植，但医院以不能给单身妇女实施人类辅助生殖技术为由拒绝。邹某于是起诉了该医院。

法院的生效裁判认为，有关行政规范性文件规定的"禁止给单身妇女实施人类辅助生殖技术"，应当是指未有配偶者到医院实施人类辅助生殖技术的情形，原告与上述规定的单身妇女有本质区别。

法院还认为，目前对于丧偶妇女要求继续移植与丈夫已受精完成的胚胎进行生育，法律并无禁止性规定。原告欲继续实施人类辅助生殖技术，不违背公序良俗，故判决湖南省某医院继续履行与原告的医疗服务合同。

案例分析： 近年来，辅助生殖过程中丧偶女性要求继续胚胎移植的案件已有多起。2019年北京市某法院和2021年云南省昆明市某法院的判决结果显示，都要求医院继续履行医疗服务合同。

司法实践中，针对这一类案件，司法裁判结果和各自的判案理由各有不同。虽然这些案例作为个案已经定分止争，最高院也确认了丧偶妇女继续实施人类辅助生殖技术的正当性，但是，丧偶女性的生育权益还是需要在立法上予以明确，并且这些判例在说理部分也有值得商榷的地方，其中涉及的一些社会问题和利益问题依然值得加以思考和关注。

单元二　人体器官移植法律制度

案例引入

某医院重症监护室里，患者李某被宣告脑死亡，但在呼吸机的运转下，他的心脏仍在跳动。而他的父母，选择了以另外一种方式延续李某的生命——捐献器官。他的父母签署了器官捐献同意书，将李某的器官无偿捐献出来，彰显了社会公益和利他精神，并将这种无私的爱传递下去。手术前，医生们集体低头默哀"让我们用自己的方式祭奠，并感谢李某和他父母的无私大爱……"。简短而庄重的仪式结束后，医生开始手术……

该医院器官移植中心的协调医生回到办公室，他做的第一件事，是在名为"中国人体器官分配与共享计算机系统"的平台上，填写器官捐献者的资料。在"中国人体器官分配与共享计算机系统"的平台上，在未来的24小时，李某的肝脏、肾脏将分别被移植到正在医院等待手术的2个陌生人体内。

问题：
1. 医务人员在器官移植手术之前集体默哀有何重要意义？
2. 你认同和支持无偿器官捐献吗？
3. 实施器官移植技术目前在中国面临哪些伦理困境？

一、人体器官移植概述

（一）人体器官移植的概念

根据《人体器官捐献和移植条例》规定，人体器官移植是指将捐献的人体器官植入接受人身体以代替其病损器官的活动。

（二）我国人体器官移植的立法

人体器官捐献和移植是人间大爱善行，关系人民群众生命健康，关系生命伦理和社会公平，是国家医学发展和社会文明进步的重要标志。

为了规范人体器官移植，保证医疗质量，保障人体健康，维护公民的合法权益，2007年3月31日，国务院公布了《人体器官移植条例》，自2007年5月1日起施行。

为积极推进人体器官捐献与移植工作，进一步规范人体器官获取，完善人体器官获取与分配体系，推动人体器官捐献与移植事业健康、可持续发展，2019年1月17日，国家卫生健康委发布了《人体捐献器官获取与分配管理规定》，适用于公民逝世后捐献器官的获取与分配。

2023年10月20日，国务院常务会议审议通过《人体器官捐献和移植条例》，自2024年5月1日起施行，以加强器官捐献工作体系建设，强化器官获取的伦理审查，依法打击查处涉器官违法犯罪行为，更好保障器官捐献和移植事业健康发展。在中华人民共和国境内从事人体器官捐献和移植，适用《人体器官捐献和移植条例》；从事人体细胞和角膜、骨髓等人体组织捐献和移植，不适用《人体器官捐献和移植条例》。

（三）主要义务

1. 活体器官的获取

从事人体器官移植的医疗机构及其医务人员获取活体器官前，应当履行下列义务：①向活体器官捐献人说明器官获取手术的风险、术后注意事项、可能发生的并发症及其预防措施等，并与活体器官捐献人签署知情同意书；②查验活体器官捐献人同意捐献其器官的书面意愿、活体器官捐献人与接受人存在《人体器官捐献和移植条例》规定关系的证明材料；③确认除获取器官产生的直接后果外不会损害活体器官捐献人其他正常的生理功能。

从事人体器官移植的医疗机构应当保存活体器官捐献人的医学资料，并进行随访。

2. 遗体器官的获取

获取遗体器官，应当在依法判定遗体器官捐献人死亡后进行。从事人体器官获取、移植的医务人员不得参与遗体器官捐献人的死亡判定。从事遗体器官移植的医疗机构及其医务人员应当维护遗体器官捐献人的尊严；获取器官后，应当对遗体进行符合伦理原则的医学处理，除用于移植的器官以外，应当恢复遗体外观。

二、人体器官的捐献与移植

（一）人体器官的捐献

1. 器官捐献的原则

人体器官捐献应当遵循自愿、无偿的原则。公民享有捐献或者不捐献其人体器官的权利；任何组织或者个人不得强迫、欺骗或者利诱他人捐献人体器官。任何组织或者个人不得以任何形式买卖人体器官，不得从事与买卖人体器官有关的活动。

2. 捐献人

捐献人体器官的公民应当具有完全民事行为能力。任何组织或者个人不得获取未满18周岁公民的活体器官用于移植。

公民捐献其人体器官应当有书面形式的捐献意愿，对已经表示捐献其人体器官的意愿，有权予以撤销。公民生前表示不同意捐献其人体器官的，任何组织或者个人不得捐献、获取该公民的遗体器官；公民生前未表示不同意捐献其遗体器官的，该公民死亡后，其配偶、成年子女、父母可以以书面形式共同表示同意捐献该公民遗体器官的意愿。

3. 活体器官的接受人

活体器官的接受人限于活体器官捐献人的配偶、直系血亲或者三代以内旁系血亲。

> **◁ 知识拓展**
>
> #### 中国建立器官分配与共享计算机系统（COTRS）
>
> 2010年我国在全国人民代表大会与全国政协国家领导人的参与下，成立了由红十字会与卫生部共同组成的人体器官捐献工作委员会，并组建了由移植、急救、神经、伦理、法学等多个学科专家组成的专家委员会。
>
> 国务院文件明确了红十字会在器官捐献与获取中的作用，并批准成立了"人体器官捐献管理中心"。通过试点工作，我国已开始建立人体器官分配与共享计算机系统（COTRS），该系统包括4个部分：受者管理系统、等待器官列表管理系统、捐献者管理系统、器官分配/匹配系统。这些系统合并成一个安全可靠的计算机网络，使公众可以看见和感受到医生和执法部门从道德和法律上是公正和透明的，从而增加公信力和执法力度。

（二）人体器官的移植

1. 移植机构

（1）基本条件：医疗机构从事人体器官移植，应当向国务院卫生健康部门提出申请。医疗机构从事人体器官移植，应当具备下列条件：①有与从事人体器官移植相适应的管理人员、执业医师和其他医务人员；②有满足人体器官移植所需要的设备、设施和技术能力；③有符合《人体器官捐献和移植条例》规定的由医学、法学、伦理学等方面专家组成的人体器官移植伦理委员会，该委员会中从事人体器官移植的医学专家不超过委员人数的1/4；④有完善的人体器官移植质量管理和控制等制度。

（2）人体器官移植诊疗科目登记：医疗机构从事人体器官移植，应当向国家卫生健康部门提出申请。国家卫生健康部门自受理申请之日起5个工作日内组织专家评审，于专家评审完成后 15 个工作日内作出决定并书面告知申请人。国家卫生健康部门审查同意的，通知申请人所在地省、自治区、直辖市人民政府卫生健康部门办理相应人体器官移植诊疗科目登记，在申请医疗机构的《执业许可证》上注明获准从事的人体器官移植诊疗科目。已经办理人体器官移植诊疗科目登记的医疗机构不再具备《人体器官捐献和移植条例》规定条件的，应当停止从事人体器官获取、移植，并向原登记部门报告。原登记部门应当自收到报告之日起 2 个工作日内注销该医疗机构的人体器官移植诊疗科目登记，向国务院卫生健康部门报告，并予以公布。

（3）器官移植临床应用能力评估：省级以上人民政府卫生健康部门对不具备人体器官移植技术临床应用能力和不符合本行政区域人体器官移植医疗机构设置规划的医疗机构不予登记。对已取得人体器官移植相应专业诊疗科目的医疗机构，应当定期组织专家对其人体器官移植技术临床应用能力进行评估，评估不合格的，应当及时注销其人体器官移植相应专业诊疗科目登记。

2. 移植原则

医疗机构及其医务人员从事人体器官移植，应当遵守伦理原则相关技术临床应用管理规范。

人体器官捐献协调员、医疗机构及其工作人员应当对人体器官捐献人、接受人和申请人体器官移植手术患者的个人信息依法予以保护。

3. 医学检查、风险评估

医疗机构及其医务人员获取、移植人体器官，应当对人体器官捐献人和获取的人体器官进行医学检查，对接受人接受人体器官移植的风险进行评估，并采取措施降低风险。

4. 器官移植的伦理审查

在获取活体器官前或者遗体器官捐献人死亡前，负责人体器官移植的执业医师应当向所在医疗机构的人体器官移植伦理委员会提出获取人体器官审查申请。

人体器官移植伦理委员会收到获取人体器官审查申请后，应当对下列事项进行审查，并出具同意或者不同意的书面意见：①活体器官捐献人和接受人按要求提供的材料是否真实、合法，其关系是否符合法定条件；②活体器官捐献人的捐献意愿是否真实；③有无买卖或者变相买卖人体器官的情形；④活体器官的配型和接受人的适应证是否符合伦理原则和人体器官移植技术临床应用管理规范。

《人体器官捐献和移植条例》规定，经 2/3 以上委员同意，人体器官移植伦理委员会方可出具同意获取人体器官的书面意见。人体器官移植伦理委员会同意获取的，医疗机构方可获取活体器官。

5. 人体器官的获取

针对活体器官的获取与遗体器官的获取应当分别履行相应的义务。

6. 移植费用

从事人体器官移植的医疗机构实施人体器官移植手术，除向接受人收取下列费用外，不得收取或者变相收取所移植人体器官的费用：①获取活体器官、切除病损器官、植入人体器官所发生的手术费、检查费、检验费等医疗服务费以及药费、医用耗材费；②向从事遗体器官获取的医疗机构支付的遗体器官获取成本费用。

7. 捐献器官的分配

遗体器官应当通过国务院卫生健康部门建立的分配系统统一分配。从事遗体器官获取、移植的医疗机构应当在分配系统中如实录入遗体器官捐献人、申请人体器官移植手术患者的相关医学数据并及时更新，不得伪造、篡改数据。医疗机构及其医务人员应当执行分配系统分配结果。禁止医疗机构及其医务人员使用未经分配系统分配的遗体器官或者来源不明的人体器官实施人体器官移植。国务院卫生健康部门应当定期公布遗体器官捐献和分配情况。

遗体器官的分配，应当符合医疗需要，遵循公平、公正和公开的原则。

 典型案例

　　某医院接到河南某县一位农村小学教师的来信，他提出愿意将自己的角膜献出，以换取一定的报酬用于办学。他的理由是：当地经济状况极差，政府虽多方筹资，但仍有数百名适龄儿童无法入学；他本人年近46岁，在40岁时全身浮肿，确诊为慢性肾炎、肾功能不全。目前虽能坚持工作，但自感生命有限，愿将其角膜献出，为改善本乡办学条件做点贡献。

　　首先应肯定这位教师的奉献精神是可贵的，但此举不能支持，从伦理学角度分析理由如下。

　　（1）基于对人类生命的尊严的尊重和商业化后可能产生的严重后果，我国实行自愿、无偿、统一的器官捐献制度，禁止买卖或者变相买卖人体器官。该教师为了换取一定的报酬捐献器官，涉嫌变相买卖人体器官。器官移植技术不能只为有钱的强势人群造福而给弱势人群带来更大的风险和伤害。而且，迫于贫困或其他压力下的"自愿"，并非真正自愿，应该禁止。

　　（2）为了改善办学条件而使一个人失明，这是不人道的。他是属于活体捐献，活体器官捐献的一个最基本的伦理学原则是不危及供体的生命和健康，对其未来生活不致造成大的影响，这位老师捐献了角膜后生活会受到极大的影响，这是不允许的。

　　（3）医生的职责是治病救人、减轻患者的痛苦，不能为了其他目的而给患者带来新的伤害。医务人员虽然有责任帮助那些器官衰竭、面临死亡的人重新获得生命，但对供体的健康和生命同样负有保护的责任，不能因为受体的需要，而放弃对供体生命的救治或健康的维护。

　　（4）个人的付出不可能使当地办学条件得到根本改善，毕竟个人的能力还是有限的。

　　案例分析：根据《人体器官捐献和移植条例》规定，我国人体器官捐献应当遵循自愿、无偿的原则。任何组织和个人不得以任何形式买卖人体器官，不得从事与买卖人体器官有关的活动。

三、法律责任

（一）违法摘取器官的法律责任

　　违反《人体器官捐献和移植条例》规定，有下列情形之一，构成犯罪的，依法追究刑事责任：①组织他人出卖人体器官；②未经本人同意获取其活体器官，或者获取未满18周岁公民的活体器官，或者强迫、欺骗他人捐献活体器官；③违背本人生前意愿获取其遗体器官，或者本人生前未表示同意捐献其遗体器官，违反国家规定，违背其配偶、成年子女、父母意愿获取其遗体器官。

　　医务人员有上述所列情形被依法追究刑事责任的，由原执业注册部门吊销其执业证书，终身禁止其从事医疗卫生服务。

（二）买卖人体器官或者从事与买卖人体器官有关活动的法律责任

　　买卖人体器官或者从事与买卖人体器官有关活动的，由县级以上地方人民政府卫生健康部门没收违法所得，并处交易额 10 倍以上 20 倍以下的罚款；医疗机构参与上述活动的，还应当由原登记部门吊销该医疗机构的人体器官移植诊疗科目，禁止其 10 年内从事人体器官获取或者申请从事人体器官移植，并对负有责任的领导人员和直接责任人员依法给予处分，情节严重的，由原执业登记部门吊销该医疗机构的执业许可证或者由原备案部门责令其停止执业活动；医务人员参与上述活动的，还应当由原执业注册部门吊销其执业证书，终身禁止其从事医疗卫生服务；构成犯罪的，依法追究刑事责任。

公职人员参与买卖人体器官或者从事与买卖人体器官有关活动的，依法给予撤职、开除处分；构成犯罪的，依法追究刑事责任。

（三）医疗机构及其医务人员违反规定的法律责任

（1）医疗机构未办理人体器官移植诊疗科目登记，擅自从事人体器官移植的，由县级以上地方人民政府卫生健康部门没收违法所得，并处违法所得 10 倍以上 20 倍以下的罚款，禁止其 5 年内从事人体器官获取或者申请从事人体器官移植，并对负有责任的领导人员和直接责任人员依法给予处分，对有关医务人员责令暂停 1 年执业活动；情节严重的，还应当由原执业登记部门吊销该医疗机构的执业许可证或者由原备案部门责令其停止执业活动，并由原执业注册部门吊销有关医务人员的执业证书。

（2）医疗机构不再具备《人体器官捐献和移植条例》规定的条件，仍从事人体器官移植的，由原登记部门没收违法所得，并处违法所得 5 倍以上 10 倍以下的罚款，吊销该医疗机构的人体器官移植诊疗科目，禁止其 3 年内从事人体器官获取或者申请从事人体器官移植，并对负有责任的领导人员和直接责任人员依法给予处分；情节严重的，还应当由原执业登记部门吊销该医疗机构的执业许可证，并对有关医务人员责令暂停 6 个月以上 1 年以下执业活动。

（3）医疗机构违反《人体器官捐献和移植条例》规定，有下列情形之一的，由县级以上地方人民政府卫生健康部门没收违法所得，并处 10 万元以上 50 万元以下的罚款，对负有责任的领导人员和直接责任人员依法给予处分，对有关医务人员责令暂停 6 个月以上 1 年以下执业活动，并可以由原登记部门吊销该医疗机构的人体器官移植诊疗科目，禁止其 3 年内从事人体器官获取或者申请从事人体器官移植；情节严重的，还应当由原执业登记部门吊销该医疗机构的执业许可证或者由原备案部门责令其停止执业活动，并可以由原执业注册部门吊销有关医务人员的执业证书：①不具备本条例规定的条件从事遗体器官获取；②未按照所在地省、自治区、直辖市人民政府卫生健康部门划定的区域提供遗体器官获取服务；③从事人体器官获取、移植的医务人员参与遗体器官捐献人的死亡判定；④未通过分配系统分配遗体器官，或者不执行分配系统分配结果；⑤使用未经分配系统分配的遗体器官或者来源不明的人体器官实施人体器官移植；⑥获取活体器官前未依照本条例规定履行说明、查验、确认义务；⑦以伪造、篡改数据等方式干扰遗体器官分配。

（4）违反《人体器官捐献和移植条例》规定，有下列情形之一的，由县级以上地方人民政府卫生健康部门没收违法所得，并处 10 万元以上 50 万元以下的罚款，对负有责任的领导人员和直接责任人员依法给予处分；医疗机构有下列情形之一的，还应当由原登记部门吊销该医疗机构的人体器官移植诊疗科目，禁止其 3 年内从事人体器官获取或者申请从事人体器官移植，情节严重的，由原执业登记部门吊销该医疗机构的执业许可证或者由原备案部门责令其停止执业活动；医务人员有下列情形之一的，还应当责令其暂停 6 个月以上 1 年以下执业活动，情节严重的，由原执业注册部门吊销其执业证书；构成犯罪的，依法追究刑事责任：①以获取遗体器官为目的跨区域转运潜在遗体器官捐献人；②违反本条例规定，转介潜在遗体器官捐献人的相关信息；③在人体器官捐献和移植中提供虚假材料。

（5）医疗机构未经人体器官移植伦理委员会审查同意获取人体器官的，由县级以上地方人民政府卫生健康部门处 20 万元以上 50 万元以下的罚款，由原登记部门吊销该医疗机构的人体器官移植诊疗科目，禁止其 3 年内从事人体器官获取或者申请从事人体器官移植，并对负有责任的领导人员和直接责任人员依法给予处分；情节严重的，还应当由原执业登记部门吊销该医疗机构的执业许可证，并由原执业注册部门吊销有关医务人员的执业证书。人体器官移植伦理委员会审查获取人体器官申请时违反伦理原则或者出具虚假审查意见的，对有关责任人员依法给予处分，由县级以上地方人民政府卫生健康部门终身禁止其从事医学伦理审查活动。

（6）医疗机构违反《人体器官捐献和移植条例》规定，有下列情形之一的，由县级以上地方人民政府卫生健康部门处 5 万元以上 20 万元以下的罚款，对负有责任的领导人员和直接责任人员依法给予处分；情节严重的，还应当由原登记部门吊销该医疗机构的人体器官移植诊疗科目，禁止其 1 年内从事人体器官获取或者申请从事人体器官移植，对有关医务人员责令暂停 6 个月以上 1 年以下执业活动：①负责遗体器官获取的部门未独立于负责人体器官移植的科室；②未经人体器官捐献协调员见证实施遗体器官获取；③获取器官后，未依照本条例第 19 条第 3 款的规定对遗体进行符合伦理原则的医学处理，恢复遗体外观；④未依照本条例规定报告人体器官获取、移植实施情况。

（7）医疗机构及其医务人员违反《人体器官捐献和移植条例》规定，有下列情形之一的，依照有关医疗纠纷预防和处理、医疗事故处理的行政法规的规定予以处罚；构成犯罪的，依法追究刑事责任：①未对人体器官捐献人或者获取的人体器官进行医学检查；②未对接受人接受人体器官移植的风险进行评估并采取相应措施；③未遵守相关技术临床应用管理规范。

（8）人体器官捐献协调员、医疗机构及其工作人员违反《人体器官捐献和移植条例》规定，泄露人体器官捐献人、接受人或者申请人体器官移植手术患者个人信息的，依照法律、行政法规关于个人信息保护的规定予以处罚；构成犯罪的，依法追究刑事责任。

（9）违反《人体器官捐献和移植条例》规定收取费用的，依照有关价格、医疗保障基金管理的法律、行政法规的规定予以处罚。

（四）人体器官捐献协调员违反规定的法律责任

人体器官捐献协调员违反《人体器官捐献和移植条例》规定，有下列情形之一的，依法给予处分，由省、自治区、直辖市红十字会注销其人体器官捐献协调员工作证件，终身不得担任人体器官捐献协调员：①接到指派后未对遗体器官获取进行见证；②出具虚假见证意见。

（五）公职人员违反规定的法律责任

公职人员在人体器官捐献和移植工作中滥用职权、玩忽职守、徇私舞弊的，依法给予处分；构成犯罪的，依法追究刑事责任。

单元三　脑死亡及安乐死法律制度

案例引入

"脑死亡已被科学证实是不可逆转的死亡，病人脑死亡以后，就没有了自主呼吸，抢救脑死亡者对患者起死回生没有任何意义，这个过程反而会耗费很多医疗资源，也增加了病人家庭的经济负担。"继 2015 年、2016 年全国人民代表大会会议期间提出脑死亡立法建议，2018 年，连任的全国人民代表大会代表、江苏省无锡市人民医院副院长陈静瑜再次提出加快脑死亡立法的建议。

　　一个器官移植医生提出脑死亡立法，曾有人提出质疑是不是有利益在其中。脑死亡立法不是为了器官捐献，更多的是尊重死者，减少家庭负担，节省医疗资源。陈静瑜认为，在国际上脑死亡立法是一个趋势，卫生改革和社会发展的现实迫切呼唤脑死亡立法。为了司法实践和医学事业的顺利健康发展，脑死亡立法势在必行。可以预期，在脑死亡立法以后，更多需要器官移植的垂危患者能获得重生机会。

　　问题：
　　1. 我国对死亡认定的标准有哪些？
　　2. 针对脑死亡问题的法律探讨，是否能够推动我国立法在临床实践的变革？

一、脑死亡的概念和立法意义

（一）脑死亡的概念

　　临床上所指的脑死亡是指包括脑干在内的全脑功能的不可逆性丧失。脑死亡有别于"植物人"，"植物人"脑干功能存在，昏迷只是由于大脑皮质受到严重损害或处于突然抑制状态，患者可以有自主呼吸、心跳和脑干反应，而脑死亡则无自主呼吸，是永久、不可逆性的。不少国家过去一直把"心跳停止"和"呼吸消失"作为死亡的标准。但随着医学科技的发展，患者的心跳、呼吸、血压等生命体征都可以通过一系列药物和先进设备加以逆转或长期维持。但是如果脑干发生结构性破坏，无论采取何种医疗手段均无法挽救患者生命。因此，与心脏死亡相比，脑死亡显得更为科学，标准更可靠。

　　世界上许多国家已将脑死亡作为死亡标准。规范开展脑死亡判定工作对节约有限的医疗资源、降低医疗费用、减轻患者家庭负担、维护广大人民群众利益具有积极意义。目前，我国已经建立了科学、规范的脑死亡判定技术标准和流程。从技术上讲脑死亡判定不存在障碍，但是，脑死亡立法还涉及社会、伦理等方面。医疗实践中也不乏虽然医生已告知家属患者脑死亡，但是家属仍然坚持治疗的案例。因此，二元的死亡判定标准更符合我国国情。目前，在具体医疗活动中，患者经判定脑死亡后，临床医生告知患者家属判定结果，由其选择心死亡或脑死亡。

（二）脑死亡的立法意义

　　死亡时间的判断具有重要的法律意义。通过立法将"脑死亡"认定为死亡时间，对合理配置医疗资源、降低医疗费用、减轻患者负担具有一定积极意义，部分发达国家也已经对脑死亡进行了立法。

　　《民法典》第13条规定："自然人从出生时起到死亡时止，具有民事权利能力，依法享有民事权利，承担民事义务。"第15条规定："自然人的出生时间和死亡时间，以出生证明、死亡证明记载的时间为准；没有出生证明、死亡证明的，以户籍登记或者其他有效身份登记记载的时间为准。有其他证据足以推翻以上记载时间的，以该证据证明的时间为准。"关于"死亡"的判断标准，存在不同的学说，有呼吸停止说、脉搏停止说、心脏跳动停止说、脑死亡说等。《民法典》总则对此没有规定具体的判断标准。

　　脑死亡不仅涉及死亡现象和死亡标准的技术性问题，而且与人类社会的承受力和接受力有着密切的关系，还受到宗教和文化的密切影响。实践中，具体如何判断"死亡"，还涉及公众接受度、医学伦理和医学实践发展等问题。当前我国社会公众接受的死亡概念主要是心死亡。同时，脑死亡的诊断标准一定要结合中国的国情，不能照搬国外的标准。

　　确立脑死亡作为死亡标准的社会意义和价值在于如下方面。

1.减少医疗资源的浪费，减少患者家属与社会的治疗压力

我们活在一个现实的社会中，资源总是有限的。抢救脑死亡者的医疗资源消耗要比医治普通患者的医疗资源消耗多得多。毫无疑问，脑死亡标准的确立能减少相当数量的医疗花费。确认脑死亡观念和实施脑死亡法，可以适时终止无效的医疗救治，减少无意义的医疗资源消耗，合理使用有限资源。

2.为器官移植开辟广泛的前景

如果在法律上承认脑死亡为人的死亡，那么，医生就可以摘除脑死亡患者的心脏等主要器官，用于器官移植的。虽然随着人类医学的进步，器官移植手术得到了极大的发展，但是，由于心脏器官的特殊性，体内移植医学还不能将从心脏死亡患者体内摘除的心脏器官用于移植受体。如果承认脑死亡，实际上就大大提前了确立死亡的阶段，将心脏仍然可能处于跳动状态的脑死亡患者宣布为死亡，从而可以摘除跳动的心脏进行移植，而且，包括眼角膜在内的其他器官的存活和新鲜状态也将大大改善。可以说，脑死亡标准的确立，将为器官移植开辟广泛的前景。

3.减轻了患者家属等待和无望的痛苦，让患者"死"得有尊严

死亡是我们所有人都必定要经历的，如何看待死亡其实取决于我们如何看待生命。要理解死亡，先得认识生命。生命的可贵就在于只有一次，在价值上，所有的个体生命都同样宝贵和无价。医疗的根本目的也是以有限的价值呵护无价的生命。拯救每一个可挽回的生命是所有医生的共同理想，但生死总是相伴而来。当死亡降临时，我们应勇敢地承认和面对，这是对死亡的尊重，也是对生命本身的敬畏。此外，死亡还是一个法律概念，科学、准确地判断一个人的死亡时间，在司法工作中具有极其重要的意义。

> **知识拓展**

可能误诊脑死亡的原因

在下列情况下，患者可能会被误认为脑死亡，这种误诊通常源于临床评估中的复杂因素、潜在疾病的误解或不充分的诊断手段。

（1）药物或毒物的影响。如果患者使用了大量的镇静剂、麻醉药物或神经肌肉阻滞剂，这些药物会抑制神经反射和自主呼吸，导致患者看起来像是处于脑死亡状态。这类药物在体内代谢时间较长，尤其是当患者的肝脏或肾脏功能受损时，药物的代谢可能会减慢。

（2）身体因素。例如体温过低会抑制脑部活动，导致出现类似脑死亡的症状。低血糖、低钠血症等代谢紊乱也会影响脑功能，导致出现类似脑死亡的症状。

（3）检查过程中的问题。一方面，脑死亡的判定需要进行全面的神经系统检查，包括意识、脑干反射、呼吸等多个方面，如果评估不充分，可能会遗漏一些重要的信息，导致误判；另一方面，脑电图、体感诱发电位等辅助检查的结果需要由经验丰富的医生进行解读，如果医生的经验不足或资质不够，也可能会解读错误，导致误判。

（4）设备不足。在一些医疗条件较差的地区，可能缺乏进行脑电图、体感诱发电位等辅助检查的设备，这会增加误判的风险。

（5）观察期不足。有些患者在急性脑损伤后需要长时间的观察才能确认脑功能的不可逆性。如果在急性期过早诊断脑死亡，可能会导致误诊。例如，脑出血或脑梗死后的病情可能在数小时或数天内恶化，而不是立即表现出脑死亡的症状。因此，过短的观察期可能无法充分评估脑功能的恢复可能性。

（6）心理或法律压力。在某些情况下，由于心理或法律压力，医务人员可能会过早诊断脑死亡。特别是在器官捐献或其他医疗决策需要做出时，如果没有足够的时间和条件进行全面评估，可能会加快脑死亡的诊断过程，从而导致误判。

二、脑死亡立法的思考

20 世纪 70 年代，我国开始了脑死亡判定的理论研讨与临床实践，许多医学、法学、伦理学专家为在我国推广脑死亡概念，建立、推行脑死亡判定标准做了大量有益的工作，医学界、法学界、伦理学界对脑死亡概念取得了越来越多的共识。目前，我国已经建立了科学、规范的心脏死亡与脑死亡判定技术标准和流程。2012 年 3 月，卫生部成立脑损伤质控评价中心，组织知名专家开展脑损伤的评估研究，进一步完善了我国脑损伤临床判定规范流程，对原脑死亡判定标准进行修订，先后制定了《脑死亡判定标准与技术规范（成人质控版）》《脑死亡判定标准与技术规范（儿童质控版）》。同时对全国各有关医院的相关专家进行了分批次培训与考核，相关工作将在今后继续广泛展开。2017 年，国家卫生健康委员会根据近年来的临床实践及国际标准，进一步修订完善我国脑死亡判定标准和流程。可以说，我国医学界已从技术层面明确了临床实施脑死亡判定的标准及流程，从临床技术上判定脑死亡不存在障碍。

但是显然有关部门对脑死亡的提出还比较慎重。对于脑死亡标准的立法大家比较一致关注的问题如下。

1. 两种死亡标准应并存

鉴于我国的传统文化背景，对传统的死亡标准并不宜简单地废除，仍然有其适用必要。在边远及贫困地区，传统的死亡判断标准可谓简单易行、行之有效。

2. 制定严格的脑死亡诊断标准

鉴于我国的医疗实践，确定严格死亡标准非常必要，其内容包括以下三个方面。

（1）判定先决条件：昏迷原因明确；排除了各种原因的可逆性昏迷。

（2）临床判定标准：①深昏迷；②脑干反射消失；③无自主呼吸，依赖呼吸机维持通气，自主呼吸激发试验证实无自主呼吸。以上三项临床判定标准必须全部符合。

（3）确认试验标准：①脑电图（EEG）显示电静息；②短潜伏期体感诱发电位（SLSEP）：正中神经 SLSEP 显示双侧 N9 和（或）N13 存在，P14、N18 和 N20 消失；③经颅多普勒超声（TCD）显示颅内前循环和后循环血流呈振荡波、尖小收缩波或血流信号消失。以上三项确认试验至少两项符合。

3. 建立完善的脑死亡管理制度

脑死亡管理制度的重点应着重对进行脑死亡的诊断主体、程序等做出规定。

（1）脑死亡诊断医师的资格条件：脑死亡判定医师均为从事临床工作 5 年以上的执业医师（仅限神经内科医师、神经外科医师、重症医学科医师、急诊科医师和麻醉科医师），并经过规范化脑死亡判定培训。

（2）脑死亡判定时，至少 2 名临床医师同时在场（其中至少一名为神经科医师），分别判定，意见一致。

4. 明确相应法律责任

脑死亡立法应当明确规定违反脑死亡法律法规的法律责任，同时还应明确规定医生为了器官移植中器官新鲜的需要，当患者死亡诊断宣布后，不摘除死者身上的人工抢救装置而继续使用是否违法，究竟是对遗体的合理保存还是非法侵犯问题。

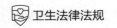
三、安乐死概述

（一）安乐死的概念与分类

安乐死是指对无法救治的患者停止治疗或使用药物，让患者无痛苦地死去。"安乐死"一词源于希腊文，意为无痛苦的、"幸福"（这取决于个人观点）的死亡。安乐死有广义和狭义之分。广义的安乐死是指它不是为了惩罚某人，或者为了保护他人而牺牲某人，而是作为对当事人的一种慈爱的行为来结束生命，是纯粹的解脱式的死亡方式，其中包含了自杀。狭义的安乐死是指，对于现代医学无可挽救的逼近死亡的患者，医生在患者本人真诚委托的前提下，为了减少患者难以忍受的剧烈痛苦，可以采取措施提前结束患者的生命，或者定义为对患有不治之症且极端痛苦的患者，在不违背真实意愿的前提下，出于对其死亡权利和个人尊严的尊重，为解除患者痛苦而由医务人员实施使其加速死亡的一种医疗行为。

按照安乐死的执行方式来分，可分为主动安乐死与被动安乐死两种类型。主动安乐死是指应患者本人要求，医生采取积极措施，如给药或其他方法，主动结束或加速结束患者痛苦的生命，使其安宁舒适地死去。被动安乐死是指应患者本人要求，停止或撤销治疗和抢救措施，任其自然死亡，即不以人为的方法延长患者的痛苦及死亡过程，仅仅给予减轻痛苦的支持治疗。相对而言，在社会和医学实践中，被动安乐死更容易被人们接受，主动安乐死的争议较大。

（二）安乐死的特征

安乐死与一般的死亡相比，应该具有这样几个特征。

1. 安乐死执行者的动机和意图必须是道德的

安乐死执行者的目的、意图和动机必须是"善意"的，是为了解除患者的痛苦，而且这种痛苦是指不堪等待自然死亡的身体上剧烈的痛苦而言。至于精神上的痛苦，如因失恋而精神沮丧、因贫困而厌世悲观等除外。

2. 安乐死必须由医务人员参与

安乐死的实质是帮助患者无痛苦地度过死亡阶段的医学干预措施，必须由医学专业人员参与实施。其他人如患者家属帮助实施导致患者死亡，不是医学伦理学所讨论的安乐死，而至多是仁慈杀人。

3. 安乐死的对象必须是在目前医学条件下身体品质无法复原的绝症患者

由于大多数绝症患者在病情晚期会承受剧烈的肉体疼痛折磨，并丧失做人的尊严和自由，毫无幸福可言。他们中会有人迫切要求结束自己的生命，以结束自己所承受的痛苦。安乐死实施对象的特殊性正是安乐死存在的必要性。

4. 安乐死必须是由患者或家属自己提出要求才可以实施

接受安乐死的患者，须由患者或家属自己提出要求。为了慎重，还要考察患者意愿的真实性和坚定性，并经过一定的等待期才可以实施安乐死。这是因为生命是神圣的，生命一去不复返，人们应该善待生命。

> **知识拓展**

中国"安乐死"第一案

1986 年的冬天，患者夏某因肝硬化晚期腹胀伴严重腹水住院治疗，入院当天，家属就收到了病危通知书，所幸治疗及时症状才有所缓解。

在这段住院治疗的日子里，夏某不止一次和儿子说过自己不想活的事情，而且医生也说了她的情况已经没有任何救治的可能，用再多的药也只是徒添痛苦，吊着一口气罢了。

于是，儿子和小女儿向院方提出想让母亲免受痛苦地离去，言下之意就是安乐死。但因为当时安乐死还没有相关立法支持，所以院方领导没有同意执行。后来他们又找到当时的主治医生，想让他帮忙安乐死结束母亲的生命。起初医生不同意，可碍于兄妹俩反复的哀求和对执行安乐死的坚决与坦然，医生最后答应了家属的请求，给夏某注射了复方氯丙嗪致其死亡，当时处方单上写着"安乐死，家属强烈要求"。

但事情并没有随着逝者离去而结束，因为患者夏某有 4 个子女，此次安乐死只有儿子和小女儿同意执行，其他两个女儿都不知情。为此，大女儿一纸诉状把当时的主治医生告上了法庭，理由是故意杀人！

案件审理过程中，当时签字的家属和医生都被多次逮捕，因为当时没有相关立法依据，审理过程非常焦灼，全程耗时 4 年，最终被判定为无罪，当庭释放。虽然程序无罪，但经此事后，不止医生被医院开除，患者儿子也因为给母亲安乐死饱受争议，被工作单位解雇。

近年来，关于"安乐死"的讨论屡次受到关注，不断有人大代表呼吁为安乐死立法。其实最早在 1988 年，安乐死的议题就出现在了人大代表议案中，之后每隔几年都会被重提一次。

安乐死合法化的热心支持者认为自主选择自己生命终点也是人身自由的体现。反对者却觉得这一想法太理想化，安乐死合法后肯定会带来可怕的"滑坡效应"。比如，怎么规范适合人群？绝症患者如果可以申请，那重度抑郁症等精神疾病的患者呢？符合条件但未成年呢？如果操作过程只需要获得医生、家属及本人同意，那怎么证明意愿没有被强迫或干扰？

死亡是一个复杂的话题，未来安乐死会不会合法？你怎么看？

四、我国有关安乐死的问题

在我国，由于安乐死的问题比较复杂，涉及道德、伦理、法律、医学等诸多方面，中国尚未为之立法。尽管社会上一直有人呼吁安乐死立法，但从我国传统伦理道德观念、客观实施环境以及现行法律障碍来看，都不具备实施安乐死的条件和时机。因此，我国对于安乐死还是持反对态度的，对实施积极的安乐死的行为，仍然构成故意杀人罪。既不能认为这种行为符合故意杀人罪的犯罪构成，也不宜根据《刑法》第 13 条宣告无罪。当然，量刑时可以从宽处罚。

国家卫生健康委关于政协十三届全国委员会第一次会议第 0157 号（医疗体育类 008 号）提案答复的函，关于安乐死问题：实施安乐死帮助患者结束生命，有助于免除患者临终难以忍受的痛苦，尊重患者选择死亡的权利，也减轻了患者家庭和社会的经济负担。但同时，相关医学、伦理学界对于安乐死存在较大争议。立法实施"安乐死"，需要社会伦理及前期相关立法支持，目前还存在较多困难。从医学、伦理学角度，有关专家提出以下几方面问题。

（一）医学伦理问题

不伤害原则是中国传统医学和现代医学均普遍遵循的医德原则。中国唐代名医孙思邈在《备急千金要方》中提到，"人命至重，有贵千金"；《希波克拉底誓言》是西方医学道德的规范，其中提到不伤害原则、保密原则等，已成为西方医德传统的核心。支持安乐死，与医务人员救死扶伤的神圣天职存在一定矛盾。

（二）医学问题

一方面，医学科学在不断发展和进步当中，很多过去认为不可治愈的疾病，目前已可以治愈或基本能控制症状，维持较好的生存状态。如结核、肿瘤、艾滋病等，经过早期、规范治疗，可以达到稳定病情的目的。不排除目前认为属于"绝症"的疾病，在不久的将来被攻克的可能。另一方面，现代医学对于很多疾病的认识仍然十分有限，我国不同地区之间医疗卫生发展水平差异较大，对于实施"安乐死"的标准难以准确把握。支持安乐死，可能造成医生放弃努力攻克"不治之症"的责任和决心，导致一些患者错过转危为安的机会，也不利于医学科研。

（三）公平性问题

一些患者，特别是贫困患者往往因经济原因，或出于为家庭、亲属减轻负担而寻求"安乐死"，并非"真正自愿"放弃生命。如对其实施"安乐死"则违背了医学伦理道德的公平性原则，一定程度上剥夺了贫困患者接受医疗服务的权利。很多时候，寻求安乐死也并非其家属的愿望。

另外，"人死不能复生"，死亡是不可逆转的过程，采用积极手段剥夺他人生命的问题，应当极其谨慎。不排除一些患者因痛苦"冲动"决定放弃生命，而"安乐死"过程一旦实施，则不可挽回。当前中国传统习俗、社会伦理道德，以及广大群众，特别是农村、基层群众整体上对于死亡的认识、对于"安乐死"的接受程度并不高。目前，行业内对于"安乐死"的有关政策持相对谨慎的态度。

对于晚期疾病痛苦难以忍受的问题，国家卫生健康委倡导积极采取措施，大力推进临终关怀工作。临终关怀，也称"安宁疗护""舒缓医疗"，主要是指为处在疾病终末期的患者，在临终前提供相应的医疗护理服务，减轻患者痛苦和不适，使他们能够平静、有尊严地离世。

我们应该把有限的医疗资源尽可能合理地使用到有价值的地方，这样才有利于社会的稳定和发展，符合社会主义道德规范。而现代医德注重价值，是否符合医德，应该用价值观念来评判。

（四）安乐死立法中的问题

安乐死是一个重大的伦理学和社会学问题，因此其立法更应严密无误。我国对安乐死的立法，在安乐死对象的条件和程序方面必须有严格的规定。

首先是安乐死对象的条件：①必须是不治之症；②濒临死亡；③肉体与精神正承受无法抑制的严重痛苦。以上条件应同时具备。年龄问题值得讨论。

其次是安乐死的程序。

1. 申请

由本人亲自书面提出专门申请，或在遗嘱中表明其意志并加以确认；特殊情况下可口头申请，并录音，或记录后由本人盖押指印。口头申请应有两名无利害关系者作为证人出具书面证明；对昏迷者由法定代表人提出书面申请。

2. 受理

县级以上医疗机构为受理机关，单位负责人为审查和批准的责任者，受理审查申请者的条件及由两名以上主管医生签字的病情证明材料。若批准应先报告公安机关备案。

3. 执行

申请批准后，由主管医护小组按规定的时间、地点、方式进行，待证明患者死亡后立即报告医疗机构负责人，由医疗机构在规定的时间内报告公安机关。在执行之前还应对患者或家属询问有无反悔或撤销申请的，若有，则应立即停止执行。

目前，关于安乐死有许多法律问题或伦理问题，但在实施过程中最多、最难处理的是子女或亲属间意见的分歧。法律不能规定只要患者本人申请即为有效，否则子女或亲属仍可能向法院提起诉讼。但为了尊重患者本人的意志，应规定在子女或亲属中确定一名法定代表人，医院或医生征询子女或亲属意见时，只对法定代表人，否则医院或医生将无法开展工作。

随着社会文明的进步，人口的膨胀和老龄化及疾病谱的变化，安乐死的立法问题一定会提到义事日程。

"糖丸爷爷"——顾方舟

你知道吗？有这样一位老人，用一颗小小的"糖丸"让千万中国孩子远离了小儿麻痹症病魔。他就是我国脊髓灰质炎疫苗研发生产的拓荒者顾方舟，也被人们亲切地称作"糖丸爷爷"。

顾方舟，浙江宁波人，1926年出生于上海市，著名的医学科学家、病毒学家、医学教育家。1957年，顾方舟正式开始了脊髓灰质炎的研究。从那时起，战胜脊髓灰质炎成了他毕生的事业。1960年底，首批500万人份疫苗生产成功，被送往全国11个城市。随着脊髓灰质炎疫情逐渐好转，中国孩子终于不用再活在小儿麻痹症的恐惧中。在疫苗推广中顾方舟发现了两个令人伤脑筋的问题：疫苗的储藏有不小的难度，孩子们不喜欢打针吃药。

随着研究的深入，顾方舟从孩子爱吃的糖果中找到了灵感，他和同事一起研制了"糖丸版"的中国疫苗，把打针吃药"变"成了吃"糖丸"。既便于保存和运输，还甜，孩子爱吃。

1990年，全国消灭脊髓灰质炎规划开始实施。2000年，"中国消灭脊髓灰质炎证实报告签字仪式"举行，当时74岁的顾方舟作为代表郑重签下了自己的名字。从无疫苗可用到消灭脊髓灰质炎，面对如此成就，顾方舟谦逊地说，我一生只做了一件事，就是做了一粒小小的"糖丸"。2019年，顾方舟逝世，"糖丸"疫苗甜甜凉凉的味道，将他和无数孩子的童年关联到了一起。

▶ 课堂实训

临终关怀案例分析

通过实训，使学生了解，一方面，医生的行为要体现对患者意愿的尊重和对患者痛苦的减轻，以符合医疗伦理；另一方面，在伦理与法律的冲突情况下，既要尊重患者的意愿、减轻患者的痛苦，又要保护生命权，防止滥用权力。

【实训情景】

患者张某，男，40 岁，胃痛十余年，反复发作。此次再次入院，经检查发现癌肿已扩散至肝、结肠、直肠等处。腹部包块逐日增大，白细胞下降至 $3.0 \times 10^9/L$，患者不能进食，极度衰竭，全靠输血、输液维持。患者不堪忍受病痛折磨，要求告诉真实病情，如不可治愈就放弃治疗，早日解脱病痛之苦。张某妻子也陷入难以决断的境地，医务人员意见也不统一。

问题：1. 该患者如放弃治疗是属于主动安乐死还是被动安乐死？

2. 临终关怀的道德意义是什么？

3. 结合临终关怀的护理伦理要求，对案例提出一些建议。

【实训目的】

让学生明白，在处理此类问题时，要在尊重患者意愿、保护生命权的前提下，寻求合理的解决方案，以实现医疗伦理与法律的和谐统一。

【实训准备】

1. 分组准备：教学班级按班级人数平均分成 6 组。

2. 场地准备：本班教室或实训室。

【实训操作】

1. 小组进行讨论分析并推举一个人上台作报告。

2. 作报告小组回答其他小组的提问。

3. 根据其他小组的提问完善报告。

【实训评价】

1. 积极参加讨论，踊跃发言。

2. 分析要求有理有据。

【注意事项】

1. 注意分组的合理性。

2. 注意课堂纪律。

3. 注意问题记录。

【实训作业】

2016 年 1 月，李某某因患癌症晚期，病情恶化，痛苦不堪。在经过多次化疗无效后，李某某和家人向医生提出了安乐死的请求。在得到医院伦理委员会的批准后，医生为李某某实施了安乐死。然而，这一行为很快被当地警方发现，李某某的家人也因此被刑事拘留。

问题：1. 安乐死是否符合法律规定？

2. 医生实施安乐死是否构成犯罪？

3. 如何平衡患者自主权和法律限制？

模块八

卫生法律救济

学习目标

知识目标：1. 掌握卫生法律救济的概念、途径，卫生行政复议，卫生行政诉讼。
2. 熟悉卫生民事诉讼、卫生刑事诉讼的基本知识。
3. 了解卫生民事诉讼、卫生刑事诉讼的法律规定。

能力目标：1. 能够了解医疗卫生相关法律法规，明确自己在医疗卫生工作中享有的权利和义务。
2. 能够正确履行岗位职责，遵纪守法，监督执法，抵御违法行为。

素质目标：1. 培养医学生具有卫生法律法规专业知识的能力，达到现代医疗卫生人才的基本要求。
2. 培养兼具医疗卫生专业素养和法律常识的高素质复合型医务人才。

学习导航

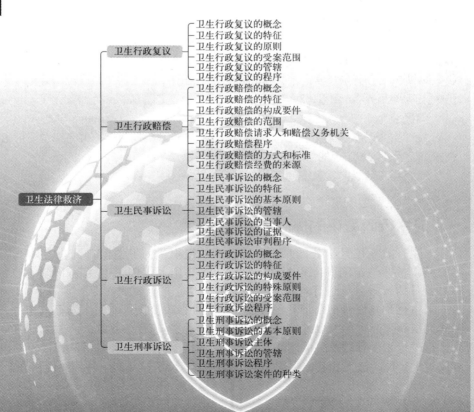

在实施卫生监督管理的过程中，难免就卫生执法主体所作出的具体卫生行政行为的合法性、适当性及赔偿问题产生一些行政争议。解决这些争议，国家为卫生行政相对人设定了救济制度。卫生救济制度，既是对卫生执法主体实施群众监督、层级监督与司法监督的一种法律机制，也是保护卫生行政管理相对人合法权益的有效方式。

卫生法律救济是指公民、法人或者其他组织认为自己或他人的合法权益受到损害时，请求有关国家机关给予补救的法律制度的总称。其主要特征是：①卫生法律救济是对权利所进行的救济；②卫生法律救济是对受到的损害所实施的救济；③卫生法律救济一般应在法律上形成某种制度；④卫生法律救济一般是事后的救济。卫生法律救济有利于保护卫生法律关系主体的合法权益、维护卫生法律的权威、促进卫生行政部门依法行政和推进卫生法制建设。

卫生法律救济的途径是指通过何种法律途径实现救济，即公民、法人或者其他组织认为自己或他人的合法权益受到损害时，通过何种途径、何种程序从法律上实现救济。我国现有的卫生法律救济途径主要是行政复议、行政诉讼、民事诉讼、刑事诉讼等。

单元一　卫生行政复议

◁ 案例引入

张某是非遗代表性项目传承人，2017年被批准为市级第五批非物质文化遗产《传统医药》项目代表性传统整脊项目者，2019年被认定为非遗代表性项目传承人，2021年3月传统整脊被某市非遗办推荐为某省第六批非遗《传统医药》代表性项目，现已通过认证，颁发牌匾，2021年8月，被推荐为某省非遗代表性项目传承人。

2021年3月，患者邓某主诉腰椎疼痛在张某处进行按摩保健。其间，张某在其髌骨后局部注射维生素 B_{12}。5月，邓某因不满张某的治疗效果与其发生争议，其后邓某报警。2021年5月27日，某区卫生行政部门执法人员在涉案现场检查发现医疗器械和4盒维生素 B_{12} 针剂、6盒盐酸利多卡因针剂。5月31日现场检查发现存放其他药品143盒。张某为患者邓某进行维生素 B_{12} 局部注射，收取邓某3070元治疗费。2021年8月19日下午，某区卫生行政部门做出《行政处罚决定书》，责令张某停止注射、牵引等医疗活动，没收药品、医疗器械，并处罚款人民币50 000元整。

问题：

1. 如果张某认为某区卫生行政部门做出的《行政处罚决定书》有错误，那么张某应当通过何种救济途径去维护自己的合法权益？

2. 在司法实践中，你还知道哪些救济途径？

一、卫生行政复议的概念

卫生行政复议是指公民、法人或者其他组织认为卫生行政机关的具体行政行为侵犯其合法权益，按照法定的程序和条件向复议机关提出复议申请，受理申请的复议机关依照法定程序对该具体行政行为进行审查，并做出复议决定的活动。

卫生行政复议包括以下几层含义：①卫生行政复议只能由作为行政相对人的公民、法人或者其他组织提起，除此以外，任何其他主体不得提起行政复议；②卫生行政复议权只能由做出具体行政行为的行政机关的本级人民政府、上一级行政机关或者法律授权的组织行使；③行政复议对于公民、法人和其他组织而言，是维护其合法权益的一种程序性权利，不得被非法剥夺；

但公民、法人或者其他组织可以自主处分自己的程序性权利，既可以提起行政复议，也可以放弃提起行政复议；④卫生行政复议的对象原则上只能是卫生行政机关做出的具体行政行为。

行政复议作为行政机关处理行政争议的法律制度，普遍为世界各国所采用。只是在各国的法律规范中的称谓不同，有称之为行政不服审查的，有称之为行政申诉、行政上诉的，等等。我国近代法律中曾有过行政诉愿的称谓，中华人民共和国成立以后的法律、法规称之为行政申诉、行政复查和行政复议。为了防止和纠正违法的或者不当的具体行政行为，保护公民、法人和其他组织的合法权益，保障和监督行政机关依法行使职权，1999 年 4 月 29 日第九届全国人民代表大会常务委员会第九次会议通过了《中华人民共和国行政复议法》（简称《行政复议法》），并自 1999 年 10 月 1 日起施行。2009 年 8 月 27 日第十一届全国人民代表大会常务委员会第十次会议对《行政复议法》进行修正。2017 年 9 月 1 日第十二届全国人民代表大会常务委员会第二十九次会议对《行政复议法》进行了第二次修正。为进一步发挥行政复议制度在解决行政争议、建设法治政府和构建社会主义和谐社会中的作用，国务院颁布了《中华人民共和国行政复议法实施条例》，自 2007 年 8 月 1 日起施行。2023 年 9 月 1 日第十四届全国人民代表大会常务委员会第五次会议对《行政复议法》进行了修正。

二、卫生行政复议的特征

卫生行政复议是一种具有行政、司法、内部监督等多重性的活动，即行政复议以准司法的方式来审理特定的行政争议。行政复议既不完全等同于行政行为，又不完全等同于司法活动，它是集行政与司法、监督于一体的特殊行政行为，这主要表现在以下三个方面。

（一）卫生行政复议的行政性

行政复议表现为国家行政机关按照行政职权或者行政上下级的监督关系，直接地、单方面地行使行政权力的行为。无论是行政复议的主体，还是行政复议的内容，都体现着行政行为的属性。

（二）卫生行政复议的准司法性

卫生行政复议的准司法性是指有行政复议权的行政机关借用法院审理案件的某些方式来审查行政争议，即行政复议机关作为中立的第三人对做出原具体行政行为的行政部门和行政相对人之间的行政争议进行审查并做出裁决，保持必要的相对独立性和公正性。

（三）卫生行政复议的内部监督性

卫生行政复议是卫生行政系统内部的行政机关对下级或所属的行政机关做出的违法或不当的具体行政行为实施的一种纠错行为，不同于法院通过行政诉讼审查行政机关具体行政行为合法性的司法审查制度。行政复议兼顾效率和公正，以适应卫生行政管理的需求。

三、卫生行政复议的原则

行政复议机关履行行政复议职责，应当遵循合法、公正、公开、高效、便民、为民的原则，坚持有错必纠，保障法律、法规的正确实施。

四、卫生行政复议的受案范围

行政复议范围也称行政复议的受案范围。根据《行政复议法》的规定，有下列情形之一的，公民、法人或者其他组织可以依照本法申请行政复议：①对行政机关作出的行政处罚决定不服；②对行政机关作出的行政强制措施、行政强制执行决定不服；③申请行政许可，行政机关拒绝或者在法定期限内不予答复，或者对行政机关作出的有关行政许可的其他决定不服；④对行政机关作出的确认自然资源的所有权或者使用权的决定不服；⑤对行政机关作出的征收征用决定及其补偿决定不服；⑥对行政机关作出的赔偿决定或者不予赔偿决定不服；⑦对行政机关作出的不予受理工伤认定申请的决定或者工伤认定结论不服；⑧认为行政机关侵犯其经营自主权或者农村土地承包经营权、农村土地经营权；⑨认为行政机关滥用行政权力排除或者限制竞争；⑩认为行政机关违法集资、摊派费用或者违法要求履行其他义务；⑪申请行政机关履行保护人身权利、财产权利、受教育权利等合法权益的法定职责，行政机关拒绝履行、未依法履行或者不予答复；⑫申请行政机关依法给付抚恤金、社会保险待遇或者最低生活保障等社会保障，行政机关没有依法给付；⑬认为行政机关不依法订立、不依法履行、未按照约定履行或者违法变更、解除政府特许经营协议、土地房屋征收补偿协议等行政协议；⑭认为行政机关在政府信息公开工作中侵犯其合法权益；⑮认为行政机关的其他行政行为侵犯其合法权益。

公民、法人或者其他组织认为行政机关的行政行为所依据的规范性文件不合法，在对行政行为申请行政复议时，可以一并向行政复议机关提出对该规范性文件的附带审查申请。

五、卫生行政复议的管辖

行政复议的管辖是指各行政复议机关在受理行政复议案件上的具体分工。根据《行政复议法》的规定，卫生行政复议的管辖包括以下几种情况。

（1）县级以上地方各级人民政府管辖的行政复议案件：①对本级人民政府工作部门作出的行政行为不服的；②对下一级人民政府作出的行政行为不服的；③对本级人民政府依法设立的派出机关作出的行政行为不服的；④对本级人民政府或者其工作部门管理的法律、法规、规章授权的组织作出的行政行为不服的。

除上述规定外，省、自治区、直辖市人民政府同时管辖对本机关作出的行政行为不服的行政复议案件。省、自治区人民政府依法设立的派出机关参照设区的市级人民政府的职责权限，管辖相关行政复议案件。

对县级以上地方各级人民政府工作部门依法设立的派出机构依照法律、法规、规章规定，以派出机构的名义作出的行政行为不服的行政复议案件，由本级人民政府管辖；其中，对直辖市、设区的市人民政府工作部门按照行政区划设立的派出机构作出的行政行为不服的，也可以由其所在地的人民政府管辖。

（2）国务院部门管辖的行政复议案件：①对本部门作出的行政行为不服的；②对本部门依法设立的派出机构依照法律、行政法规、部门规章规定，以派出机构的名义作出的行政行为不服的；③对本部门管理的法律、行政法规、部门规章授权的组织作出的行政行为不服的。

（3）对省、自治区、直辖市人民政府依照本法规定、国务院部门依照本法规定作出的行政复议决定不服的，可以向人民法院提起行政诉讼；也可以向国务院申请裁决，国务院依照本法的规定作出最终裁决。

（4）对海关、金融、外汇管理等实行垂直领导的行政机关、税务和国家安全机关的行政行为不服的，向上一级主管部门申请行政复议。

（5）对履行行政复议机构职责的地方人民政府司法行政部门的行政行为不服的，可以向本级人民政府申请行政复议，也可以向上一级司法行政部门申请行政复议。

（6）公民、法人或者其他组织申请行政复议，行政复议机关已经依法受理的，在行政复议期间不得向人民法院提起行政诉讼。公民、法人或者其他组织向人民法院提起行政诉讼，人民法院已经依法受理的，不得申请行政复议。

典型案例

行政复议申请人：王某，男，45岁，是A省A市A区居民。被申请人：A市卫生局。

申请人王某于2003年4月30日在A市市立医院做骨外科手术失败。实施手术者为张某。

张某，2001年大学毕业后到A市市立医院骨外科工作，2002年9月参加了全国医师资格考试，成绩合格，2002年12月1日获得执业医师资格，2003年底领到执业医师资格证书，但未进行医师注册。王某多次要求A市市立医院及张某进行人身损害赔偿未果。2004年6月7日王某向被申请人A市卫生局请求认定张某诊疗行为是非法行医。A市卫生局于2004年7月15日给予书面答复，认为张某直到2003年底才拿到执业医师资格证书是因为证件制作、上报验印致使发证时间延迟，因此不能认定张某诊疗行为是非法行医。王某不服，于2004年7月20日向A省卫生厅提出行政复议申请，以张某没有医师执业证书、不能单独实施医疗手术为由，请求撤销A市卫生局作出的不能认定张某诊疗行为是非法行医的答复。

A省卫生厅接到申请人王某的行政复议申请以后，经过审查，于2004年7月23日受理了此案，向王某寄发了受理通知书，同时向A市卫生局寄发了提出答复通知书，要求A市卫生局在接到通知书之日起10日内提交书面答辩，并提交当初作出具体行政行为的证据、依据。

A市卫生局于2004年8月5日向A省卫生厅提交了书面答复意见及相关证据材料，认为张某未能向卫生行政部门申请执业注册是因为当时正处于"非典"的特殊时期，属于不可抗力，A市卫生局对此没有解释权。张某实施手术有上级医师台下指导，不属于单独执业。

A省卫生厅经过书面审理，于2004年9月22日做出行政复议决定，撤销A市卫生局作出的不能认定张某诊疗行为非法行医的答复。

案例分析：根据我国《行政复议法》第2条和第9条的规定，只要公民、法人或者其他组织人为具体行政行为侵犯其合法权益，就可以提出行政复议申请。《行政复议法》第6条以列举的方式明确了行政复议范围。从中可以看出，行政复议是针对具体行政行为而言的。

本案是否属于行政复议范围，关键看A市卫生局的答复是否属于具体行政行为。具体行政行为，是相对于抽象行政行为而言的，是国家行政机关依法就特定事项对特定的公民、法人和其他组织权利义务作出的单方行政职权行为。从类型上讲，行政机关依法裁决公民、法人或者其他组织之间权益争议的活动称为行政裁决，行政裁决是具体行政行为的一种。A市卫生局对王某和A市市立医院的医患纠纷作出认定答复是行政裁决，也就是一种具体行政行为，这种行为属于行政复议范围，应予受理。

我国《中华人民共和国执业医师法》第14条第2款规定：未经医师注册取得执业证书，不得从事医师执业活动。本案中，张某虽然于2002年12月1日取得了执业医师资格，但是并没有进行医师注册取得执业证书，因此按照法律规定不能从事医师执业活动。

《卫生部关于取得医师资格但未经执业注册的人员开展医师执业活动有关问题的批复》（卫政法发〔2004〕178号）中规定：取得医师资格但未经医师注册取得执业证书而从事医师执业活动的人员在行医过程中造成患者人身损害的，按照《医疗事故处理条例》第61条的规定处理。《医疗事故处理条例》第61条规定：非法行医，造成患者人身损害，不属于医疗事故，触犯刑律的，依法追究刑事责任；有关赔偿，由受害人直接向人民法院提起诉讼。

根据以上法律规定，可以得出明确结论，张某在无医师执业证书的情况下为王某施行了医疗手术，手术失败，张某的医疗行为应认定为非法行医。

六、卫生行政复议的程序

行政复议程序是指行政机关进行行政复议活动所必须遵循的时限、方式和步骤。根据《行政复议法》的规定，卫生行政复议程序可以分为五个阶段：申请、受理、审理、决定和执行。

（一）申请

复议的申请是指个人或组织认为行政机关的行政行为侵犯了其合法权益，依法要求复议机关对行政行为进行审查和处理，以保护自己合法权益的一种意思表示。申请是卫生行政复议必经阶段，也是卫生行政复议的启动程序。

1. 申请人

根据《行政复议法》规定，申请行政复议的公民、法人或者其他组织是申请人。

2. 申请期限

申请行政复议的期限是指复议申请人提出复议申请的法定有效期限。根据《行政复议法》规定，公民、法人或者其他组织认为卫生行政机关的具体行政行为侵犯其合法权益的，可以自知道该行政行为之日起 60 日内提出行政复议申请，但是法律规定的申请期限超过 60 日的除外。

行政复议的申请期限是从申请人知道行政行为之日起算。所谓"知道行政行为之日"，是指行政管理相对人通过法定途径或方式，明确知悉行政行为已经做出，并了解了行政行为内容的时间。

作为行政管理相对人应严格遵守《行政复议法》规定的申请时限，在该期限内提出行政复议申请，有效地保护自己的权益。为了充分保护行政管理相对人的权益，《行政复议法》规定了当遇有某些特殊情况时，可以适当地延长行政复议申请期限。根据《行政复议法》规定："因不可抗力或者其他正当理由耽误法定申请期限的，申请期限自障碍消除之日起继续计算。"当不可抗力或其他正当理由消除之后，申请期限自障碍消除之日起继续计算，继续计算不是重新计算，而是把因法定障碍耽误的时间进行补充。

3. 申请方式

行政复议的申请方式是指行政复议申请人向复议机关提出行政复议请求，表达行政复议意愿的具体形式。根据《行政复议法》的规定，申请人申请行政复议，可以书面申请；书面申请有困难的，也可以口头申请。口头申请的，卫生行政复议机关应当当场记录申请人的基本情况、行政复议请求以及申请行政复议的主要事实、理由、时间。

（二）受理

卫生行政复议的受理是指行政复议机关在收到公民、法人或者其他组织的行政复议申请后，对复议申请进行审查，对符合条件的申请予以立案的活动。申请人提出行政复议申请并不会必然产生复议的法律后果。只有符合法定条件的申请，行政复议机关立案受理后，复议机关才予以进一步审理。行政复议机关收到行政复议申请后，应当在 5 日内进行审查，对不符合法律规定的行政复议申请，决定不予受理，并书面告知申请人。法律、法规规定应当先向卫生行政复议机关申请行政复议、对行政复议决定不服再向人民法院提起行政诉讼的，卫生行政复议机关不予受理、驳回申请或者受理后超过行政复议期限不作答复的，公民、法人或者其他组织可以自收到不予受理决定书之日起或者行政复议期满之日起 15 日内，依法向人民法院提起行政诉讼。

（三）审理

行政复议的审理是指行政复议机关受理行政复议申请后，对被申请的行政行为及附带提出的抽象行政行为进行全面审查的活动。它是行政复议的关键，也是行政复议程序的核心。卫生行政复议原则上采取书面审查的办法，但是申请人提出要求或者行政复议机关认为必要时，可以向有关组织和人员调查情况，听取申请人、被申请人和第三人的意见。

复议审查的范围要比行政诉讼审查的范围宽泛，它既审查具体行政行为，也审查行政行为依据的抽象行政行为；既审查行政行为的合法性，也审查行政行为的适当性。行政复议机关审理复议案件，应以法律、法规、规章以及上级行政机关依法制定和发布的具有普遍约束力的决定、命令为依据。

卫生行政复议期间行政行为不停止执行，但是在下列情况下可以停止执行：①被申请人认为需要停止执行的；②行政复议机关认为需要停止执行的；③申请人、第三人申请停止执行，行政复议机关认为其要求合理，决定停止执行的；④法律、法规、规章规定停止执行的其他情形。

（四）决定与送达

1. 决定

行政复议决定是行政复议机关在对被申请的具体行政行为进行审理后做出的具有法律效力的决定。卫生行政复议机关应当自受理申请之日起 60 日内做出行政复议决定，但是法律规定的行政复议期限少于 60 日的除外。情况复杂，不能在规定期限内做出行政复议决定的，经批准可延长期限，但是最多不超过 30 日。行政复议机关在对被申请人作出的行政行为进行宣查时，认为其依据不合法，本机关有权处理的，应当在 30 日内依法处理。无权处理的，应当在 7 日内按照法定程序转送有权处理的行政机关依法处理。

复议机关经审理，应当按不同情况依法做出决定，并制作复议决定书：①具体行政行为认定事实清楚、证据确凿、适用依据正确、程序合法、内容适当的决定维持；②被申请人不履行法定职责的，行政复议机关决定其在一定期限内履行；③行政行为有下列情形之一的，行政机关决定撤销或者部分撤销该行政行为违法可以责令被申请人在一定期限内重新做出具体行政行为：主要事实不清或证据不足的；适用依据不合法的；违反法定程序的；超越或者滥用职权的。卫生行政复议机关责令被申请人重新做出具体行政行为的，被申请人不得以同一事实和理由作出与被申请行政复议的行政行为相同或者基本相同的具体行政行为，但是行政复议机关以违反法定程序为由决定撤销或者部分撤销的除外。

2. 送达

行政复议决定的送达是指行政复议机关依照法定程序和方式，将行政复议决定书送交行政复议当事人的活动。送达是行政复议程序中的重要程序，它直接决定着行政复议决定是否产生法律效力。

（五）执行

行政复议决定的执行是指使已生效的行政复议决定的内容得以实现的活动。卫生行政复议决定书一经送达，即具有法律效力。被申请人不履行或者无正当理由拖延履行行政复议决定书、调解书、意见书的，行政复议机关或者有关上级卫生行政机关应当责令其限期履行，并可以约谈被申请人的有关负责人或者予以通报批评。申请人、第三人逾期不起诉又不履行行政复议决定书、调解书的，由行政机关、行政复议机关强制执行或者申请人民法院强制履行。

单元二 卫生行政赔偿

> ◁ **案例引入**
>
> 　　某省 A 市 B 区市场监督管理局在某医疗器械商贸有限公司一处医疗器械贮存场所检查时发现大量第二类、第三类医疗器械，在没有经过许可备案核实的情况下，执法人员对贮存大量第二类、第三类医疗器械的场所进行查封，随后 B 区市场监督管理局决定对该医疗器械商贸有限公司做出行政罚款 50 000 元的行政处罚决定。该医疗器械商贸有限公司不服此行政处罚决定，遂向 A 市 B 区人民法院提起行政诉讼，要求撤销 A 市 B 区市场监督管理局作出的《行政处罚决定书》，A 市 B 区人民法院经过审理查明，依法作出撤销 A 市 B 区市场监督管理局作出的《行政处罚决定书》的判决，A 市 B 区市场监督管理局没有提出上诉。
> 　　**问题：**
> 　　1. 该医疗器械商贸有限公司能否提出卫生行政赔偿？
> 　　2. 本案例中，行政机关是否应承担赔偿责任？

一、卫生行政赔偿的概念

　　卫生行政赔偿是指卫生行政机关及其工作人员违法行使职权，侵犯公民、法人或者其他组织的合法权益并造成损害，由行政主体给予赔偿的法律制度。卫生行政赔偿实质是国家赔偿的一部分。

　　我国于 20 世纪 80 年代开始就逐步建立了行政赔偿制度。当时的《中华人民共和国民法通则》（已失效）和试行的《民事诉讼法》都有相关的规定。1990 年实施的《中华人民共和国行政诉讼法》（以下简称《行政诉讼法》）规定，行政相对人可以在行政诉讼中提起赔偿请求，使行政赔偿制度得到进一步确立。但是行政诉讼法以及相关的法律、法规、规章和司法解释的规定都比较简单且缺乏可操作性。为保障公民、法人和其他组织享有依法取得国家赔偿的权利，促进国家机关依法行使职权，1994 年 5 月 12 日第八届全国人民代表大会常务委员会第七次会议通过了《中华人民共和国国家赔偿法》（简称《国家赔偿法》），2010 年 4 月 29 日第十一届全国人民代表大会常务委员会第十四次会议、2012 年 10 月 26 日第十一届全国人民代表大会常务委员会第二十九次会议，又分别对《国家赔偿法》进行了两次修正。

二、卫生行政赔偿的特征

　　（1）卫生行政赔偿是卫生行政机关及其工作人员在执行公务时所做出的行政行为违法，给卫生管理相对人造成损害而发生的赔偿。

　　（2）卫生行政机关是卫生行政侵权损害责任的承担者。

　　（3）卫生行政机关对于因故意或重大过失给卫生行政管理相对人造成侵权损害的工作人员有追偿权。

　　（4）卫生行政侵权赔偿以支付赔偿金为主要方式，但管理相对人也可以同时或单独请求做出处理决定的卫生行政机关承认错误、赔礼道歉、恢复名誉、消除影响、返还权益及其他赔偿形式承担责任。

　　（5）根据《行政诉讼法》规定，卫生行政赔偿可以适用调解。

三、卫生行政赔偿的构成要件

（1）侵权主体：侵害权利的主体必须是行使国家卫生管理职权的卫生行政机关，法律、法规授权组织以及受委托行使行政职权的组织及其工作人员。

（2）有损害事实存在：国家承担行政赔偿责任以有损害事实的存在为前提，仅有违法行为是不足以导致行政赔偿的，要想引起行政赔偿必须有损害事实的存在，无损害则无赔偿。

（3）卫生行政行为违法：这里的违法既包括程序上的违法，也包括实体上的违法；既包括形式上的违法，也包括内容上的违法；既包括作为的违法，也包括不作为的违法。

（4）行政违法行为与损害事实之间有因果关系：损害结果必须是卫生行政机关及其卫生监督管理人员违法行使职权的行为所造成的，两者有因果关系。没有因果关系，卫生行政机关不承担赔偿责任。

（5）必须有法律的明确规定：致害行为必须是法律明确规定的应当承担行政赔偿责任的行为，如果致害行为是法律规定可以免责的行为，则受害人不能请求赔偿。如国防、外交等国家行为，制定规章等抽象行政行为。

四、卫生行政赔偿的范围

卫生行政赔偿范围是指国家对卫生行政机关及其工作人员在行使行政职权时，对哪些行政行为给公民、法人或者其他组织的合法权益造成了损害应给予赔偿。行政赔偿范围的确定，明确了受害人行政赔偿请求权的范围、行政赔偿义务机关履行赔偿义务的范围以及人民法院对行政赔偿案件行使审判权的范围。根据《国家赔偿法》的规定，国家予以赔偿的侵权行为包括以下两大类。

（一）侵犯人身权

行政机关及其工作人员在行使行政职权时有下列侵犯人身权情形之一的，受害人有取得赔偿的权利：①违法拘留或者违法采取限制公民人身自由的行政强制措施的；②非法拘禁或者以其他方法非法剥夺公民人身自由的；③以殴打、虐待等暴力行为或者唆使、放纵他人以殴打、虐待等行为造成公民身体伤害或者死亡的；④违法使用武器、警械造成公民身体伤害或者死亡的；⑤造成公民身体伤害或者死亡的其他违法行为。

（二）侵犯财产权

行政机关及其工作人员在行使行政职权时有下列侵犯财产权情形之一的，受害人有取得赔偿的权利：①违法实施罚款、吊销许可证和执照、责令停产停业、没收财物等行政处罚的；②违法对财产采取查封、扣押、冻结等行政强制措施的；③违法征收、征用财产的；④造成财产损害的其他违法行为。

根据《国家赔偿法》的规定，属于下列情形之一的，国家不承担赔偿责任：①行政机关工作人员与行使职权无关的个人行为；②因公民、法人和其他组织自己的行为致使损害发生的；③法律规定的其他情形。

五、卫生行政赔偿请求人和赔偿义务机关

（一）赔偿请求人

赔偿请求人又称为"赔偿诉讼的原告"，即以自己的名义，就自身合法权益受到卫生行政机关及其工作人员的不法侵害造成实际损失而依法请求国家予以赔偿的公民、法人和其他

组织。根据我国《国家赔偿法》规定，赔偿请求人包括以下三种。

1. 公民

公民是指具有一国国籍的自然人，包括中国公民和外国公民。受行政侵权行为损害的任何公民在实体上都具有行政赔偿请求人的资格，实践中由于具体情况的不同，作为行政赔偿请求人的公民又可分为以下几种情况。

（1）受害的公民是行政违法侵权行为的受害者，其作为行政赔偿请求人是世界各国的通例。根据《国家赔偿法》第40条的规定，外国人、外国企业和组织在中华人民共和国领域内要求中华人民共和国国家赔偿的，适用本法。外国人、外国企业和组织的所属国对中华人民共和国公民、法人和其他组织要求该国国家赔偿的权利不予保护或者限制的，中华人民共和国与该外国人、外国企业和组织的所属国实行对等原则。

（2）受害的公民是限制行为能力人或无行为能力人，其法定代理人可以代为行使行政赔偿请求权。限制行为能力人或无行为能力人的法定代理人就是他们的监护人。

（3）受害的公民死亡的，其继承人和其他有扶养关系的亲属可以成为赔偿请求人。这里的继承人既包括遗嘱继承人也包括法定继承人，当继承人为多人时，根据《民法典》规定的继承顺序进行。

2. 法人

法人是指具有民事权利能力和民事行为能力，依法独立享有民事权利和承担民事义务的组织。根据《国家赔偿法》的规定，作为行政赔偿请求人的法人具体包括以下两种情况。

（1）受侵害的法人，即其合法权益受到行政行为损害的法人，包括中国法人和外国法人。同样根据对等原则，外国法人的所属国对中国法人的行政赔偿权予以限制或不予保护的，我国将给予同样的限制。

（2）受害的法人终止的，承受其权利的法人或组织是赔偿请求人。法人终止的原因主要有依法被取缔、撤销、破产、合并、分立等。法人终止后，赔偿请求人资格转移给承受其权利的法人或组织。

3. 其他组织

其他组织是指合法成立但不具备法人的成立条件，没有取得法人资格的社会组织。其他组织的合法权益受法律的保护，当其他组织的合法权益受到行政侵权行为损害时，赔偿请求人是受害的其他组织。受害的其他组织终止的，其请求人资格转移的情形与法人相同。

（二）赔偿义务机关

行政赔偿义务机关与行政赔偿责任主体不同，行政赔偿责任主体是国家，赔偿责任最终由国家承担，但国家是一个抽象的政治实体，受害人无法直接请求抽象的国家承担具体的赔偿义务，因而在许多国家立法中采取国家责任、机关赔偿，我国采用的即是此种制度。赔偿义务机关，是做出卫生违法行为的卫生行政机关或法律、法规授权的组织。两个以上卫生行政机关共同行使行政职权时侵犯公民、法人和其他组织的合法权益造成损害的，共同行使卫生行政职权的行政机关为共同赔偿义务机关。受卫生行政机关委托的组织或个人做出合法权益损害行为，委托的卫生行政机关为赔偿义务机关。经复议机关复议的，最初造成侵权行为的卫生行政机关为赔偿义务机关，但复议决定加重损害的，复议机关对加重损害的部分履行赔偿义务。赔偿义务机关被撤销的，继续行使其职权的卫生行政机关为赔偿义务机关；没有继续行使其职权的行政机关的，撤销该赔偿机关的行政机关为赔偿义务机关。

六、卫生行政赔偿程序

卫生行政赔偿程序是指赔偿请求人请求行政赔偿以及卫生行政机关和人民法院处理行政赔偿案件的整个过程。

（一）行政赔偿程序的类型

1. 单独请求行政赔偿的程序

赔偿请求人没有提出其他行政诉讼的请求，单独就行政赔偿提出请求和诉讼。单独要求卫生行政机关赔偿的，赔偿申请人必须先向卫生行政赔偿义务机关提出，并按照法律规定递交行政赔偿申请书，卫生行政赔偿义务机关应当自收到赔偿请求人提交的行政赔偿申请书之日起 2 个月内依法作出给予行政赔偿或者不给予行政赔偿的决定，赔偿义务机关逾期不予赔偿或者请求人对赔偿数额有异议，赔偿请求人可以在期限届满之日起 3 个月内向人民法院提起诉讼，由人民法院按行政诉讼程序审理。

2. 附带请求行政赔偿的程序

行政相对人在提起行政复议或行政诉讼的同时一并提出行政赔偿请求的，适用行政复议或行政诉讼程序。

（二）申请赔偿的时效

赔偿请求人请求国家赔偿的时效为 2 年，自其知道或者应当知道国家机关及其工作人员行使职权时的行为侵犯其人身权、财产权之日起计算，但被羁押等限制人身自由期间不计算在内。在申请行政复议或者提起行政诉讼时一并提出赔偿请求的，适用《行政复议法》《行政诉讼法》有关时效的规定。赔偿请求人在赔偿请求时效的最后 6 个月内，因不可抗力或者其他障碍不能行使请求权的，时效中止。从中止时效的原因消除之日起，赔偿请求时效期间继续计算。

七、卫生行政赔偿的方式和标准

根据《国家赔偿法》的规定，国家赔偿以支付赔偿金为主要方式。能够返还财产或者恢复原状的，予以返还财产或者恢复原状。有本法第 3 条和第 17 条规定情形之一，致人精神损害的，应当在侵害行为影响的范围内，为受害人消除影响、恢复名誉、赔礼道歉；造成严重后果的，应当支付相应的精神损害抚慰金。

（一）侵犯公民人身自由

每日赔偿金按照国家上年度职工日平均工资计算。

（二）侵犯公民生命健康权

赔偿金按照下列规定计算：①造成身体伤害的，应当支付医疗费、护理费以及赔偿因误工减少的收入。减少的收入每日的赔偿金按照国家上年度职工日平均工资计算，最高额为国家上年度职工年平均工资的 5 倍；②造成部分或者全部丧失劳动能力的，应当支付医疗费、护理费、残疾生活辅助器具费、康复费等因残疾而增加的必要支出和继续治疗所必需的费用，以及残疾赔偿金。残疾赔偿金根据丧失劳动能力的程度，按照国家规定的伤残等级确定，最高不超过国家上年度职工年平均工资的 20 倍。造成全部丧失劳动能力的，对其扶养的无劳动能力的人，还应当支付生活费；③造成死亡的，应当支付死亡赔偿金、丧葬费，总额为国家上年度职工年平均工资的 20 倍。对死者生前扶养的无劳动能力的人，还应当支付

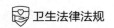

生活费。

（三）侵犯公民、法人和其他组织的财产权造成损害

按照下列规定处理：①处罚款、罚金、追缴、没收财产或者违法征收、征用财产的，返还财产；②查封、扣押、冻结财产的，解除对财产的查封、扣押、冻结，造成财产损坏或者灭失的，依照规定赔偿；③应当返还的财产损坏的，能够恢复原状的恢复原状，不能恢复原状的，按照损害程度给付相应的赔偿金；④应当返还的财产灭失的，给付相应的赔偿金；⑤财产已经拍卖或者变卖的，给付拍卖或者变卖所得的价款；变卖的价款明显低于财产价值的，应当支付相应的赔偿金；⑥吊销许可证和执照、责令停产停业的，赔偿停产停业期间必要的经常性费用开支；⑦返还执行的罚款或者罚金、追缴或者没收的金钱，解除冻结的存款或者汇款的，应当支付银行同期存款利息；⑧对财产权造成其他损害的，按照直接损失给予赔偿。

八、卫生行政赔偿经费的来源

《国家赔偿法》规定，赔偿费用列入各级财政预算。卫生行政赔偿义务机关赔偿损失后，应当责令有故意或者重大过失的工作人员或者受委托的组织和个人承担部分或全部赔偿费用。对有故意或者重大过失的责任人员，卫生行政机关应当依法给予处分；构成犯罪的，应当依法追究刑事责任。

> **典型案例**
>
> 荣县卫生健康局执法人员于 2022 年 9 月 1 日、9 月 6 日，前往荣县某镇某村卫生室进行现场检查，在卫生室内发现 2 张开具有"超氧"字样的处方笺，发现超氧疗法的宣传展板、医用臭氧仪治疗头等物品；在观察室发现有 2 名输液患者，均不能提供处方笺。通过在药房发现有材料、拍摄现场照片等方式，全面收集和固定证据，形成文字材料、视频材料、照片材料等多种证据，形成完整的证据链条，最终完成对当事人存在违法行为的事实的认定。
>
> **案例分析：**《中华人民共和国职业病防治法》规定，用人单位发现职业病患者或者疑似职业病患者时，应当及时向所在地卫生行政部门报告。"及时报告"能让卫生行政部门第一时间掌握职业病或疑似职业病信息，督促用人单位及时安排患者诊治，实现"早发现、早诊断、早治疗"，从源头上控制和消除职业病危害。"未及时报告"这一问题是用人单位在职业病防护中极易忽视的，这一行为看似轻微，但已损害了疑似职业病和职业病患者的合法权益。

单元三　卫生民事诉讼

> **案例引入**
>
> 程某与丈夫胡某因生育障碍问题，为实施试管婴儿辅助生育手术到某省某医院进行助孕治疗，并签署了《助孕治疗情况及配子、胚胎处理知情同意书》等材料。因程某的身体原因暂不宜实施胚胎移植手术，该医院对符合冷冻条件的 4 枚胚胎于当日进行冷冻保存。7 个月后，胡某死亡。其后

程某要求该医院继续为其实施胚胎移植手术，但该医院以不能够为单身妇女实施辅助生殖术为由拒绝。

问题：

1. 面对该医疗机构拒绝为程某实施辅助生殖术，程某应当通过何种救济途径来进行维权？

2. 本案中，该医疗机构是否应该承担责任？

一、卫生民事诉讼的概念

卫生民事诉讼是指人民法院在卫生民事法律关系的当事人和其他诉讼参与人参加下，依法审理和解决卫生民事权利与义务争议的活动。

二、卫生民事诉讼的特征

卫生民事诉讼具有以下主要特征：①卫生民事诉讼主体的特殊性。卫生民事诉讼主体不同于一般民事诉讼主体，卫生民事诉讼是受卫生法调整的社会关系的主体之间发生卫生民事纠纷而产生的诉讼活动；②卫生民事诉讼调整横向法律关系。与卫生行政诉讼不同，卫生民事诉讼的主体之间是横向的、平等的卫生法律关系，即调整的是自然人、法人和非法人组织之间的法律关系；③卫生民事诉讼审理案件范围的特定性。卫生民事诉讼不同于因一般民事权益纠纷发生的诉讼，卫生民事诉讼是卫生法律关系主体间发生的与卫生活动（如医疗）有关的民事诉讼；④卫生民事诉讼依据的特殊性。卫生民事诉讼的依据除了相关的法律法规外，还有医学诊疗护理常规和其他自然科学相关规范。

三、卫生民事诉讼的基本原则

卫生民事诉讼在本质上属于民事诉讼，因此应当遵循当事人诉讼权利平等原则，以事实为根据、以法律为准绳原则，法院调解自愿与合法原则和当事人处分原则等民事诉讼的一般原则。同时，卫生民事诉讼又具有特殊性，除上述原则之外，诉讼活动还应当遵循科学原则、专业问题鉴定原则、保护弱势群体原则和遵循卫生特别法规定的原则。

四、卫生民事诉讼的管辖

卫生民事案件的管辖是指确定各级人民法院之间和同级人民法院之间受理第一审卫生民事案件的分工和权限。正确确定卫生民事案件的管辖，对审判实践具有重要的意义：一是确定管辖可以使审判权得到落实，使诉讼顺利进行；二是确定管辖有利于当事人行使诉讼权利；三是确定管辖可以防止因管辖权不明造成的推诿或者争抢；四是确定管辖有利于上级人民法院对下级人民法院实行监督。

《民事诉讼法》规定的民事案件的管辖，包括级别管辖、地域管辖、移送管辖和指定管辖。

（一）级别管辖

级别管辖指按照一定的标准，划分上下级法院之间受理第一审民事案件的分工和权限。

基层人民法院管辖第一审民事案件，但《民事诉讼法》另有规定的除外。

中级人民法院管辖的第一审民事案件有：①重大涉外案件；②在本辖区有重大影响的案件；③最高人民法院确定由中级人民法院管辖的案件。

高级人民法院管辖在本辖区有重大影响的第一审民事案件。

最高人民法院管辖下列第一审民事案件：①在全国有重大影响的案件；②认为应当由本院审理的案件。

（二）地域管辖

地域管辖是指同级人民法院之间受理第一审民事案件的分工和权限。地域管辖主要根据当事人住所地、诉讼标的所在地或者法律事实所在地来确定。地域管辖分为一般地域管辖、特殊地域管辖和专属管辖。

一般地域管辖又称"普通管辖"，是指遵循"原告就被告"原则，以被告住所地为标准来确定受诉法院。对公民提起的民事诉讼，由被告住所地人民法院管辖；被告住所地与经常居住地不一致的，由经常居住地人民法院管辖。对法人或者其他组织提起的民事诉讼，由被告住所地人民法院管辖。

特殊地域管辖是指不是以被告所在地，而是根据诉讼标的所在地或者引起法律关系发生、发展、变更或消灭的法律事实所在地确定法院的管辖。

专属管辖是指某类民事案件法律规定专门由特定的人民法院管辖，其他法院没有管辖权，也不允许当事人协议变更管辖。

（三）移送管辖

移送管辖是指已经受理案件的人民法院，因发现本法院对该案件没有管辖权，而将案件移送给有管辖权的人民法院审理。移送管辖是案件从无管辖权的法院向有管辖权法院的移送。移送管辖必须符合以下条件：①移送法院已经受理了案件；②移送法院经审查，发现对该案件确无管辖权；③受移送的人民法院依法对该案件具有管辖权。

（四）指定管辖

指定管辖是指上级人民法院根据法律规定，以裁定的方式，指定其辖区内的下级人民法院对某一民事案件行使管辖权。下列两种情况需要上级人民法院指定管辖：①有管辖权的人民法院由于特殊原因，不能行使管辖权的，由上级人民法院指定管辖；②人民法院之间因管辖权发生争议，由争议双方协商解决；协商解决不了的，报请它们的共同上级人民法院指定管辖。

五、卫生民事诉讼的当事人

（一）当事人的概念

卫生民事诉讼的当事人，是指以自己的名义参与到特定的卫生民事争议诉讼中，并对案件审理结果承担法律上的责任的人。卫生民事诉讼当事人包括原告、被告和第三人。

（二）当事人的诉讼权利

当事人的诉讼权利内容广泛，贯穿于诉讼的各个阶段。主要有：请求司法保护，委托诉讼代理人，申请回避，收集和提供证据，陈述、质证和辩论，选择调解，自行和解，申请财产保全或者先予执行，提起上诉，申请执行，查阅、复制本案有关材料和法律文书，申请再审。

（三）当事人的诉讼义务

权利与义务相适应，是任何法律制度得以真正实施的保障。在诉讼中，各方当事人在享有诉讼权利的同时，必须履行相应的诉讼义务，这样才能保证自己和他人的诉讼权利不受损害，诉讼程序得以顺利进行。主要有：遵守诉讼程序，履行生效的法律文书。

六、卫生民事诉讼的证据

（一）卫生民事诉讼证据及特征

卫生民事诉讼的证据是指能够证明卫生民事案件真实情况的各种事实，是法院认定有争议的案件事实的根据。诉讼证据具有客观性、关联性和合法性三个特征。证据必须查证属实，才能作为认定事实的根据。

（二）卫生民事诉讼证据的作用

我国卫生民事诉讼的证据是当事人维护自己民事权益的武器，是法院查明案件事实真相的手段，是使裁判具有公信力的基础。

（三）卫生民事诉讼证据的法定形式

我国卫生民事诉讼证据包括书证、物证、视听资料、电子数据、当事人的陈述、证人证言、鉴定意见和勘验笔录，共八种。

（四）卫生民事诉讼的证明责任

证明责任是指诉讼中当事人对自己的主张必须加以证明，在自己的主张最终不能得到证明时承担不利的法律后果的责任。当事人对自己提出的主张，有责任提供证据。当事人及其诉讼代理人因客观原因不能自行收集的证据，或者人民法院认为审理案件需要的证据，人民法院应当调查收集。人民法院应当按照法定程序，全面地、客观地审查核实证据。

当事人对自己提出的主张应当及时提供证据。人民法院根据当事人的主张和案件审理情况，确定当事人应当提供的证据及其期限。当事人在该期限内提供证据确有困难的，可以向人民法院申请延长期限，人民法院根据当事人的申请适当延长。当事人逾期提供证据的，人民法院应当责令其说明理由；拒不说明理由或者理由不成立的，人民法院根据不同情形可以不予采纳该证据，或者采纳该证据但予以训诫、罚款。

人民法院有权向有关单位和个人调查取证，有关单位和个人不得拒绝。人民法院对有关单位和个人提出的证明文书，应当辨别真伪，审查确定其效力。

（五）质证

质证是指诉讼当事人、诉讼代理人在法庭的主持下，对所提供的证据进行宣读、辨认、质疑、辩驳等活动。质证即当事人、诉讼代理人之间相互审验对方提供的证据。对涉及国家秘密、商业秘密和个人隐私的证据应当保密，需要在法庭出示的，不得在公开开庭时出示。

质证在民事诉讼中具有重要的作用。对当事人来说，它是维护自身合法权益的手段，对人民法院来说，它既是将证据材料转化为证据的一个必经环节，也是审查核实证据的法定方式。我国法律规定，证据应当在法庭上出示，并由当事人互相质证。未经当事人质证的证据，不能作为认定案件事实的根据。这些证据表明质证是人民法院审查核实证据的基础性程序。

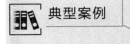 典型案例

D女士通过朋友介绍认识了做美容服务的L女士，想加入某导入型美容仪产品代理，于是先让L给其做了三次产品体验，共付费一千元。结果，一段时间后，D女士下巴出现变形，去

医院拍片检查说是有异物，与 L 协调赔偿不成遂报警、投诉。

经执法人员调查调解，双方沟通后达成和解，L 女士愿意为其承担后续医疗费用。此时，D 女士突然提出：之前的投诉是场误会，不能处罚 L。

执法人员正告之：执法是为公共利益而不是为满足个人诉求服务的，该不该处罚由事实和证据说了算。

案例分析：执法是为公共利益，而不是为满足个人诉求服务的，该不该处罚由事实和证据说了算。

七、卫生民事诉讼审判程序

卫生民事诉讼审判程序分为审判程序、执行程序和涉外民事诉讼程序。审判程序分为第一审程序、第二审程序和审判监督程序等。第一审程序又可分为普通程序和简易程序。

（一）第一审程序

1. 普通程序

第一审普通程序是指人民法院审理第一审民事案件通常适用的程序，它是民事诉讼中的基础程序，具有广泛的适用性。在审判环节上具有明显的系统性和完整性，第一审民事诉讼程序包括起诉和受理、审理前的准备、开庭审理、诉讼中止和终结以及判决和裁定。开庭审理是民事诉讼审判程序的中心环节，可分为开庭准备、法庭调查、法庭辩论、案件评议和宣告判决等程序。

人民法院审理民事案件，除涉及国家秘密、个人隐私或者法律另有规定的以外，应当公开进行。根据法律规定，人民法院适用普通程序审理的案件，应当在立案之日起 6 个月内审结。有特殊情况需要延长的，经本院院长批准，可以延长 6 个月；还需要延长的，报请上一级人民法院批准。

2. 简易程序

第一审简易程序是指基层人民法院和它派出的法庭审理简单的民事案件所适用的程序，是民事诉讼程序中的一个重要组成部分。基层人民法院和它派出的法庭对事实清楚、权利义务关系明确、争议不大的简单的民事案件，可以适用简易程序。简易程序具有起诉方式简便、程序简便、实行独任审判等特点。

根据法律规定，人民法院适用简易程序审理案件，应当在立案之日起 3 个月内审结。有特殊情况需要延长的，经本院院长批准，可以延长 1 个月。

（二）第二审程序

我国民事诉讼实行两审终审制。当事人不服第一审人民法院尚未发生法律效力的裁判，在法定期限内依法向上一级人民法院提出上诉，要求撤销或者变更原裁判引起的诉讼程序。

根据法律规定，当事人不服地方人民法院第一审判决的，有权在判决书送达之日起 15 日内向上一级人民法院提起上诉。当事人不服地方人民法院第一审裁定的，有权在裁定书送达之日起 10 日内向上一级人民法院提起上诉。

第二审人民法院审理上诉案件，《民事诉讼法》对第二审程序有规定的优先适用该规定，没有规定的适用对第一审普通程序的规定。第二审人民法院对上诉案件应当开庭审理。经过阅卷、调查和询问当事人，对没有提出新的事实、证据或者理由，人民法院认为不需要开庭审理的，可以不开庭审理。

第二审人民法院对上诉案件，经过审理，按照下列情形分别处理：①原判决、裁定认定事实清楚，适用法律正确的，以判决、裁定方式驳回上诉，维持原判决、裁定；②原判决、裁定认定事实错误或者适用法律错误的，以判决、裁定方式依法改判、撤销或者变更；③原判决认定基本事实不清的，裁定撤销原判决，发回原审人民法院重审，或者查清事实后改判；④原判决遗漏当事人或者违法缺席判决等严重违反法定程序的，裁定撤销原判决，发回原审人民法院重审。原审人民法院对发回重审的案件做出判决后，当事人提起上诉的，第二审人民法院不得再次发回重审。

第二审人民法院审理上诉案件，可以进行调解。调解达成协议，应当制作调解书，由审判人员、书记员署名，加盖人民法院印章。调解书送达后，原审人民法院的判决即视为撤销。

第二审人民法院的判决、裁定，是终审的判决、裁定。人民法院审理对判决的上诉案件，应当在第二审立案之日起 3 个月内审结。有特殊情况需要延长的，由本院院长批准。人民法院审理对裁定的上诉案件，应当在第二审立案之日起 30 日内做出终审裁定。

单元四　卫生行政诉讼

案例引入

　　某被告卫生局在第三人赵某提交审批材料的初审意见、主管领导意见、局长审批栏中无签字、无公章的情况下为赵某颁发了《医疗机构执业许可证》。1 个月后，尹某因咽痛到赵某的卫生室就诊，输液过程中尹某出现抽搐等症状，后经抢救无效死亡，司法鉴定部门认定尹某的死亡与赵某的治疗有一定的因果关系。5 个月后，尹某的丈夫杨某先向卫生厅申请复议，卫生厅未予理睬，后又以被告某卫生局为第三人赵某颁发《医疗机构执业许可证》严重违法为由，将卫生局告上法庭，认为被告某卫生局的严重违法行为致使赵某行医合法化，并导致尹某死亡，请求法院确认该许可证无效，并判决被告某卫生局承担行政赔偿责任。

　　问题：

　　1. 本案中，杨某是否具有提起行政诉讼的原告资格？

　　2. 本案中，行政机关是否应承担赔偿责任？

一、卫生行政诉讼的概念

　　卫生行政诉讼是指公民、法人和其他组织认为卫生行政机关和行政机关工作人员的行政行为侵犯其合法权益，有权依照《中华人民共和国行政诉讼法》向人民法院提起诉讼，人民法院在双方当事人和其他诉讼参与人参加下，审理和解决行政争议的活动。

　　为了保证人民法院公正、及时审理行政案件，解决行政争议，保护公民、法人和其他组织的合法权益，监督行政机关依法行使行政职权，1989 年 4 月 4 日第七届全国人民代表大会第二次会议通过了《中华人民共和国行政诉讼法》（以下简称《行政诉讼法》）。2014 年 11 月 1 日第十二届全国人民代表大会常务委员会第十一次会议对《行政诉讼法》进行了第一次修正，自 2015 年 5 月 1 日起施行。2017 年 6 月 27 日第十二届全国人民代表大会常务委员会第二十八次会议对《行政诉讼法》进行了第二次修正，自 2017 年 7 月 1 日起施行。

二、卫生行政诉讼的特征

卫生行政诉讼是通过审判方式进行的一种司法活动，以解决卫生行政机关与公民、法人或其他组织之间因卫生行政管理而产生纠纷的一项重要法律制度。卫生行政诉讼具有以下特征。

（一）原告是卫生行政管理相对人

卫生行政诉讼是卫生行政管理相对人不服卫生行政执法机关管理，向人民法院提起的诉讼。所谓卫生行政管理相对人是指在具体的行政管理过程中，处于被卫生行政执法机关管理的一方当事人。当事人可以是公民，也可以是法人或其他组织。

（二）被告只能是卫生行政机关

这是区别于民事诉讼和刑事诉讼的一个重要特征。卫生行政机关作为被告，是因为卫生执法机关一般都有实施卫生行政管理的权利，包括申请强制执行的权利，所以它无须为实施权利而成为原告。作为被告的卫生行政执法机关，可分为卫生行政管理机关和授权执法组织，受委托的组织做出的具体行政行为由委托单位承担责任，以委托单位为被告。

（三）审查卫生行政行为的合法性

卫生行政行为是指国家卫生行政机关在实施卫生管理活动中，针对特定的人或事所采取的卫生行政处理决定和具体的执法行为。

三、卫生行政诉讼的构成要件

卫生行政诉讼的构成要件主要有：①原告是认为行政行为侵犯其合法权益的公民、法人或者其他组织；②被告是行使卫生管理职权的行政机关或法律、法规授权组织；③有具体的诉讼请求和事实依据；④被诉讼的客体必须是法律规定可以向人民法院起诉的行政机关的行政行为；⑤必须在法定的期限内向人民法院起诉，并由人民法院受理，依法审理做出裁决。

> **典型案例**
>
> 温州某急救站于1994年成立，现持有《民办非企业单位登记证书》和《医疗机构执业许可证》。2018年原温州市卫生和计划生育委员会作出《关于同意温州某急救站加入温州市院前急救网络的批复》。2019年温州市卫生健康委员会作出《关于将温州某急救站移交某县属地管理的通知》决定将温州某急救站移交某县卫生健康局属地管理。
>
> 2021年，该急救站向县卫生健康局提交《请求将我站纳入120急救网络并按照规定给予补助报告》，向县卫生健康局提出履职请求：①请求将我站并入120网络，给我站派出救援任务；②请求按照有关规定获得与县120同等待遇补助；③请求对于我站的上述诉求给予书面答复。
>
> 县卫生健康局作出涉案答复，告知急救站未将其纳入县院前急救网络，并未向急救站下达指令性任务，无法给予相应的政府补偿。
>
> 急救站不服，于2021年某月某日，向县人民政府申请行政复议。因调解未果，急救站撤回行政复议申请。
>
> 2022年县人民政府作出涉案行政复议终止决定书，决定终止行政复议。后急救站提起

诉讼。

　　法院裁判支持了上诉人的诉讼请求，责令县卫生健康局限期对急救站的请求事项重新作出处理，有力地维护了当事人的合法权益，对于促进行政机关依法、全面、正当履行法定职责具有积极意义。

　　案例分析：依据行政法原理，行政主体享有的法定职权又是其法定职责，必须依法履行。行政机关不履行、拖延履行、不当履行法定职责都将构成行政违法。

四、卫生行政诉讼的特殊原则

　　卫生行政诉讼除了要遵循诉讼制度的共同原则外，它有自己特有的原则，主要有以下几项。

（一）行政诉讼期间，行政行为不停止执行

　　在卫生行政诉讼中，原卫生行政机关的行政行为不因为原告的起诉和人民法院的审理而停止执行的制度。也就是说，卫生行政机关的行政行为一旦做出，就假设是符合法律的规定，是合法的行政行为，对行政机关本身和行政管理相对人具有约束力，必须遵守执行。任何人不得以自己的判断否定行政行为的约束力。利害关系人对行政行为不服起诉到法院后，在未经人民法院变更、撤销以前，行政行为要继续执行。

（二）审查行政行为的合法性

　　在卫生行政诉讼中，人民法院只对卫生行政机关的行政行为的合法性进行审查，一般不进行是否合理的审查。在一般的情况下，人民法院也不能直接变更行政行为的内容，只有在行政处罚明显不当，或者其他行政行为涉及对款额的确定、认定确有错误的情况下，才能变更卫生行政机关的行政行为。

（三）被告负举证责任

　　举证责任是指承担责任的当事人必须对自己所主张的事实举出证据证明其确实存在，否则就要承担败诉后果。在民事诉讼中，是"谁主张、谁举证"，而在行政诉讼中，则要求卫生行政机关负举证责任，必须提供做出行政行为的事实依据和法律依据，否则要承担败诉的结果。

　　在卫生行政诉讼中，要求被告卫生行政机关负举证责任，充分体现了行政诉讼的目的，其意义表现为：一是有利于促进行政机关依法行政，严格遵守先取证后裁决的规则，从而防止其实施违法行为和滥用职权；二是有利于保护原告的合法权益。当被告不能证明其具体行政行为合法而人民法院又不能放弃审判时，做出有利于原告的判决，以防止公民、法人或其他组织的合法权益遭受到不法行政行为的侵害。

（四）不适用调解

　　在卫生行政诉讼中，人民法院审理卫生行政案件不能用调解的审理方式和结案方式，而是由人民法院在查明事实、分清是非的基础上依法做出公正判决。但在涉及行政赔偿的问题上，可以通过调解解决。

（五）相对人选择复议

　　对卫生行政机关的具体行政行为不服，既可以先向行政机关申请行政复议，对复议裁决不服的再向人民法院提起行政诉讼，也可以不经复议而直接向人民法院提起行政诉讼。采取

哪种救济方法，由相对人自由选择。

五、卫生行政诉讼的受案范围

卫生行政诉讼的受案范围是指人民法院受理或主管一定范围内卫生行政争议案件的权限，或者说哪些卫生行政案件相对人有权向人民法院提起卫生行政诉讼。这一范围同时决定着司法机关对卫生行政机关行为的监督范围，决定着受到行政机关侵害的公民、法人和其他组织诉权的范围，也决定着行政终局裁决权的范围。

（一）受案范围

人民法院受理公民、法人或者其他组织提起的下列诉讼。

（1）对行政拘留、暂扣或者吊销许可证和执照、责令停产停业、没收违法所得、没收非法财物、罚款、警告等行政处罚不服的。

（2）对限制人身自由或者对财产的查封、扣押、冻结等行政强制措施和行政强制执行不服的。

（3）申请行政许可，行政机关拒绝或者在法定期限内不予答复，或者对行政机关作出的有关行政许可的其他决定不服的。

（4）对行政机关作出的关于确认土地、矿藏、水流、森林、山岭、草原、荒地、滩涂、海域等自然资源的所有权或者使用权的决定不服的。

（5）对征收、征用决定及其补偿决定不服的。

（6）申请行政机关履行保护人身权、财产权等合法权益的法定职责，行政机关拒绝履行或者不予答复的。

（7）认为行政机关侵犯其经营自主权或者农村土地承包经营权、农村土地经营权的。

（8）认为行政机关滥用行政权力排除或者限制竞争的。

（9）认为行政机关违法集资、摊派费用或者违法要求履行其他义务的。

（10）认为行政机关没有依法支付抚恤金、最低生活保障待遇或者社会保险待遇的。

（11）认为行政机关不依法履行、未按照约定履行或者违法变更、解除政府特许经营协议、土地房屋征收补偿协议等协议的。

（12）认为行政机关侵犯其他人身权、财产权等合法权益的。

除上述规定外，人民法院受理法律、法规规定可以提起诉讼的其他行政案件。

（二）不予受理的事项

人民法院不受理公民、法人或者其他组织对下列事项提起的诉讼。

（1）国防、外交等国家行为。

（2）行政法规、规章或者行政机关制定、发布的具有普遍约束力的决定、命令。

（3）行政机关对行政机关工作人员的奖惩、任免等决定。

（4）法律规定由行政机关最终裁决的行政行为。

> ### ＜ 知识拓展
>
> ### 卫生行政诉讼和卫生行政复议的区别
>
> 卫生行政诉讼和卫生行政复议是现代社会卫生法律救济的两大途径，但两者存在以下区别。
>
> （1）受理机关不同：卫生行政复议由有管辖权的卫生行政复议机关依法受理，卫生行政诉讼则由有管辖权的人民法院受理。

（2）受理程序不同：卫生行政复议适用属于行政程序性质的行政复议程序，而卫生行政诉讼则适用司法程序性质的行政诉讼程序。卫生行政复议程序由行政管理方面的有关法律、法规或规章加以规定，而卫生行政诉讼程序则由《行政诉讼法》及有关的司法解释等予以规定。

（3）受案范围不同：卫生行政复议的受案范围要广于卫生行政诉讼的受案范围。卫生行政诉讼只能受理《行政诉讼法》和其他法律、法规所规定的属于人民法院管辖权限内的行政案件，而卫生行政复议受理的是行政争议案件。

（4）审查范围不同：卫生行政复议不但可以审查引起争议的具体行政行为的合法性，而且可以审查其合理性；但卫生行政诉讼原则上只能审查具体行政行为的合法性，一般不得审查具体行政行为的合理性。

（5）处理权限不同：卫生行政复议机关处理卫生行政复议案件，可以依法维持、撤销或者变更引起争议的具体行政行为；但人民法院在卫生行政诉讼中，除对显失公正的行政处罚行为行使有限司法变更权外，对其他引起争议的具体行政行为无权做出变更判决。

（6）裁决的效力不同：对属于《行政诉讼法》所规定的受案范围内的卫生行政案件，除法律有特殊规定外，当事人既可以提起卫生行政复议，也可以直接提起卫生行政诉讼。如果当事人不服卫生行政复议决定，可以在法定期限内提起卫生行政诉讼，由人民法院做出最终裁决。

六、卫生行政诉讼程序

（一）起诉和受理

起诉是指公民、法人或其他组织认为卫生行政机关的行政行为侵犯了其合法权益，向人民法院提出诉讼请求，要求人民法院行使审判权，依法予以保护的诉讼行为。起诉分为两种情况：一是当事人对具体行政行为不服，可以不经过复议，在知道做出具体行政行为之日起6个月内直接向人民法院起诉（法律另有规定的除外）；二是当事人对具体行政行为不服，可以先申请行政复议，对复议决定不服再向人民法院起诉。

（二）审理和判决

我国行政诉讼实行两审终审制，当事人不服第一审人民法院裁判的，可以上诉；第二审人民法院的裁判是终审裁判，当事人如不服可以进行申诉，但第二审裁判必须执行。

人民法院受理行政案件采取合议制开庭审理。除涉及国家秘密、个人隐私和法律另有的规定外，一般实行公开审理，由合议庭进行法庭调查和双方当事人辩论，在辩论终结后依法裁判。根据《行政诉讼法》的规定，人民法院对行政诉讼可分别做出以下判决：行政行为证据确凿，适用法律、法规正确，符合法定程序的，或者原告申请被告履行法定职责或者给付义务理由不成立的，人民法院判决驳回原告的诉讼请求。《行政诉讼法》第70条规定，行政行为有下列情形之一的，人民法院判决撤销或者部分撤销，并可以判决被告重新做出行政行为：①主要证据不足的；②适用法律、法规错误的；③违反法定程序的；④超越职权的；⑤滥用职权的；⑥明显不当的。被告卫生行政机关不履行或者拖延履行法定职责的，判决其在一定期限内履行；卫生行政机关所做出的行政处罚显失公正的，可以判决变更。

（三）执行

人民法院和卫生行政机关根据法定程序，对拒不履行法院做出的已经生效的法律文书的当事人，可以采取强制措施强制其履行义务。人民法院对卫生行政案件的执行主要有两种情况：一是人民法院判决生效后，义务人不执行生效判决，卫生行政机关可以向一审人民法院申请强制执行，或者由行政机关依法强制执行；二是卫生行政机关做出的具体行政行为超过复议及起诉期限，当事人既不申请复议和起诉又不履行义务时，卫生行政机关可以向人民法院申请强制执行，或者依法强制执行。

单元五　卫生刑事诉讼

◀ 案例引入

某医院护士魏某在给刚做完支撑镜下会厌肿物摘除手术的患者孙某配药及输液过程中，未严格执行"三查七对"制度，误将丁卡因输入患者体内，给患者造成严重伤害。经某市法医司法鉴定所鉴定：孙某身体致残程度为一级，护理依赖程度为完全护理依赖。经某市医学会鉴定，该起医疗事故为一级乙等医疗事故，医方承担完全责任。

问题：

1. 本案例中，魏某的行为是否构成医疗事故罪？
2. 卫生刑事诉讼的程序有哪些？

一、卫生刑事诉讼的概念

卫生刑事诉讼是指司法机关在当事人和其他诉讼参与人的参加下，依照法定程序，查明刑事案件事实，确定犯罪嫌疑人、被告人是否有违反刑法的卫生犯罪行为并给予犯罪分子以某种刑罚的过程。

二、卫生刑事诉讼的基本原则

卫生刑事诉讼基本原则是指由刑事诉讼法律确定的，贯穿于卫生刑事诉讼的全过程，并被公安司法机关和诉讼参与人在进行刑事诉讼的过程中所必须遵循的基本行为准则。卫生刑事诉讼应遵循以下基本原则：①侦查权、检察权、审判权由专门机关依法独立行使；②以事实为根据，以法律为准绳；③对一切公民在适用法律上一律平等；④人民检察院依法对刑事诉讼实行法律监督；⑤各民族有权使用本民族语言文字进行诉讼；⑥未经人民法院依法审判，任何人不得被确定为有罪；⑦保障诉讼参与人的诉讼权利。

三、卫生刑事诉讼主体

卫生刑事诉讼主体是指在卫生刑事诉讼中依法享有职权的国家机关和依法享有诉讼权利并承担诉讼义务的当事人以及其他诉讼参与人，主要包括以下几类。

（一）公安机关

公安机关是各级人民政府的职能部门，是武装性质的行政执法机关。在卫生刑事诉讼中，公安机关的法律地位主要体现在：①公安机关是侦查机关，负责立案、侦查和收集调取证据等，公安机关的侦查是检察机关起诉和人民法院审判的前提和基础，是刑事诉讼的重要环节；②公安机关是强制措施的主要执行机关。对犯罪嫌疑人、被告人采取的取保候审、监视居住、拘留、逮捕都由公安机关负责执行；③公安机关是刑罚的执行机关之一。公安机关担负着对判处拘役、剥夺政治权利等刑罚的执行职责。

（二）人民检察院

人民检察院是通过行使检察权，追诉犯罪，维护国家安全和社会秩序，维护个人和组织的合法权益，维护国家利益和社会公共利益，保障法律正确实施，维护社会公平正义，维护国家法制统一、尊严和权威，保障中国特色社会主义建设的顺利进行。在卫生刑事诉讼中，人民检察院的法律地位主要体现在：①人民检察院是国家的公诉机关，除自诉案件以外的所有刑事案件，均必须由人民检察院向人民法院提起公诉、并派检察官出庭支持公诉；②人民检察院是专门的诉讼监督机关，在刑事诉讼的侦查阶段，对侦查机关的侦查行为进行监督。在审查起诉阶段，对侦查机关侦查终结后移送的案件或监察委员会移送的案件进行审查起诉。在审判阶段，在公诉案件中行使公诉权，同时行使审判监督权。

（三）人民法院

人民法院是国家审判机关，而审判是刑事诉讼的核心和最重要的阶段。人民法院在卫生刑事诉讼中行使审判权，只有经过人民法院的审判，才能确定被告人是否有罪，是否判处刑罚和判处何种刑罚。

（四）被害人

被害人是指直接受卫生犯罪行为侵害人身权和其他合法权益的人。

（五）被告人

被告人即被指控实施了卫生犯罪行为并被追究刑事责任的人。

（六）其他诉讼参与人

其他诉讼参与人是指享有相应的诉讼权利，并履行相应诉讼义务的人，包括法定代理人、诉讼代理人、证人、辩护人、鉴定人和翻译人员等。

四、卫生刑事诉讼的管辖

卫生刑事诉讼的管辖是指法律规定的公安机关、人民检察院和人民法院直接受理卫生刑事案件以及人民法院系统内审判第一审卫生刑事案件的职权范围分工。管辖是刑事诉讼中的一项重要的诉讼制度，明确、合理地确定刑事案件的管辖，对于保证刑事诉讼活动的顺利进行以及刑事诉讼任务的实现，具有十分重要的意义，可以分为以下几种。

（一）立案管辖

立案管辖是指人民法院和公安机关直接受理卫生刑事案件时在范围上的权限划分。

人民法院直接受理卫生刑事自诉案件，即受害人可以提起刑事自诉的卫生刑事案件。这类案件主要包括：除严重危害社会秩序和国家权益以外的生产、销售假药或劣药案；生产、销售不符合卫生标准的食品或有毒、有害食品案；生产、销售不符合标准的医用器材案；生产、销售不符合卫生标准的化妆品案。对此类案件，受害人如有证据证明，可以直接向人民法院提起刑事诉讼。

人民检察院直接受理的案件中并不包括卫生刑事案件。除人民法院直接受理的案件外，其他卫生刑事案件均由公安机关立案侦查。

（二）审判管辖

审判管辖是指人民法院系统内审判第一审卫生刑事案件的职权分工。审判管辖又可以分为级别管辖和地域管辖。

1. 级别管辖

基层人民法院管辖第一审普通卫生刑事案件。危害国家安全、恐怖活动案件或可能被判处无期徒刑、死刑的普通卫生刑事案件由中级人民法院管辖。

2. 地域管辖

地域管辖指同级人民法院在审判第一审卫生刑事案件上的分工。卫生刑事案件一般是由卫生犯罪地的人民法院管辖。犯罪地一般是指犯罪预备地、犯罪实施地和犯罪结果地等。但卫生刑事案件如果由被告人居住地的人民法院审判更为适宜的，可以由被告人居住地的人民法院管辖，这是法律对地域管辖所做的一项辅助性的规定。根据法律规定，被告人的户籍地为其居住地。经常居住地与户籍地不一致的，经常居住地为其居住地。经常居住地为被告人被追诉前已连续居住 1 年以上的地方，但住院就医等除外。

 典型案例

上海 Q 女士去年 9 月份到辖区某妇产医院做引产，其间接到一个陌生电话询问有无收养意图。后顺藤摸瓜，Q 女士发现湖州代孕线索，遂于今年 3 月向当地公安机关举报，诉称其引产婴儿为活胎。

案涉两地，行刑衔接，卫生执法人员与湖州公安协同办案，历经数月，终于查清真相：湖州某妇产医院部门负责人 C 利用掌握的引产产妇信息，通过中介暗中撮合领养者和产妇达成收养意向，并在住院登记环节置换身份，最终以领养父母名义为婴儿办理出生证明。

C 自然逃不脱刑法的制裁。与 C 有业务联系的辖区某医院因违反《医疗机构管理条例》第 31 条的规定出具 6 份虚假出生证明，被区卫生健康局予以罚款 9 万元的行政处罚。相关产科医生因违反诊疗指南规范、为 28 周以上月份孕妇施行利凡诺引产术以及伪造病历资料的行为，被处以罚款 10 万元的行政处罚。

案例分析：《医疗纠纷预防和处理条例》第 9 条第 1 款规定，医疗机构及其医务人员在诊疗活动中应当以患者为中心，加强人文关怀，严格遵守医疗卫生法律、法规、规章和诊疗相关规范、常规，恪守职业道德。

《医疗纠纷预防和处理条例》第 13 条第 1 款规定，医务人员在诊疗活动中应当向患者说明病情和医疗措施。需要实施手术，或者开展临床试验等存在一定危险性、可能产生不良后果的特殊检查、特殊治疗的，医务人员应当及时向患者说明医疗风险、替代医疗方案等情况，并取得其书面同意；在患者处于昏迷等无法自主作出决定的状态或者病情不宜向患者说明等情形下，应当向患者的近亲属说明，并取得其书面同意。

《医疗纠纷预防和处理条例》第 15 条规定，医疗机构及其医务人员应当按照国务院卫生主管部门的规定，填写并妥善保管病历资料。因紧急抢救未能及时填写病历的，医务人员应当在抢救结束后 6 小时内据实补记，并加以注明。任何单位和个人不得篡改、伪造、隐匿、毁灭或者抢夺病历资料。

《医疗纠纷预防和处理条例》第 31 条规定，申请医疗纠纷人民调解的，由医患双方共同向医疗纠纷人民调解委员会提出申请；一方申请调解的，医疗纠纷人民调解委员会在征得另一方同意后进行调解。申请人可以以书面或者口头形式申请调解。书面申请的，申请书应当载明申请人的基本情况、申请调解的争议事项和理由等；口头申请的，医疗纠纷人民调解员应当当场记录申请人的基本情况、申请调解的争议事项和理由等，并经申请人签字确认。医疗纠纷人民调解委员会获悉医疗机构内发生重大医疗纠纷，可以主动开展工作，引导医患双方申请调解。

当事人已经向人民法院提起诉讼并且已被受理，或者已经申请卫生主管部门调解并且已被受理的，医疗纠纷人民调解委员会不予受理；已经受理的，终止调解。

早在2014年，原国家卫计委发文明确：严格禁止非医学需要的大月份引产。

五、卫生刑事诉讼程序

普通的卫生刑事案件一般需要经过立案、侦查、提起公诉、审判和执行程序。

（一）立案

立案是公安机关、人民检察院或者人民法院对于报案、控告、举报、自首等材料，依照管辖范围进行审查，以判断是否确有犯罪事实和是否追究刑事责任，并依法决定是否作为刑事案件进行侦查或审判的一种诉讼活动。

立案具有以下特点：①立案是法律赋予公安机关、人民检察院、人民法院特有的权利和职责，其他任何机关和个人都无立案权；②立案是卫生刑事诉讼一个独立、必经的诉讼阶段，是刑事诉讼活动开始的标志。

立案的意义：①准确立案是保护公民合法权益不受非法侵犯，保障无罪的人不受刑事追究的重要程序性保障措施；②及时立案有助于督促公安司法机关及时、准确地揭露、证实和打击犯罪；③客观立案有利于准确评价社会治安形势，为国家制定刑事法律与政策提供客观依据。

（二）侦查

侦查机关在卫生刑事案件立案后，为了查明案情、收集证据、查获犯罪嫌疑人、追缴赃物，根据《刑事诉讼法》的规定进行专门调查工作且采取强制性措施。

侦查的任务：①收集证据，查明案情，查获犯罪嫌疑人；②保证无罪的人不受刑事追究，尊重和保障人权，保障犯罪嫌疑人和其他诉讼参与人的诉讼权利；③教育公民自觉遵守法律，积极同犯罪行为做斗争。

侦查的意义：①侦查是同犯罪做斗争的重要手段；②侦查是刑事诉讼的基础环节；③侦查是进行社会治安综合治理的有力措施。

（三）提起公诉

人民检察院对侦查终结的案件进行审查，认为事实清楚、证据充分，依法应当追究刑事责任的，做出起诉决定，并向人民法院提起公诉。审查起诉是刑事公诉案件的必经程序，是联结侦查、职务犯罪调查和审判程序的纽带，对于刑事案件的正确处理、实现刑事诉讼的任务具有重要意义：①对审判程序而言，它是人民检察院实现法庭公诉职能的最基本的准备工作；②审查起诉作为刑事诉讼的"第二道工序"，可以对侦查、调查工作的成果进行质量检验和把关；③通过审查起诉，查清案件事实，对符合起诉条件的依法提起公诉，不符合起诉条件的依法作出不起诉决定，保证了起诉的公正性和准确性，防止将无罪的人、不需要追究刑事责任的人以及指控犯罪证据不足的人交付审判，从而保障公民的合法权益，节约诉讼资源。

（四）审判

审判是指人民法院对人民检察院提起公诉的案件进行审判时所必须遵循的程序。一般由人民法院组成合议庭进行审判。经过开庭、法庭调查、法庭辩论和被告人最后陈述等程序，合议庭最终做出裁判。

根据法律规定，基层人民法院管辖的案件，符合下列条件的，可以适用简易程序审判：①案件事实清楚、证据充分的；②被告人承认自己所犯罪行，对指控的犯罪事实没有异议的；③被告人对适用简易程序没有异议的。人民检察院在提起公诉的时候，可以建议人民法院适用简易程序。有下列情形之一的，不适用简易程序：①被告人是盲、聋、哑人，或者是尚未完全丧失辨认或者控制自己行为能力的精神病患者的；②有重大社会影响的；③共同犯罪案件中部分被告人不认罪或者对适用简易程序有异议的；④其他不宜适用简易程序审理的。

（五）执行

卫生刑事诉讼中的执行是指人民法院、人民检察院、公安机关及其他刑罚执行机关将已经发生法律效力的判决、裁定所确定的内容依法付诸实施及解决实施中出现的变更执行等问题而进行的诉讼活动。

执行是刑事诉讼的最后一个程序，也是使刑罚权得以实现的关键程序，正确执行刑罚对实现刑事诉讼目的和完成刑事诉讼任务具有重要意义：①正确执行生效判决和裁定，使犯罪分子受到应得的惩罚和教育，以体现惩罚与改造相结合、教育与劳动相结合的原则，起到对犯罪的特殊预防作用；②正确执行生效裁判，能够有效地保护公民的合法权益；③正确执行无罪、免除刑事处罚的裁判，使在押被告人及时获得释放，恢复人身自由，以维护社会主义法治，保障公民的人身权利和其他合法权益；④正确执行生效裁判，有利于加强社会主义法治，以实际案例教育公民自觉遵守法律，积极同犯罪作斗争，同时震慑和警告那些正在实施犯罪、预备犯罪及社会不稳定分子，使之不敢以身试法，从而起到减少犯罪、预防犯罪的一般预防作用。

六、卫生刑事诉讼案件的种类

（1）与健康产品有关的刑事诉讼：主要是生产、销售不符合卫生标准或有毒、有害的与健康相关产品数量较大或者已致人受到伤害的刑事案件。

（2）与公共卫生监督有关的刑事诉讼：主要是指危害公共卫生犯罪行为引起的刑事诉讼。

（3）与医疗机构和医务人员管理有关的刑事诉讼：主要是指违反医师法律规范，擅自行医的犯罪行为引起的刑事诉讼。

（4）与公民生命健康权益有关的刑事诉讼：主要是侵犯与卫生法相关的公民生命健康权益的犯罪行为引起的刑事诉讼。

（5）与卫生行政执法和卫生管理有关的刑事诉讼：主要是指卫生管理及执法人员的失职犯罪行为引起的刑事诉讼。

赤脚医生——乡村最早的医疗卫生制度

二十世纪六七十年代建立起来的公共卫生体系和"赤脚医生"制度，是我国在经济水平相对薄弱的情况下，建立的接近覆盖全民的医疗保障体系，在短时间内解决了五亿农村人口的医疗保健问题，是世界上很少有国家能做出的壮举。

其中，赤脚医生是服务于农村基层社会的半农半医人员，他们经过培训后，每隔一段时间会来公社卫生院领取药物，这期间赤脚医生会向公社汇报之前领药的用途与自己开过的"处方"，并总结一些整个医疗过程中"处方"的效果。同时卫生院会不定期抽查所有赤脚医生开的所有处方，进行药物核对等，找出其中错误，总结有用经验，方便上报数据、申报药品等。

赤脚医生也承担当地农民的卫生防疫保健工作。赤脚医生经常为村民免费注射麻疹疫苗、脊髓灰质炎疫苗、卡介疫苗，承担了全村公共卫生防疫工作，保障村民的身体健康。

赤脚医生群体的存在具有伟大的意义。第一，提升了中国人口的平均寿命，从20世纪60年代的48岁提升到20世纪80年代的67岁。第二，降低了农村新生儿和孕妇的死亡率，以及儿童夭折率。婴儿的死亡率从20世纪60年代初的20%～30%，在20世纪70年代末变为3.7%。第三，严格控制了疟疾、流脑、流感等疾病在农村的流行，消灭了血吸虫病和天花等恶性传染病在农村的流行。第四，用朴素的道理和管用的药物，为很多家庭驱散了农民在普通病症上封建迷信的禁锢，为农民传播了现代医学知识，成为农民的医学启蒙者。第五，很多赤脚医生本身是中医，且当时医用药箱里的药品种类、数量很少，为节约这些药物，中医药、针灸疗法就成了赤脚医生们的基础必备治病手段，在这个过程中，促进了中西医结合方面的发展。同时赤脚医生为村民提供随叫随到的上门看病服务，无论刮风下雨、还是跋山涉水，树立了医生救死扶伤的光辉形象。

1974年，世界卫生大会在瑞士日内瓦召开，王桂珍作为中国"赤脚医生"代表参加了会议，世界兴起了"中国赤脚医生热"。由上海中医学院等机构综合各地经验共同编写出《赤脚医生手册》一书，也引起了国际社会的关注，这本书先后被翻译为50多种文字，编印超过1 000万册，在世界范围内公开发行，为世界欠发达地区医疗的普及发挥了积极的作用。

课堂实训

医疗责任纠纷案例讨论

医疗纠纷的预防本质上就是医疗风险的防范与管理，它对于保护患者健康和权利，保护医疗机构和医务人员切身利益都具有重要意义。通过实训，使学生明白，正确防范和管理医疗风险是预防医疗纠纷的重要前提和基础。

【实训情景】

申请人唐某之子（以下简称患儿）在某医疗机构出生，后因患有"新生儿高胆红素血症"多次在该医疗机构就医，双方产生医疗纠纷。2022年12月16日，申请人向被申请人广东省某市卫生健康委员会投诉举报，反映该医疗机构涉嫌篡改病历，且对患儿的诊疗行为存在严重过错等。被申请人受理后，经调查作出对申请人投诉举报事项的答复函，认定暂无证据证明该医疗机构存在篡改患儿病历的行为。申请人对被申请人作出的答复函不服，认为被申请人认定事实不清，未充分履行投诉举报处理职责，向市人民政府申请行政复议，请求撤销该答复函、重新进行调查，并申请行政复议机构委托鉴定机构对患儿病历的真实性进行鉴定。

行政复议机构初步审查发现，本案申请人提交的投诉举报事项多，反映的医疗问题专业性强，且当事人之间对立情绪严重。行政复议机构及时保障申请人阅卷权，多次当面、电话听取申请人意见，查明申请人曾就医疗纠纷提起过民事诉讼，后因对病历真实性存疑未能完成医疗损害鉴定，导致民事争议解决停滞，其核心诉求是希望对患儿电子病历真实性进行鉴定，以推动相关民事争议尽快解决。行政复议机构通过听取申请人意见找准了争议症结所在，为有效解决纠纷打下了基础。

行政复议机构进一步研究认为，本案行政争议源自申请人与医疗机构之间的民事纠纷，医疗机构与案件处理结果有利害关系，遂依法追加医疗机构为第三人，通知其参加复议审理。考虑到当事人对案涉调查是否充分、处理结论是否正确存在较大分歧，为全面查清事实，行政复议机构组织听证，三方当事人围绕"是否应当对患儿电子病历真实性进行鉴定"这一焦点问题进行质证和辩论，申请人坚持要求由行政复议机构委托鉴定，被申请人和第三人虽同意鉴定，但就鉴定事项范围及鉴定机构选定等问题未能协商一致。在行政复议机构的协调下，最终三方当事人就鉴定事项达成一致意见，并积极配合鉴定取证工作。经鉴定，患儿电子病历数据确实存在增加、删除、修改等问题，该鉴定意见为后续开展医疗过错损害鉴定和民事争议查明事实等工作提供了主要依据。申请人的核心诉求得到满足，经调解自愿撤回行政复议申请，行政复议终止，案涉行政争议在行政复议阶段实现案结事了。

问题：1. 贯彻实施新修订《行政复议法》的典型意义是什么？

2. 医疗损害赔偿的范围包括哪些？

【实训目的】

1. 把握行政复议的审理程序。

2. 明白怎样才能实质性化解行政争议。

【实训准备】

1. 分组准备：教学班级按班级人数平均分成 6 组。

2. 场地准备：本班教室或实训室。

【实训操作】

1. 小组进行讨论分析并形成报告。

2. 分析要求有理有据。

【实训评价】

考核按以下标准进行评分。

1. 人人参与，个个关心。

2. 准确理解《行政复议法》的要求、目的、方式等相关规定。

【注意事项】

1. 每小组课前做好准备工作，组织排练。

2. 小组长代表本组总结发言，老师评分并点评。

【实训作业】

某市 A 区 B 医疗机构（以下简称"B 机构"）是一家集医疗、预防、保健、康复为一体的综合性医疗机构。2019 年 3 月，B 机构在开展日常诊疗活动中，因违反《传染病防治法》的相关规定，被 A 区卫生健康局依法给予行政处罚。B 机构不服该行政处罚决定，遂向 A 区人民政府申请行政复议。

问题：1. 本案件中，行政复议过程是怎样的？

2. 本案件适用怎样的法律法规？

参考文献

[1] 李志强. 卫生法律法规 [M]. 3 版. 北京：科学出版社，2023.

[2] 田侃，冯秀云. 卫生法学 [M]. 4 版. 北京：中国中医药出版社，2023.

[3] 吴敏泉，屈海宏. 卫生法律法规 [M]. 3 版. 北京：中国医药科技出版社，2023.

[4] 邓利强，陈东明. 卫生法学 [M]. 北京：清华大学出版社，2020.

[5] 吴昊，颜景霞. 卫生法律法规 [M]. 上海：上海科学技术出版社，2024.

[6] 姚建红. 卫生法与卫生政策 [M]. 北京：中国协和医科大学出版社，2022.

[7] 汪建荣. 中国公共卫生法 [M]. 北京：法律出版社，2023.

[8] 姚春，温日锦，张芙华. 卫生法学精要 [M]. 上海：上海科学技术出版社，2022.

[9] 张秀平. 母婴保健 [M]. 北京：科学出版社，2022.

[10] 庞国芳. 中国食品安全现状、问题及对策战略研究（第二辑）[M]. 北京：科学出版社，2020.

[11] 蒋海洪. 医疗器械管理与法规 [M]. 2 版. 北京：人民卫生出版社，2018.

[12] 刘长秋，马彦，李静. 献血法研究 [M]. 武汉：华中科技大学出版社，2018.

[13] 刘鑫，陈伟，张宝珠. 中华人民共和国医师法理解与适用 [M]. 北京：法制出版社，2022.

[14] 杨越人. 医疗损害司法鉴定理论与实践 [M]. 太原：山西科学技术出版社，2022.

[15] 黄洁夫. 中国器官移植发展报告 [M]. 北京：中国科学技术出版社，2022.

[16] 汪建荣. 卫生法 [M]. 5 版. 北京：人民卫生出版社，2018.